BEIJING WUZI XUEYUAN NIANJIAN

北京物资学院

年鉴2011

《北京物资学院年鉴》编委会 编

中国财富出版社
China Fortune Press

图书在版编目（CIP）数据

北京物资学院年鉴.2011／《北京物资学院年鉴》编委会编.—北京：中国财富出版社，2013.8

ISBN 978－7－5047－4714－3

Ⅰ.①北…　Ⅱ.①北…　Ⅲ.①北京物资学院—2011—年鉴　Ⅳ.①G649.281－54

中国版本图书馆 CIP 数据核字（2013）第 116579 号

策划编辑　王宏琴　　**责任印制**　何崇杭
责任编辑　张　茜　　**责任校对**　梁　凡

出版发行　中国财富出版社（原中国物资出版社）
社　　址　北京市丰台区南四环西路 188 号 5 区 20 楼　　**邮政编码**　100070
电　　话　010－52227568（发行部）　　010－52227588 转 307（总编室）
010－68589540（读者服务部）　　010－52227588 转 305（质检部）
网　　址　http：//www.cfpress.com.cn
经　　销　新华书店
印　　刷　北京京都六环印刷厂
书　　号　ISBN 978－7－5047－4714－3/G·0559
开　　本　787mm×1092mm　1/16　　**版　　次**　2013 年 8 月第 1 版
印　　张　28.5　　彩　1.75　　**印　　次**　2013 年 8 月第 1 次印刷
字　　数　645 千字　　**定　　价**　88.00 元

《北京物资学院年鉴（2011）》编辑委员会

《北京物资学院年鉴（2011）》编辑部

▲ 团结奋进的领导班子（左起：副校长王文生、副校长王志鸣、党委副书记沈小静、党委书记刘木春、校长王旭东、副校长翁心刚、纪委书记赵凤琴、校长助理刘丙午）

加快流通现代化
大力发展服务业

陈昌智
2011.4.12.

▲ 全国人大常委会副委员长、民建中央主席陈昌智为中国北京流通现代化论坛题词

改革还要深化，
市场还需发展！

题赠《中国流通经济》
二百期

樊纲
2011.4.18

▲ 著名经济学家樊纲为《中国流通经济》杂志题词

研究流通经济
促进经济科学
创新和发展
—贺《中国流通经济》出版二百期

周叔莲
2011.4.1.

◀ 著名经济学家周叔莲为《中国流通经济》杂志题词

推动现代流通体系建设
促进经济发展方式转变

中国流通经济二百期致贺
何黎明 二〇一一年四月八日

◀ 中国物流与采购联合会会长何黎明为《中国流通经济》杂志题词

▲ 外交部原部长李肇星与师生见面

▲ 外交部原部长李肇星到校作报告

◀ 国务院发展中心原主任王梦奎（右一）出席中国北京流通现代化论坛

▶ 北京市委副秘书长傅华（左一）到校指导工作

▲ 北京市委教育工委常务副书记刘建到校作报告

▲ 北京市教委副主任何劲松（前中）来校调研

▲ 北京市委教育工委专家组来校调研

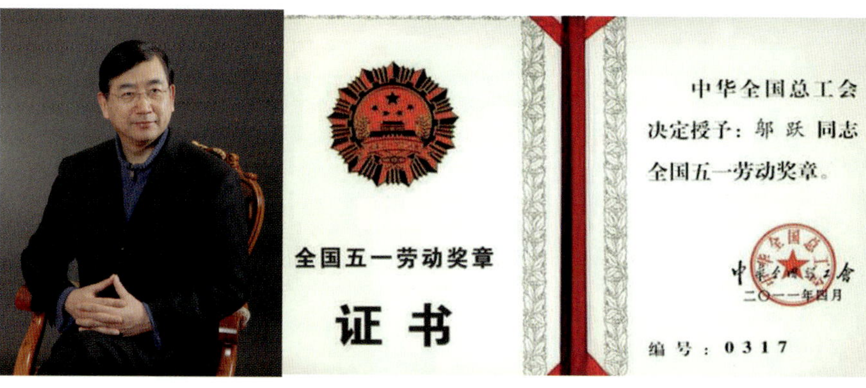

▲ 全国五一劳动奖章获得者、物流学院教授郇跃

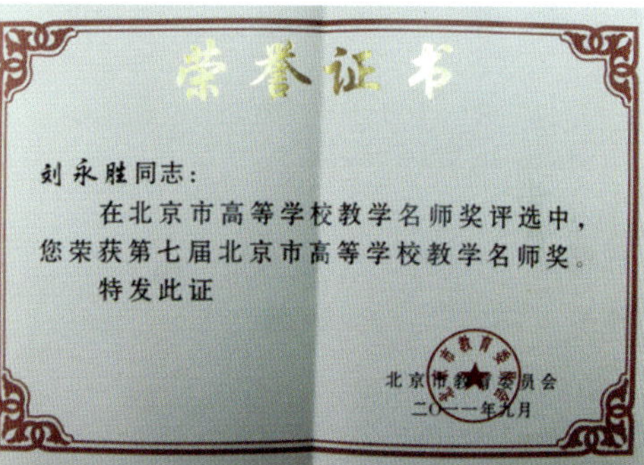

▶ 第七届北京市高校教学名师、商学院教授刘永胜

◀ 教学院部目标责任书签订仪式

▲ 新教师培训班参观通州区规划展

2011 年 1 月，学校召开科研工作总结会

2011年11月28日，物流资料馆揭幕

本科优秀毕业论文答辩会场

第五届中国·北京流通现代化论坛

北京物资学院首届商贸论坛

北京物资学院第五届期货论坛

党委书记刘木春（右6）与出席第三届劳动科学论坛嘉宾杨河清教授（右5）等合影

"顺丰杯"第三届全国大学生物流设计大赛学校领导与专家评委合影

▲ 2011 年 5 月 11 日，召开中共北京物资学院党代会

▲ 2011 年 5 月 6 日，北京物资学院第四届“双代会”会场

▶ 通州区人大代表选举投票仪式

◀ 通州区人大代表选举投票现场

◀ 罗援少将到校作报告

▶ 北京市委教育工委创先争优先进事迹报告会在校举行

▶ 纪委书记赵凤琴到继续教育学院调研

▶ 2011 年 6 月 29 日，学校召开“七·一”表彰大会

▲ 2011 年 5 月 11 日，学校举行法律顾问聘任仪式

▲ 2011 年 10 月 12 日，学校举行维稳工作任务书签订仪式

◀ 2011 年 12 月 9 日，学校召开党风廉政建设工作汇报会

◀《2011 年鉴》工作培训会

▲ 2011 年 12 月 6 日，学校举办统战工作研讨会

▲ 2011 年 5 月 27 日，学校首次举行处级领导干部竞聘上岗党政知识笔试

◀ 处级以下非教师系列管理岗位竞聘答辩会

▲ 学校举行处级干部廉政责任书签约仪式

▲ 2011 年 7 月 8 日，新学科综合楼开工仪式

◀“教职工之家”建设评审会现场

◀ 参观《复兴之路》展览

◀ 第 22 期入党积极分子培训班结业典礼

▶ 2011 年 4 月 10 日，党史大讲堂开讲

▲ 纪念建党 90 周年红歌赛现场

▲ 2011 年 4 月 8 日，英国格罗斯特大学来访

▲ 2011 年 4 月 13 日，丹麦 VIA 大学来访

▲ 2011 年 3 月 29 日，日本流通经济大学来访

◀ 2011 年 3 月 31 日，英国普利茅斯大学来访

▲2011 年 4 月 27 日，学校与美国大学合作签约

▶2011 年 9 月 27 日，法国百优采购咨询公司总裁马克来访

◀2011 年 3 月 18 日，学校有关领导赴北京农学院交流

2011级新生入学及军训

2011 届本科生毕业典礼
（上图、右图）

◀ 2011 届研究生毕业典礼

▲ 学生代表参加“校长茶座”与学校领导共议学校发展

▲ 2011 年 12 月 16 日，学校召开就业工作研讨会

◀ 教职工广播操展示

▶ 学校女子垒球队赛场英姿

▶ 继续教育学院学生运动会方阵

◀ 2011 年学生运动会比赛瞬间

◀ 2011 年 4 月 1 日，学校团委举办团校开学典礼

▶ 2011 年 5 月 16 日，学校大学生艺术团赴俄罗斯演出

◀ 2011 年 12 月 30 日，学校召开学生表彰大会

◀ 2011 年 11 月 2 日，"六五"普法暨法律文化节普法志愿行动启动仪式

2011 年 4 月 27 日， 学校大学生艺术团与西班牙圣地亚哥大学合唱团交流演出（右图、下图）

◀ 学校大学生艺术团参加北京合唱节

▶ 学校大学生艺术团参加金钟奖合唱比赛

2011 年 12 月 30 日，学校举办团拜会（左图、下图）

▲ 2011 年 10 月 22 日，机关党总支赴台儿庄大战纪念馆参观

教职工徒步大会
（上图、右图、下图）

◀ 2011 年 3 月 8 日，女教工们包饺子庆节日

编写说明

《北京物资学院年鉴（2011）》（以下简称《2011 年鉴》）是北京物资学院建校以来的第六本年鉴，也是第一本正式出版、公开发行的年鉴。《2011 年鉴》汇集了2011 年学校事业发展及重大活动的基本情况，重点反映了北京物资学院在教学科研、学科建设、人才培养、队伍建设、管理服务、对外合作交流、校园文化、党的建设等方面的重要活动和所取得的经验成果等，是学校发展概况的历史记载。《2011 年鉴》为全校教职员工及各单位（部门）提供学校的基本文献、基本数据、科研成果和最新工作经验，为各级领导提供决策参考，为兄弟院校和社会各界利用北京物资学院信息资源提供指南。

《2011 年鉴》以文章和条目为基本体裁，以条目为主。全书设置新闻图片、学校概况、特载与专文、文件与规章、党政重要会议、机构与队伍、教育教学、科学研究、国际交流与合作、管理与服务、党建与思想政治工作、学院与教学部、人物、表彰与奖励、毕业生名单、学校事业发展统计数据、媒体报道选辑、大事记、索引19 个栏目。

《2011 年鉴》选题的时间范围为 2011 年 1 月 1 日至 12 月 31 日，根据实际情况，部分内容在时限上前后略有延伸。收录的统计数据由学校各单位（部门）提供。

由于北京物资学院在 2006 年成立了二级学院，因而北京物资学院在正文中称学校，二级学院在正文中称学院。凡北京物资学院校级行政领导正文中一律称校长，二级学院行政领导正文中称院长。引证的上级批复及下发文件除外。

《2011 年鉴》在学校年鉴编委会的主持下编辑。编辑部以学校办公室人员为主，联合各教学院（部）和党政职能部门的有关同志共同组成。主要撰稿人为校内各单位（部门）熟悉情况的教职员工，审核人为各单位（部门）主要负责同志。编辑部具体负责年鉴的编辑和校对工作。学校办公室负责《2011 年鉴》的总体工作。

《2011 年鉴》的编辑出版工作得到了学校领导的支持及全校各单位（部门）的大力协助，在此谨表深深的谢意。年鉴涉及面广，内容多，加上编辑人员的水平有限、经验不足，因此，年鉴中存在的问题和疏漏敬请读者给予指正。今后我们将不断探索和改进，把年鉴的编辑出版工作做得更好。

《北京物资学院年鉴（2011）》编辑部

2013 年 6 月

目录
contents

Contents

北京物资学院概况

北京物资学院是一所北京市属的以流通经济与物流管理、物流工程、物流技术为学科特色，经济学、管理学、理学、工学、文学、法学等多学科协调发展的普通高等院校。学校前身是国家物资总局创建的北京经济学院。1980 年建校，先后隶属于国家物资总局、物资部、国内贸易部，1998 年 10 月划归北京市管理。

北京物资学院位于北京市朝阳北路东段，通州国际新城核心区域，地处古老的京杭大运河源头，文化底蕴深厚，环境优美宜人。校园占地近 600 亩，建筑面积 17 万余平方米，教学、科研和生活设施齐全。学校建有北京市重点实验室——物流系统与技术实验室、北京市高等学校实验教学示范中心——物流系统与技术实验教学中心、北京市人文社科研究基地——北京市现代物流研究基地、北京高校工程研究中心——物流技术工程研究中心，是学习和科研的良好场所。

1993 年，为适应社会主义市场经济建设的需要，学校开办国内高校第一个期货专业；1994 年，开办国内高校第一个物流管理专业；2010 年，开办国内高校第一个采购管理专业。目前，学校设有经济学院、物流学院、信息学院、商学院、劳动科学与法律学院和外国语言与文化学院 6 个学院，另设有思想政治理论课教学与研究部、体育教学部和继续教育学院等教学机构。学校现有 27 个本科专业及方向：国际经济与贸易、经济学、金融学（另设证券期货方向）、会计学（注册会计师方向、注册资产评估师方向）、信息管理与信息系统（另设软件应用与开发方向）、物流管理、市场营销、商品学（商品质量检验与管理方向）、人力资源管理、工商管理、财务管理、劳动与社会保障（另设劳动关系方向）、电子商务、物流工程、采购管理、机械设计制造及其自动化（物流设备工程方向）、计算机科学与技术、信息工程（另设物联网技术方向）、信息与计算科学、统计学、英语（国际商务）、法学（流通法方向）。

学校 1986 年开始招收硕士研究生，目前拥有 4 个一级学科硕士授权点，即应用经济学、管理科学与工程、工商管理和计算机科学与技术；2 个专业硕士授权点，即物流工程和工商管理 MBA。

学校目前有本科生、硕士研究生、留学生等各类在校生近 8000 人。其中，本科生 5972 人，硕士研究生 574 人。学校面向全国 28 个省（市、自治区）招生，以北京市生源为主。31 年来，学校为国家培养了 6 万余名专业人才，尤其在物流、证券期货等行业中，毕业生享有较高社会声誉。

学校现有教职工660人。其中，专任教师391名，教授47名，副教授141名；具有博士学位教师占专任教师的比例为34.27%；北京市教学名师6名，享受政府特殊津贴专家2名，全国“五一”劳动奖章获得者1名，北京市中青年骨干教师52名；北京市师德标兵（先进个人）4名，北京市优秀辅导员10名。

学校始终坚持以教学工作为中心，不断深化教育教学改革，教育教学质量不断提高。建有国家级特色专业建设点2个，国家级人才培养模式创新实验区1个，市级特色专业建设点3个；市级实验教学示范中心1个；市级校外人才培养基地3个；市级精品课程4门；市级精品教材4部，市级精品立项教材6部；市级本科优秀教学团队5个；本科生科学研究与创业行动项目100余项。

学校重视学生综合素质特别是实践创新能力的培养。多年来，逐渐形成了培养科学精神与人文精神、发展共性与突出个性相结合，面向未来、与时俱进、丰富多彩、健康向上，既充满活力又有深厚底蕴的校园文化。在国际大学生数学建模竞赛、全国大学生数学建模竞赛、全国大学生创业计划竞赛、全国大学生物流设计大赛、全国大学生英语竞赛、“外研社杯”全国英语辩论赛、“挑战杯”系列大赛、北京市大学生国防知识辩论赛等竞赛中共获得173个奖项。

学校坚持以科研促进教学，在流通现代化研究等领域取得了显著成果，培养了一批中青年学术骨干，在社会上有着良好的声誉和影响。学校已建成7个科技创新平台、8个科研基地，组建33个科研创新团队。建校以来，学校共承担国家科技攻关项目、国家自然科学基金和社会科学基金项目19项，省部级课题196项；出版专著、译著、教材800部，发表学术论文6186篇。

发展与国内外院校，尤其是国内外著名大学的校际交流合作关系是学校工作的一个重要组成部分。与国内外交流合作和实质性的学术交流，促进了学校学科的建设以及教学和科研的发展，扩大了学校在国内国际的影响力。目前，北京物资学院已经与美国、加拿大、英国、澳大利亚、日本、韩国等9个国家和地区的21所大学或科研机构建立了良好的校际交流关系。在科研课题、合作办学、互派留学生、教师互访、师资培训等方面开展了一系列合作，促进了学校的学科建设及教学和科研的发展，扩大了学校在国际上的影响。

（撰稿人：徐锋利　审核人：胡　伟）

特载与专文

党委书记刘木春在北京物资学院第四届教职工代表大会暨第四届工会会员代表大会上的开幕词

（2011 年 5 月 6 日）

各位代表、各位来宾、同志们：

今天，北京物资学院第四届教职工代表大会暨第四届工会会员代表大会隆重开幕了，这是全校教职工政治生活中的一件大事，开好这次大会，对于团结动员大家深入学习贯彻党的十七届五中全会精神，在加快我校“十二五”发展建设中，发挥教职工智慧和力量，具有十分重要的意义。在此，我代表学校党委和行政向大会表示热烈的祝贺！向全校广大教职工和工会干部致以诚挚的问候和崇高的敬意！向应邀出席大会的市教育工会领导、兄弟院校工会领导表示衷心的欢迎和感谢！

第三届“双代会”召开以来，学校工会在校党委和上级工会的正确领导下，在学校行政的大力支持下，依法履职，紧密依靠各基层工会组织和广大教职工，紧紧围绕学校中心工作，以规范民主管理，促进校园和谐为主线，以提高教职工队伍素质为目标，以深入开展建家工作为抓手，大力推动工会、教代会工作，取得了积极进展。为推动学校科学发展、促进学校转型、维护校园和谐发挥了重要作用，特别是在推进校园民主建设、动员群众为学校的改革发展献计献策、加强教职工师德建设、提升青年教师教学能力、组织开展丰富多彩的文体活动、维护教职工权益等方面卓有成效地开展工作，积累了宝贵经验。

学校的兴旺凝聚着全校各级党政领导班子和广大教职工的深厚感情，学校的发展依靠全校各级党政领导班子和广大教职工的团结奋斗，也凝聚着“双代会”全体代表的共同努力。

各位代表，同志们，本次大会是在“十二五”开局之年，也是庆祝中国共产党成立 90 周年之际召开的一次承前启后、继往开来、凝心聚力、促进发展的盛会。大会将全面总结第三届“双代会”的工作，共议学校“十二五”时期事业发展规划，选举产生第四届教代会、工会委员会。

我们相信，新一届教代会、工会委员会一定会更好地团结带领广大教职员工围绕中心、服务大局，爱岗敬业、有所作为，每一个教职工都会全心全意地教书育人、管理育人、服务育人，为实现学校“十二五”奋斗目标作出新的贡献。

教代会、工会组织一定要积极主动适应广大教职工的需求，更加关心群众实际利益，及时了解和反映教职工的心声，积极发展和谐劳动关系，有效维护教职工的合法权益，发挥学校党政团结、联系教职工的桥梁和纽带作用，把促进学校和谐发展作为工作的出发点和落脚点。坚持以改革创新精神加强自身建设，把关心、理解、尊重、帮助教职员工的思想贯穿到日常工作中去，拓展工作内容，创新工作方式，提升队伍素质，增强履职能力。

学校党委一定更加坚决有力地支持教代会、工会组织依法独立自主地履行职责，充分发挥“双代会”的民主参与、民主管理和民主监督作用，发挥好维护教职工切身利益的职能。

各位代表、同志们，今年是我校站在新起点、面临新机遇、迎接新挑战、推动新跨越的重要一年，本届“双代会”的召开意义深远。各位代表身受全校广大教职工的重托和期盼，一定要以满腔的爱校情、强烈的事业心以及高度的责任感和使命感，认真履行代表职责，发扬顾大局、识大体、讲真话、求共识的良好会风，聚精会神开好会，畅所欲言献良策，高质量地完成会议各项预定议程，努力把这次会议开成一个团结民主、求真务实、催人奋进的大会，开成一个心情舒畅、和谐聚力的大会，开成一个北京物资学院的历史上将永远铭记的大会！

最后，预祝大会圆满成功！

谢谢大家！

加强流通理论创新　探索流通发展方式转变的有效途径

——党委书记刘木春在第五届中国北京流通现代化论坛上的闭幕词

（2011 年 10 月 15 日）

尊敬的各位来宾、各位代表，女士们、先生们：

大家下午好！

第五届中国北京流通现代化论坛按既定的议程即将落下帷幕，我谨代表北京物资学院全体教职员工向出席论坛的各位领导、嘉宾、专家学者、媒体朋友表示诚挚的谢意！向论坛主办单位、承办单位的通力合作、有序组织和辛勤工作表示衷心的感谢！

本届论坛是一届意义重大、影响深远的会议。近年来，北京市确立了要建设中国特色世界城市的宏伟目标，坚持调结构、转方式、上水平，主动实施房地产调控、汽车限购和首钢主流程关停等宏观调控措施，为北京流通业的发展提供了新的机遇，也提出了新的更高的要求。本届论坛以加快现代流通体系建设、促进流通发展方式转变为主题，探讨流通领域的热点难点问题，深化流通理论研究，诠释流通经济运行规律，推进流通现代化进程，凸显了重要的现实意义，这对于首都经济发展将起到积极的推动作用。在我看来，本届论坛体现了三大特点。

一是本届论坛是一届唱响创新主旋律的盛会。众多专家学者和嘉宾的发言主题是加快现代流通体系建设、促进流通发展方式转变，主旋律围绕的是创新。创新是提升竞争力、开拓市场、提高效益的重要动力。我国流通业面临的任务不应只是简单地扩大规模，而是在发展过程中降低流通成本，提高流通效率和流通效益，合理利用流通资源，这就需要创新。现代流通发展方式这一概念本身就包含着创新，它是指应用现代经营管理思想与理念，采用现代科学技术手段，对传统流通发展方式做出重大改革与创新的流通发展方式。从国外近年流通业发展经验来看，国际流通巨头正是利用创新集成，将流通网络延伸到了全世界，挤垮了许多东道国的本土流通企业。

二是本届论坛是一届精彩观点纷呈的盛会。为加快现代流通体系建设、促进流通发展方式转变，众多专家学者和嘉宾提出了不同的意见，发表了创新的观点，涉及方方面面。总结来说，可包括流通制度创新、流通组织创新、流通模式创新、流通技术创新、流通人才培养模式创新。在流通制度创新方面，论坛倡导要推进流通产业政策和制度创新，通过制度创新降低生产成本、交易成本，改进和提高生产要素使用效率，为实现流通业发展方式转变，提供良好的政策环境和制度保障。在流通组织创新方面，论坛倡导要构建现代化流通平台与高效率流通网络，谋求使流通产业做大做强的有效手段，同我国国民经济发展方式相适应，培养一批具有一定规模、拥有一定实力的流通实体。在流通模式创新方面，论坛倡导要坚持模式创新的导向，鼓励大型电子商务运营商创新海外营销模式，扩大跨国交易平台的辐射范围，并在业态创新、物流革新、价值链拓展等领域不断取得新的突破。在流通技术创新方面，论坛倡导要发展科技支撑体系，以互联网、物联网等信息技术创新为重点，加快电子商务从网络销售平台向提供技术、支付、物流和营销支持的综合电子商务平台转变，努力建设符合现代化、市场化、国际化要求的，具有运行成本低、效率高的中国特色的现代流通体系。在流通人才培养模式创新方面，论坛倡导要坚持流通需求导向，制定流通人才培养政策，培养具有开拓创新精神、熟悉现代流通规则、精通现代流通管理和掌握现代流通技术的高素质、复合型专业人才。

三是本届论坛是一届成果丰硕的盛会。中国北京流通现代化论坛是由北京物资学院倡议发起的，这次已经是第五届了。立足流通领域已成为我校的办学特色和基础，这是由我校自身所处的行业背景和区位优势以及长期的研究积累所形成的。在流通领域的研究，我们已经取得了较为丰富的科研成果，凝练了学科特色，形成了反映学科融合与发展的研究方向，拥有了一定的优势。我校在长期对流通经济问题深入系统的研究中，不仅取得了比较丰富的科研成果，在服务首都经济建设方面也得到了社会的肯定。本届论坛所邀请到的众多知名专家学者和嘉宾，就共同关心的流通热点问题展开了深入的交流和探讨，观点在这里交锋，智慧在这里交融，思想在这里碰撞，友谊在这里升华！通过本届论坛，大家畅所欲言，群策群力，强化了专业研究的意识，加强了与社会各界的沟通，建立了与业界知名专家学者的联系，取得了丰硕的成果，达到了预期的目标！

再次祝贺第五届中国北京流通现代化论坛取得圆满成功！

再次感谢出席论坛的各位领导、嘉宾、专家学者和媒体朋友！

让我们明年再次相聚物院，共话流通，共同探讨和交流流通领域出现的新问题！

谢谢大家！

党委书记刘木春在2011年教师节座谈会上的讲话

（2011年9月9日）

老师们、同志们：

很高兴参加今天的座谈会，和大家一起迎接第27个教师节的到来。在这里，我代表学校党政领导班子，向辛勤工作的全体教职员工及广大离退休教师致以节日的问候，向受到表彰的先进个人表示热烈的祝贺，向长期关心支持我校事业发展的社会各界表示衷心的感谢！

北京物资学院已经走过了31年的风雨历程，今天的物院，以科学发展为主题，以提高教育教学质量为主线，以学科建设为龙头，各项事业健康发展，呈现出良好的发展势头。这里我要由衷感谢全体教职工，是你们用勤劳和智慧为学校的发展作出了贡献！是你们学高为师、身正为范、教书育人、献身教育、关爱学生的高尚品格影响着学生，为他们的健康成长引路导航！也是你们为国家社会主义现代化建设培养了大批优秀的人才，祖国的繁荣昌盛、兴旺发达铭刻着你们不可磨灭的贡献！

刚才听了几位受表彰的新老教师代表的发言，我很有感触。的确，在教书育人的岗位上，我们不乏几十年如一日的默默耕耘者，也不乏继往开来、锐意创新的生力军。我们并肩携手，朝着一个共同的目标努力奋斗，这正是学校发展的力量源泉和希望所在!

胡锦涛总书记曾在全国优秀教师代表座谈会上的讲话中，对全国广大教师提出了四点希望：一是爱岗敬业、关爱学生；二是刻苦钻研、严谨笃学；三是勇于创新、奋发进取；四是淡泊名利、志存高远。他指出：切实承担教育者的社会责任，满怀对受教育者的真心关爱，是党和人民对广大教师的基本要求；在当今知识大爆炸的条件下，要成为合格教育者，就必须不断学习、不断丰富充实自己；教师要富有创新精神，才能培养出创新人才；高尚的师德，是对学生最生动、最具体、最深远的教育。总书记提出的四点希望包含着深刻的哲理和丰富的内涵，应当成为我们所有教育工作者的座右铭和行动指南。

今天，借这个机会，我也想对全校教职工提出三点希望，与大家共勉。

首先，我们要树立高尚职业道德。教育大计，教师为本；师资建设，以德为先。学生的健康成长和全面发展，离不开教师崇高品德的引导和丰富学识的滋养。以道德培育道德，以人格塑造人格，师德是为师育人之魂、立教树人之本。高尚的师德如同随风潜入夜的春雨，对学生的健康成长起到了潜移默化的作用。它不仅是教师的个人品德修养，更是教师所肩负的那份对国家、民族、社会的责任。这份责任决定了我们的教师必须注意自己的一言一行对学生、青年及社会的影响。以德树人，我们才能培养出千千万万建设现代化国家、服务于和谐社会的栋梁之才，才无愧于我们对国家、民族和社会的使命和责任。

其次，我们要勇攀科学高峰。在当今网络时代，学生获取知识、信息的来源和渠道很多，知识更新的速度很快。作为教师，也必须与时俱进，及时更新知识储备、完善知识结构、推进教学改革、掌握先进教学手段、提高教育教学水平。当前，重要的是教学与科研比翼齐飞，用科研促进教学；要更新教育观念，探索教学的方法和艺术，不断深化教学内容，使之处于时代知识的前沿。只有这样，我们才能更有针对性、更有效地开展教学，不断提高教育教学质量。

最后，我们要树立为学生全面成长成才服务的意识。我们常说“教书育人、管理育人、服务育人”、“全员育人、全方位育人、全过程育人”，本质上强调的就是教育工作者的服务意识。作为教师，我们既要严格要求学生，也要真诚关爱学生；既要关注学生的学业，也要关心他们的生活、思想、心理、情感，以及未来的发展；既要当好学生的老师，也要成为学生的朋友。只有这样，我们才能与学生建立和谐的师生关系，共同建设和谐的校园，促进学生全面健康的成长。

老师们、同志们，今年是“十二五”的开局之年，学校的“十二五”规划已制订完成。我们的建设思路已经清晰，发展目标已经确定，各项任务已经明确，下一步就需要我们真抓实干，把各项工作落到实处。希望大家再接再厉，再创佳绩，为物院的建设发展再创新的辉煌！

最后，恭祝大家节日快乐、工作顺利、生活幸福、身体安康！

改革创新 科学发展 为建设高水平特色型大学努力奋斗

——校长王旭东在北京物资学院第四届教职工代表大会暨第四届工会会员代表大会上的报告

（2011年5月6日）

各位代表：

在“十二五”规划的开局之年，在这春光明媚的美好时节，我们隆重举行第四届教职工代表大会暨第四届工会会员代表大会。首先，请允许我代表学校，对大会的召开表示热烈的祝贺！

这次大会是我校确定建设高水平特色型大学目标以来的又一次重要会议。大会将回顾过去、展望未来、集思广益、发扬民主，这对改进工作思路、促进学校发展有着重要的意义。现在，我代表学校向大会报告工作，请予审议，并请各位特邀代表和列席人员提出意见。

报告分两个部分：一是学校“十一五”时期工作成就回顾；二是学校“十二五”时期事业发展规划。

一、学校“十一五”时期工作成就回顾

“十一五”时期是我校发展史上极不平凡的五年，学校实现了跨越性发展。五年来，我校认真贯彻落实科学发展观，结合国家和首都经济社会发展的需要，围绕构建和谐校园和培养高素质应用型人才，求真务实，开拓创新，学校建设和发展的各项事业取得了显著成绩，学校的办学思路更加清晰，办学特色更加鲜明，办学水平和综合实力明显增强。

这五年，我们主要做了以下工作：

——学科建设不断加强，师资队伍建设取得明显进展。

五年来，我校进一步加强学科规划，凝练学科方向，整合学术资源，争取科研项目，营造学术氛围，紧紧围绕办学定位和办学特色，加快学科布局调整，大力加强管理科学与工程、产业经济学等市级重点学科建设，逐步建立三级重点学科建设体系，围绕物流特色学科大力加强大类学科平台建设，初步建立起以物流学科为特色，以经济学科为基础，以管理学科为主干，多学科协调发展的学科体系。大力加强学位点建设，积极发展研究生教育，实现新增工

商管理和应用经济学两个一级学科硕士点的发展目标，研究生在校规模已达到500人。

这五年，我校教师数量稳步增长，学历层次明显提升，结构逐步优化，素质不断提高，初步形成了一支学科、职称、年龄、学历结构比较合理，教学科研力量较强的师资队伍。学校现有教职工671人，其中专任教师394人，正副教授174人。我校教师队伍人数已经达到全校教职工总数的59%，具有博士学位的教师比例达到了31.47%，副高级以上专业技术职务教师比例达到44.16%。

——教育教学改革不断深化，人才培养质量稳步提高。

五年来，学校教学改革取得明显进展，人才培养方案不断优化，课程体系、教学内容、教学方法、教学管理改革持续向纵深推进，本科教学改革与质量工程取得可喜成绩，人才培养质量和学生综合素质稳步提升。在全体师生员工的努力下，在教育部本科教学工作水平评估中取得了优异成绩，极大增强了师生员工的凝聚力和向心力。

这五年，我校建有国家级特色专业建设点2个，国家级人才培养模式创新试验区1个，市级特色专业建设点3个，市级实验教学示范中心1个，市级精品课程3门，市级精品教材4部，列入精品教材建设立项6部，市级优秀教学团队5个，市级教学名师4名，北京市优秀教学成果奖4个，市级教改立项5项，市级校外人才培养基地2个，本科生科学研究与创业行动项目100余项。

——科研工作水平不断提高，科研创新能力不断增强。

五年来，我们坚持以科研促进教学，不断完善科研管理制度，科研基地和科研创新团队得到优化重组，初步形成了有一定规模、有较强研究能力和相对稳定研究方向的科研队伍，涌现了一批较高质量的科研成果，科研实力明显增强，科研业绩大幅提升。

“十一五”期间，我校建有北京市重点实验室1个、北京市人文社科研究基地1个，北京市工程中心1个，已建成7个科技创新平台，8个科研基地，组建科研创新团队33个。学校共承担国家科技攻关项目1项，国家自然科学基金和社会科学基金项目10项，省部级课题65项；出版专著、译著、教材252部，发表学术论文2081篇。“十一五”期间，纵向科研经费5776.72万元，横向科研经费1529.49万元。

——管理体制改革不断深化，办学活力不断增强。

五年来，我们不断深化和完善内部管理体制改革，大力推进干部制度改革，实行了岗位公开竞聘、择优录用，打破干部终身制，优化了干部的年龄、学历和专业知识结构；以“按需设岗、公开招聘、平等竞争、择优聘任、严格考核、合同管理”为目标，积极稳妥地推进人事制度改革；积极推进了校院两级管理体制改革和财务管理改革；稳步推进后勤社会化改革，在管理体制、运行机制及内部用工制度等方面进行了积极的探索。这些改革措施极大地增强了办学活力，有力地推动了各项事业的发展。

——对外交流与开放不断扩大，办学水平不断提高。

五年来，我们重视与国内外高等院校、科研机构和社会团体进行校际交流与合作，开放办学水平不断提高。积极与国内知名高校开展合作办学和合作研究；派出青年教师到国内外知名大学进修学习或攻读博士学位，并积极邀请兄弟院校知名教授、学者来校讲学和指导工作。目前与日本、英国、澳大利亚、加拿大、马来西亚、韩国、新加坡、美国等国家和地区的 20 多所大学或科研机构建立了良好的合作与交流关系，在科研课题、合作办学、学分互认、教师互访、学生互换、师资培训等方面开展了一系列合作，促进了我校的学科建设以及教学和科研的发展，提高了我校在国际上的影响。

——基础设施建设有力推进，办学条件明显改善。

五年来，我们积极拓展办学空间，新征土地 80 亩，新租用土地 90 亩；新建了第二教学楼和篮排球场，完成了学校道路的修建扩建、校门与主教学楼翻新、校医院改建装修和校园环境的绿化美化工程等一系列校舍修缮工程；完成了天然气、市政自来水入户工程；对锅炉房燃烧温度控制系统进行改造，优化改造管道线路；完成了综合楼立项、图书馆和体育文化中心项目前期研究论证立项工作；实施校园“一卡通”工程，不断推进数字化校园建设；进一步优化图书馆图书结构，扩大图书规模，提高图书质量；学校硬件水平得到明显提升，办学条件与校园环境明显改善。

——党建和思想政治工作不断加强。

五年来，我们深入开展中国特色社会主义理论体系教育，党的宣传与思想理论建设不断加强；大力加强领导班子思想政治建设和能力建设，各级领导班子领导水平和治校理教能力显著提高；深入推进干部人事制度改革和组织制度创新，干部工作的科学化、民主化、制度化水平有了新的提高；持续推进基层党建创新，基层党组织政治核心和战斗堡垒作用不断增强，党员先锋模范作用日益突出。扎实推进党风廉政建设，在强化对领导干部的监督、加强制度建设等方面取得明显进展。认真实施思想政治理论课程设置方案，加强哲学社会科学课程建设，积极推进中国特色社会主义理论体系“进课堂、进教材、进学生头脑”工作；大力加强辅导员队伍建设；深入推进学风建设，大力开展素质拓展工程；大学生思想政治教育工作水平不断提高，全方位、全过程、全员育人的大德育格局初步形成，大学生呈现出积极向上的精神面貌。2007 年，学校顺利通过了北京市党建工作评估。

在学校工作中，我们注重科学决策、民主决策，加强规章制度建设和领导班子的廉洁自律。特别需要指出的是，教职工代表大会在加强民主管理和民主监督、促进依法治校等方面，发挥了重要作用；学校工会在活跃教职工生活、维护教职工利益等方面，也做了大量的工作。在每次“双代会”上，学校都要就一年来的重点工作向代表们作专门报告，对财务、审计、招生、人事等重要、敏感，以及涉及师生员工切身利益的工作，每年向“双代会”作校务公开报告。代表们对学校的各方面工作提出了许多很好的意见，上届“双代会”的五年间，收到各类提案94件，反映了大家对学校工作的关注和支持，也促进了学校工作的不断改进。在此，我代表学校党政班子向各位教代会、工代会代表和各级工会干部对学校工作的支持表示衷心的感谢！对全校师生员工为学校发展付出的辛勤努力，表示崇高的敬意！

过去的五年，我们国家大事不断、喜事连连，充分显示了中国特色社会主义的优越性，展现了改革开放的伟大力量。过去的五年，我们学校开拓进取，硕果累累，极大增强了全体师生的自信心和自豪感，增强了物资学院的凝聚力和向心力。

2008年北京奥运会和残奥会成功举办。我校师生承担了一系列重要工作任务，圆满完成了使命，为学校争得了荣誉。全校直接参与奥运会和残奥会一线工作的师生分别为746人和1434人。北京市委、市政府、奥组委对我校1个先进集体和8名先进个人给予了表彰；奥组委、志愿者工作协调小组对我校45名先进个人给予了表彰；市委教育工委、市教委、团市委、市学联、市总工会、市统战系统等对我校10个先进集体和43名先进个人给予了表彰。

2009年在庆祝新中国成立60周年的群众游行活动中，我校有1676名师生圆满完成了群众游行方阵、群众游行合唱、群众联欢合唱表演、群众联欢集体舞四项任务，充分展示了我校师生良好的精神风貌，得到了上级领导部门的一致好评和表彰。

2010年，学校进入了建校的第30个春秋。举行建校30周年庆祝活动是全校师生员工和广大校友的共同期盼，也是继承传统、彰显成就、凝聚人心、再续辉煌的重要契机。学校党委、行政高度重视、精心筹划、严密组织，成功举办了一系列高水平的学术活动、校友会和联欢活动。广大校友齐聚一堂，畅叙友情，为母校发展献计献策。校庆实现了传承历史、展示成就、开拓创新、凝聚人心的目的，扩大了学校的影响力和美誉度，为学校未来的发展增添了前进的动力。

回顾“十一五”时期的学校工作，我们进一步加深了以下几个方面的认识和体会。

一是必须始终坚持社会主义办学方向，认真贯彻落实党和国家的教育方针，始终坚持以人才培养作为学校的根本任务，把提高人才培养质量作为一切工作的出发点和落脚点，加强党建和思想政治工作，促进全体学生成长成才，培养全面发展的社会主义建设者和接班人。

二是必须始终坚持与时俱进，敢为人先，积极适应经济社会发展的需要和国家高等教育发展的要求，继承和发扬传统特色，做大做强优势品牌，坚持特色发展。

三是必须始终坚持改革创新，树立现代大学理念，遵循高等教育规律，坚持人才培养模式创新和学术创新，探索建立符合时代要求的现代大学制度。

四是必须始终坚持对外开放，广泛争取社会资源办学，坚持校企合作、产学研人才联合培养，坚持国际化办学方向，积极借鉴国内外高校的先进经验，不断推进与国外高等院校和科研机构合作办学。

五是必须始终坚持民主办学，紧紧依靠广大师生员工办学，坚持艰苦奋斗，自强不息，抢抓机遇，敢打硬仗，努力拓展办学空间，不断提高办学水平。

各位代表，“人生天地之间，若白驹过隙，忽然而已。”五年时光，虽在弹指一挥间，却注定要在我们物院的发展历史上书写下浓墨重彩的一笔。五年来，物院人辛勤耕耘，诲人不倦，培养人才收获了累累硕果；五年来，物院人潜心钻研，奋勇拼搏，科学研究实现了历史突破；五年来，物院人励精图治，开拓创新，服务社会取得了显著成效。物院人以其强烈的责任感担当起国家和人民赋予的重担，担当起社会和历史赋予的使命，作出了应有的贡献。在此，我谨代表学校，向各位代表，向全体教职员工表示衷心的感谢！

二、学校“十二五”时期事业发展规划

（一）发展目标

各位代表，“十二五”时期是我们学校建设高水平特色型大学的关键时期，我校“十二五”时期的发展目标是：努力建设高水平特色型大学，到“十二五”期末，实现学科布局更加合理，各学科发展更加协调，特色与优势学科进入国内同类学科前列；学科带头人队伍建设和创新团队、教学团队建设取得明显成效，师资队伍的整体水平和能力得到提升，干部队伍的素质、能力、作风建设得到进一步加强；人才培养质量、科研成果水平明显提高，服务行业和地方经济社会发展的能力显著增强，社会服务贡献率大幅度提高；对外开放进一步扩大，国际交流合作取得重大进展；形成充满活力、富有效率、更加开放、有利于科学发展的现代大学管理体制机制；基础设施和公共服务体系建设取得新进展，办学条件明显改善，基本适应建设高水平特色型大学的发展需要；党建和思想政治工作科学化水平进一步提升，校园文化建设全面推进，学术氛围更加浓厚，学校综合实力迈上新的台阶。

（二）发展战略

1. 坚持内涵发展

内涵发展是核心，是高等教育进入大众化与普及化时代发展方式转变的根本要求，是落实国家教育发展工作方针、办人民满意大学的必然要求，是我校建设高水平特色型大学的必然要求。内涵发展与外延拓展并不矛盾，都是在适度扩大发展规模的基础上，进一步深化改革，苦练内功，全面提高学校学科建设水平、提高人才培养质量、提高社会服务能力。一是适应经济社会发展需

要和就业市场的需求，进一步构建和完善以培养创新精神和实践能力为核心的教育教学体系，创新人才培养模式，切实提高人才培养的质量；二是积极探索更具活力的科研管理体制和机制，切实提高科学研究的质量，提升科研创新能力，积极承担重大科研项目，出高水平科研成果，获高级别科研奖励；三是紧密结合地方社会经济发展和行业、产业发展实际，培养高素质应用型人才，加强校企合作人才培养，积极拓展社会培训市场，加强应用型科学研究，努力促进科研成果转化，提供高水平应用研究成果和高质量的政策决策咨询服务。

2. 坚持特色发展

特色发展是关键，是我校建设高水平特色型大学的必由之路。特色发展就是要做大做强物流和流通特色品牌，提升物流和流通相关学科专业的实力和水平，努力打造一流学术水平，建设一流研究实验基地，提供一流政策咨询与社会服务，培养一流的物流和流通人才，切实把学校建设成为首都乃至全国的“物流人才培养基地、物流理论研究中心、物流政策决策与咨询中心、物流技术应用研发中心”。一是进一步巩固物流规划、物流系统集成与优化、采购与供应链管理、流通经济等传统研究领域的优势，努力在物流信息化等特色方向形成新的优势；二是积极拓展学位点建设，大力加强专业学位教育，强化物流和流通特色专业建设，增强专业的适用性，办好采购专业、证券期货专业等特色专业，探索独具特色的人才培养模式；三是充分发挥物流学科特色与优势，围绕服务物流产业振兴，大力提高社会服务能力，以社会服务贡献力来反哺教学与科研，从而不断拓展和利用社会资源，形成独具特色的社会服务领域。

3. 坚持改革创新

改革创新是动力。学校要发展，根本靠改革，要以制约学校事业发展的制度、体制、机制、关键领域和重点环节的改革为重点，加快解决增强办学活力与体制机制约束的矛盾，为学校发展注入强大动力。一是改革创新大学内部治理结构，全面推进现代大学制度建设，不断推进科学办学、民主办学和依法治校进程；二是深化人事劳动和分配制度改革，建立健全优秀人才选拔制度和激励机制，鼓励教师潜心学术，关心支持学科发展，争创教学科研成果，努力形成重视人才、爱惜人才、合理使用人才、注重人才发展的良好环境，形成人人竞相成才、优秀人才脱颖而出的良好局面；三是创新人才培养体制，改革质量评价和考试制度，改革教学内容、方法、手段，创新人才培养模式；四是推进大后勤运行模式改革，探索优质高效的后勤服务保障模式，增强学校资源使用的科学性和灵活性，加强投入产出评估考核，开源节流，大力提高办学效益。

4. 坚持开放办学

开放办学是新增长点，是学校拓展办学空间，提高办学质量与效益的重要途径。一是大力加强与国内院校、科研机构、政府部门、行业协会、企业单位的交流合作，实行联合办学，联合培养，联合研究，促进学校发展；二是紧紧把握终身学习时代带来的巨大社会需求，大力发展继续教育，积极拓展社会培训市场；三是积极适应高等教育国际化发展需求，开展国际合作办学，努力提高人才培养和科学研究的国际化水平，大力引进优质教育资源，学习和引进国外大学高层次应用型人才培养的先进理念和模式，大幅度提高国际合作培养学生的比例，积极开展国际间的学术交流和科研合作，加大教师出国培训力度，提高教师队伍的综合素质；四是大力发展留学生教育，积极参与国际教育服务。

总而言之，我们在内涵发展、特色发展、创新发展和开放办学的思路下，提出了建设高水平特色型大学的目标。相信在广大教职员工的努力下，这个目标一定能够早日实现！

（三）主要工作任务

一是加大学科建设力度，努力增强办学特色与优势。学科特色体现学校办学特色，是学校取得核心竞争力的关键。“十二五”期间，我们将加强三级重点学科体系建设。在重点学科的带动和辐射下，实现学校学科整体水平全面提升。进一步优化整合现有的科研基地和科研创新团队资源，使之与学科建设的规划、目标更加契合。加强市级重点实验室、哲社研究基地和工程中心建设，在高层次专家聘用、科研经费投入、流动科研编制设立、重大课题项目争取等方面探索更加灵活高效的机制，充分发挥其学科建设的示范作用和辐射作用。

二是深化教育教学改革，提高人才培养质量。高等教育的根本任务是人才培养。学生健康成长是学校一切工作的出发点和落脚点。同时，教学工作是学校工作的中心，教学质量是学校的生命线和立校之本。学校要靠培养出高素质人才来赢得人心、赢得自身生存和发展空间。正基于此，我们要做到：以提高教学质量为依托，以深入教学改革为重点，以加强师德建设为契机，以创新管理机制为方向，层层落实、多措并举，确保我校师德师风建设再呈新面貌，教育教学工作再有新飞跃，教务教研水平再上新台阶。“十二五”期间，我们将不断加强专业建设，优化专业布局。强化内涵建设，通过特色专业建设和新专业扶持，充分利用优质资源，挖掘发展潜力，内涵发展，做出品牌，保持传统专业优势，形成新的强势专业，提高专业整体竞争力，将拓宽专业口径与灵活设置专业方向有机结合。

三是提高科学研究水平，增强社会服务能力。高水平的科研工作是提高教学质量、增强社会贡献力、提升学校声誉的重要条件。学校要继续保持“十一五”期间科研工作快速发展的势头，“十二五”时期再上一个新台阶，实现科研项目和经费快速增长。进一步健全科研管理体制和运行机制，加大科研机构建设力度。加强科研工作规划和政策引导，围绕学科特色与优势，进一步凝聚学术方向，集中优势学术力量，重点攻关，以率先在某些优势领域产生一批高水平、标志性的科研成果和高级别奖项，形成科研“高地”。

四是实施人才强校战略，提高师资队伍整体水平。有好的教师，才可能有好的教育。学校“十二五”事业发展规划能否圆满完成，高水平特色型大学的发展目标能否成功实现，关键要看我们能否造就一支师德高尚、业务精湛、结构合理、充满活力的高素质专业化教师队伍。正基于此，我们要进一步优化师资队伍结构。到“十二五”期末，围绕主体学科形成以“高层次人才”、“创新人才”等高水平人才为标志的人才高峰，打造一批学术思想活跃、富有创新精神、具有发展潜力的中坚骨干力量，形成多支高水平创新团队，引领和带动相关学科师资队伍建设；非主体学科形成以德才兼备、具有创新性思维的拔尖人才为标志的人才高地，汇聚一批学科带头人，学术团队竞相发展，学科队伍整体水平明显提高；造就一支适应高水平特色型大学要求，布局科学、结构合理、素质优良、能力突出的高水平师资队伍，使人才效能得到充分发挥，体制机制建设取得显著成效。加大高水平人才引进力度，加快人才队伍培养步伐。加强师德建设，提高师资队伍整体素质，鼓励教师形成兢兢业业、默默耕耘、不计名利、甘为人梯的职业素养。

五是扩大对外开放与交流，不断提高开放办学水平。对外开放办学是培养具有国际竞争力人才的重要举措。全球化时代、中国和平发展、北京建设世界城市与通州建设现代化国际新城，要求我们培养的人才必须具备国际视野和世界眼光，开展科学研究必须联系中国与世界的现实。我们要积极推进社会合作办学，提高学校与区域经济建设的契合度，积极融入区域创新体系建设，加强与地方政府、行业协会和大型企业的交流与合作，大力提升科研创新能力和社会服务水平。进一步增加国际合作院校和科研院所的数量；进一步落实国际合作协议的内容，把合作的范围从“点”扩展到“面”；与国外友好高校就人才培养、互派师资、科技攻关、文献共享等多方面开展全方位、一体化、实质性的合作办学；实施国际学术交流计划，鼓励和支持学院、教师开展国际科研合作，发展国际合作项目，举办高水平的大型国际学术会议，活跃校园学术氛围。

六是改革内部管理体制，健全完善内部治理结构。坚持和完善党委领导下的校长负责制，健全议事规则与决策程序，落实党委、校长职权。充分发挥学术委员会等各类学术组织的作用，探索教授治学的有效途径。进一步健全保障学校科学发展的长效机制，建立适应高水平特色型大学发展要求的现代大学制度，制定《北京物资学院章程》，不断推进科学办学、民主办学和依法治校进程。

七是进一步改善办学条件，优化发展环境。做好重大基建工程的组织实施。加快建设新学科综合楼项目、新图书馆项目和体育文化中心建设项目；根据学校实验实训基地建设的要求，调整并改造实验实训用房；积极商谈预留 90 亩教育用地的征用事宜，力争在解决学校北部学生公寓土地回购问题上取得实质性进展，合理开发利用南院资源，力争取得实效。改善教职工工作生活条件。进一步改善教职工办公条件，扩大教师办公用房面积。积极协调，努力探索有效途径，帮助教职工改善住房条件。努力提高饮食服务、医疗服务和校园环保卫生服务质量。更新配置校园文体设施，为广大师生员工开展文化休闲生活积极创造条件。全面实施数字化校园工程，全面推进人才培养、科学研究和管理服务的信息化水平，全面深入地运用现代信息技术，建设一流的网络环境，提供数字化管理手段，构建数字化的教学与科研平台，提高网络教育资源利用水平和信息安全保障水平。努力建设适应高水平特色型大学发展要求的开放式、多功能、复合型的现代化大学图书馆。大力弘扬“厚德博学、笃行日新”的校训精神，建立统一的学校形象标识系统，进一步规范校园公共艺术雕塑建设，进一步规范校园公共场所活动管理，广泛开展丰富多彩的校园科技、学术和文体活动，提升校园文化品位，营造积极健康向上的校园文化，展示宣传学校的品牌和形象，凝聚人心，增强广大师生员工的自信心、自豪感和凝聚力。

八是提高党的建设和思想政治工作科学化水平。全面推进学校党的思想建设、组织建设、作风建设、制度建设和反腐倡廉建设，提高党建工作的科学化、制度化、规范化水平，为学校事业发展提供坚强的思想政治和组织保证。“十二五”期间，力争党建和思想政治工作在第六次北京市党的建设和思想政治工作达标检查验收中获得优秀成绩。

各位代表，今年作为“十二五”开局之年，也是学校“十二五”时期事业发展规划的贯彻实施启动之年，对我校来说是一个非常重要的起点。我们必须深入贯彻落实科学发展观，贯彻落实党中央、国务院和市委、市政府对高校工作的要求，围绕建设高水平特色型大学的发展目标，以贯彻实施“十二五”规划为契机，以学科建设为龙头，以制度建设为主线，继续实施教学质量工程和科技创新工程，努力提高人才培养质量，进一步优化人才队伍结构，全面推进依法治校，大力加强学校基础设施建设，进一步加大开放办学力度，努力提高学校党的建设科学化水平，全面建设平安、文明、绿色、和谐校园，为“人文北京、科技北京、绿色北京”建设作出应有贡献。

各位代表，当前学校正值发展的战略机遇期，目标宏伟，任重道远。前进的道路上肯定会遇到各式各样的问题和困难，但是我们坚信，“为者常成，行者常至”，只要我们紧紧抓住历史机遇，勇敢面对各种挑战，开拓进取，团结奋斗，扎实工作，就一定能够实现“十二五”时期良好开局，把建设高水平特色型大学的宏伟事业继续推向前进。让我们携起手来，按照“苦练内功、提高质量、强化特色、改革创新”的发展思路，为全面实现学校“十二五”时期事业发展目标而努力奋斗！

谢谢大家！

加快现代流通体系建设　促进流通发展方式转变

——校长王旭东在第五届中国北京流通现代化论坛上的开幕词

（2011 年 10 月 15 日）

尊敬的各位领导、来宾、媒体朋友们、老师们、同学们：

大家上午好！

在这金风送爽的美好时节，我们相约北京物资学院，欢聚一堂，召开第五届中国北京流通现代化论坛。在此，我谨代表北京物资学院全体师生员工，对本次论坛的胜利召开表示热烈的祝贺！对莅临现场、关心我校的各位领导，对来自各地的专家学者、企业界精英、媒体朋友，表示最热烈的欢迎和最诚挚的谢意！

本届论坛由中国物流与采购联合会、中国市场学会和北京物资学院共同主办，由《中国流通经济》杂志社、北京物资学院商学院承办。本届论坛的主题是：加快现代流通体系建设，促进流通发展方式转变。

近年来，我国流通业呈现出新的特点，加快现代流通体系建设、转变流通发展方式备受瞩目。在 2010 年 12 月召开的中央经济工作会议上，胡锦涛总书记指出，要“认真搞好市场流通体系建设”。在 2011 年 3 月召开的十一届人大四次会议政府工作报告中，温家宝总理特别强调，要“加强农产品流通体系建设”。中国商业联合会在 2011 年年初发布了中国商业十大热点展望报告，其中“转变流通方式”位居十大热点的首位。因此，本届流通论坛研讨的主题，既是流通领域理论研究的前沿问题，也是社会关注和亟待解决的热点问题。

加快现代流通体系建设，促进流通发展方式转变，涉及流通业发展中的诸多环节，我认为要优先考虑并完成以下“六个转变”。

一是在发展理念上，要从做大、求规模、重形式，向做强、求效益、重能力转变；从急功近利的短期行为，向眼光长远的长效机制转变；从偏重硬件设施建设、市场容量扩张，向兼顾服务提升、质量改进、环境和谐、低碳高效、集约有序转变。二是在发展策略上，要从只重视单方利益最大化的博弈，向寻求生产、研发、流通、服务多方共赢的战略合作转变；从只重视流通企业的销售额、毛利率，向追求流通企业的盈利额、纯利率转变。三是在发展方式和手段上，要从粗放式的增长方式，向精细化的、重视资源优化程度、重视资源运用效率的发展方式转变；从过去主要依靠物质资本，向注重依靠人力资本转变。四是在流通模式和技术上，要从传统的、落后的流通经营模式，向现代的、先进的流通经营模式转变；从零散采购、分散配送、非连锁化经营，向集中采购、统一配送、连锁化经营转变；从重视引进国外流通技术，向追求我国自主技术创新转变。五是在商品市场类型与定位上，要从注重有形市场、显性市场、传统市场、低附加值市场，向注重无形市场、潜在市场、新兴市场、高附加值市场转变。六是在流通产业结构布局上，要从流通网络疏密无序、地区之间发展不平衡，向流通网络体系完善、结构布局合理转变。

建设现代流通体系，使命光荣，任务艰巨；转变流通发展方式，需要多方探讨，群策群力。包括本届论坛在内，每年一届的中国北京流通现代化论坛共举办了五届。其目的就是要为政、产、学、研各方面提供交流与合作的平台，为我国流通现代化建设提供更多更好的建设性意见。流通论坛举办至今，受到了国内外同行的广泛关注，产生了较大的社会影响。我相信，通过与会的国内外专家学者的共同研讨、共同努力，论坛必将对我国加快现代流通体系建设，促进流通发展方式转变产生积极的影响！

北京物资学院作为一所以物流和流通为学科特色、以培养流通领域高级专门人才为主要任务的高等院校，在过去的三十多年中，为国家培养了大批高级专业人才，尤其是在物流、证券期货、商贸流通等行业中，毕业生具有较高的社会声誉。学校紧密依托物流和流通行业，发挥学科特色和优势，在物流和流通研究领域取得了一批有分量的科研成果，为政府决策、企业发展提供了重要的咨询和理论支撑。学校主办的《中国流通经济》杂志是国内流通领域影响最大的学术期刊之一。学校目前正按照“苦练内功、提高质量、强化特色、改革创新”的发展思路，朝着努力建设高水平特色型大学的目标迈进。面对中国流通业发展的新形势，北京物资学院有责任、有义务加强与国内外同行的交流与合作，加大流通领域高级专门人才的培养力度，努力提高科学研究水平和社会服务能力，为推进我国流通现代化建设作出更大的贡献。

最后，预祝本次论坛取得圆满成功！祝各位身体健康，万事如意！

谢谢！

校长王旭东在2011年教师节座谈会上的讲话

（2011年9月9日）

各位老师、同志们：

今天，我们欢聚一堂，共庆第27个教师节的到来。我首先向在座的各位老师、向全校教职员工及离退休教职工致以节日的祝福，祝大家节日快乐、万事如意！

在全校师生员工的团结协作、拼搏努力下，学校在去年顺利完成了“十一五”规划的各项重点任务，今年以良好的发展势头昂首阔步迈进“十二五”。回首过去的五年，学校紧紧围绕创新型国家建设和人力资源强国建设的战略，结合国家和首都经济社会发展的需要，坚持走高水平特色型大学的发展之路，充分调动和激发全校师生员工的积极性、创造性，围绕构建和谐校园和培养高素质人才，求真务实，开拓创新，各项事业都取得了显著的成绩。我们的办学思路更加清晰，办学特色更加鲜明，办学水平不断提高，综合实力明显增强，社会影响力逐步提升，学校面貌正在发生着深刻变化。

所有这些成绩，都是在座的各位及全校教职员工用孜孜以求的努力和默默无闻的奉献换来的。一会儿，我们要对上一学年获得教学先进个人、科研先进个人、优秀教育工作者、优秀辅导员班主任等荣誉，以及获得市级以上表彰的优秀个人和团队进行表彰奖励，还要对我校从教三十年的老教师、老同志表示慰问。在此，我谨代表学校党委和行政，向在座的诸位、向辛勤工作的全校教职员工，以及学校各级领导干部表示崇高的敬意和衷心的感谢！

教育是民族振兴、社会进步的基石，教师则是知识创新、教育发展的基石。强国必先强教，强教必先强师。胡锦涛总书记在多次重要讲话中都强调了教师在教育事业发展中的关键作用。在今年中央政治局第二十六次集体学习时，总书记强调，要“着力建设高素质教师队伍，增强广大教师教书育人的责任感和使命感，加强教师职业理想和职业道德教育，提高教师综合素质和业务水平，在全社会倡导和形成尊师重教良好氛围。广大教师要学为人师、行为世范、教书育人，当好学生健康成长的指导者和引路人。”在清华大学百年校庆的讲话中，总书记专门面向高校教师再次强调，“广大高校教师要切实肩负起立德树人、教书育人的光荣职责，关爱学生，严谨笃学，淡泊名利，自尊自律，加强师德建设，弘扬优良教风，提高业务水平，以高尚师德、人格魅力、学识风范教育感染学生，做学生健康成长的指导者和引路人。”总书记的讲话明确了教师的神圣职责、光荣使命和奋斗目标，应当成为我们每一位教育工作者的行动指南。

培养造就一支高素质的教师队伍，我们不仅要继续重视那些为学校发展作出了重大贡献的老教师，也要把目光聚焦在那些朝气蓬勃的青年教师身上。他们有开拓的勇气和创新的潜能，他们代表着学校的未来，是实现学校可持续发展的重要保障。长期以来，学校对青年教师的培养十分重视。我们实施了青年教师培养导师制，加大了青年教师科研经费的支持力度，加强了青年教师学术生涯规划的指导，提升了青年教师队伍国际化水平，鼓励青年教师在职攻读博士学位。这些工作都有力促进了青年教师的成长。今年，学校仍然把师资队伍建设的重点放在青年教师的培养上。借今天这个机会，我想对我们的教师，尤其是青年教师，提出三点要求。

第一，要为人师表，教书育人，真正成为学生的良师益友。要以自己渊博的学识、精湛的教学艺术向学生传授知识，以自己良好的思想道德风范去影响学生，使我们的学生健康成长。

第二，要严谨笃学，刻苦钻研，争做教学改革的实践者。教师要崇尚科学精神，树立终身学习理念，不断学习新知识、新技能、新技术，拓宽知识视野，更新知识结构，提高教学质量和教书育人本领。

第三，要关心学校，热爱学校，以高度的责任心和使命感投入到学校实现跨越式发展的事业中来。广大教师关心学校的发展，始终保持让学校快速发展的强烈愿望，这是我们履行职责、做好工作的强大动力。学校的发展离不开每一位教职工的努力，个人的成就也离不开学校这个平台。

今年是“十二五”的开局之年，希望全体教职员工继续保持和发扬主人翁精神，立足本职、扎实工作，贯彻落实好“十二五”规划的各项任务措施，为实现高水平特色型大学的建设目标而努力奋斗！

谢谢大家！

校长王旭东在2011届毕业生毕业典礼上的致辞

亲爱的2011届毕业生同学们：

你们好！

六月的物资学院是最美丽的，这一个月来，每每看到满目青翠的校园里走过的身着学位服的飘逸身影和对未来充满期待的青春笑脸，我的心里都洋溢着喜悦和祝福。

2011年6月30日，是你们人生历程中值得珍惜、值得怀念的一天。因为，从今天起，你们将结束大学生活，走向纷繁精彩的社会，翻开人生新的篇章。今天我们在这里隆重召开毕业典礼，此时此刻，充盈在我心间的，既有浓浓师生之意，更有依依惜别之情，这段与物资学院共同度过的日子，记载着你们的青春与汗水，记载着你们刻骨铭心的成长历程。

林荫路上，夏熟秋实；运河岸边，冬去春来。四年里，教学楼里曾点燃你们多少憧憬与渴望，图书馆里曾记录你们多少凝思与遐想，田径场上曾挥洒你们多少激情与汗水，课堂内外曾彰显你们多少自信与昂扬。

四年间，你们伴随着母校共同经历了很多难忘的记忆，2007年，你们刚怀着憧憬和朝气迈进物院，就见证了学校的“两个评估”；2008年，你们经历了奥运会，在机场、奥运场馆、奥运村度过了整个夏天；2009年，操场上记录了你们的身影和汗水，天安门广场记录了你们的脚步和歌声；2010年，你们用志愿服务和绰约舞姿献礼母校三十岁生日；2011 年，你们将带着坚定、自信、成熟和抱负踏上新的征程。

在此，我要对所有为物资学院发展作出贡献的 2011 届同学们道一声感谢：感谢你们用自己的青春在学校发展的历史画卷上留下了五彩的笔墨，谢谢你们！

母校是什么？母校就是那个你一天骂他八遍却不许别人骂的地方。从你接到录取通知书的那一刻，你们已经与物资学院结缘，你们身上已经牢牢地打上了物院的烙印，你们的一言一行将代表着“厚德博学、笃行日新”的风貌，你们的小小光芒将汇聚成物资学院的无限光辉！

同学们，你们即将走出校门、走向社会，在社会的大课堂中，你们将会遇到更为艰难的社会考试，将会面对更为生涩的生活考验。作为师长，我们有很多话想跟你们叮咛嘱咐，但今天，我最想跟同学们说的一句话是：昂起头，挺起胸，自信地走上人生征途！

也许有的同学一直为自己没能进入重点大学而抱憾，也许有的同学对自己的现状很不满，这些都可以理解。但我要告诉大家的是，面向未来，你们必须且完全有理由对自己充满信心！自信是人生的基石，自信是迈向成功的第一步。物资学院虽不是重点综合大学，但建校三十年来，坚持自身办学特色，注重人才培养质量，为社会输送了大批合格人才，赢得了良好的社会声誉。过去的一两年里我接触了许多校友，他们不仅事业有成，丝毫不逊色于重点大学的毕业生，而且对学校充满感情，他们以是物资学院的毕业生为荣。我们在座的同学们在校期间取得的各项成绩也反映出了我们的竞争实力。我们下定决心去努力，我们就能成功！我们每一个人都没有任何理由妄自菲薄！当你珍惜自己的过去，把握自己的现在，乐观自己的未来时，你就站在了生活的最高处；当你明了成功不会陶醉你，失败不会击垮你，平淡不会淹没你，你就站在了生命的最高处！昂起头，挺起胸，自信地走上人生征途，我们每一个人都能拥有美好的前程！

我衷心地祝愿同学们一帆风顺、鹏程万里！

谢谢大家！

北京物资学院落实党风廉政建设责任制推进惩防体系建设情况自查报告

（2011 年 12 月）

近年来，在市委和上级相关单位指导下，北京物资学院党委始终坚持以中国特色理论体系和科学发展观为指导，围绕中心，服务大局，坚持把反腐倡廉建设作为加强党的建设的重要内容，作为推动学校事业科学健康发展的重要保障，以完善和落实党风廉政建设责任制为龙头，以廉政风险防控为重要载体，以领导干部作风建设为重点，以加强对权力的监督和规范权力运行为着力点，以党务公开、校务公开为重要环节，按照“三个更加注重”的要求，全面推进惩防体系建设，有效建立决策、监督和执行机制，全面落实“党委统一领导，党政齐抓共管，纪委组织协调，部门各负其责，依靠群众的支持和参与”的领导体制和工作机制，不断提高学校党风廉政建设的科学化水平，党风廉政建设工作不断取得新成效，学校逐步形成了风清气正的良好环境和氛围，有力保证了学校事业的顺利发展，维护了学校的和谐稳定，党风廉政建设得到了广大师生员工的充分肯定。

一、落实党风廉政建设责任制工作情况

1. 坚持领导体制和工作机制，层层明确落实责任

学校党委从2001年开始，以落实各级组织和领导干部责任为重点，逐步建立学校和二级单位党风廉政建设责任制，以此作为党风廉政建设的基础性工作来抓，不断增强各级领导班子和党员领导干部对反腐倡廉建设的责任意识，不断完善党风廉政建设的领导体制和工作机制。党委对党风廉政建设实行统一领导，认真制定党风廉政建设工作规划和年度工作计划，把党风廉政建设列入重要议事日程，纳入领导班子建设、领导干部任期目标管理，学校党政一把手深入实际调查研究，认真履行职责，对学校反腐倡廉建设工作做到了“五个亲自”。纪委协助党委制定年度党风廉政建设和反腐败工作任务分工，把党风廉政建设任务分解到位。围绕落实“三重一大”制度、推进党务校务公开、贯彻《准则》和教育部“十不准”要求等工作内容，全面加强工作的计划、组织、协调和检查。学校纪委向所有处级干部印发了《北京物资学院领导干部经济责任告知书》，进一步强化领导干部经济责任意识和风险防控意识。学校各级领导干部按照“一岗双责”的要求认真履行职责，一级抓一级、层层抓落实，构筑严密的责任体系。学校党风廉政建设工作与教学科研等业务工作同步部署、同步落实、同步检查、同步考核，使党风廉政建设工作和学校事业同推进、同发展。

2. 努力筑牢思想防线

教育是落实责任制和反腐倡廉的基础，学校连续五年开展党风廉政建设宣传教育月主题活动，通过示范教育、警示教育、主题教育、提醒教育、网络教育等多种形式，广泛开展反腐倡廉思想教育和警示教育，使全体党员干部深刻认识党风廉政建设的形势和反腐败斗争的长期性、艰巨性、复杂性，不断坚定信心，坚定理想信念；进一步筑牢党员领导干部拒腐防变的思想道德防线，切实增强推进党风廉政建设和反腐败工作的责任感和使命感，为整体推进学校党风廉政建设夯实了思想基础和工作基础。

3. 不断完善制度建设

学校党委以贯彻民主集中制和完善

决策机制为重点，不断完善党委议事制度和校长办公会议事规则，完善党委会议题征集管理制度、会前酝酿制度和沟通协调机制，指导二级学院建立和落实院务会议、总支会议、党政联席会议制度等领导工作机制。建立健全党风廉政建设情况报告制度、党委专题研究反腐倡廉工作制度、领导干部年终述职述廉制度、党风廉政建设责任制落实情况检查制度、与二级单位处级干部签订党风廉政建设责任书制度、党风廉政建设责任追究制度，进一步强化各级领导班子和领导干部岗位廉政责任意识，将责任制的落实具体化、任务化，形成长效机制。

4. 狠抓责任追究

在明确党风廉政建设责任制的内容和范围的基础上，确立科学的责任追究制度，严格责任追究的程序，确保党风廉政责任制的全面落实。例如，对违反财务管理的问题，及时进行责任追究，责令进行整改，对责任人进行追究。

5. 增强工作实效

党风廉政建设责任制既是推进党风廉政建设的有效载体，也是带动学校工作规范化、制度化的动力引擎。通过强化责任制的执行，学校上下形成人人重视、整体推进的良好工作局面，各级领导班子科学决策和谋划发展的能力显著增强，学校和部门工作运行机制进一步完善，制度执行更加规范，党员领导干部“一岗双责”得到具体落实。在2011年学校处级干部岗位竞聘、教师岗位三年聘期考核及非教师岗位定岗定编和岗位竞聘等关系全局、影响重大的工作中，学校各级党组织和党员领导干部忠实履行职责，全面落实学校要求，严格按照规定和程序办事，深入做好思想政治工作，有效化解各种矛盾，努力营造风清气正的良好环境，确保了处级干部竞聘、职工岗位竞聘、教师聘期考核等工作的有序进行和圆满完成。

二、贯彻执行《廉政准则》工作情况

1. 狠抓教育，务求实效

学校和二级单位组织干部培训学习，始终把党风廉政教育作为重要内容，做到廉政学习的制度化、规范化。一是加强针对性教育，精选报告，上好精品课。市教育纪工委书记周燕在学校党风廉政建设宣传教育月启动仪式上作的主题报告，对学校各级领导干部加强廉洁自律给予了很好的教育和指导，引发了大家深入的思考；军事科学院罗援将军《弘扬周恩来精神》的精彩报告，以周恩来精神激励我校干部教师树立优秀品质，发挥人格魅力，让所有听众久久不能忘怀；国家博物馆《复兴之路》大型主题展览，促使广大干部进一步明确了加强党的建设与实现国家振兴的现实关系。二是紧扣关键点。在学校2010年党风廉政会议期间，组织全体校处级干部学习、辅导、测试《廉政准则》；在2011年暑期处级干部培训班、新任干部集训学习班、新教师入职培训班上及全校新生形势教育课上，学校纪委书记都分别作了党风廉政建设专题报告，并以此作为与新聘正、副处级领导干部集体廉政谈话，把廉政教育做到了关键点上。三是突出警示性。学校纪委组织领导干部参观北京市反腐倡廉警示教育基地，组织全体校处级干部和重点部门工作人员参观北京市教育系统反腐倡廉展览，通过反面教材对党员领导干部进行了一次具有很强震撼力的廉政警示教育，警示作用十分显著。四是增强实效性。学校纪委为校内副处级以上干部、党支部书记、纪检委员、党风廉政监督员购买了《廉政准则》，以供自学之用；组织100余名干部参加了《廉政准则》考试；在参加处级干部竞聘人员笔试中，将《廉政准则》相关内容作为考题，竞聘答辩时就贯彻廉政要求进行提问；组织骨干队伍到北京、南昌、福建一些高校学习交流；组织纪检委员和监督员到革命老区井冈山接受教育。通过以上形式，促进党员干部进一步了解《廉政准则》的具体内容，明确规范，开阔工作视野，达到了以考促学、以交流考察助学的目的，并写出研究文章发表在《北京教育系统党风廉政建设研究文集》《中国流通经济专刊》《中国审计》等刊物。由于充分重视了教育在廉政建设中的基础作用，采取了有效的形式和做法，收到了较好的教育效果，使其转化为党员领导干部自觉贯彻《廉政准则》的内在动力。

2. 健全制度，明确规范

加强学校管理的科学化、规范化、程序化水平，学校自2010年开始全面清理各项规章制度，从源头上为加强党风廉政建设打好基础。结合这一契机，学校及基层单位进一步制定完善惩防体系建设制度体系。制度建设的基本要求是不留空白、便于操作、重视过程、强化约束、横向衔接、保障执行。在全面梳理和分析研究的基础上，学校编制了《北京物资学院制度汇编》，共编入制度190余项；学校纪委汇编下发了《北京物资学院惩防体系建设制度汇编》，共编入制度96项，《北京物资学院廉政风险防范管理工作资料汇编》，编入工作流程图158个，建立完善了学校推进党风廉政建设的制度体系。在抓制度建设的基础上，重点抓制度的执行，特别是针对上级检查和自查自纠中发现的问题，认真检查制度建立和执行情况，并以此作为学校推进《廉政准则》执行的重要举措，着力形成用制度规范行为、按制度办事、靠制度管人、依制度问责的工作机制，坚持从源头抓起，规范权力运行，加强风险防控。

3. 落实公开，强化监督

学校党委制定下发了《北京物资学院党务公开制度》，制定了党务公开实施方案。2010年对校务公开工作领导小组和民主监督机构进行了充实和调整，为校务公开的全面推行提供了组织保证。学校充分发挥工会教代会组织、民主党派、人大代表、政协委员和广大师生的监督主体作用，通过文件、简报、网络、会议、宣传电子屏、座谈等形式，促进和保障学校党务公开和校务公开的实现。学校纪委聘任了13名教师和学生代表为党风廉政监督员，定期组织会议和落实培训，依靠他们做好日常监督工作。通过加强民主监督，促进权力运行规范和决策科学，为实施依法办学和民主办学强化了监督基础，有效保障了《廉政准则》的贯彻执行，使权力在阳光下运行，在群众监督下运行，进一步加强了源头预防，推进了党风廉政建设。

4. 完善考核，保障执行

学校党委将考核党员领导干部执行《廉政准则》的情况与年终述职和考核相结合，明确了个人自查内容，把考核标准落实到具体观测点上，推进形成有效的工作制约。学校纪委按照党委要求，认真加强《廉政准则》执行情况的日常监督，结合信访案件工作和自查自纠工作实施重点考核。今年下半年，纪委组织了覆盖全校32个二级单位的贯彻两项法规（党风廉政建设责任制和《廉政准则》）落实情况专项调研和检查，促进各二级单位党政领导班子进一步理清工作思路，完善本单位决策机制和公开机制，认真检查领导干部落实责任制和执行《廉政准则》的情况，找准问题，有效整改，从制度层面和执行层面推进工作细化和深入。各二级单位也相应建立了本单位重点部位、重点岗位执行《廉政准则》的工作规范和考核办法，推进廉政要求的执行向下延伸。

三、开展廉政风险防范管理工作情况

1. 深入推进“两个延伸”

根据市委教育工委、市教委工作部署，学校廉政风险防范管理工作在抓好向校院两级领导班子延伸的同时，继续向基层重点部门和重点岗位，向决策环节、执行环节、监督环节延伸，逐步建立健全内容科学、程序严密、配套完善、有效管用的风险防范制度体系，并促进工作的全覆盖。2011年，根据上级部署的专项检查和市教委财经预算审计整改要求，党政班子认真研究，纪委加大工作力度，认真组织开展廉政风险排查，有错必纠，细化程序，有针对性地加强防控制度建设，积极建立动态化廉政风险防范运行机制、监督机制和惩戒机制。

2. 全面建立防控体系

按照“一个核心、三个明确、五个着力抓”的工作定位开展防控体系建设，即以防范为核心，明确风险点、明确防控措施、明确工作流程，着力抓制度、着力抓预防、着力抓覆盖、着力抓延伸、着力抓考核。学校党委、行政高度重视廉政风险防范管理工作，带头分析查找班子和个人存在的廉政风险点，带头制定廉政风险防控措施，带头抓好分管部门的廉政风险防范管理工作。各二级单位在查找领导班子和处级岗位廉政风险点的基础上，对本单位重点科室和科级重点岗位的廉政风险点也同时进行了查找，并制定了防控措施和检查办法。学校党政领导班子成员查找廉政风险点48个，制定防控措施52条。21个职能部门和9个教学单位共查找风险点360个，制定防控措施486条，制定工作流程图158个。经过认真整理，纪委编印了《北京物资学院廉政风险防范管理工作资料汇编》，形成了基础工作参照体系，在建立学校廉政风险防范管理长效机制方面取得了一定的成效。

3. 有效实施重点防控

学校党委根据廉政风险防范管理任务要求和学校实际，明确了学校内部10个重点防控部门。组织和人事部门重点规范选人用人机制和利益调整机制，学校干部人事工作在2011年取得比较大的突破和进展；纪检监察部门重点加大对财务收支、资产管理、基建项目、物资采购、科研经费、招生、后勤服务等方面的监督监察力度，学校整体运行中的廉政风险防范管理得到加强，特别是招生工作真正成为"阳光工程"，连续五年无投诉；各重点部门重点加强防控体系和相关制度建设，规范工作程序。纪委建立了监督工作联席会议制度，与重点部门有效沟通情况，查找分析问题，共同制定加强风险防范的措施和对策。今年以来，学校重点加强财务管理和资产管理制度建设，有效推进制度执行，积极创新工作方式，着力解决突出问题，在很大程度上提升了管理的规范化水平，进一步强化了学校廉政风险防范管理的工作基础。

4. 全面落实过程监督

学校坚持把风险防范管理工作的着力点放在落实过程监督上。针对2011年基建工程规模较大的实际，学校对在建的学科综合楼和即将开工的图书馆建设工程执行全过程审计，变事后监督为事前控制和过程控制，降低工程管理风险，加强源头预防，努力打造廉政工程。在全年各类专项检查中，严格按照有关要求开展自查自纠，确保工作覆盖率达到100%，并对发现的问题认真分析原因，有效督促整改。学校有关部门和二级单位通过建立健全工作规范，将廉政风险防范的有关要求与本单位具体业务活动相结合，促进风险防范真正落到实处。如《中国流通经济》杂志社在本单位工作制度汇编中将"一岗双责"落实到人，明确提出不收版面费，稿酬严格执行国家标准，拒绝"关系稿"、"学位稿"、"职称稿"等违反工作纪律和风险防控要求的稿件，使风险防范管理看得见、摸得着，具有很强的针对性和可操作性。

四、落实有关专项检查工作情况

按照上级有关要求，学校认真开展了"小金库"全面复查、教育收费自查、规范公车使用及清理和规范庆典、论坛、研讨会活动等专项检查的自查自纠工作。所有自查工作都相应成立领导小组，由纪委书记和主管校领导任组长，有关部门负责人为成员。"小金库"、教育收费的自查自纠覆盖率达到100%，并严格按照有关要求汇总上报材料，通过自查未发现"小金库"问题。规范公车使用检查组织有力，分工细致，部署清晰，情况统计准确，处置方法得当，并由后勤管理处制定了《北京物资学院公车管理与使用办法》等系列措施和制度，正在落实。同时，还有效清理了历史遗留问题。通过开展专项检查自查工作，进一步规范了学校办学行为，促进了制度建设和执行，有效加强了廉政风险防范。

五、贯彻落实《北京高校纪检监察工作考核办法》工作情况

《北京高校纪检监察工作考核办法》制定下发后，学校党政班子高度重视深度关切，进行了全面认真自查，形成三个明确，即明确认识，明确要求，明确目标。

首先明确认识，以考核增强反腐倡廉建设工作的自觉性。对高校纪检监察工作实施考核，是认真贯彻落实党的十七届六中全会、胡锦涛总书记在庆祝清华大学建校100周年大会上的重要讲话精神和《国家中长期教育改革和发展规划纲要（2010—2020年)》，进一步提高高校改革发展水平的需要；是总结实践经验，把握工作规律，深入推进高校反腐倡廉建设，为高校改革发展提供有力保证的需要。学校必须不断自觉审视，形成有力机制，解决好“上级监督太远，同级监督太软，下级监督太难，法纪监督太晚”的问题。

其次明确要求，以考核促进反腐倡廉建设的工作落实。要认真学习领会中央关于加强党风廉政建设的一系列重要指示精神，进一步全面抓好反腐倡廉教育这个基础，抓紧监督管理这个关键，抓住执行纪律这个重要手段，抓细完善制度这个重要保障，抓实党风廉政建设责任制这个龙头，切实推进形成高校反腐倡廉建设的整体合力。

最后明确目标，以考核提升反腐倡廉建设的科学化水平。通过自查，我们总结了很多经验，同时也查找了一些薄弱环节。学校纪检监察工作在把握工作规律、借鉴成功经验、加强理论研究和强化科技手段等方面还存在差距。针对这一实际，我们要结合考核不断有针对性地改进工作，进一步加强党委对学校党风廉政建设的统一领导，充分发挥纪委和纪检监察部门的组织协调作用和监督检查作用，着力加强纪检监察队伍能力建设，结合新的要求和量化考核指标体系，结合市检查组的指导意见，进一步提高工作的科学化水平，切实把学校党风廉政建设抓紧抓实抓出成效，以反腐倡廉的实际效果取信于广大师生员工，为实现建设高水平特色型大学的奋斗目标提供坚强保障。

当好主力军　建功“十二五”

——北京物资学院第四届教职工代表大会暨第四届工会会员代表大会综述

2011年5月6日，北京物资学院第四届教职工代表大会暨第四届工会会员

代表大会（以下简称“双代会”）在国际交流中心隆重召开。北京市教育工会主席张青山到会并讲话。校领导刘木春、王旭东、沈小静、翁心刚、王志鸣、赵凤琴、王文生等主席团成员在主席台就座。全校74名教职工正式代表、26名列席代表、12名特邀代表、3名民主党派代表、3名离退休老干部代表及共青团学生代表参加了会议。开幕式由副校长王文生主持。会议听取并审议校长工作报告、第三届工会教代会工作报告、学校财务工作报告等六项内容。

大会邀请北京兄弟院校的工会领导，分别是北京市教育工会常委安琳，北京协和医科大学工会常务副主席范晓明，北京联合大学工会常务副主席张俊玲，北京化工大学工会常务副主席苏建茹，中国传媒大学工会常务副主席赵怡，首都经济贸易大学工会常务副主席李民，北京第二外国语学院工会常务副主席吴炜，北京青年政治学院工会常务副主席李淑健，北京政法职业学院工会常务副主席陈湉，北京财贸职业学院工会常务副主席刘宝元。

大会在全体与会人员奏唱《中华人民共和国国歌》声中正式开幕。

学校党委书记刘木春在会上致开幕词。他表示，此次“双代会”是全校教职工政治生活中的一件大事，开好这次大会，对于团结动员大家深入学习贯彻党的十七届五中全会精神，在加快我校“十二五”发展建设中，发挥教职工智慧和力量，具有十分重要的意义。

刘木春指出，本次大会是在“十二五”开局之年，也是庆祝中国共产党成立90周年之际召开的一次承前启后、继往开来、凝心聚力、促进发展的盛会。大会将全面总结第三届“双代会”的工作，共议学校“十二五”时期事业发展规划，选举产生第四届教代会、工会委员会。

刘木春代表学校党委表示，将更加坚决有力地支持教代会、工会组织依法独立自主地履行职责，充分发挥“双代会”的民主参与、民主管理和民主监督作用，发挥好维护教职工切身利益的职能。

北京市教育工会主席张青山对北京物资学院第四届“双代会”的召开表示热烈的祝贺，并向学校全体教职工表示诚挚的问候。他表示，北京物资学院党委高度重视教代会和工会工作，建立完善的民主管理、民主决策、民主监督、校务公开体制和工作机制。在党委的领导和行政支持下，学校工会和教代会开拓创新，努力奋斗，在参与学校民主管理、推进依法治校、维护教职工合法权益、促进师德师风建设和校园文化建设等方面都取得了显著成效。

张青山在充分肯定学校取得成绩的同时提出希望：一是以科学发展观为统领，服务大局，在党的群众工作中体现新作为；二是充分发挥工会“大学校”的作用，围绕中心，提升职工思想道德素质；三是开门办工会，资源共享，充分发挥工会作为枢纽型组织在社会建设中的重要作用；四是适应党的要求和教职工的新期待，提升工会工作品位。

张青山强调，高水平的教育，不仅需要高水平的师资、高水平的学生、高水平的校园，更需要高水平的工会、高水平的民主科学的管理。他祝愿北京物资学院新一届工会委员会教代会领导班子在贯彻落实科学发展观的过程中，团结并凝聚全校教职工的智慧和力量，为建设高水平特色型大学作出突出贡献。

兄弟院校工会代表、北京协和医科大学工会常务副主席范晓明发表讲话。他对北京物资学院“双代会”的召开表示热烈的祝贺，他表示，北京物资学院的教代会和工会工作一向是兄弟院校学习的榜样。相信通过此次盛会，学校工会一定会不断创新，承担起历史赋予的使命，努力实现建设高水平特色型院校的目标。他希望学校间今后继续加强工作联系，交流经验，互相促进，共同为教育振兴而努力。

校长王旭东在会上作题为“改革创新　科学发展　为建设高水平特色型大学努力奋斗”的工作报告。报告分为两个部分：一是学校“十一五”时期工作成就回顾；二是学校“十二五”时期事业发展规划。

王旭东表示，“十一五”时期是学校发展史上极不平凡的五年，学校实现了跨越性发展。五年来，学校认真贯彻落实科学发展观，结合国家和首都经济社会发展的需要，围绕构建和谐校园和培养高素质应用型人才，求真务实，开拓创新，学校建设和发展的各项事业取得了显著成绩，学校的办学思路更加清晰，办学特色更加鲜明，办学水平和综合实力明显增强。

这五年，学校主要做了以下工作：一是学科建设不断加强，师资队伍建设取得明显进展；二是教育教学改革不断深化，人才培养质量稳步提高；三是科研工作水平不断提高，科研创新能力不断增强；四是管理体制改革不断深化，办学活力不断增强；五是对外交流与开放不断扩大，办学水平不断提高；六是基础设施建设有力推进，办学条件明显改善；七是党建和思想政治工作不断加强。

对于“十二五”时期的主要目标和任务，王旭东指出，“十二五”时期是学校建设高水平特色型大学的关键时期，学校“十二五”时期的发展目标是：努力建设高水平特色型大学，到“十二五”期末，实现学科布局更加合理，各学科发展更加协调，特色与优势学科进入国内同类学科前列；学科带头人队伍建设和创新团队、教学团队建设取得明显成效，师资队伍的整体水平和能力得到提升，干部队伍的素质、能力、作风建设得到进一步加强；人才培养质量、科研成果水平明显提高，服务行业和地方经济社会发展的能力显著增强，社会服务贡献率大幅度提高；对外开放进一步扩大，国际交流合作取得重大进展；形成充满活力、富有效率、更加开放、有利于科学发展的现代大学管理体制机制；基础设施和公共服务体系建设取得新进展，办学条件明显改善，基本适应建设高水平特色型大学的发展需要；党建和思想政治工作科学化水平进一步提升，校园文化建设全面推进，学术氛围更加浓厚，学校综合实力迈上新的台阶。

王旭东指出，当前学校正值发展的

战略机遇期，目标宏伟，任重道远。前进的道路上肯定会遇到各式各样的问题和困难，但是坚信“为者常成，行者常至”，只要紧紧抓住历史机遇，勇敢面对各种挑战，开拓进取，团结奋斗，扎实工作，就一定能够实现“十二五”时期的良好开局，把建设高水平特色型大学的宏伟事业继续推向前进。王旭东希望广大教职工能够按照“苦练内功、提高质量、强化特色、改革创新”的发展思路，为全面实现学校“十二五”时期事业发展目标而努力奋斗。

会上，北京物资学院教代会暨工会主席赵凤琴作题为“围绕中心　服务大局　团结动员教职工　为建设高水平特色型大学而努力奋斗”的教代会、工会工作报告。报告指出，在过去五年，校工会、教代会在学校党委的正确领导下，在校行政的大力支持下，以科学发展为统领，紧紧围绕学校中心工作，以构建和谐校园、促进学校发展为主题，以健全完善民主管理、源头参与、矛盾调处、权益保障机制为切入点，以服务大局、服务教职工为根本，努力发挥工会、教代会作用，突出工作重点，创新工作方式，各项工作取得了丰硕成果。一是围绕学校中心工作，服务改革发展大局；二是发挥“双代会”民主监督作用，依法参与学校民主管理；三是以教职工为本，营造和谐的校园环境；四是积极开展文化体育活动，丰富教职工业余生活；五是不断加强工会组织自身建设，努力提高工会整体水平。

赵凤琴在报告中提出今后五年工会、教代会的主要工作任务，一是加强学习，用科学理论指导工作；二是以围绕学校中心工作建功立业为主线，完善基层民主政治建设；三是强化“教职工之家”建家工作，以改革创新精神加强工会自身建设；四是围绕提升工作水平开拓创新，努力加强工会学习型、服务型、创新型组织建设。

会议还听取副校长翁心刚作的学校财务工作报告和陈红丽代表作的教代会提案委员会工作报告，表彰优秀提案和提案优秀承办单位，宣布二级建家合格单位并向二级建家合格单位授牌。

北京物资学院第四届教职工代表大会暨第四届工会会员代表大会会期一天，各代表团讨论审议校长工作报告，讨论审议学校“十二五”发展规划，讨论审议教代会和工会工作报告，并最终选举出北京物资学院第四届教代会执委会、工会委员会。

（撰稿人：韩莹莹　审核人：朱润辉）

依法行使民主权利，搞好人大代表换届选举

——通州区人大代表换届选举北京物资学院选区工作情况综述

2011 年 11 月，通州区顺利完成第五届人大代表换届选举，北京物资学院

作为通州区第79选区，圆满完成选区内区人大代表换届选举工作，为坚持和实行人民代表大会制度、保障全校师生依法行使民主权利开展了一次生动实践。此次选举工作分为宣传发动、选民登记、协商确定候选人和投票选举四个阶段。

一、宣传发动阶段

为做到选区内人人知晓、人人参与选举工作，学校大力宣传，积极推动。2011年9月，学校党委在第2011—24次党委会暨校长办公会上决定：成立北京物资学院选区选举工作组和选举工作办公室，明确各单位职责分工，做好选区内通州区人大代表换届选举工作。9月21日，在总支书记例会上学校党委通报学校选举工作组织架构和工作方案，要求各单位充分认识选举工作的重要意义，认真执行各阶段工作安排，加大宣传力度，解决好在校学生和流动人员的参选问题。

组织部、宣传部、学生处及各党总支和直属支部迅速行动起来，采取多种途径向教师、学生、离退休教职工、社区居民等不同人群宣传选举工作。

二、选民登记阶段

9月21日，学校选举工作领导小组副组长赵凤琴组织召开区人大代表换届选举选民登记阶段工作布置会。会议对各单位进行选民登记任务分工：人事处负责在职教职工、学生处负责在校本科生、研究生部负责在校研究生、离退休处负责离退休教职工、后勤管理处负责临时工、家委会负责校内社区家属。

各责任单位按时完成了所负责的选民登记工作，选举工作办公室对选民信息进行核对和统计，于10月15日将核实无误的数据上报通州区永顺镇选举分会。截至10月15日，北京物资学院选区共登记选民7282人，其中，教职工选民646人，本科生选民5854人，研究生选民574人，离退休选民116人，家委会选民34人，临时工选民58人。

10月16日，北京物资学院选区准时贴出选民榜，公布选民名单，选区内7282名选民被划分为232个选民小组。选民名单的公布，是对公民选举权利的确认，标志着北京物资学院选区选举工作正式进入第三阶段，即选民提名推荐和酝酿讨论代表候选人阶段。

三、协商确定候选人阶段

第三阶段工作的主要任务是提名推荐和协商确定代表候选人。10月17日，学校召开第三阶段工作布置会。根据通州区选举委员会的部署，10月20日前，完成代表初步候选人的提名推荐工作；10月23日，张榜公布代表初步候选人名单；10月28日前，汇总上报正式代表候选人名单；10月31日，公布正式代表候选人名单。

学校选举工作领导小组副组长赵凤琴在会上向与会人员提出三点要求：第一，要加强党的领导；第二，要充分发扬民主，坚持依法办事，保障民主权利；第三，要切实履行职责，掌握苗头问题，做好工作预案。她希望与会同志要加倍努力、加倍细心，积极组织开展好第三阶段工作，推选出能够真正体现本选区广大选民意愿、能够切实发挥作用的代表候选人。会议还布置关于召开选民小组长会议和投票时间地点等事宜。按照安排，北京物资学院选区定于11月8日早8时至凌晨24时在学校大礼堂进行投票选举。

10月26日，学校党委召开人大换届选举协商确定正式候选人会议。党委书记刘木春、副书记沈小静、副校长王志鸣、纪委书记赵凤琴、学校选举工作办公室成员、各选民小组组长参加会议。会议通报学校和通州区第79选区提名推荐初步候选人的基本情况。通州区第79选区内四家单位共提名推荐12名初步候选人，其中，学校提名推荐张旭凤等5名初步候选人。

会上，各选民小组负责人对12名初步候选人的基本情况进行讨论，并结合学校具体情况，坚持集中与民主相结合的办法，经过反复协商，就本选区区人大代表正式候选人基本达成共识。本次区人大代表换届选举工作分配物资学院所在选区人大代表名额为3名。根据相关法律规定，经过全体选民、选民小组及有关政党团体的民主推荐、反复酝酿和讨论协商，在充分发扬民主的基础上，根据多数选民的意见，确定本选区正式代表候选人4名，最终将以无记名投票方式，进行差额选举，选出3名区人大代表。

四、投票选举阶段

11月8日是通州区人大代表换届选举投票日。清晨6点，北京物资学院选区的工作人员全部到位，在校园内四个投票站做好了准备工作。

上午9时，通州区第79选区北京物资学院投票站投票仪式开始。通州区第79选区工作组组长王成江、第79选区总监票人胡天军、北京物资学院党委书记刘木春、校长王旭东、副书记沈小静、副校长翁心刚、副校长王文生、纪委书记赵凤琴、校长助理刘丙午参加仪式。仪式由副校长王志鸣主持。仪式上，学校选举工作领导小组副组长、选举工作办公室主任赵凤琴介绍本选区前期工作情况并宣读本选区正式候选人名单。

仪式结束后，学校党政领导和本选区工作指导组成员到各投票站指导投票工作。每个投票站气氛热烈，选民们认真填写手中选票，在工作人员引导下，排队走向票箱，投上庄严一票。投票持续到当天凌晨24时。

此次投票，学校应参加本次区级人大代表选举选民总数7282人，实际参加投票6942人，参选率为95.33%。经过差额选举，北京物资学院选区选民在4名选区内正式代表候选人中选举产生了3名区人大代表：张旭凤、郭宝圣、杜春刚。至此，通州区人大代表换届选举北京物资学院选区工作圆满完成。

（撰稿人：刘　浏　审核人：胡　伟）

学校制定“十二五”发展规划综述

学校领导高度重视“十二五”规划编制工作。早在2010年学校召开“十二五”规划编制动员部署会，校长王旭东动员部署了规划编制工作，作出了四个阶段的工作安排。

第一阶段：启动与调研阶段（2010年4—9月）。广泛开展校内外调研，研究制订“十二五”规划编制工作方案，召开全校各单位、各部门负责人会议，对规划编制工作进行动员和部署。学校组织各种务虚会、座谈会、研讨会，多种形式征询各方面意见，进一步理清学校“十二五”期间的发展思路、发展目标和工作任务。各单位、各部门认真组织学习和调研，总结“十一五”发展成绩与经验，做好相关数据的收集整理和统计分析工作，认真分析学校各项事业发展的特色、比较优势，找准存在的问题与差距，明确发展思路，为规划编制打下坚实的基础。

第二阶段：组织起草阶段（2010年10—11月）。在前期调研的基础上，研究确定学校“十二五”总体规划、各专项规划以及各单位、各部门“十二五”发展规划的基本思路。完成学校“十二五”总体规划、专项规划及各单位、各部门规划的起草与研究论证工作，并将相关规划初稿汇总交至学校办公室。

第三阶段：研究论证完善阶段（2010年12月—2011年2月）。通过多种渠道和形式，广泛征求全校师生员工对“十二五”规划的意见和建议，修改、完善相关规划，做好相关规划的衔接工作。

第四阶段：审议发布阶段（2011年3月）。通过学校党委会、校长办公会、教代会等民主决策形式，审议并通过学校总体规划及专项规划，直至最终定稿，予以发布并对规划进行汇编。

学校对编制《规划》提出6句话48个字的要求：理念领先，视野开阔；现状摸清，差距找准；定位准确，思路明晰；任务落实，措施可行；改革深化，机制激活；管理加强，保障到位。

按照学校的编制工作部署和要求，“十二五”规划编制工作如期完成，共完成以下规划编制任务：

一是总体规划：北京物资学院“十二五”教育事业发展规划。

二是专项规划：北京物资学院“十二五”学科建设规划、北京物资学院“十二五”人才培养规划、北京物资学院“十二五”科学研究规划、北京物资学院“十二五”师资队伍建设规划、北京物资学院“十二五”党建和思想政治建设规划、北京物资学院“十二五”校园建设规划、北京物资学院“十二五”后勤服务保障规划。

三是各教学院部等二级单位的规划。

（撰稿人：刘　浏　审核人：胡占君）

夯实科学发展长效机制，推进依法治校全面建设

——北京物资学院2011年依法治校工作综述

根据教育部《关于加强依法治校工作的若干意见》精神，北京物资学院在2011年进一步推进依法治校进程，建立依法决策、民主管理、自我管理、自主办学的工作机制，把教育管理和办学活动切实纳入法治轨道。

一、统一思想，提高认识

学校要求领导干部从三个层次提高对依法治校的认识。首先用法律法规规范办学，用依法治校的标准确定办学方向和目标，在学校管理活动中严格遵守《宪法》《教育法》和《高等教育法》等法律法规的具体规定，按照法律法规和《国家中长期教育改革和发展规划纲要（2010—2020年）》的要求，在学校“十二五”规划期间制定《北京物资学院章程》，并以此作为学校建章立制的总依据和开展办学活动的总纲领。其次是健全体制机制，不断加强学校法制机构建设，招聘律师事务所作为法律顾问团队，为学校的办学活动提供法律意见，做到依法办事，以法律为依据，以法治为原则，保证在处理与其他社会组织、公民、师生员工等各种关系过程中做到有法可依、有法必依、执法必严、违法必究。最后是强化现代大学制度建设，在学校的内部治理和管理活动中大力开展建章立制工作，做到程序规范、责任明确，同时不断完善民主制度，丰富民主形式，扩大师生员工有序参与学校管理的范围和途径，维护教职员工的知情权、参与权、评议权、审议权和监督权。

二、加强领导，认真谋划

2011年1月10日，学校召开推进依法治校工作会议，会议主题为“夯实科学发展长效机制，推进依法治校全面建设”。会议决定，进一步完善学校内部管理体制，把党委的领导权和行政的执行权、管理权有机统一起来，形成集体领导和个人分工负责相结合的领导和工作格局；建立健全学校章程，落实专业人员和专门机构的配备；要加强对领导干部和全体师生的法制宣传教育和培训，不断提高法治化工作水平，切实维护好学校和全体师生的根本利益和长远利益。

三、总结经验，不断完善

学校各部门结合工作实践，总结依法治校工作的经验，并提出下一步工作思路。

学生处针对目前高校在学生管理中容易出现法律争端的问题，如学生人身

伤害及其赔偿、隐私权和名誉权保护、学生处分等提出依法修订完善校纪校规，重视学生的法规教育，强化管理人员的法治意识、学生主体意识、服务意识和责任意识，注意处理好依法治校与从严管理的关系、依法管理与加强思想政治教育的关系以及依法管理与正确应对法律纠纷的关系。并提出相关建议：学校要通过聘请法律顾问或建立法制工作机构，加强学校法制教育和法律服务；利用法学专业的师资资源优势，对全校的教职员工进行相应培训；建立专门机构，对学生管理中出现的重大问题民主商议，集体决策处理。

资产管理处对资产管理中的合同管理提出：采购合同必须经过审批、签字、盖学校印章，不可以盖部门印章；加强对采购合同执行的管理。

党委宣传部就学校法制宣传教育工作提出：进一步提高普法工作重要性的思想认识，建立强有力的领导体制，加强对普法、依法治校工作的领导，保证依法治校健康有序地进行，提供普法教育经费保障。

四、明确重点，有力推动

2011 年，学校依法治校工作有两项重点工作：一是制定法治建设工作方案，二是清理规章制度。

学校制定《北京物资学院法治建设工作方案》，建立学校法律事务实行归口管理与分工负责相结合的工作机制，明确学校办公室为学校法律事务归口管理机构，学校其他职能部门和业务主办单位按照学校规定或授权具体负责各自职责范围内的法律事务。加强学校办公室法制工作力量，配备一名专职法律事务工作人员。

学校面向北京市律师事务所公开招标竞聘，聘任中标的律师事务所担任法律顾问机构。学校办公室负责法律顾问的具体协调和管理。北京康达律师事务所中标，成为学校首家法律顾问机构。

从 2011 年 3 月开始，在学校党委的领导下，开展校内规章制度清理工作，剔除已废止、重复以及与现行国家和北京市政策法规不相适应的规章制度，同时修订、补充若干规章制度。该项工作于 2011 年年底完成，共收录各类制度 193 项，涵盖党建工作、行政管理、教学工作、科研工作、学生管理等各个方面。

（撰稿人：刘　浏　审核人：胡　伟）

纪念中国共产党成立 90 周年系列活动

2011 年是中国共产党成立 90 周年。学校党委在“七一”前夕，下发《中共北京物资学院委员会关于开展纪念中国共产党成立90周年系列活动的通知》（物院党发〔2011〕2号），组织开展庆祝建党90周年系列活动，主要开展的纪念活动如下：

1. 召开庆祝中国共产党成立90周年大会

6月29日，学校召开了庆祝建党90周年暨创先争优表彰大会，对6个先进基层党组织、28名优秀共产党员和7名优秀党务工作者进行表彰。

2. 开展纪念建党90周年主题活动

开展“学习党史、坚定信念”主题教育实践活动：纪念建党90周年理论研讨会论文征集，召开纪念建党90周年理论研讨会，出版建党90周年论文集，举办“党史大讲堂”和“时代大讲堂”，开展“党风廉政建设宣传教育月”活动，组织参观纪念建党90周年展览，举办纪念建党90周年报告会。

开展主题实践活动：组织教学科研骨干和年轻干部赴革命圣地考察学习，组织党总支统战委员和统战教职工代表赴革命圣地参观，开展大学生“重走长征路”活动，组织大学生进行“红色老区采风”活动。

3. 舆论宣传

在校园网开设“纪念建党90周年”专题网页，在《北京物资学院报》上开设“纪念建党90周年”专栏，校内电视台播放红色经典影视剧，校园广播台每天播放一首红色歌曲和“党史上的今天”，宣传橱窗开设“纪念建党90周年”图片展和宣传先进基层党组织、优秀共产党员和优秀党务工作者事迹。

4. 开展走访慰问活动

“七一”前夕，学校党政领导走访慰问离休的老党员，各党总支及党支部慰问看望生活困难和生病的党员，解决党员在学习、生活、工作中的实际困难。

5. 继续开展“共产党员献爱心”捐献活动

以党总支为单位，动员和引导广大党员踊跃捐献。7月8日，学校党委组织部将全校共产党员捐献的近3.72万元电汇到北京市慈善协会。

6. 举办纪念建党90周年歌咏比赛和文艺表演

6月22日，由学校党委主办、工会承办、党委组织部和宣传部协办的庆祝中国共产党成立90周年红歌赛，在学校大礼堂隆重举行。学校领导及师生员工近1000人参加了表演。学校大学生艺术团举办庆祝建党90周年文艺表演。

7. 举办纪念建党90周年摄影书画展览

在全体师生员工中开展纪念建党90周年摄影书画作品征集活动，并在“七一”期间举办了摄影书画获奖作品展览。

（撰稿人：陈宵英　审核人：孙　杰）

北京物资学院干部换届工作综述

按照学校党委的有关规定，学校处级领导干部每届任期三年，上一聘期从2008年至2011年任期届满。2011年5月17日，学校党委制定《北京物资学院2011年处级领导岗位聘任工作实施方案》，成立“北京物资学院处级领导岗位聘任工作委员会”。5月18日至7月10日，除工会、团委外，全校32个处级单位和部门的85个处级领导干部岗位全部以竞争上岗的方式完成岗位聘任工作。

根据《党政领导干部选拔任用工作条例》，党委组织部编制《处级岗位职位说明书》，明确处级领导岗位的任职条件和任职资格，对在同一职位任满两届的处级领导干部，原则上要求进行岗位交流。

聘任工作的程序分为制订工作方案、成立领导机构和工作机构、编制岗位说明书、公布岗位职数、公开报名、资格审核、公布报名情况和资格审核结果、笔试、竞聘答辩、确定考察人选、组织考察、党委会讨论决定、任前公示、任前谈话、试用期满考察和正式任命16个工作环节，保证干部换届工作的顺利进行。在16个工作环节中，增加了编制岗位说明书和笔试两个工作环节，增强了干部任用的科学性、规范性和针对性，收到良好效果。

此次聘任工作涉及40个正处级领导岗位和45个副处级领导岗位，有177人次报名参加竞聘。最终，78名同志聘任为处级领导干部。其中，正处级38人，副处级40人。

在78名干部中，新任干部14人，副处提任正处干部7人，轮岗交流干部23人，免职干部（不含退休、调离学校等）14人。硕士以上学历比例为71.43%，比2008年提高36.43%，平均年龄42.7岁，比2008年降低2.09岁。

（撰稿人：荀　萍　审核人：宋晓欣）

北京物资学院处级以下管理岗位和非教师岗位聘任综述

根据北京市人事局、北京市教育委员会《关于印发北京市高等学校、义务教育学校、中等职业学校等教育事业单位岗位设置管理三个指导意见的通知》（京人发〔2008〕12号）、《北京物资学院岗位设置与聘用办法》（物院发〔2008〕52号）和《北京物资学院处级以下管理岗位和非教师岗位聘任实施办法（试行）》（物院发〔2011〕16号）文件精神，按照学校的总体安排，经学校党委会暨校长办公会研究决定，2011年4月进行2011—2013聘期处级以下管理岗位和非教师岗位聘任工作。

学校首先成立各二级单位岗位设置与聘用工作小组，并将全校分为三个处级以下管理岗位和非教师岗位聘任评议小组。4月11日，在国际交流中心二层多功能厅召开全校各单位负责人、全体处级以下非教师工作人员动员大会，公布拟聘岗位名称、岗位职责、聘用条件、考核办法、聘任程序等，岗位设置分为重点岗、骨干岗和一般岗三类，每个应聘者可以申请应聘两个部门。由各二级单位岗位设置与聘用工作小组对应聘人员的聘用资格和基本条件进行审核，向主管校领导汇报并研究提出推荐意见，交给所在聘任评议小组进行统一整理。申请聘任重点岗人员经过分组答辩，聘任评议小组长会议审议，提出等额建议方案；学校岗位设置与聘用委员会审议后，经学校党委会暨校长办公会审批，公示结果。申请聘任骨干岗人员经学校岗位设置与聘用委员会成员和各部门主要负责人分组进行聘任评议，按照百分制对应聘人员进行评分，每个岗位按照分数高低将应聘人员排出顺序；经聘任评议小组长会议审议，提出等额建议方案；学校岗位设置与聘用委员会审议后，经学校党委会暨校长办公会审批，公示结果。申请聘任一般岗人员由各部门考核确定拟聘人选，学校岗位设置与聘用委员会审议，学校党委会暨校长办公会审批，公示结果。

本次聘任，全校共有139人参加竞聘。其中，聘任重点岗54人，骨干岗70人，一般岗13人，并分别与学校签订岗位责任书，聘期为3年。通过分级聘任，明确岗位分工与岗位职责，避免因人设岗、人浮于事的管理弊端，实现岗位管理与人员聘用的科学化、合理化。

（撰稿人：樊娅楠　审核人：刘耀京）

北京物资学院“教职工之家”建设综述

截至2011年年底，北京物资学院13个分工会已全部建立二级“教职工之家”，切实做到让每位教职工都有属于自己的活动场所。

近年来，北京物资学院工会以建立“教职工之家”为工作抓手，大力加强基层工会组织建设，在较短的时间内实现了学校二级“教职工之家”从无到有，再到高质量的全覆盖。

北京物资学院二级“教职工之家”的占地总面积达到2158平方米，人均可达3平方米。在评述建设二级“教职工之家”的成效时，校工会主席赵凤琴指出，二级“教职工之家”建设有四点成效，一是党政大力支持，形成党政工共建一个家；二是分工会紧紧围绕学校中心工作，服务大局；三是工作规范、工作内容丰富多彩，特色亮点突出；四是各分工会民主管理、参政议政意识得到增强。

北京物资学院“教职工之家”建立后，充分调动教职工参与民主管理、民主监督的积极性。分工会主席均列席参加二级单位党政办公会，使工会工作开展得更加顺利，教职工对学校工作的满意程度也越来越高。

北京物资学院“教职工之家”建设的成效受到学校党委、上级主管部门的高度赞扬，中国教科文卫体工会全国委员会网站、中工网、《劳动午报》均以专文报道。

（撰稿人：韩莹莹　审核人：朱润辉）

第五届中国北京流通现代化论坛暨加快现代流通体系建设高层峰会综述

由中国物流与采购联合会、中国市场学会、北京物资学院主办，《中国流通经济》杂志社与北京物资学院商学院承办的第五届中国北京流通现代化论坛暨加快现代流通体系建设高层峰会于2011年10月15日在北京物资学院国际交流中心隆重举行。

全国人大常委会副委员长陈昌智致信祝贺。贺信指出，为了实现我国经济增长向依靠消费、投资、出口协调拉动转变，必须尽快建立多种渠道、多种业态、内外贯通、城乡一体的现代流通服务体系。希望论坛建言献策，紧密结合流通产业发展实际，努力为加强流通经济理论研究，发展社会化大流通，推动流通现代化，促进我国流通发展方式转变和流通产业跨越式发展作出新的更大的贡献。

国务院发展研究中心原主任、著名经济学家王梦奎，中共中央政策研究室原副主任、全国政协经济委员会副主任、著名经济学家郑新立，中国物流与采购联合会会长何黎明，原国家经贸委副主任、中国市场学会会长俞晓松，原国家粮食储备局局长、党组书记、中国市场学会理事长高铁生，中国商业联合会副会长、中华全国商业信息中心主任王耀，国务院研究室综合司司长陈文玲，中国商业经济学会副会长、著名商业经济学家黄国雄，原国家内贸局副局长、中国物流与采购联合会首席顾问丁俊发，北京工商大学副校长、中国工程院院士孙宝国，原北京市政协副主席、北京物资学院原副院长、著名物流专家王之泰，中国市场学会副会长郭冬乐，商务部流通业发展司副司长王选庆，国家发展和改革委员会运输研究所副所长汪鸣，国务院发展研究中心市场经济研究所副所长王微，中国社会科学院财贸所研究员宋则，中国物流学会副会长、南开大学教授刘秉镰，日本物流学会副会长、爱知学院教授丹下博文，日本流通经济大学教授、研究生院物流信息研究科长矢野裕儿，日本流通经济大学物流科学研究所教授小野秀昭，韩国中央大学东北亚流通研究所教授申仁光，首都经济贸易大学发展规划处处长祝合良，中国人民大学商学院教授王晓东，北京工商大学商业经济研究所所长洪涛，中国物流学会副会长、北京交通大学经济管理学院教授鞠颂东等中外流通、物流产业相关部门的负责人，以及理论界、实业界的专家、学者、企业家300余人出席本次论坛。

上午9时，论坛拉开帷幕。北京物资学院副校长王文生主持开幕式，《中国流通经济》杂志社总编辑陈建中宣读贺信。

北京物资学院校长王旭东致开幕词。他表示，建设现代流通体系，使命光荣，任务艰巨；转变流通发展方式，需要多方探讨，群策群力。北京物资学院有责任、有义务加强与国内外同行的交流与合作，加大流通领域高级专门人才的培养力度，为推进我国流通现代化建设作出应有的贡献。

与会者就加快现代流通体系建设、转变流通发展方式中的热点问题进行了积极探讨，提出了建设性建议。

与会者提出，转变流通发展方式，要转变发展理念，转变发展策略，转变发展手段，转变流通模式和技术，转变商品市场类型与定位，转变流通产业结构布局。“十二五”时期我国流通业发展方式转变的目标，是构建保障工业、农业、国防现代化和人民日益增长的物质文化生活需要的现代商品流通服务体系，用现代技术改造传统流通业，实现流通业从传统到现代的历史性跨越，完善与健全流通业法律法规。

与会者提出，“十二五”期间，要站在全球经济一体化的高度，统筹考虑外贸和内贸，商流和物流、信息流、资金流，按照流通经济和市场经济规律制定政策，改革现有的以工业或制造业为核心的经济管理和公共服务体系，支持包括流通业在内的服务业综合发展和业态、模式创新，改革不利于服务业发展的税收制度，支持流通业与工业、金融业融合发展，鼓励流通业集聚发展；要加快建设城乡对接的现代农产品流通体系、以城市为中心的现代消费品流通体系、大宗商品（生产资料）市场流通体系、内外贸一体的国际化流通体系及相应的财政、税收、土地保障体系和应急保障体系等。

与会者提出，要以落实《国务院办公厅关于促进物流业健康发展政策措施的意见》（简称“国九条”）为契机，促进物流业健康发展；以商业与物流业有机结合为切入点，以现代商贸物流服务体系建设为内容，发展商贸物流城市，创新商贸流通产业的扩张发展模式。

北京物资学院党委书记刘木春致闭幕词。他说，本届论坛是一届唱响创新主旋律的盛会、精彩观点纷呈的盛会、成果丰硕的盛会。论坛倡导的加强流通理论创新、流通制度创新、流通组织创新、流通模式创新、流通技术创新、流通人才培养模式创新，具有重要的现实意义，对于首都经济发展将起到积极的推动作用。

下午17时许，论坛圆满完成各项议程落下帷幕。

《人民日报》《光明日报》《经济日报》《科技日报》《中国教育报》《中国改革报》《北京日报》和新华网、人民网、北京电视台等媒体记者到会并进行了报道。

（撰稿人：孙志伟　审核人：陈建中）

第三届全国大学生物流设计大赛决赛综述

为更好地落实国务院发布的物流业调整与振兴规划，探索多途径培养适应现代物流业发展的实用人才，2011年4月26—28日，由教育部高等学校物流类专业教学指导委员会、中国物流与采购联合会主办的“顺丰杯”第三届全国大学生物流设计大赛决赛在北京物资学院举行。大赛组委会邀请来自全国各地的物流专家、教授和企业家等组成专家评审组，决赛采用现场陈述演示作品、专家提问、队员现场答辩的方式进行。经过两天激烈的角逐，共有60支参赛队分获一、二、三等奖。其中，12支参赛队获一等奖，21支参赛队获二等奖，27支参赛队获三等奖。28日上午，在北京物资学院礼堂举行隆重的颁奖和闭幕式。校长王旭东，中国物流与采购联合会会长何黎明，教育部高教司财经政法与管理教育处处长吴燕，教育部高等学校物流类专业教学指导委员会主任委员、上海海事大学副校长黄有方等有关方面负责人出席会议并为获奖队颁奖。作为主办方北京物资学院获得特别组织奖，北京物资学院2队获得全国一等奖。

本届大赛自2010年启动以来，受到社会各界的关注与支持，全国300多所学校开展校园赛，4000多名教师指导3.8万名学生参加校园赛；共有348支参赛队通过审核取得进入全国设计大赛的资格，创下历史新高。经过激烈的初赛，170支参赛队进入复赛，通过层层选拔，最终有60支参赛队进入决赛。本届大赛对推动高校物流教学改革，增进校企合作，促进大学生就业具有重要意义。通过大学生在企业的实践活动，将理论学习与企业实际需求紧密结合，有效培养和提高大学生研究问题、解决问题的能力。激励大学生勤奋学习，激发创造力，勇于实践，提高综合素质。

（撰稿人：白学波　审核人：许春燕）

北京物资学院第五届期货论坛综述

由北京物资学院经济学院和“商品与金融期货研究科技创新平台”共同主办、一德期货有限公司和华证期货有限公司协办的“第五届期货论坛暨证券期货专业建设研讨会”于2011年10月22日在北京物资学院国际交流中心举行。国内期货理论界知名专家学者和企业高管就当前期货热点、宏观经济形势、金融前沿问题及证券期货专业建设进行了深入研讨。本届论坛开幕式由经济学院院长赵娴主持。

校长王旭东在开幕式上致辞，他指出，在各界朋友的共同努力和支持下，期货论坛正在成长为以开放性为突出特征的学术平台，强化了学校与校友、高校理论研究队伍与业内实务人才之间的沟通与联系，对推动学校证券期货专业的建设与发展乃至推进证券期货行业从量到质的发展发挥着重要作用，期待并祝愿期货论坛长久举办下去，成为学校对外交流与沟通的名片。

开幕式上举行了客座教授聘任仪式和北京物资学院经济学院、一德期货奖学金启动仪式。

上海期货交易所副理事长武小强，中国证监会期货监管一部信息统计处调研员李树憬、姚广，国务院发展研究中心市场经济研究所期货证券研究室主任、研究员廖英敏，中国建设银行国际部（纽约分行前行长）辛乔利博士，中国社会科学院世界经济与政治所副研究员万军，中国建银投资公司张志前博士，华证期货有限公司执行副总经理刘新州，国务院发展研究中心宏观经济研究部研究员张立群分别就金融危机后期货市场的发展及面临的挑战、中国期货市场的经济功能发挥、未来中国期货市场的发展趋势及人才需求、中国要从“期货大国”向“期货强国”转变、威胁和破坏金融稳定的影子银行、日本核危机之后世界能源结构的变化、货币泡沫——从金融危机到全球通胀、企业组织结构与风险管理工具使用概率、2011—2012年经济形势分析与展望等方面作主题演讲。

本届论坛探讨证券期货领域六大方面的热点问题：①期货市场业务创新与国际化问题研究；②境内外期货市场运行机制比较研究；③期货公司服务实体经济模式研究；④大宗商品交易市场现状、问题及规范化研究；⑤套期保值相关问题研究；⑥期货市场价格发现功能研究。另外，与会专家学者还就当前的国际国内宏观经济金融形势、期货专业建设、期货人才培养模式，以及校企合作等问题进行深入探讨和交流。

（撰稿人：古　今　审核人：赵　娴）

北京物资学院第三届劳动科学论坛综述

2011 年 12 月 3 日，第三届劳动科学论坛在北京物资学院国际交流中心隆重举行。第三届劳动科学论坛由北京物资学院劳动科学与法律学院主办，北京东方慧博人力资源有限公司协办。论坛以“十二五”时期劳动关系的发展趋势与变革为切入点，共同探讨未来五年我国劳动关系将出现的新问题、新矛盾、新挑战、新变化，为我国构建和谐劳动关系，建设和谐社会提供诸多有价值的观点和思想。来自劳动科学学术领域的知名专家学者、北京物资学院领导、教师、研究生共400余人参加大会。

会议举行简短的开幕式，大会主席、学校党委书记刘木春致辞。在专题学术报告会上，首都经济贸易大学劳动经济学院院长杨河清教授，中国人民大学劳动人事学院常凯教授，北京市人力资源和社会保障局劳动关系处副处长柏澜，中华全国总工会法律工作部副处长黄龙，中国政法大学劳动与社会保障法研究所副主任金英杰，中国社会科学院农村发展研究所研究员于建嵘，中国劳动关系学院劳动关系系主任乔健，北京东方慧博人力资源有限公司董事长、90 级校友孙大元，北京住总祥业房地产开发有限公司党委副书记姜水，北京东方慧博人力资源有限公司总经理罗冬，首都经济贸易大学劳动经济学院副院长冯喜良，易和律师事务所律师丁丽萍，以及北京物资学院劳法学院的教师代表作专题学术报告，纵论新形势下劳动科学领域的热点问题。会议征集学术论文30 多篇，出版了《劳动科学学术论文集》。

（撰稿人：赵志瑞）

北京物资学院首届中国商贸流通企业发展论坛综述

2011年11月20日，首届中国商贸流通企业发展论坛暨钢贸企业成长与未来高峰会在北京物资学院国际交流中心举行，300余人出席。本次论坛由北京物资学院商学院主办。

北京物资学院商学院院长魏国辰主持会议，学校党委书记刘木春致辞。副校长翁心刚、中国金属流通协会会长李耀强、商务部流通业发展司副司长王选庆、兰格钢铁网董事长刘长庆、中国生产力学会副会长陈胜昌、天津财经大学教授张英华、中国社会科学院工业经济研究所江飞涛、营销战略与连锁经营体系建设专家牛连奎出席论坛并发表主题演讲。

在论坛讨论交流阶段，上海钢之源电子交易中心有限公司总裁刘胜喜、北京嘉华盛和钢铁贸易有限公司董事长张登祥、北京华天恒科技发展有限公司董事长许长忠、北京尚朴基业投资发展有限公司董事长虞彤、郑州鹏宇特钢有限公司总经理彭鑫、中远供应链管理有限公司市场研发部总经理郭超、北京中储华通商贸有限公司总经理郎艳霞等分别发言。

会议举行了战略合作签约仪式和聘任兼职教授仪式。商学院党总支书记刘永胜致闭幕词。

举办中国商贸流通企业发展论坛，旨在积聚商贸流通行业的精英，研究商贸流通领域的热点难点，交流商贸流通领域的信息，破解商贸流通的发展难题，共商商贸流通业的改革发展大计，同绘商贸流通企业发展蓝图。

本届论坛是以钢贸企业的成长与未来为主题，围绕钢贸企业的成长与未来，专题研讨现状、展望发展未来、探讨存在问题、分析创新模式、寻求理论依据、提供政策支持、谋求多方合作、促进持续发展。论坛重点对钢贸企业的领导力与执行力提升要诀、钢贸企业的发展路径选择、钢贸企业的赢利模式创新、钢贸企业的投融资及资金链风险控制、钢材价格波动下的进货策略、钢贸企业的电子商务平台建设、钢贸企业的区域化管理及跨区域经营、钢贸企业的未来发展趋势展望等热点问题进行深入研讨。

会议征集学术论文近万篇，编辑出版了《中国商贸流通企业发展论坛集锦——钢贸企业赢利模型创新》。

（撰稿人：吕　波　审核人：魏国辰）

北京物资学院首届校友发展论坛综述

2011 年 11 月 12—13 日，由北京物资学院校友会主办，四川校友会承办的首届物院校友发展论坛在四川成都顺利召开。此次论坛以“信息共享，资源共享，思想共享”为宗旨，致力于向广大校友提供一个持久交流和终身学习的平台，促进学校、校友与企业的共同发展。本届论坛的主题为“生产资料流通的价值链整合”。

论坛分为三个议程：第一，论坛嘉宾主题发言；第二，各地校友企业的发展热点主题讨论；第三，围绕如何办好校友发展论坛及校友会的建设自由发言。校友与企业代表围绕生产资料流通领域中如何应对金融危机，保增长、调结构、促发展，介绍宝贵经验。大家共聚一堂，交流情况，沟通信息，加强彼此之间的了解和联系；围绕行业发展，找出存在问题，提出政策建议。

学校党委副书记、校友会常务副会长沈小静出席论坛并讲话。原校长、四川校友会名誉会长张声书受邀出席论坛，北京现代物流研究基地常务副主任、物流学院教授张志勇作大会主题发言，广东校友会会长张涛、福建校友会会长陈志忠、河南校友会会长彭鑫、江苏校友会副会长莘宝青、上海校友会副会长曾谦、四川校友会会长敬文宝、学校校友工作办公室主任余茜等 40 多名校友会负责人参加论坛。论坛由四川校友会秘书长王明福主持。

广东校友会捐赠 150 本书作为此次论坛的纪念品。校友总会为论坛提供了 8 名校友志愿服务者并带去了学校校报的校友专刊。

首届北京物资学院校友发展论坛的成功举办是物院校友会在更广阔的领域和空间搭建校友交流平台的重要标志。

（撰稿人：余　茜）

文件与规章

党发文件

序号	发文字号	文件标题
1	物院党发〔2011〕1号	关于召开中国共产党北京物资学院代表大会的请示
2	物院党发〔2011〕2号	中共北京物资学院委员会关于开展纪念中国共产党成立90周年系列活动的通知
3	物院党发〔2011〕3号	中共北京物资学院委员会关于开展2010—2011年创先争优评选表彰活动的通知
4	物院党发〔2011〕4号	关于印发《关于加强和改进工会工作的意见》的通知
5	物院党发〔2011〕5号	关于筹备召开北京物资学院第四届教职工代表大会暨第四届工会会员代表大会第一次会议的通知
6	物院党发〔2011〕6号	关于成立劳动科学与法律学院筹备组的通知
7	物院党发〔2011〕7号	北京物资学院创先争优活动领导小组关于2011年创先争优活动工作要点
8	物院党发〔2011〕8号	关于筹备召开中国共产党北京物资学院代表大会的通知
9	物院党发〔2011〕9号	关于印发《2011年北京物资学院党风廉政建设和反腐败工作主要任务分工》的通知
10	物院党发〔2011〕10号	中共北京物资学院委员会党代会筹备情况报告
11	物院党发〔2011〕12号	关于印发《北京物资学院离退休干部工作领导责任制》的通知
12	物院党发〔2011〕13号	关于印发《北京物资学院关于进一步做好新形势下离退休干部工作的意见》的通知
13	物院党发〔2011〕14号	中共北京物资学院委员会关于进一步做好“守望教会”参与人员专项工作方案
14	物院党发〔2011〕16号	北京物资学院2011年处级领导岗位聘任工作实施方案

续　表

序号	发文字号	文件标题
15	物院党发〔2011〕17 号	关于北京物资学院第四届工会委员会选举结果的通知
16	物院党发〔2011〕18 号	关于印发《关于加强思想政治理论课改革与建设方案》的通知
17	物院党发〔2011〕19 号	关于对 2010 年度考核优秀表彰的决定
18	物院党发〔2011〕20 号	北京物资学院新闻发言人制度及网络发言制度暂行办法
19	物院党发〔2011〕21 号	关于印发《北京物资学院“六五”普法规划》的通知
20	物院党发〔2011〕22 号	关于成立中共北京物资学院基础保障部党总支部的通知
21	物院党发〔2011〕23 号	关于印发《北京物资学院关于通州区人大代表选举工作实施方案》的通知
22	物院党发〔2011〕24 号	关于印发《北京物资学院干部监督工作联席会议暂行规定》的通知
23	物院党发〔2011〕25 号	关于印发《北京物资学院宣传工作相关管理办法》的通知
24	物院党发〔2011〕26 号	关于印发《中共北京物资学院委员会贯彻落实〈中国共产党党员领导干部廉洁从政若干准则〉的暂行规定》的通知
25	物院党发〔2011〕27 号	关于印发《北京物资学院关于加强新形势下党建带团建工作的意见》的通知
26	物院党发〔2011〕28 号	关于印发《中共北京物资学院委员会关于廉政风险防范管理工作考核暂行办法》的通知
27	物院党发〔2011〕29 号	关于印发《北京物资学院信访工作规定》的通知
28	物院党发〔2011〕30 号	关于印发《北京物资学院校领导接待日制度》的通知
29	物院党发〔2011〕31 号	关于印发《北京物资学院礼品登记制度》的通知
30	物院党发〔2011〕32 号	关于印发《北京物资学院教职工代表大会实施细则》的通知
31	物院党发〔2011〕33 号	2011 年度处级领导干部和教学院（部）班子考核工作方案
32	物院党发〔2011〕34 号	北京物资学院出席党的十八大代表候选人初步人选推荐提名工作方案
33	物院党发〔2011〕35 号	关于总结凝练学校精神的工作方案

（党委办公室　提供）

校发文件

序号	发文字号	文件标题
1	物院发〔2011〕1 号	关于成立北京物资学院依法治校领导小组的通知
2	物院发〔2011〕4 号	关于调整学校就业工作领导小组的通知
3	物院发〔2011〕5 号	关于印发《北京物资学院就业工作考评办法》的通知
4	物院发〔2011〕6 号	关于开展规章制度清理工作的通知
5	物院发〔2011〕8 号	关于印发《北京物资学院编制管理暂行办法（修订稿）》的通知
6	物院发〔2011〕9 号	关于印发《北京物资学院管理人员、其他专业技术人员及工勤人员编制核定办法》的通知
7	物院发〔2011〕10 号	关于印发《北京物资学院教师编制核定办法》的通知
8	物院发〔2011〕11 号	关于调整部分教学机构设置的通知
9	物院发〔2011〕12 号	关于印发《北京物资学院 2011 年工作要点》的通知
10	物院发〔2011〕16 号	关于印发《北京物资学院处级以下管理岗位和非教师岗位聘任实施办法（试行）》的通知
11	物院发〔2011〕19 号	关于印发《北京物资学院关于财务管理体制的规定》的通知
12	物院发〔2011〕20 号	关于印发《北京物资学院校院（部）两级财务管理办法》的通知
13	物院发〔2011〕21 号	关于印发《北京物资学院预算管理办法》的通知
14	物院发〔2011〕22 号	关于印发《北京物资学院校内预算经费支出管理细则》的通知
15	物院发〔2011〕23 号	关于印发《北京物资学院财政专项管理办法》的通知
16	物院发〔2011〕24 号	关于印发《北京物资学院差旅费管理办法》的通知
17	物院发〔2011〕25 号	关于印发《北京物资学院校内收费管理办法》的通知
18	物院发〔2011〕26 号	关于印发《北京物资学院借款管理规定》的通知
19	物院发〔2011〕27 号	关于印发《北京物资学院审核报账及原始凭证的规定》的通知
20	物院发〔2011〕28 号	关于印发《北京物资学院基本建设财务管理规定》的通知
21	物院发〔2011〕29 号	关于印发《北京物资学院经费支出审批权限规定》的通知
22	物院发〔2011〕30 号	关于印发《北京物资学院领用转账支票的规定》的通知
23	物院发〔2011〕32 号	关于印发《北京物资学院国有资产管理办法》的通知

续 表

序号	发文字号	文件标题
24	物院发〔2011〕33 号	关于印发《北京物资学院固定资产管理办法》的通知
25	物院发〔2011〕34 号	关于印发《北京物资学院物资采购管理办法》的通知
26	物院发〔2011〕35 号	关于印发《北京物资学院物资采购合同管理办法》的通知
27	物院发〔2011〕36 号	关于印发《北京物资学院固定资产处置管理办法》的通知
28	物院发〔2011〕37 号	关于印发《北京物资学院固定资产报废处置实施细则》的通知
29	物院发〔2011〕38 号	关于印发《北京物资学院仪器设备维修管理办法》的通知
30	物院发〔2011〕44 号	关于成立发展规划办公室、信息中心的通知
31	物院发〔2011〕47 号	北京物资学院关于 2008—2010 聘期教师岗位聘任期满考核结果的通知
32	物院发〔2011〕48 号	关于印发《关于加强思想政治理论课改革与建设方案》的通知
33	物院发〔2011〕56 号	关于成立北京物资学院基础保障部的通知
34	物院发〔2011〕58 号	关于印发《北京物资学院校园安全稳定问题隐患排查整治方案》的通知
35	物院发〔2011〕59 号	关于 2011 年教师节表彰的决定
36	物院发〔2011〕60 号	关于印发《北京物资学院“十二五”时期事业发展规划》的通知
37	物院发〔2011〕61 号	关于调整爱卫会及工作机构组成人员的通知
38	物院发〔2011〕62 号	关于印发《北京物资学院关于做好校友工作的若干意见》的通知
39	物院发〔2011〕63 号	关于校友会办公室更名的通知
40	物院发〔2011〕66 号	关于印发《北京物资学院科研院所（中心）管理办法》的通知
41	物院发〔2011〕68 号	关于调整学校教学督导组部分成员的通知
42	物院发〔2011〕69 号	关于实施新生引航工程的通知
43	物院发〔2011〕71 号	关于成立学校财经工作领导小组的通知
44	物院发〔2011〕72 号	关于加强北京市物流系统与技术重点实验室、北京市现代物流研究基地和北京高校物流技术工程研究中心建设的通知
45	物院发〔2011〕73 号	关于成立学校财政专项管理委员会的通知
46	物院发〔2011〕74 号	关于成立新一届校学术委员会的通知
47	物院发〔2011〕76 号	关于公布 2011 年度研究生导师遴选结果的通知
48	物院发〔2011〕77 号	关于成立新一届校教学指导委员会的通知
49	物院发〔2011〕78 号	关于调整离退休干部工作领导小组成员的通知

续 表

序号	发文字号	文件标题
50	物院发〔2011〕80 号	关于印发《北京物资学院内部规章制度制定办法》的通知
51	物院发〔2011〕81 号	关于北京现代物流研究基地等三个学术平台副主任的任命通知
52	物院发〔2011〕82 号	关于调整教师职务聘任委员会的通知
53	物院发〔2011〕83 号	关于开展 2011—2013 聘期教师岗位分级聘任的通知
54	物院发〔2011〕84 号	关于成立北京物资学院贯彻落实党风廉政建设责任制领导小组等机构的通知
55	物院发〔2011〕85 号	关于印发《北京物资学院公车使用管理办法》的通知
56	物院发〔2011〕86 号	关于印发《北京物资学院教职工因私出国（境）相关问题管理办法》的通知
57	物院发〔2011〕88 号	关于印发《北京物资学院因公出国（境）管理办法》的通知
58	物院发〔2011〕89 号	关于印发《北京物资学院信息公开条例》的通知
59	物院发〔2011〕90 号	关于印发《北京物资学院信息公开指南》的通知
60	物院发〔2011〕91 号	关于调整北京物资学院岗位设置与聘用领导小组的通知
61	物院发〔2011〕92 号	关于印发《北京物资学院〈学生证〉管理办法》的通知
62	物院发〔2011〕93 号	关于开展 2011 年度教职工考核工作的通知
63	物院发〔2011〕94 号	关于印发《北京物资学院档案管理暂行办法》的通知
64	物院发〔2011〕95 号	关于印发《北京物资学院学生公寓管理办法》的通知
65	物院发〔2011〕96 号	关于调整学生公寓管理委员会的通知
66	物院发〔2011〕97 号	关于印发《北京物资学院涉外活动管理办法》的通知
67	物院发〔2011〕98 号	关于印发《北京物资学院学生〈德育·素质档案〉管理办法》的通知
68	物院发〔2011〕99 号	关于印发《〈关于加强和改进大学生心理健康教育〉的实施意见》的通知
69	物院发〔2011〕100 号	关于印发《北京物资学院本科生奖励办法》的通知
70	物院发〔2011〕101 号	关于印发《北京物资学院先进班集体评选办法》的通知
71	物院发〔2011〕102 号	关于印发《北京物资学院学生心理危机干预暂行办法》的通知
72	物院发〔2011〕103 号	关于印发《北京物资学院学生请假、销假规定》的通知
73	物院发〔2011〕104 号	关于表彰 2011 年就业工作先进集体的决定
74	物院发〔2011〕105 号	关于做好 2012 年毕业生就业工作的通知
75	物院发〔2011〕106 号	关于成立新一届图书情报工作委员会的通知

续 表

序号	发文字号	文件标题
76	物院发〔2011〕107 号	关于印发《北京物资学院图书情报工作委员会条例》的通知
77	物院发〔2011〕109 号	关于表彰 2010—2011 学年先进班集体和优秀学生的决定
78	物院发〔2011〕111 号	关于调整校园文化建设领导小组的通知
79	物院发〔2011〕112 号	关于成立“六五”普法领导小组的通知

（学校办公室　提供）

党政重要会议

2011年党委会暨校长办公会主要议题

时　间	会议名称	议　题
1月4日	2011—1次党委会暨校长办公会	科研、财务、资产工作会议安排；关于学校依法治校领导小组名单审议；讨论北京物资学院编制管理暂行办法（修订稿）；讨论北京物资学院管理人员、其他专业技术人员及工勤人员编制核定办法（讨论稿）；讨论北京物资学院教师编制核定办法（讨论稿）
1月18日	2011—2次党委会暨校长办公会	传达干部会议精神；寒假学生工作安排；审议就业工作考核办法；审议关于发放住房补贴相关事宜的处理意见；审议关于保卫处以及个人嘉奖奖励金发放请示；调整学校信访工作领导小组名单；审议学校信访工作联席会议制度；审议学校清理规章制度的通知；审议人员编制方案；审议年度考核与期满考核结果
3月1日	2011—3次党委会暨校长办公会	传达领导干部会和组织会精神；干部考核评定；传达市委教育工委安稳会精神；审议党委关于加强和改进工会工作的意见；审议关于召开第四届“双代会”有关事项的请示
3月8日	2011—4次党委会暨校长办公会	教学院系调整；干部工作；通报2011年度部门预算批复；纪念建党90周年系列活动通知和创先争优表彰活动通知
3月15日	2011—5次党委会暨校长办公会	审议关于上报市委教育工委先进基层党组织、优秀共产党员、优秀党务工作者候选人名单；干部工作；通报市委教育工委思政课建设督查工作会议精神；2011年学校预算工作；处级以下非教师岗位设置方案
3月23日	2011—6次党委会暨校长办公会	关于思政理论课教研部直属党支部设置问题；通报市委教育工委安稳会议精神；处级以下非教师岗位设置方案

续 表

时 间	会议名称	议 题
3月31日	2011—7次党委会暨校长办公会	干部工作；关于干部培训班的安排；审议《北京物资学院离退休干部工作领导责任制》；审议《北京物资学院关于进一步做好新形势下离退休干部工作的意见》；大后勤建设的基本思路和建议；处级以下非教师聘任有关问题
4月11日	2011—8次党委会暨校长办公会	筹备党代会；干部工作；干部培训计划；创先争优有关精神传达；审议处级以下非教师聘任有关文件
4月19日	2011—9次党委会暨校长办公会	筹备党代会情况的说明；审议财务、资产管理文件；关于征求新图书馆设计方案的意见；讨论审定聘用律师团；研究党委反腐败工作责任分工；审议重点岗聘任结果
4月26日	2011—10次党委会暨校长办公会	关于召开第十四次学生代表大会的请示；通报“双代会”代表资格审定结果及有关事宜；汇报骨干岗聘任情况；审议市级教学名师推荐人选
5月10日	2011—11次党委会暨校长办公会	审议离退休人员福利费使用办法；研究处级干部换届聘任工作；审议召开党代会相关事宜；审批科研项目配套经费方案；汇报“双代会”选举结果；汇报一般岗聘任情况
5月17日	2011—12次党委会暨校长办公会	审议《处级干部聘任工作方案》；关于学校信息公开的制度；关于党风廉政建设宣传教育月安排；清理公车专项工作方案
5月24日	2011—13次党委会暨校长办公会	干部工作；讨论干部聘任笔试监考人、判卷人及相关程序制度；审议“十二五”规划
5月30日	2011—14次党委会暨校长办公会	干部工作；通报毕业典礼时间；审议思政理论课改革与建设方案；通报清理公车第一阶段登记自查情况；工会干部问题；教师聘期期满考核及续聘问题
6月13日	2011—15次党委会暨校长办公会	干部工作；创先争优活动表彰名单
6月16日	2011—16次党委会暨校长办公会	干部工作
6月24日	2011—17次党委会暨校长办公会	干部工作

续 表

时 间	会议名称	议 题
6月27日	2011—18次党委会暨校长办公会	确定干部考察名单；干部任命公示；通报毕业情况、就业情况暨毕业典礼等事宜；审议北京物资学院“六五”普法规划；审议学校新闻发言人及网络发言人制度暂行办法；通报杨虎案近期工作；审议《北京物资学院科研院所管理办法》；处级以下管理岗位和非教师岗岗贴问题
7月8日	2011—19次党委会暨校长办公会	干部工作；研究讨论纪委关于网络中心违纪处理意见；通报教育收费工作会议精神，部署落实相关工作
7月14日	2011—20次党委会暨校长办公会	干部工作；研究干部培训会安排
8月30日	2011—21次党委会暨校长办公会	干部工作；总支设置工作；审议教学先进个人人选；通报申请博士学科情况；传达高校维稳工作会议精神；关于落实京教工办〔2011〕19号文的安排；教师节表彰事宜
9月6日	2011—22次党委会暨校长办公会	审议优秀教育工作者人选；审议优秀辅导员和班主任人选；审议科研先进个人名单；审议学术委员会改选方案；汇报市教委关于办好食堂工作会议精神
9月14日	2011—23次党委会暨校长办公会	审议《北京物资学院关于加强校友工作的若干意见》；通报北京市高校纪检有关情况；审议新学科综合楼各层使用功能
9月20日	2011—24次党委会暨校长办公会	研究区人大代表选举事宜；传达北京高校“为民服务创先争优”工作部署会精神；审议《北京物资学院关于加强校友工作的若干意见》；通报市教委关于控烟工作的相关事宜；研究确定国庆节放假安排
9月27日	2011—25次党委会暨校长办公会	通报政协人选名单；研究骨髓灰质炎疫情预防工作
10月11日	2011—26次党委会暨校长办公会	讨论创先争优活动实施方案；通报区政协换届人选；通报流通经济论坛及校友会常务理事会筹备情况；审议财经工作领导小组成员及主要职责；审议财政专项管理委员会工作职责；通报财政预算工作会议精神；讨论财务工作
10月18日	2011—27次党委会暨校长办公会	审议“新生导航工程”有关文件；审议财经工作领导小组和财政专项管委会有关文件；审议“三个平台”的人事调整方案；通报区人大代表选举工作相关事宜

续 表

时 间	会议名称	议 题
10月25日	2011—28次党委会暨校长办公会	审议《党费管理使用办法》《干部监督工作联席会议制度》；通报区人大代表选举推选情况；讨论思政教师（辅导员）岗位津贴问题
11月1日	2011—29次党委会暨校长办公会	通报王稼琼离任后续审计工作；研究学校车辆管理问题；研究南院16号楼与24号楼天然气入户经费问题；通报公车治理相关情况；研究讨论区人大代表投票方案；讨论审议《北京物资学院因公出国（境）管理办法》《北京物资学院校内涉外活动管理办法》
11月8日	2011—30次党委会暨校长办公会	听取创先争优活动情况汇报；审议《关于加强新形势下党建带团建的工作意见》；审议《北京物资学院新闻宣传工作管理办法》等文件；审议辅导员队伍建设有关文件；审议《北京物资学院信息公开条例》《北京物资学院信息公开指南》；审议《2011年教师晋升聘任工作的通知》
11月15日	2011—31次党委会暨校长办公会	讨论市“青年拔尖人才支持计划”；通报扶助困难党员、市党代会代表预备候选人、校级领导请假制度等事宜；通报“三个平台”副主任竞聘情况；审议《北京物资学院信访工作规定》等文件；讨论教师第二聘期分级聘任问题；审议《教职工福利费管理使用办法》
11月23日	2011—32次党委会暨校长办公会	通报教育部就业工作会议精神；审议就业工作先进单位名单；研究增加校园网带宽相关问题；通报启用学校办公系统的有关情况；讨论数字化校园建设有关问题；研究调整廉政风险防范工作领导小组名单；研究审议关于贯彻落实《中国共产党党员领导干部廉洁从政若干准则》的暂行规定；研究审议廉政风险防范考核办法；审议《北京物资学院教职工因私出国（境）管理办法》；审议学校及学院岗位设置与聘用机构名单
11月29日	2011—33次党委会暨校长办公会	审议学生工作有关制度；讨论财政专项工作；汇报有关基建项目进展和工程款支付问题；通报基建项目固定资产移交相关问题；审议工会有关制度；学校及学院岗位设置与聘用机构名单；审议研究生培养有关制度

续 表

时 间	会议名称	议 题
12月6日	2011—34次党委会暨校长办公会	审议离退休工作相关制度；传达关于年终领导班子考核的通知；审议《北京物资学院图书馆借阅制度》；学生公寓安全隐患情况通报与建议；讨论调整学生公寓管理委员会成员；讨论南浴室热水系统节能改造工程问题；审议增加校园网接入带宽的时间、经费问题；审议《北京物资学院档案管理暂行办法》；审议《关于开展2011年度教职工考核工作的通知》
12月13日	2011—35次党委会暨校长办公会	讨论确定干部年终考核方案及班子民主生活会安排；研究审议合同工管理相关事宜；研究杨虎案相关工作；审议就业工作相关文件；传达“两委”党风廉政建设责任制落实情况检查的反馈意见；讨论研究关于教师职务晋升评聘的工作规则
12月20日	2011—36次党委会暨校长办公会	通报增发年度绩效津贴事宜；通报教师聘期聘任事宜；审议学校网络服务收费方案；审议机构调整名单
12月27日	2011—37次党委会暨校长办公会	布置校领导班子年终述职、集体谈心等工作；通报学校推选十八大代表候选人初步人选情况；传达学习北京市《关于中国共产党普通高校基层组织工作条例的实施办法》；通报学校“六五”普法领导小组等机构成员调整情况；启动北京物资学院“学校精神”总结凝练工作

（学校办公室　提供）

机构与队伍

党政领导

北京物资学院2011年校级领导干部及校长助理

党委书记　刘木春
校　　长　王旭东
副书记　沈小静
副校长　翁心刚
副校长　王志鸣
纪委书记　赵凤琴
副校长　王文生
校长助理　刘丙午

中共北京物资学院委员会

书　　记　刘木春
副书记　沈小静
委　　员　王旭东　翁心刚　王志鸣　赵凤琴　王文生　杨　蓉　刘永胜

中共北京物资学院纪律检查委员会

书　　记　赵凤琴
副书记　傅　强
委　　员　李士元　张耀荔　朱　杰　许春燕　陈建中

（党委组织部　提供）

校级各委员会及领导小组

北京物资学院校务委员会

主　任　刘木春

副主任　王旭东

委　员　沈小静　翁心刚　王志鸣　赵凤琴　王文生　刘丙午　宋晓欣　刘耀京　胡　伟　孙　杰　许春燕　季　靖　秦江萍　王春华　樊潞维　卫　波　朱润辉　丁　健　赵　娴　邬　跃　朱　杰　魏国辰　尚　珂　吴尚义　研究生会主席　学生会主席

办事机构设在学校办公室

北京物资学院学术委员会

主　任　王旭东

副主任　翁心刚

委　员　刘丙午　秦江萍　许春燕　张志勇　陈建中　赵　娴　王宝森　邬　跃　张耀荔　朱　杰　李珍萍　魏国辰　王春华　尚　珂　刘家琨　吴尚义　胡占君

秘书处设在科研处

秘　书　秦江萍（兼）

北京物资学院学位委员会

主　任　王旭东

副主任　沈小静

委　员　刘丙午　许春燕　季　靖　韩　星　郝玉柱　邬　跃　魏国辰　尚　珂　吴尚义　李邢西　罗新东

秘书处设在研究生部和教务处

秘　书　刘丙午（兼）　季　靖（兼）

北京物资学院教师职务聘任委员会

主　任　王旭东
副主任　王文生
委　员　刘木春　沈小静　翁心刚　赵凤琴　刘丙午　刘耀京　许春燕　秦江萍
陈建中　赵　娴　邬　跃　朱　杰　魏国辰　吴尚义　尚　珂　胡占君
张　鸣

办公室设在人事处
办公室主任　刘耀京（兼）

北京物资学院岗位设置与聘用工作领导小组

组　长　刘木春　王旭东
成　员　沈小静　翁心刚　王志鸣　赵凤琴　王文生　刘丙午　杨　蓉　刘永胜

北京物资学院岗位设置与聘用委员会

主　任　王旭东
副主任　王文生
委　员　刘木春　沈小静　翁心刚　王志鸣　赵凤琴　刘丙午　刘耀京　宋晓欣
许春燕　秦江萍　赵　娴　邬　跃　朱　杰　魏国辰　尚　珂　吴尚义
胡占君　张　鸣　卫　波　陈建中

办公室设在人事处
办公室主任　王文生（兼）

北京物资学院德育工作领导小组

组　长　刘木春　王旭东
副组长　沈小静
成　员　孙　杰　许春燕　李彩丽　季　靖　李邢西　丁　健

北京物资学院安全稳定工作委员会

主　任　刘木春　王旭东

副主任　沈小静　王志鸣

委　员　宋晓欣　胡　伟　孙　杰　李彩丽　季　靖　卫　波　丁树歧　王世林　朱润辉　丁　健　王玉泉　赵　娴　张耀荔　朱　杰　赵志瑞　刘永胜　刘艳荣　胡占君　罗新东

办公室设在学校办公室

办公室主任　胡　伟（兼）

北京物资学院国家安全领导小组

主　任　刘木春

副主任　沈小静

成　员　宋晓欣　胡　伟　孙　杰　李彩丽　季　靖　卫　波　丁树歧　王世林　朱润辉　丁　健　王玉泉　赵　娴　张耀荔　朱　杰　赵志瑞　刘永胜　刘艳荣　胡占君　罗新东

办公室设在学校办公室

办公室主任　胡　伟（兼）

北京物资学院校园环境整治与建设领导小组

组　长　王旭东

副组长　王志鸣　沈小静

成　员　胡　伟　许春燕　季　靖　卫　波　刘新军　丁树歧　丁　健　罗新东

办公室设在后勤管理处和学校办公室

办公室主任　卫　波（兼）　胡　伟（兼）

北京物资学院学科建设委员会

主　任　王旭东

副主任　翁心刚

委　员　刘丙午　刘耀京　许春燕　秦江萍　王春华　赵　娴　邬　跃　魏国辰　尚　珂　吴尚义　李邢西

办公室设在研究生部

办公室主任　刘丙午（兼）

北京物资学院教学指导委员会

主　任　王旭东
副主任　刘永胜　李珍萍
委　员　王淑花　尹德洪　冯凡彦　李广义　李惠阳　张旭凤　张秋艳　贾炜莹　郭　键
秘书长　许春燕（兼）

北京物资学院校务公开工作领导小组

组　长　王旭东
副组长　翁心刚
成　员　王志鸣　王文生　宋晓欣　刘耀京　胡　伟　许春燕　季　靖　秦江萍　王春华　卫　波　刘新军　李邢西
办公室设在学校办公室
办公室主任　胡　伟（兼）

北京物资学院党务公开工作领导小组

组　长　刘木春
副组长　沈小静
成　员　王旭东　翁心刚　王志鸣　赵凤琴　王文生　宋晓欣　刘耀京　胡　伟　孙　杰　傅　强　季　靖　丁树歧　王世林　朱润辉　丁　健
办公室设在党委办公室
办公室主任　胡　伟（兼）

北京物资学院依法治校领导小组

主　任　刘木春　王旭东
副主任　王文生　赵凤琴
成　员　沈小静　翁心刚　王志鸣　刘丙午　胡　伟　刘耀京　丁树歧　孙　杰　许春燕　季　靖　秦江萍　朱润辉　卫　波　傅　强　王春华　樊潞维
办公室设在学校办公室
办公室主任　胡　伟（兼）

北京物资学院党风廉政建设领导小组

组　长　刘木春　王旭东

副组长　赵风琴

成　员　沈小静　翁心刚　王志鸣　王文生

办公室设在纪监审办公室

办公室主任　傅　强（兼）

北京物资学院贯彻落实党风廉政建设责任制领导小组

组　长　刘木春　王旭东

副组长　沈小静　赵风琴

成　员　宋晓欣　刘耀京　胡　伟　傅　强　许春燕　王春华

办公室设在纪监审办公室

办公室主任　傅　强（兼）

北京物资学院廉政风险防范管理工作领导小组

组　长　刘木春

副组长　王旭东

成　员　沈小静　翁心刚　王志鸣　赵风琴　王文生　刘丙午

办公室主任　赵风琴（兼）

北京物资学院招生工作领导小组

组　长　王旭东

副组长　赵风琴

成　员　许春燕　傅　强　孙　静

办公室设在教务处

办公室主任　孙　静（兼）

北京物资学院就业工作领导小组

组　长　刘木春　王旭东

副组长 沈小静

成　员 季　靖　许春燕　秦江萍　郝玉柱　邬　跃　刘丙午　魏国辰　尚　珂　吴尚义　刘耀京　王　红　丁　健

办公室设在学生处

北京物资学院体育运动委员会

主　任 沈小静

副主任 赵凤琴　张　鸣

委　员 胡　伟　孙　杰　许春燕　李彩丽　季　靖　王春华　卫　波　丁树歧　朱润辉　丁　健　张建宝　王晓平　徐必忠　于冠华　马立梅　付　莉　罗新东

秘书处设在体育教学部

秘书长 张　鸣（兼）

北京物资学院校园文化建设领导小组

组　长 沈小静

副组长 王志鸣

成　员 胡　伟　孙　杰　傅　强　胡占君　许春燕　李彩丽　季　靖　秦江萍　韩　星　刘耀京　王明发　朱润辉　丁　健　王玉泉　张　鸣　罗新东

办公室设在宣传部

办公室主任 孙　杰（兼）

北京物资学院信息化建设领导小组

组　长 王旭东

副组长 沈小静

成　员 刘耀京　胡　伟　孙　杰　许春燕　刘丙午　季　靖　秦江萍　王春华　卫　波　丁树歧　刘家珉　王玉泉　罗新东

办公室设在信息中心

办公室主任 王玉泉（兼）

北京物资学院国有资产管理委员会

主　任　王旭东
副主任　翁心刚　赵凤琴
委　员　胡　伟　傅　强　樊潞维　卫　波　丁树歧　罗新东
办公室设在资产管理处
办公室主任　樊潞维（兼）

北京物资学院采购招标工作委员会

主　任　王旭东
副主任　翁心刚　赵凤琴
委　员　胡　伟　傅　强　樊潞维　卫　波　季　靖　刘家珉　罗新东
办公室设在资产管理处
办公室主任　樊潞维（兼）

北京物资学院图书情报工作委员会

主　任　王旭东
副主任　翁心刚
委　员　陈建中　胡占君　秦江萍　许春燕　王春华　樊潞潍　季　靖　徐广姝
杨　菁　王成林　申贵成　吕　波　唐华茂　桂天寅　张秋艳
秘书长　刘家珉（兼）

北京物资学院保密委员会

主　任　刘木春
副主任　赵凤琴
委　员　胡　伟　宋晓欣　孙　杰　傅　强　许春燕　秦江萍　丁树歧　王玉泉
办公室设在学校办公室
办公室主任　胡　伟（兼）

北京物资学院人事争议调解委员会

主　任　赵凤琴
委　员　宋晓欣　傅　强　张雁鸣　朱润辉
办公机构设在校工会

北京物资学院离退休干部工作领导小组

组　长　刘木春
副组长　赵凤琴
成　员　宋晓欣　胡　伟　孙　杰　刘耀京　王春华　许春燕　卫　波　丁树歧　季　靖　李彩丽　朱润辉　王世林　王秀华

北京物资学院学生申诉处理委员会

主　任　沈小静
副主任　赵凤琴
委　员　傅　强　顾　煜　李彩丽　刘世波　丁树歧　丁　健　法律顾问、教师代表和学生代表各一人

北京物资学院民族宗教工作领导小组

组　长　沈小静
副组长　宋晓欣　刘耀京
成　员　胡　伟　宋晓欣　孙　杰　许春燕　李彩丽　季　靖　王明发　丁树歧　朱润辉　丁　健　罗新东
办公室设在党委统战部
办公室主任　宋晓欣（兼）

北京物资学院治安保卫工作委员会

主　任　王志鸣
副主任　胡　伟　傅　强
委　员　孙　杰　季　靖　卫　波　朱润辉　丁　健　张建宝　王晓平　徐必忠

于冠华　马立梅　付　莉　罗新东

办公室设在保卫处

办公室主任　丁树歧（兼）

北京物资学院学生资助工作领导小组

组　长　王旭东

副组长　沈小静　翁心刚

成　员　刘丙午　胡　伟　季　靖　王春华　卫　波　丁　健　赵　娴　邬　跃　魏国辰　尚　珂　吴尚义

办公室设在学生处

办公室主任　季　靖（兼）

北京物资学院绩效考评自评委员会

主　任　王旭东

副主任　翁心刚　王春华

委　员　刘丙午　刘耀京　许春燕　秦江萍　杨建科　刘家珉　赵　娴　吴尚义

办公室设在财务处

办公室主任　王春华（兼）

北京物资学院关心下一代工作委员会

顾　　问　刘木春　王旭东

名誉主任　沈小静

主　　任　阙光淮

副 主 任　王世林　杨洪璋

委　　员　张声书　刘富存　汪锦才　沈贤葆　宗贻贤　贾怀璞　殷　勤

秘书处设在离退休工作处

秘 书 长　王世林（兼）

北京物资学院语言文字工作领导小组

组　长　王旭东

成　员　胡　伟　孙　杰　许春燕　季　靖　韩　星　丁　健

办公室设在教务处

办公室主任 许春燕（兼）

北京物资学院学生公寓管理委员会

主　任 沈小静

副主任 王志鸣

委　员 胡　伟　季　静　李彩丽　丁树歧　卫　波　王春华　丁　健　李　明　各学院学生工作负责人

北京物资学院大学生无偿献血工作领导小组

组　长 沈小静

副组长 季　靖

成　员 胡　伟　孙　杰　刘世波　王春华　卫　波　孟玉兰　丁树歧　丁　健　张建宝　王晓平　徐必忠　于冠华　马立梅　付　莉

办公室设在校医院保健科

北京物资学院防汛抢险工作领导小组

组　长 王旭东

副组长 王志鸣　沈小静

成　员 胡　伟　孙　杰　季　靖　王春华　卫　波　刘新军　丁树歧　丁　健　罗新东

办公室设在学校办公室

办公室主任 胡　伟（兼）

北京物资学院安全生产领导小组

组　长 王旭东

副组长 王志鸣

成　员 胡　伟　卫　波　刘新军　丁树歧　刘家珉　王玉泉　罗新东

办公室设在后勤管理处

办公室主任 卫　波（兼）

北京物资学院防火安全委员会

主　任　王旭东
副主任　王志鸣　沈小静
委　员　胡　伟　孙　杰　许春燕　季　靖　卫　波　刘新军　丁树歧　丁　健
　　　　王玉泉　罗新东
办公室设在保卫处
办公室主任　丁树歧（兼）

北京物资学院交通安全委员会

主　任　王志鸣
委　员　胡　伟　孙　杰　季　靖　卫　波　丁树歧　罗新东
办公室设在保卫处
办公室主任　丁树歧（兼）

北京物资学院传染病防控工作领导小组

组　长　沈小静
副组长　王志鸣
成　员　胡　伟　孙　杰　许春燕　季　靖　李彩丽　王春华　樊潞维　卫　波
　　　　田玉明　王世林　朱润辉
办公室设在校医院
办公室主任　田玉明（兼）

北京物资学院爱国卫生运动委员会

主　任　王志鸣
副主任　沈小静　王文生
委　员　赵　娴　邬　跃　朱　杰　魏国辰　尚　珂　吴尚义　张　鸣　李邢西
　　　　罗新东　卫　波　胡　伟　孙　杰　许春燕　李彩丽　季　靖　刘耀京
　　　　丁树歧　王秀华　朱润辉　丁　健　张克非　田玉明
办公室设在后勤管理处

北京物资学院公费医疗管理小组

组　长　王志鸣
副组长　卫　波　朱润辉
成　员　刘耀京　季　靖　李彩丽　王春华　田玉明　王世林
办公室设在校医院
办公室主任　田玉明（兼）

北京物资学院“六五”普法领导小组

组　长　沈小静
副组长　赵凤琴
成　员　胡　伟　孙　杰　李彩丽　季　靖　朱润辉　丁　健　尚　珂　李惠阳

北京物资学院财经工作领导小组

组　长　王旭东
副组长　翁心刚
成　员　王春华　樊潞维　胡占君　傅　强　胡　伟

北京物资学院财政专项管理委员会

主　任　王旭东
副主任　翁心刚
委　员　王春华　樊潞维　许春燕　秦江萍　刘耀京　卫　波　刘新军　傅　强

（学院办公室　提供）

各学院（教学部）学术委员会

经济学院学术委员会

主　任　赵　娴

委　员　郝玉柱　王宝森　刘　宏　张　琦　许春燕　霍再强　尹德洪　杨　菁
　　　　车卉淳　原玲玲

物流学院学术委员会

主　任　邬　跃

委　员　张耀荔　张志勇　张旭凤　王成林　梁　晨　陈红丽　李彦萍　刘　红
　　　　宋玉卿　王晓平

信息学院学术委员会

主　任　朱　杰

委　员　刘丙午　刘　军　田立平　吴海建　李珍萍　郭亦崇

商学院学术委员会

主　任　魏国辰

委　员　倪东生　秦江萍　宋晓欣　贾炜莹　齐　严　杜红平　兰凤云　王　丹
　　　　刘　华

劳动科学与法律学院学术委员会

主　任　尚　珂

委　员　刘家珉　杨　蓉　李广义　邹晓美　赵晓丹　唐华茂　李燕荣　王少波
　　　　李爱华　李惠阳　解进强　林　原

外国语言与文化学院学术委员会

主　任　吴尚义

委　员　路文军　王淑花　桂天寅　李　华　孙静波　黄春燕　左　雁　何启滨
　　　　张绍杰　孙艳青

思想政治理论课教学与研究部学术委员会

主　任　刘耀京

委　员　陈建中　胡占君　邹晓美　赵晓丹　王志利　李爱华

体育教学部学术委员会

主　任　张　鸣
委　员　王　旭　王彦英　衣锦光　杨建平　吴　强　张　力　张晓静　徐淑斐

（各院部　提供）

各学院学位委员会

经济学院学位委员会

主　任　赵　娴
委　员　尹德洪　张建宝　杨　菁　王宝森　刘　宏　车卉淳　原玲玲　刘　莉

物流学院学位委员会

主　任　邬　跃
委　员　张耀荔　张志勇　张旭凤　王晓平　李彦萍　梁　晨　陈红丽　宋玉卿　王成林　毛文富

信息学院学位委员会

主　任　朱　杰
委　员　申贵成　李念伟　徐必忠　田立平　吴海建　李珍萍　董萍萍　张　博　朱韶红

商学院学位委员会

主　任　魏国辰
委　员　贾炜莹　吕　波　于冠华　孙艳泽　庞　波　孙　静

劳动科学与法律学院学位委员会

主　任　尚　珂

委　员　赵志瑞　李惠阳　唐华茂　马立梅　李广义　李爱华　李燕荣　王少波

外国语言与文化学院学位委员会

主　任　吴尚义

委　员　刘艳荣　王淑花　桂天寅　李　华　顾　越　付　莉

（各学院　提供）

党政组织机构设置及负责人

学校办公室	副主任（主持工作）	胡　伟
	主　任	胡　伟（2011年6月16日任）
机关党总支	书　记	杨　蓉
组织部	部　长	杨　蓉（2011年5月30日免）
		宋晓欣（2011年5月30日任）
统战部	部　长	杨　蓉（2011年6月16日免）
		宋晓欣（2011年6月16日任）
宣传部（新闻中心）	部　长	胡占君（2011年7月8日免）
	副部长（主持工作）	孙　杰（2011年7月8日任）
纪监审办公室	主　任	李士元（2011年5月30日免）
		傅　强（2011年5月30日任）
发展规划办公室	主　任	胡占君（2011年6月16日任）
教务处	处　长	许春燕
研究生部	主　任	刘丙午（兼）（2011年7月8日任）
	副主任	秦江萍（2011年6月16日免）
学生工作部（学生处）	部长（处长）	季　靖
科研处	处　长	刘　军（2011年6月16日免）
		秦江萍（2011年6月16日任）

国际交流中心	副主任	韩　星（2011 年 3 月 8 日任）
		刘　荔（2011 年 3 月 8 日辞）
	主　任	韩　星（2011 年 6 月 16 日任）
人事处	处　长	刘永胜（2011 年 6 月 16 日免）
		刘耀京（2011 年 6 月 16 日任）
财务处	处　长	王春华
资产管理处	处　长	樊潞维
基础保障部党总支	书　记	王明发（2011 年 6 月 16 日任）
后勤管理处	处　长	王明发（2011 年 6 月 16 日免）
		卫　波（2011 年 6 月 16 日任）
基建办公室	主　任	刘新军
保卫部（处）	部长（处长）	傅　强（2011 年 5 月 30 日免）
		丁树歧（2011 年 6 月 16 日任）
离退休工作处	处　长	王世林（2011 年 6 月 16 日免）
		王秀华（2011 年 6 月 16 日任）
离退休党总支	书　记	王世林（2011 年 6 月 16 日任）
工会	常务副主席	朱润辉
团委	书　记	丁　健
档案馆	馆　长	胡瑞旺
校友工作办公室	主　任	余　茜

学院与教学部负责人

经济学院	党总支书记	赵　娴（2011 年 6 月 16 日免）
		郝玉柱（2011 年 6 月 16 日任）
	院　长	郝玉柱（2011 年 6 月 16 日免）
		赵　娴（2011 年 6 月 16 日任）
物流学院	党总支书记	张耀荔
	院　长	邬　跃
信息学院	党总支书记	朱　杰（2011 年 6 月 16 日免）
		刘　军（2011 年 6 月 16 日任）
	院　长	刘丙午（2011 年 7 月 8 日免）
		朱　杰（2011 年 6 月 16 日任）

商学院	党总支书记	宋晓欣（2011 年 5 月 30 日免）
		刘永胜（2011 年 6 月 16 日任）
	院　长	魏国辰
劳动科学与法律学院	党总支书记	赵志瑞（2011 年 6 月 16 日任）
	院　长	尚　珂（2011 年 6 月 16 日任）
外国语言与文化学院	党总支书记	郁军范（2011 年 6 月 16 日免）
		刘艳荣（2011 年 6 月 16 日任）
	院长	吴尚义（2011 年 6 月 16 日任）
体育教学部	直属党支部书记	衣锦光（2011 年 7 月 8 日免）
		张　鸣（2011 年 8 月 30 日任）
	主　任	张　鸣
思想政治理论课教学与研究部	直属党支部书记	王　红（2011 年 3 月 22 日—7 月 8 日）
		胡占君（兼）（2011 年 8 月 30 日任）
	主　任	李邢西（2011 年 6 月 16 日任）
		胡占君（兼）（2011 年 3 月 15 日—6 月 16 日）
研究生部	党总支书记	李彩丽
	主　任	刘丙午（兼）（2011 年 7 月 8 日任）
	副主任	秦江萍（2011 年 6 月 16 日免）
继续教育学院	党总支书记	罗新东
	院　长	罗新东（2011 年 6 月 16 日任）
		李邢西（2011 年 6 月 16 日免）

教辅单位负责人

图书馆	党总支书记	张克非
	馆　长	刘家珉
信息中心	主　任	王玉泉
杂志社	总　编	陈建中

（党委组织部　提供）

教育教学

本科生教育教学

【发展概况】

2011年，学校在校本科生5972人。7月，共有1346名2011届本科学生和24名往届学生修满教学计划规定的学分、完成毕业论文并通过论文答辩，准予毕业。1303名2011届学生和42名往届学生获得学士学位。

（撰稿人：常　静　审核人：许春燕）

【招生工作】

2011年，学校在全国28个省（市、自治区）（西藏、海南、青海、港澳台除外）计划招收本科生1522人。其中，北京市生源计划858人（文科180人，理科678人）；北京市艺术特长生计划25人；外地生源计划590人；2010级少数民族预科生转入28人；内地西藏班、内地新疆高中班计划21人。

招生专业包括27个本科专业（方向）。其中，信息工程专业为2010年新增专业，2011年开始招生；2010年在计算机科学与技术专业下设物联网技术方向，2011年调整在信息工程专业下招生。

学校在内蒙古自治区、河北省为第一批次录取，在全国其他省（市、自治区）为第二批次录取。

学校本科招生录取工作从7月12日开始，至8月6日结束，共招收本科生1547人，包括28名2010级少数民族预科生。学校在四川、贵州、云南、新疆、重庆、湖北、内蒙古7个省（市、自治区）招收少数民族预科生30人，其中，内蒙古自治区首次招收少数民族预科生。预科生第一年仍将在东北师范大学学习。

学校在全国录取分数达到或超过当地一批本科控制线的省（市、自治区）有14个，分别是：内蒙古（一批招生）、河北（一批招生）、宁夏（文）、黑龙江（文/理）、新疆（文）、辽宁（理）、陕西（理）、江西（文）、贵州（文/理）、云南（文）、吉林（文）、安徽（文/理）、福建（文/理）、河南（文/理）。

2011级新生中，北京生源886人（占新生总人数的57%），外地生源661人（占新生总人数的43%）；文科生427人，理科生1120人；男生607人（占新生总人数的39%），女生940人（占新生总人数的61%）；中共党员1

人，中共预备党员5人，共青团员1473人，群众68人。2011级新生中，年龄最小的15岁，最大的29岁；汉族学生1390人（占新生总人数的89.85%），其他少数民族学生157人（占新生总人数的10.15%）；城镇学生1008人，农村学生539人；受过各级各类奖励的学生519人（占新生总人数的34%）。

（撰稿人：孙　静　审核人：许春燕）

【本科教学工程】

学校以教学质量提高专项经费为依托，在“质量工程”项目建设的基础上，启动了“本科教学工程”项目立项工作，通过学校集中评审和各院部自主评审相结合的方式，共立项244项。其中，集中评审项目64项，自主评审项目180项，建设周期自2011年6月9日至2012年5月1日，实施经费192.5万元。

在“本科教学工程”校级项目建设的基础上，学校积极申报市级以上建设项目，在各院部的配合下完成教学名师等各类项目的申报组织、项目遴选、立项、结项评审和上报工作，成效显著。2011年，学校新增北京市教学名师1名，北京市精品教材2部，北京市大学生科学研究与创业行动计划202项。

（撰稿人：赵隽咏　审核人：许春燕）

【教学改革】

1. 教育教学改革

学校坚持开展教育教学改革研究立项工作，鼓励教师和教学管理人员积极开展教育教学研究工作。2011年，学校共立项90项，其中，重点项目8项，一般项目82项，内容涉及专业建设与人才培养模式、课程建设、教学方法与教学手段改革、实验与实践教学、教学管理改革等。学校严格监控项目质量，实行中期检查报告制度。同时，对2010年项目开展结项评审工作，第一批共有61个项目准予结项，并评出一等奖1个、二等奖3个、三等奖5个。

2. 教学方法与教学手段改革

学校积极推进教学方法和教学手段改革，充分利用现代教育技术提高教师课堂教学水平。学校举办第一届多媒体课件大赛，评出一等奖1个、二等奖5个、三等奖7个和优秀奖10个。择优推荐部分作品参加由北京市教委主办的“第三届北京市属高校‘创想杯’多媒体教育软件大奖赛”，获得一等奖1个、三等奖2个和优秀奖1个。参加由教育部主办的“第十一届全国多媒体课件大赛”，获得三等奖2个、优秀奖3个。

3. 课程建设

学校坚持开展课程建设工作，2011年共开设课程734门，比2010年增加5门。其中，新增134门课程（必修课73门，选修课61门），取消129门课程，调整8门课程。在调整的8门课程中，调整课程属性1门，调整课程名称4门，调整学分设置3门。以“本科教学工程”项目建设为依托，资助39门精品课程、3个课程群、6门实验示范课、3门双语示范课和2门小班研讨课建设。

（撰稿人：赵隽咏　审核人：许春燕）

【教学制度建设】

为进一步规范和提高教学管理与服务水平，修订《北京物资学院新办本科专业评估方案》等20个文件，内容涉及教学组织与运行管理、实验与实践教学管理、教学质量与评价管理、教学建设与改革、教学管理与组织等，同时，废止《北京物资学院听课管理规定》等9个文件。

（撰稿人：赵隽咏　审核人：许春燕）

【教学质量监控】

1. 听课与教学指导

2011年，学校组织校教学督导组深入课堂听课共计545次。常规听课活动的听课对象包括学生评教分数靠后的部分教师、教学先进个人的参评教师、新入职教师和新开课的教师等；专题听课的听课对象是两个国家级特色专业——经济学专业和物流管理专业的课程，包括学科基础课、专业必修课和专业选修课共30门。另外，校教学督导组还针对学生的上课状态开展听课活动，涉及各学院各专业各年级的54个班级。教学督导组专家在听课过程中与教师进行充分的交流，并对部分青年教师进行现场教学指导。教学督导组的工作情况以《督导简报》的形式向全校发布，共编印《督导简报》8期。

2. 教学检查

学校坚持开展常规教学检查和专项教学检查工作。常规教学检查包括期初和期中教学检查，检查内容涉及教学运行情况、教学秩序、部分课程教学效果等；专项教学检查包括教材建设、毕业论文与毕业实习的组织管理情况、“本科教学工程”项目、试卷和2011年大学生科学研究与创业行动计划项目等。通过检查、问题反馈和整改，保证本科教学各环节的质量不断提升。

3. 学生评教

学校坚持开展学生网上评教工作，2011年，学校将“网上评教系统”纳入“学生学业事务管理系统”，进一步细化评价指标，增加评价维度，提高学生参评率和评价的有效性。2011学年春季学期，共有本科生5.02万人次对336名任课教师和611门次的课程进行匿名评价，参评率为88.49%。2011学年秋季学期，共有本科生5.43万人次对328名任课教师和419门次的课程进行匿名评价，参评率为99.01%。学校在以上数据的基础上编印2010—2011学年课堂教学质量评价报告。学校组织开展教学先进个人评选活动，通过院部选拔、专家听课、现场观摩评审等环节，评选出8名本科教学先进个人。

4. 信息反馈与调控

学校坚持教学例会制度，教务处每两周召开一次由各院部教学副院长和副主任参加的本科教学工作例会，针对教学运行和管理中发现的问题及时沟通和交流，并编印《教学动态》2期和《高教信息》14期。

（撰稿人：孙　琳　审核人：许春燕）

【考务工作】

2011年，学校组织完成全校性考试包括学期初补缓考、毕业前清考和期末考试。其中，春季学期期末考试科目435门次，考生5.81万人次，笔试考场603场次，监考人员1130人次。秋季学期期末考试科目476门，考生6.23万人次，笔试考场767场次，监考人员1456人次。考试期间设立学校巡视组，负责全校考场的巡视工作。各学院设立的巡视组负责本学院考场的巡视工作。

学校组织校外考试服务包括全国大学英语四、六级考试，全国计算机等级（NCRE）考试，物流师、采购师（高级采购师）、国际 ITC、社区工作者、一级建造师、助理会计师、注册会计师等 8 类职业资格认定考试。

（撰稿人：郝文英　审核人：许春燕）

【学籍管理】

2011 年，学校学籍变动总人数为 136 人。其中，转专业 65 人，复学 11 人，留级 1 人，退学 18 人，休学 35 人，转入 2 人，转出 1 人，更改姓名 2 人，更改身份证号 1 人。

（撰稿人：常　静　审核人：许春燕）

【教学条件建设】

学校以财政专项项目为平台，极大地改善了教学条件。其中，“教学楼配套设备购置项目”的 83 万元为第一教学楼更换环保卷帘，为第一和第二教学楼楼道及大厅配置形式各样的宣传栏，为卷库添置进口配订折设备（DFC120 + DBM120D 等）。在此基础上，通过实施追加项目，增购约 60 万元进口配订折设备，提高了试卷印刷工作的效率和质量。“教学服务体系建设用设备购置项目”的 108 万元，为第二教学楼的教室管理系统配置了 ARP 防御设备，加强对教学设备的安全保障；在教学楼大厅和行知楼共安装 3 套自助成绩单打印设备，随时为学生提供自助打印成绩单服务。“广播级精品课程录制设备购置项目”的 120 万元，建成精品课程高清录播教室，为学校教师培训、精品课程建设和优质教学资源共享等工作创造条件，取得良好的使用效果。

（撰稿人：窦万成　审核人：许春燕）

【本科论文与学科竞赛】

1. 毕业论文

学校严把本科毕业论文质量关，各学院按照学校要求组织实施毕业实习与毕业论文各环节工作，学校适度调整了管理办法，并探索毕业论文抄袭检测制度，对 2011 届 600 余份毕业论文进行了抄袭检测抽查。学校组织开展 2011 届本科优秀毕业论文答辩工作，共评出一等奖 1 个、二等奖 4 个、三等奖 6 个。

2. 学科竞赛

学校鼓励学生积极参加各类学科竞赛活动，按照北京市教委有关学科竞赛的通知要求，在全校范围内组织开展了大学生数学建模与计算机应用竞赛、大学生物理实验竞赛、大学生化学实验竞赛、大学生人文知识竞赛、大学生英语演讲比赛、大学生物流设计大赛、大学生模拟法庭竞赛、大学生创业设计竞赛、大学生计算机应用大赛等 12 项校园选拔赛。推荐成绩优秀的学生组队参加市级和全国比赛，共获得奖项 50 项。

为进一步提高学生的专业素养，学校鼓励各学院承办专业学科竞赛活动，并指定专业指导教师，通过这种方式调动二级学院的主动性和积极性，取得良好的效果。2011 年，学生在全国高校企业竞争模拟比赛、全国大学生“用友杯”沙盘模拟经营大赛、

2011年创业之星大赛、全国大学生管理决策模拟大赛、中国机器人大赛、全国软件专业人才设计与开发大赛等多项专业学科竞赛活动中都取得优异的成绩。

3. 大学生科学研究与创业行动计划

学校组织开展“大学生科学研究与创业行动计划”项目优秀成果奖展示活动，以展板和编印项目成果集等方式展出，起到良好的示范作用。学校积极研究项目组织管理办法，学校教学督导组对项目开展质量检查工作，要求指导教师加强对学生的过程性指导，保证项目的完成质量。2011年，学校共评选立项大学生科学研究与创新创业行动计划项目202项。其中，顺利结项89项，公开发表论文6篇，申请专利3项，撰写调研报告100余篇。

（撰稿人：白学波　审核人：许春燕）

【附录】

2011年北京物资学院本科专业目录

序号	学科门类	专业名称	学位授予	开办时间
1	经济学	国际经济与贸易	经济学学士	1994
2		经济学	经济学学士	1999
3		金融学	经济学学士	2004
4	管理学	会计学	管理学学士	1985
5		信息管理与信息系统	管理学学士	1993
6		物流管理	管理学学士	1994
7		市场营销	管理学学士	1994
8		商品学	管理学学士	1995（2007复办）
9		人力资源管理	管理学学士	1997
10		工商管理	管理学学士	1998
11		财务管理	管理学学士	2001
12		劳动与社会保障	管理学学士	2001
13		电子商务	管理学学士	2003
14		物流工程	工学学士	2004
15		采购管理	管理学学士	2010
16	工学	机械设计制造及其自动化	工学学士	1996
17		计算机科学与技术	工学学士	2005
18		信息工程	工学学士	2011

续 表

序号	学科门类	专业名称	学位授予	开办时间
19	理学	信息与计算科学	理学学士	2006
20		统计学	经济学学士	2006
21	文学	英语（商贸英语）	文学学士	2001
22	法学	法学（流通法）	法学学士	2005

2011 年北京物资学院本科课程目录

开课院部	序号	课程名称	学分	课程属性	变化情况
经济学院	1	保险学	3	必修	
经济学院	2	财政学	3	必修	
经济学院	3	产业经济学	3	必修	
经济学院	4	当代西方经济学流派	3	必修	
经济学院	5	发展经济学	3	必修	
经济学院	6	国际货物运输与保险	3	必修	
经济学院	7	国际金融	3	必修	
经济学院	8	国际贸易	3	必修	
经济学院	9	国际贸易实务	3	必修	
经济学院	10	国际贸易实务模拟	2	必修	
经济学院	11	宏观经济学	3	必修	
经济学院	12	货币银行学	3	必修	
经济学院	13	计量经济学	3	必修	
经济学院	14	金融风险管理	3	必修	新增
经济学院	15	金融工程	2	必修	
经济学院	16	金融工程原理	2	必修	学分变化
经济学院	17	金融市场学	3	必修	
经济学院	18	金融衍生工具（双语）	3	必修	
经济学院	19	期货市场学	2	必修	学分变化
经济学院	20	商业银行经营学	3	必修	
经济学院	21	世界经济概论	2	必修	新增
经济学院	22	数理经济学	3	必修	
经济学院	23	投资学	3	必修	
经济学院	24	外国经济思想史	2	必修	

续 表

开课院部	序号	课程名称	学分	课程属性	变化情况
经济学院	25	微观经济学	3	必修	
经济学院	26	微观经济学	4	必修	
经济学院	27	证券投资分析	3	必修	
经济学院	28	保险学	3	选修	
经济学院	29	保险学概论	2	选修	
经济学院	30	财政学	2	选修	
经济学院	31	财政学概论	2	选修	
经济学院	32	产业经济学	3	选修	新增
经济学院	33	产业经济学概论	2	选修	
经济学院	34	电子商务	2	选修	
经济学院	35	公司理财	3	选修	
经济学院	36	国际结算基础	2	选修	
经济学院	37	国际金融	2	选修	
经济学院	38	国际经济合作	2	选修	
经济学院	39	国际经贸英文原本选读	2	选修	
经济学院	40	国际贸易理论与实务	3	选修	
经济学院	41	国际贸易实务模拟	3	选修	新增
经济学院	42	国际商务英语函电写作（英）	2	选修	
经济学院	43	国际税收	2	选修	新增
经济学院	44	海关实务	2	选修	
经济学院	45	宏观经济学	3	选修	新增
经济学院	46	金融风险管理	3	选修	
经济学院	47	金融经济学	3	选修	
经济学院	48	金融理论与实务	2	选修	
经济学院	49	金融市场学	2	选修	新增
经济学院	50	金融数据库与统计软件应用	2	选修	
经济学院	51	金融数学	2	选修	
经济学院	52	金融学	3	选修	
经济学院	53	金融衍生工具	2	选修	
经济学院	54	金融营销学	2	选修	
经济学院	55	经济学原理（双语）	3	选修	名称变化
经济学院	56	跨国公司经营与管理	2	选修	新增

续 表

开课院部	序号	课程名称	学分	课程属性	变化情况
经济学院	57	流通经济学	2	选修	
经济学院	58	期货公司运作实务及期货法规	2	选修	
经济学院	59	期货品种研究与分析	3	选修	
经济学院	60	期货投资实务	2	选修	
经济学院	61	人口、资源与环境经济学	2	选修	
经济学院	62	人口、资源与环境经济学	3	选修	
经济学院	63	商务谈判	2	选修	
经济学院	64	商业经济学	2	选修	
经济学院	65	商业银行经营实务模拟	1	选修	
经济学院	66	商业银行经营学	3	选修	新增
经济学院	67	世界经济地理	2	选修	
经济学院	68	税收学	2	选修	
经济学院	69	投资银行实务	3	选修	
经济学院	70	投资银行学	2	选修	
经济学院	71	外贸单证实务	2	选修	
经济学院	72	网络金融	2	选修	
经济学院	73	网络金融理论与实务	2	选修	新增
经济学院	74	消费经济学	2	选修	新增
经济学院	75	信托与租赁	2	选修	
经济学院	76	运输经济学	2	选修	新增
经济学院	77	证券交易	2	选修	
经济学院	78	证券期货系列模拟	1	选修	
经济学院	79	证券投资学	2	选修	
经济学院	80	中国对外贸易概论	2	选修	
经济学院	81	中外经济史	2	选修	
经济学院	82	中央银行学	2	选修	
经济学院	83	专业英文文献选读	2	选修	
物流学院	1	报价与谈判	2	必修	新增
物流学院	2	材料加工工艺	4	必修	
物流学院	3	材料力学	3	必修	
物流学院	4	材料力学实验	1	必修	
物流学院	5	采购供应管理	2	必修	

续 表

开课院部	序号	课程名称	学分	课程属性	变化情况
物流学院	6	采购供应管理导论	2	必修	
物流学院	7	采购合同管理	2	必修	
物流学院	8	采购绩效管理	2	必修	
物流学院	9	采购战略	2	必修	
物流学院	10	仓储管理	2	必修	
物流学院	11	测控技术	3	必修	
物流学院	12	大学物理（一）	2	必修	
物流学院	13	大学物理（二）	2	必修	
物流学院	14	大学物理实验（一）	0.5	必修	
物流学院	15	大学物理实验（二）	0.5	必修	
物流学院	16	电工电子技术	2	必修	
物流学院	17	电工电子技术	3	必修	
物流学院	18	电工技术	3	必修	
物流学院	19	电子绘图	2	必修	
物流学院	20	分析化学	2	必修	
物流学院	21	分析化学实验	1	必修	
物流学院	22	高分子化学与物理	2	必修	
物流学院	23	工程材料及热加工技术	2	必修	
物流学院	24	工程力学	4	必修	
物流学院	25	工程制图	2	必修	
物流学院	26	供应链管理	2	必修	
物流学院	27	供应商管理	2	必修	
物流学院	28	管理信息系统	2	必修	
物流学院	29	管理信息系统	3	必修	
物流学院	30	机电一体化系统设计	2	必修	新增
物流学院	31	机械工程学概论	1	必修	新增
物流学院	32	机械工程综合设计	2	必修	新增
物流学院	33	机械基础	3	必修	
物流学院	34	机械设计	3	必修	新增
物流学院	35	机械原理	3	必修	
物流学院	36	机械制造工程	3	必修	新增
物流学院	37	几何规范学	1	必修	

续 表

开课院部	序号	课程名称	学分	课程属性	变化情况
物流学院	38	交通运输工程学	3	必修	
物流学院	39	金工实习	1	必修	
物流学院	40	控制工程基础	2	必修	
物流学院	41	库存管理	2	必修	
物流学院	42	理论力学	3	必修	
物流学院	43	流体传动	2	必修	
物流学院	44	配送中心规划设计	2	必修	
物流学院	45	企业物流管理	3	必修	
物流学院	46	商品检验与质量认证	2	必修	
物流学院	47	商品学概论	2	必修	
物流学院	48	无机化学	2	必修	
物流学院	49	无机化学实验	1	必修	
物流学院	50	物流编程技术	2	必修	
物流学院	51	物流编程技术	3	必修	
物流学院	52	物流电子技术	3	必修	
物流学院	53	物流工程	3	必修	
物流学院	54	物流管理信息系统集成开发	4	必修	新增
物流学院	55	物流软件开发工具（一）	2	必修	新增
物流学院	56	物流系统分析	3	必修	
物流学院	57	物流系统建模与仿真	2	必修	新增
物流学院	58	物流系统模拟与仿真	1	必修	新增
物流学院	59	物流信息系统	3	必修	
物流学院	60	物流学	2	必修	
物流学院	61	物流学	3	必修	
物流学院	62	物流学概论	2	必修	
物流学院	63	物流中心经营模拟	1	必修	新增
物流学院	64	物流作业模拟与仿真	1	必修	
物流学院	65	系统工程	2	必修	
物流学院	66	现代流通学	2	必修	
物流学院	67	有机化学	2	必修	
物流学院	68	有机化学实验	1	必修	
物流学院	69	运输管理	2	必修	

续 表

开课院部	序号	课程名称	学分	课程属性	变化情况
物流学院	70	运作管理（双语）	2	必修	
物流学院	71	ISO 与标准化管理	2	选修	新增
物流学院	72	采购供应管理	2	选修	
物流学院	73	单片机控制	2	选修	新增
物流学院	74	电子商务与物流	2	选修	
物流学院	75	非金属材料商品学	3	选修	
物流学院	76	工程项目管理	2	选修	
物流学院	77	工程英语	2	选修	
物流学院	78	供应链管理	2	选修	
物流学院	79	供应链管理（双语）	2	选修	
物流学院	80	国际货运与货代	2	选修	
物流学院	81	国际物流	2	选修	
物流学院	82	国际物流管理	2	选修	新增
物流学院	83	机械制图	2	选修	
物流学院	84	交通运输规划	2	选修	
物流学院	85	金属材料商品学	3	选修	
物流学院	86	进出口商品检验	2	选修	
物流学院	87	库存管理	2	选修	
物流学院	88	库存管理（双语）	2	选修	
物流学院	89	农产品检验	2	选修	
物流学院	90	配送中心规划设计	2	选修	
物流学院	91	企业物流管理	3	选修	
物流学院	92	日本物流企业的经营与运作	2	选修	
物流学院	93	商品检验法律法规	2	选修	
物流学院	94	商品检验与质量认证	2	选修	
物流学院	95	商品学概论	2	选修	
物流学院	96	商品学概论	3	选修	
物流学院	97	商品学专业英语	2	选修	新增
物流学院	98	商品养护技术	2	选修	新增
物流学院	99	生命科学导论	2	选修	
物流学院	100	食品安全学	2	选修	新增
物流学院	101	无机非金属材料商品检验	3	选修	

续 表

开课院部	序号	课程名称	学分	课程属性	变化情况
物流学院	102	物流工程	2	选修	
物流学院	103	物流工程软件应用	2	选修	新增
物流学院	104	物流管理	2	选修	
物流学院	105	物流环保	2	选修	
物流学院	106	物流企业经营与管理	2	选修	
物流学院	107	物流设备工程英语	2	选修	
物流学院	108	物流系统仿真（双语）	2	选修	新增
物流学院	109	物流系统分析	2	选修	
物流学院	110	物流项目管理	2	选修	新增
物流学院	111	物流信息技术	2	选修	新增
物流学院	112	物流学概论	2	选修	
物流学院	113	物流学概论	3	选修	
物流学院	114	物流英语	2	选修	
物流学院	115	物流装备	2	选修	
物流学院	116	物流装备选型与集成	4	选修	
物流学院	117	物流自动化技术	2	选修	新增
物流学院	118	系统工程	2	选修	
物流学院	119	现代分析检测技术	2	选修	
物流学院	120	现代科技原理实验仿真	2	选修	新增
物流学院	121	现代流通学	2	选修	
物流学院	122	运作管理（双语）	2	选修	
物流学院	123	运作管理（双语）	3	选修	
物流学院	124	战略管理	2	选修	
物流学院	125	知识产权管理	2	选修	
物流学院	126	制造资源计划	2	选修	
物流学院	127	自动化仓库设计与管理	2	选修	
物流学院	128	自动控制技术	2	选修	
物流学院	129	自然科学实验与创新	2	选修	
信息学院	1	操作系统	3	必修	
信息学院	2	抽样技术与应用	3	必修	
信息学院	3	大学计算机基础	2	必修	
信息学院	4	电工学	4.5	必修	

续　表

开课院部	序号	课程名称	学分	课程属性	变化情况
信息学院	5	电子技术	3	必修	
信息学院	6	电子技术	4	必修	
信息学院	7	电子技术实验	1	必修	
信息学院	8	电子商务概论	3	必修	
信息学院	9	复变函数与积分变换	3	必修	
信息学院	10	概率论	3	必修	
信息学院	11	概率论与数理统计	3. 5	必修	
信息学院	12	概率论与数理统计 A	4	必修	
信息学院	13	概率论与数理统计 B	3	必修	
信息学院	14	高等数学（上）	4. 5	必修	
信息学院	15	高等数学（下）	4	必修	
信息学院	16	高等数学教学实践（下）	0. 5	必修	
信息学院	17	工程数学（概率与数理统计）	3	必修	
信息学院	18	管理信息系统	3	必修	新增
信息学院	19	计算机技术基础（Access）	3	必修	名称变化
信息学院	20	计算机技术基础（VFP）	3	必修	名称变化
信息学院	21	计算机网络技术	3	必修	
信息学院	22	计算机网络技术实验	0. 5	必修	
信息学院	23	计算机网络原理	3	必修	
信息学院	24	计算机网络原理实验	0. 5	必修	
信息学院	25	计算机组成与结构	4	必修	
信息学院	26	计算机组成与结构实验	0. 5	必修	
信息学院	27	软件工程	3	必修	
信息学院	28	软件工程实验	1	必修	
信息学院	29	数据结构	4	必修	
信息学院	30	数据结构	5. 5	必修	
信息学院	31	数据库原理	3	必修	
信息学院	32	数据库原理实验	1	必修	
信息学院	33	数理统计学	3	必修	
信息学院	34	统计学	3	必修	
信息学院	35	统计学导论	3	必修	
信息学院	36	微积分（上）	3. 5	必修	

续 表

开课院部	序号	课程名称	学分	课程属性	变化情况
信息学院	37	微积分（下）	3	必修	
信息学院	38	线性代数	3	必修	
信息学院	39	线性代数实践	0.5	必修	
信息学院	40	信息论	3	必修	
信息学院	41	应用多元统计分析	3	必修	
信息学院	42	运筹学	4	必修	
信息学院	43	运筹学基础	3	必修	
信息学院	44	C++程序设计（双语）	3	选修	
信息学院	45	Java 程序设计	3	选修	
信息学院	46	Java 程序设计（双语）	3	选修	
信息学院	47	SPSS 软件应用	1	选修	
信息学院	48	Web 应用开发	3	选修	
信息学院	49	Web 应用开发实验	1	选修	
信息学院	50	Windows 程序设计	3	选修	
信息学院	51	保险精算学	2	选修	
信息学院	52	电子商务概论	3	选修	
信息学院	53	电子商务数据交换技术	3	选修	
信息学院	54	电子商务系统分析与设计	3	选修	
信息学院	55	电子商务系统分析与设计实验	1	选修	
信息学院	56	电子政务	2	选修	
信息学院	57	电子支付	2	选修	
信息学院	58	多媒体技术	3	选修	
信息学院	59	多元统计及应用	3	选修	
信息学院	60	非参数统计	2	选修	
信息学院	61	风险管理	2	选修	
信息学院	62	货币与金融统计	2	选修	
信息学院	63	计算机辅助设计	3	选修	新增
信息学院	64	计算机辅助设计实验	1	选修	新增
信息学院	65	计算机接口技术	3	选修	
信息学院	66	计算机接口技术实验	0.5	选修	
信息学院	67	计算机算法	3	选修	
信息学院	68	计算机算法实验	0.5	选修	

续 表

开课院部	序号	课程名称	学分	课程属性	变化情况
信息学院	69	计算机图像处理	3	选修	
信息学院	70	计算机网络概论	2	选修	
信息学院	71	计算机组织与结构	2	选修	
信息学院	72	经济社会统计分析	2	选修	
信息学院	73	经济预测方法	3	选修	
信息学院	74	离散数学	4	选修	
信息学院	75	媒体制作（实验）	1	选修	
信息学院	76	企业经营统计	3	选修	
信息学院	77	企业资源规划	3	选修	
信息学院	78	企业资源规划实验	1	选修	
信息学院	79	企业资源计划	3	选修	
信息学院	80	人工智能	3	选修	
信息学院	81	软件工程	3	选修	
信息学院	82	软件工程实验	1	选修	
信息学院	83	实变函数与泛函分析	3	选修	
信息学院	84	市场调查方法与技术	2	选修	
信息学院	85	数学建模	3	选修	
信息学院	86	数学建模实验	0.5	选修	
信息学院	87	数学拓展	3	选修	
信息学院	88	随机运筹学	3	选修	
信息学院	89	通信技术	3	选修	
信息学院	90	通信技术实验	0.5	选修	
信息学院	91	统计预测和决策	3	选修	
信息学院	92	投入产出技术	2	选修	
信息学院	93	网页制作	2	选修	
信息学院	94	微机原理与汇编语言	3	选修	
信息学院	95	物流统计	2	选修	
信息学院	96	物流信息技术	2	选修	
信息学院	97	物流信息技术	3	选修	
信息学院	98	系统分析与设计	3	选修	
信息学院	99	系统分析与设计实验	1	选修	
信息学院	100	现代密码学	3	选修	

续 表

开课院部	序号	课程名称	学分	课程属性	变化情况
信息学院	101	信息安全技术	3	选修	
信息学院	102	信息资源管理	3	选修	
信息学院	103	应用时间序列分析	3	选修	
信息学院	104	运筹学	2	选修	
信息学院	105	运筹学	3	选修	
信息学院	106	中外宗教概论	2	选修	新增
信息学院	107	自动控制技术	3	选修	
信息学院	108	自动控制技术实验	0.5	选修	
信息学院	109	最优化方法	3	选修	
商学院	1	ERP 经营模拟	1	必修	
商学院	2	JMS 集团财务模拟	1	必修	
商学院	3	SAP 系统实训	1	必修	新增
商学院	4	TOC 分析实例	0.5	必修	新增
商学院	5	财务报告分析	2	必修	
商学院	6	财务管理基础	3	必修	
商学院	7	财务管理实验	0.5	必修	新增
商学院	8	财务管理实验	1	必修	
商学院	9	成本管理会计	3	必修	
商学院	10	成本管理会计实验	0.5	必修	
商学院	11	成本会计实验	0.5	必修	
商学院	12	成本会计学	2	必修	
商学院	13	服务企业沙盘模拟	1	必修	新增
商学院	14	服务营销学	2	必修	
商学院	15	公司理财	3	必修	
商学院	16	管理会计学	3	必修	
商学院	17	管理学	3	必修	
商学院	18	广告学	2	必修	
商学院	19	国际市场营销学	2	必修	
商学院	20	会计实务模拟	0.5	必修	新增
商学院	21	会计学	3	必修	
商学院	22	基础会计	3	必修	
商学院	23	技术经济学	2	必修	

续 表

开课院部	序号	课程名称	学分	课程属性	变化情况
商学院	24	企业经营沙盘模拟	1	必修	
商学院	25	企业沙盘经营模拟	2	必修	
商学院	26	审计实验	0.5	必修	
商学院	27	审计学	3	必修	
商学院	28	市场调查与预测	2	必修	
商学院	29	市场竞争模拟	2	必修	新增
商学院	30	市场营销学	2	必修	
商学院	31	市场营销学	3	必修	
商学院	32	手工会计模拟	0.5	必修	新增
商学院	33	税法	2	必修	新增
商学院	34	税法	3	必修	
商学院	35	税务会计与税务筹划	2	必修	
商学院	36	消费者行为学	2	必修	
商学院	37	营销管理实务	2	必修	
商学院	38	营销实训	1	必修	
商学院	39	运作管理	2	必修	
商学院	40	战略管理	2	必修	
商学院	41	质量管理学	2	必修	
商学院	42	中级财务会计（一）	3	必修	
商学院	43	中级财务会计（二）	3	必修	
商学院	44	中级财务会计实验（二）	0.5	必修	
商学院	45	综合会计实验（上）	0.5	必修	新增
商学院	46	ERP 沙盘模拟	2	选修	
商学院	47	TOC 体系	1	选修	
商学院	48	财务报表分析	2	选修	
商学院	49	财务管理	3	选修	
商学院	50	高级财务会计	3	选修	
商学院	51	个人综合理财规划	2	选修	
商学院	52	工商管理专业英语	2	选修	
商学院	53	公共关系学	2	选修	
商学院	54	公司财务战略	2	选修	
商学院	55	公司价值评估	2	选修	

续　表

开课院部	序号	课程名称	学分	课程属性	变化情况
商学院	56	公司治理	2	选修	
商学院	57	管理沟通	2	选修	
商学院	58	管理会计	2	选修	
商学院	59	管理心理学	2	选修	
商学院	60	管理学	2	选修	
商学院	61	管理研究方法	2	选修	
商学院	62	管理咨询	2	选修	
商学院	63	国际财务管理	2	选修	
商学院	64	国际市场营销	3	选修	
商学院	65	国际市场营销（双语）	2	选修	
商学院	66	会计学	3	选修	
商学院	67	会计制度设计	2	选修	
商学院	68	机电设备评估基础	2	选修	新增
商学院	69	技术经济学	2	选修	
商学院	70	技术经济学	3	选修	
商学院	71	建筑工程评估基础	2	选修	
商学院	72	金融会计学	2	选修	
商学院	73	客户关系管理	2	选修	
商学院	74	跨国公司管理（双语）	2	选修	
商学院	75	零售学	2	选修	
商学院	76	旅游管理	2	选修	
商学院	77	品牌管理	2	选修	
商学院	78	企业风险管理	2	选修	新增
商学院	79	企业价值评估	2	选修	
商学院	80	企业理论与公司治理	2	选修	
商学院	81	企业沙盘经营模拟	2	选修	
商学院	82	企业投融资管理	2	选修	
商学院	83	企业形象设计	2	选修	
商学院	84	汽车商品学	3	选修	
商学院	85	渠道管理	2	选修	
商学院	86	审计学	3	选修	
商学院	87	市场调查与预测	2	选修	

续 表

开课院部	序号	课程名称	学分	课程属性	变化情况
商学院	88	市场营销学	2	选修	
商学院	89	税务会计与纳税筹划	2	选修	
商学院	90	投资学概论	2	选修	
商学院	91	推销与谈判	2	选修	
商学院	92	网络营销	3	选修	
商学院	93	系统论	2	选修	
商学院	94	项目管理	2	选修	
商学院	95	营销战略	2	选修	
商学院	96	营销专题	2	选修	
商学院	97	预算会计	2	选修	
商学院	98	运作管理	2	选修	
商学院	99	战略管理	2	选修	
商学院	100	政府采购理论与实务	2	选修	
商学院	101	质量管理学	2	选修	
商学院	102	中小企业管理	2	选修	
商学院	103	资本运营	2	选修	
商学院	104	资产评估学	3	选修	
商学院	105	财务会计（Financial Accounting，FA）	3	必修	新增
商学院	106	公司法与商法（Corporate and Business Law，CL）	3	必修	新增
商学院	107	管理会计（Management Accounting，MA）	3	必修	新增
商学院	108	会计师与企业（Accountant in Business，AB）	2	必修	新增
商学院	109	业绩管理（Performance Management，PM）	3	必修	新增
劳动科学与法律学院	1	法理学	3	必修	
劳动科学与法律学院	2	法律文书写作	2	必修	
劳动科学与法律学院	3	法律英语（二）	2	必修	
劳动科学与法律学院	4	法律诊所	3	必修	

续 表

开课院部	序号	课程名称	学分	课程属性	变化情况
劳动科学与法律学院	5	工资与收入管理	3	必修	
劳动科学与法律学院	6	工作分析与岗位管理	3	必修	
劳动科学与法律学院	7	公共管理学	3	必修	
劳动科学与法律学院	8	公司法	2	必修	
劳动科学与法律学院	9	国际法	3	必修	
劳动科学与法律学院	10	国际经济法	3	必修	
劳动科学与法律学院	11	国际私法	3	必修	
劳动科学与法律学院	12	合同法	2	必修	
劳动科学与法律学院	13	经济法	3	必修	
劳动科学与法律学院	14	经济法总论	3	必修	
劳动科学与法律学院	15	竞争法	2	必修	
劳动科学与法律学院	16	就业管理	3	必修	
劳动科学与法律学院	17	劳动关系与劳动法	3	必修	
劳动科学与法律学院	18	劳动经济学	3	必修	
劳动科学与法律学院	19	劳动与社会保障专业英语（一）	4	必修	
劳动科学与法律学院	20	劳动与社会保障专业英语（二）	2	必修	新增
劳动科学与法律学院	21	流通法概论	2	必修	
劳动科学与法律学院	22	民法总论	2	必修	
劳动科学与法律学院	23	民事诉讼法	3	必修	
劳动科学与法律学院	24	模拟法庭	2	必修	新增
劳动科学与法律学院	25	人力资源管理	3	必修	
劳动科学与法律学院	26	人力资源管理专业英语（一）	2	必修	
劳动科学与法律学院	27	人力资源管理专业英语（二）	2	必修	
劳动科学与法律学院	28	人员素质测评	3	必修	
劳动科学与法律学院	29	商法总论	2	必修	学分变化
劳动科学与法律学院	30	社会保障学	3	必修	
劳动科学与法律学院	31	社会学	3	必修	新增
劳动科学与法律学院	32	物权法	3	必修	
劳动科学与法律学院	33	薪酬管理	3	必修	
劳动科学与法律学院	34	刑法分论	3	必修	
劳动科学与法律学院	35	刑法总论	3	必修	

续 表

开课院部	序号	课程名称	学分	课程属性	变化情况
劳动科学与法律学院	36	行政法与行政诉讼法	4	必修	
劳动科学与法律学院	37	英美法概论（双语）（一）	2	必修	新增
劳动科学与法律学院	38	债权法	3	必修	
劳动科学与法律学院	39	知识产权法	3	必修	
劳动科学与法律学院	40	职业发展与就业指导（一）	1	必修	
劳动科学与法律学院	41	职业发展与就业指导（二）	1	必修	
劳动科学与法律学院	42	职业发展与就业指导（三）	1	必修	
劳动科学与法律学院	43	中国法制史	2	必修	
劳动科学与法律学院	44	案例分析研究	2	选修	
劳动科学与法律学院	45	保障经济学	2	选修	
劳动科学与法律学院	46	财税法	2	选修	
劳动科学与法律学院	47	法律应用	2	选修	
劳动科学与法律学院	48	工效学	2	选修	
劳动科学与法律学院	49	公共财政	2	选修	
劳动科学与法律学院	50	管理变革与企业诊断	2	选修	
劳动科学与法律学院	51	国际金融法	2	选修	
劳动科学与法律学院	52	国际经济组织法	2	选修	
劳动科学与法律学院	53	国际商法	2	选修	
劳动科学与法律学院	54	国际投资法	2	选修	
劳动科学与法律学院	55	环境法	2	选修	
劳动科学与法律学院	56	婚姻与家庭法	2	选修	
劳动科学与法律学院	57	金融法	2	选修	
劳动科学与法律学院	58	经济法	2	选修	
劳动科学与法律学院	59	就业管理	2	选修	
劳动科学与法律学院	60	劳动法	2	选修	新增
劳动科学与法律学院	61	劳动社会学	2	选修	
劳动科学与法律学院	62	劳动争议处理实务	2	选修	
劳动科学与法律学院	63	旅游文化与管理	2	选修	
劳动科学与法律学院	64	论辩原理与技巧	2	选修	新增
劳动科学与法律学院	65	企业兼并理论与实务	2	选修	
劳动科学与法律学院	66	企业文化	2	选修	
劳动科学与法律学院	67	人口学	2	选修	

续 表

开课院部	序号	课程名称	学分	课程属性	变化情况
劳动科学与法律学院	68	人力资源管理	3	选修	
劳动科学与法律学院	69	人力资源管理概论	2	选修	
劳动科学与法律学院	70	人力资源管理实务	2	选修	
劳动科学与法律学院	71	人力资源会计	2	选修	
劳动科学与法律学院	72	人力资源统计学	2	选修	
劳动科学与法律学院	73	社会保障管理	2	选修	
劳动科学与法律学院	74	社会保障管理实务	2	选修	
劳动科学与法律学院	75	社会保障基金管理	2	选修	
劳动科学与法律学院	76	社会调查方法	2	选修	
劳动科学与法律学院	77	社会心理学	2	选修	
劳动科学与法律学院	78	社会学	2	选修	
劳动科学与法律学院	79	社会学概论	2	选修	
劳动科学与法律学院	80	世贸法学	2	选修	
劳动科学与法律学院	81	速录技术	2	选修	属性变化
劳动科学与法律学院	82	物流法规	2	选修	
劳动科学与法律学院	83	现代社会应急自救与安全知识	2	选修	
劳动科学与法律学院	84	现代心理学	2	选修	
劳动科学与法律学院	85	行政管理	2	选修	
劳动科学与法律学院	86	学术论文写作	1	选修	
劳动科学与法律学院	87	员工心理健康管理	2	选修	新增
劳动科学与法律学院	88	证据学	2	选修	
劳动科学与法律学院	89	证券法	2	选修	
劳动科学与法律学院	90	政策学	2	选修	新增
劳动科学与法律学院	91	职场基本技能训练	1	选修	新增
劳动科学与法律学院	92	职业安全与健康	2	选修	
劳动科学与法律学院	93	职业技能开发	2	选修	
思政理论课教研部	1	马克思主义基本原理	3	必修	
思政理论课教研部	2	毛泽东思想、邓小平理论和“三个代表”重要思想概论	6	必修	
思政理论课教研部	3	思想道德修养和法律基础	3	必修	
思政理论课教研部	4	政治经济学 B	2	必修	
思政理论课教研部	5	中国近现代史纲要	2	必修	

续 表

开课院部	序号	课程名称	学分	课程属性	变化情况
思政理论课教研部	6	当代世界经济与政治	2	选修	
思政理论课教研部	7	毛泽东研究专题	2	选修	
体育教学部	1	体育（一）垒球	1	必修	新增
体育教学部	2	体育（一）男子健身课	1	必修	新增
体育教学部	3	体育（一）男子篮球	1	必修	新增
体育教学部	4	体育（一）男子足球	1	必修	新增
体育教学部	5	体育（一）女子健身课	1	必修	新增
体育教学部	6	体育（一）女子篮球	1	必修	新增
体育教学部	7	体育（一）女子足球	1	必修	新增
体育教学部	8	体育（一）跆拳道	1	必修	新增
体育教学部	9	体育（一）网球	1	必修	新增
体育教学部	10	体育（一）有氧健身操	1	必修	新增
体育教学部	11	体育（二）垒球	1	必修	新增
体育教学部	12	体育（二）男子健身	1	必修	新增
体育教学部	13	体育（二）男子篮球	1	必修	新增
体育教学部	14	体育（二）男子足球	1	选修	新增
体育教学部	15	体育（二）女子健身	1	必修	新增
体育教学部	16	体育（二）女子篮球	1	必修	新增
体育教学部	17	体育（二）女子足球	1	必修	新增
体育教学部	18	体育（二）跆拳道	1	必修	新增
体育教学部	19	体育（二）有氧健身操	1	必修	新增
体育教学部	20	体育（三）健美	1	选修	新增
体育教学部	21	体育（三）健美操	1	选修	新增
体育教学部	22	体育（三）交谊舞	1	选修	新增
体育教学部	23	体育（三）垒球	1	选修	新增
体育教学部	24	体育（三）男子篮球	1	选修	新增
体育教学部	25	体育（三）男子足球	1	选修	新增
体育教学部	26	体育（三）女子排球	1	选修	新增
体育教学部	27	体育（三）跆拳道	1	选修	新增
体育教学部	28	体育（三）网球	1	选修	新增
体育教学部	29	体育（三）形体	1	选修	新增

续 表

开课院部	序号	课程名称	学分	课程属性	变化情况
体育教学部	30	体育（三）羽毛球	1	选修	新增
体育教学部	31	体育（三）轮滑	1	必修	新增
体育教学部	32	体育（三）女子篮球	1	必修	新增
体育教学部	33	体育（四）健美	1	必修	新增
体育教学部	34	体育（四）健美操	1	必修	新增
体育教学部	35	体育（四）交谊舞	1	必修	新增
体育教学部	36	体育（四）垒球	1	必修	新增
体育教学部	37	体育（四）轮滑	1	必修	新增
体育教学部	38	体育（四）男子篮球	1	必修	新增
体育教学部	39	体育（四）男子足球	1	选修	新增
体育教学部	40	体育（四）女子排球	1	选修	新增
体育教学部	41	体育（四）网球	1	选修	新增
体育教学部	42	体育（四）女子篮球	1	必修	新增
体育教学部	43	体育（四）女子足球	1	必修	新增
体育教学部	44	体育（四）跆拳道	1	必修	新增
体育教学部	45	体育（四）形体	1	必修	新增
体育教学部	46	体育（四）羽毛球	1	必修	新增
体育教学部	47	高尔夫球	1	选修	
体育教学部	48	交谊舞	1	选修	
体育教学部	49	交谊舞提高	1	选修	
体育教学部	50	篮球裁判的理论与实践	1	选修	
体育教学部	51	垒球	1	选修	
体育教学部	52	轮滑	1	选修	
体育教学部	53	男子篮球	1	选修	
体育教学部	54	男子足球	1	选修	
体育教学部	55	品味奥林匹克运动	1	选修	
体育教学部	56	太极拳	1	选修	
体育教学部	57	体育舞蹈	1	选修	
体育教学部	58	网球	1	选修	
体育教学部	59	瑜伽	1	选修	
体育教学部	60	羽毛球	1	选修	
体育教学部	61	运动营养与体重控制	1	选修	

续 表

开课院部	序号	课程名称	学分	课程属性	变化情况
体育教学部	62	足球裁判的理论与实践	1	选修	
外国语言与文化学院	1	财经英语（一）	2	必修	
外国语言与文化学院	2	财经英语（二）	2	必修	
外国语言与文化学院	3	大学英语（四）	4	必修	
外国语言与文化学院	4	大学英语—读写（一）	2	必修	
外国语言与文化学院	5	大学英语—读写（二）	2	必修	新增
外国语言与文化学院	6	大学英语—读写（三）	2	必修	新增
外国语言与文化学院	7	大学英语—实训（一）	1	必修	
外国语言与文化学院	8	大学英语—实训（二）	1	必修	新增
外国语言与文化学院	9	大学英语—实训（三）	1	必修	新增
外国语言与文化学院	10	大学英语—听说（一）	1	必修	
外国语言与文化学院	11	大学英语—听说（二）	1	必修	新增
外国语言与文化学院	12	大学英语—听说（三）	1	必修	新增
外国语言与文化学院	13	大学语文	2	必修	
外国语言与文化学院	14	第二外语—法语（一）	4	必修	
外国语言与文化学院	15	第二外语—法语（二）	4	必修	
外国语言与文化学院	16	第二外语—日语（一）	4	必修	
外国语言与文化学院	17	第二外语—日语（二）	4	必修	
外国语言与文化学院	18	高级英语（一）	4	必修	
外国语言与文化学院	19	高级英语（二）	4	必修	
外国语言与文化学院	20	高级英语写作	2	必修	
外国语言与文化学院	21	国际贸易实务模拟	1	必修	
外国语言与文化学院	22	科技英语（一）	2	必修	
外国语言与文化学院	23	科技英语（二）	2	必修	
外国语言与文化学院	24	商务英语翻译理论与实践（一）	2	必修	
外国语言与文化学院	25	商务英语翻译理论与实践（二）	2	必修	
外国语言与文化学院	26	商务英语教程（一）	2	必修	
外国语言与文化学院	27	商务英语教程（二）	2	必修	
外国语言与文化学院	28	商务英语口译（一）	2	必修	
外国语言与文化学院	29	商务英语口译（二）	2	必修	
外国语言与文化学院	30	商务英语写作	2	必修	
外国语言与文化学院	31	新闻英语写作	2	必修	新增

续 表

开课院部	序号	课程名称	学分	课程属性	变化情况
外国语言与文化学院	32	应用写作	2	必修	
外国语言与文化学院	33	英语阅读（一）	2	必修	名称变化
外国语言与文化学院	34	英语泛读（二）	2	必修	
外国语言与文化学院	35	英语泛读（三）	2	必修	
外国语言与文化学院	36	英语泛读（四）	2	必修	
外国语言与文化学院	37	英语精读（一）	6	必修	
外国语言与文化学院	38	英语精读（二）	6	必修	
外国语言与文化学院	39	英语精读（三）	6	必修	
外国语言与文化学院	40	英语精读（四）	6	必修	
外国语言与文化学院	41	英语口语（一）	2	必修	
外国语言与文化学院	42	英语口语（二）	2	必修	
外国语言与文化学院	43	英语口语（三）	2	必修	
外国语言与文化学院	44	英语口语（四）	2	必修	
外国语言与文化学院	45	英语听力（一）	2	必修	
外国语言与文化学院	46	英语听力（二）	2	必修	
外国语言与文化学院	47	英语听力（三）	2	必修	
外国语言与文化学院	48	英语听力（四）	2	必修	
外国语言与文化学院	49	英语写作（一）	2	必修	
外国语言与文化学院	50	英语写作（二）	2	必修	
外国语言与文化学院	51	英语语音	2	必修	新增
外国语言与文化学院	52	《史记》人物欣赏	2	选修	
外国语言与文化学院	53	财经英语（一）	2	选修	
外国语言与文化学院	54	财经英语（二）	2	选修	
外国语言与文化学院	55	传播学	2	选修	
外国语言与文化学院	56	高级英语语法	2	选修	
外国语言与文化学院	57	工商导论（英）	2	选修	
外国语言与文化学院	58	广播电视节目制作	2	选修	
外国语言与文化学院	59	国际贸易实务（双语）	3	选修	
外国语言与文化学院	60	国际商务（英语）	2	选修	
外国语言与文化学院	61	国际商务沟通	2	选修	
外国语言与文化学院	62	国际商业谈判（英）	2	选修	
外国语言与文化学院	63	国际商业文化（英）	2	选修	

续 表

开课院部	序号	课程名称	学分	课程属性	变化情况
外国语言与文化学院	64	绘画	2	选修	
外国语言与文化学院	65	经典影视配乐	2	选修	
外国语言与文化学院	66	商务沟通（英）	2	选修	
外国语言与文化学院	67	商务英语视听说	2	选修	
外国语言与文化学院	68	商务英语阅读	2	选修	
外国语言与文化学院	69	同声传译（一）	2	选修	
外国语言与文化学院	70	同声传译（二）	2	选修	
外国语言与文化学院	71	外国美术作品欣赏	2	选修	
外国语言与文化学院	72	外国音乐欣赏	2	选修	
外国语言与文化学院	73	外贸口语	2	选修	
外国语言与文化学院	74	外企思想文化	2	选修	
外国语言与文化学院	75	文学名著赏析	2	选修	
外国语言与文化学院	76	新闻采访与写作	2	选修	
外国语言与文化学院	77	新闻法规与道德	2	选修	
外国语言与文化学院	78	英国社会与文化简介	2	选修	
外国语言与文化学院	79	英美文学选读（一）	2	选修	
外国语言与文化学院	80	英美文学选读（二）	2	选修	
外国语言与文化学院	81	英文影视作品赏析	2	选修	
外国语言与文化学院	82	英语毕业论文写作指导	2	选修	
外国语言与文化学院	83	英语词汇学	2	选修	
外国语言与文化学院	84	英语国家文化	2	选修	
外国语言与文化学院	85	英语新闻报刊阅读	2	选修	
外国语言与文化学院	86	英语语言学	2	选修	
外国语言与文化学院	87	英语语音	1	选修	
外国语言与文化学院	88	影视文化传播	2	选修	
外国语言与文化学院	89	中外经典电影欣赏	2	选修	
国际交流中心	1	财务会计（双语）	4	必修	
国际交流中心	2	大学计算机基础	3	必修	
国际交流中心	3	大学英语（一）	4	必修	
国际交流中心	4	大学英语（二）	4	必修	
国际交流中心	5	大学英语（三）	4	必修	

续 表

开课院部	序号	课程名称	学分	课程属性	变化情况
国际交流中心	6	大学英语（四）	4	必修	
国际交流中心	7	大学语文	2	必修	
国际交流中心	8	概率论与数理统计（双语）	3	必修	
国际交流中心	9	公司财务管理（双语）	3	必修	
国际交流中心	10	管理会计学（双语）	2	必修	
国际交流中心	11	管理学（英）	3	必修	
国际交流中心	12	国际商业基础（双语）	3	必修	
国际交流中心	13	合同法（英）	2	必修	
国际交流中心	14	宏观经济学（双语）	3	必修	
国际交流中心	15	计算机在财务会计中的应用	2	必修	
国际交流中心	16	金融市场与机构（双语）	3	必修	
国际交流中心	17	强化英语一（读写）	2	必修	
国际交流中心	18	强化英语一（听说）	2	必修	
国际交流中心	19	强化英语二（读写）	2	必修	
国际交流中心	20	强化英语二（听说）	2	必修	
国际交流中心	21	商务交流Ⅰ（英）	2	必修	新增
国际交流中心	22	商务统计学（英）	2	必修	
国际交流中心	23	商业法（英）	2	必修	
国际交流中心	24	商业银行经营学	3	必修	新增
国际交流中心	25	社会科学统计包（SPSS）的应用	2	必修	
国际交流中心	26	市场营销学	2	必修	
国际交流中心	27	投资分析与管理	2	必修	
国际交流中心	28	微观经济学（双语）	3	必修	
国际交流中心	29	微积分	6	必修	
国际交流中心	30	线性代数	3	必修	
国际交流中心	31	英语应用文写作	2	必修	
国际交流中心	32	组织行为学（双语）	3	必修	
学生工作部	1	大学生心理健康与发展	2	必修	
学生工作部	2	形势与政策（一）	2	必修	
学生工作部	3	形势与政策（二）	2	必修	

续 表

开课院部	序号	课程名称	学分	课程属性	变化情况
学生工作部	4	形势与政策（三）	2	必修	
学生工作部	5	大学生 KAB（Know About Business）创业基础	2	选修	
学生工作部	6	大学生艺术实践 A1	2	选修	新增
学生工作部	7	大学生艺术实践 A2	2	选修	新增
学生工作部	8	大学生艺术实践 A3	2	选修	新增
学生工作部	9	大学生艺术实践 A4	2	选修	新增
学生工作部	10	大学生艺术实践 A5	2	选修	新增
学生工作部	11	大学生艺术实践 A6	2	选修	新增
学生工作部	12	大学生艺术实践 A7	2	选修	新增
学生工作部	13	大学生艺术实践 B1	1	选修	新增
学生工作部	14	大学生艺术实践 B2	1	选修	新增
学生工作部	15	大学生艺术实践 B3	1	选修	新增
学生工作部	16	大学生艺术实践 B4	1	选修	新增
学生工作部	17	大学生艺术实践 B5	1	选修	新增
学生工作部	18	大学生艺术实践 B6	1	选修	新增
学生工作部	19	大学生艺术实践 B7	1	选修	新增
学生工作部	20	生活与健康	1	选修	
学生工作部	21	心理行为拓展	1	选修	

2011 年北京物资学院在全国 28 个省（市、自治区）录取分数一览表

序号	省（市、自治区）	科类	当地一本线录取分	当地二本线录取分	录取最高分	录取最低分	录取平均分
1	内蒙古	文科	486	430	538	492	520
		理科	482	409	561	512	531
2	河　北	文科	562	524	589	584	586
		理科	581	535	617	601	606
3	北　京	文科	524	481	547	503	514
		理科	484	435	536	456	472

续 表

序号	省（市、自治区）	科类	当地一本线录取分	当地二本线录取分	录取最高分	录取最低分	录取平均分
4	上　海	文科	468	412	448	422	432
		理科	462	393	445	436	441
5	山　东	文科	570	各地不同	576	535	555
		理科	567	各地不同	619	558	575
6	天　津	文科	519	460	543	506	519
		理科	515	429	549	497	514
7	宁　夏	文科	500	463	524	518	521
		理科	486	444	498	483	491
8	湖　南	文科	583	528	590	582	584
		理科	572	492	582	571	573
9	黑龙江	文科	540	462	598	569	583
		理科	551	465	606	554	576
10	广　东	文科	580	536	576	555	566
		理科	568	504	573	530	550
11	广　西	文科	519	456	526	517	521
		理科	506	424	522	494	507
12	新　疆	文科	504	433	538	509	526
		理科	473	407	541	452	496
13	辽　宁	文科	535	475	542	525	533
		理科	520	452	560	529	541
14	陕　西	文科	543	495	544	542	543
		理科	540	488	561	545	552
15	江　西	文科	532	484	543	535	538
		理科	531	474	536	527	531
16	贵　州	文科	516	446	529	524	527
		理科	448	376	470	455	461
17	云　南	文科	495	445	523	502	513
		理科	465	380	500	461	476
18	四　川	文科	533	473	540	514	532
		理科	519	448	527	504	515

续 表

序号	省（市、自治区）	科类	当地一本线录取分	当地二本线录取分	录取最高分	录取最低分	录取平均分
19	吉 林	文科	537	437	571	539	547
		理科	548	443	599	542	559
20	山 西	文科	543	496	548	541	543
		理科	570	520	604	568	577
21	江 苏	文科	343	319	343	332	340
		理科	345	320	348	326	337
22	重 庆	文科	564	504	579	563	568
		理科	533	479	560	486	507
23	湖 北	文科	547	507	551	521	545
		理科	571	517	581	560	566
24	安 徽	文科	547	510	560	547	552
		理科	534	477	577	542	548
25	甘 肃	文科	504	458	500	490	497
		理科	501	448	497	479	489
26	福 建	文科	564	473	585	566	573
		理科	573	460	600	575	581
27	河 南	文科	562	515	572	566	569
		理科	582	531	597	584	588
28	浙 江	文科	571	431	534	528	530
		理科	550	457	511	494	501

北京物资学院教育部人才培养模式创新试验区一览表

名 称	负责人	单 位	建设时间（年）
具有国际化视野的实战型物流人才培养试验区	邬 跃	物流学院	2007

北京物资学院特色专业建设点一览表

级 别	名 称	负责人	单 位	建设时间（年）
国家级	经济学	赵 娴	经济学院	2008
	物流管理	邬 跃	物流学院	2010

续 表

级 别	名 称	负责人	单 位	建设时间（年）
市 级	经济学	赵 娴	经济学院	2008
	物流管理	邬 跃	物流学院	2008
	信息管理与信息系统	刘丙午	信息学院	2009
校 级	经济学	赵 娴	经济学院	2008
	金融学（证券期货方向）	许春燕	经济学院	2008
	物流管理	邬 跃	物流学院	2008
	信息管理与信息系统	刘丙午	信息学院	2008
	计算机科学与技术	刘 军	信息学院	2008
	会计学	张立中	信息学院	2008
	人力资源管理	刘家珉	劳法学院	2008

北京物资学院优秀教学团队一览表

级 别	名 称	负责人	单 位	建设时间（年）
市 级	数字建模系列课程教学团队	李珍萍	信息学院	2007
	数学公共系列基础课程教学团队	田立平	信息学院	2008
	物流管理专业核心课程教学团队	邬 跃	物流学院	2008
	经济学系列课程教学团队	赵 娴	经济学院	2008
	物流工程专业核心课程教学团队	张志勇	物流学院	2009
校 级	经济学教学团队	赵 娴	经济学院	2008
	证券期货系列课程教学团队	刘 宏	经济学院	2008
	物流工程专业核心课程教学团队	张志勇	物流学院	2008
	数学公共系列基础课程教学团队	田立平	信息学院	2008
	大学英语教学团队	王淑花	外语学院	2008
	思想政治理论课教学团队	刘耀京	思政理论课教研部	2008

北京物资学院北京市精品课程一览表

课程名称	课程负责人	单 位	审批时间（年）
物流学概论	崔介何	物流学院	2003
配送中心规划与运营	邬 跃	物流学院	2008

续 表

课程名称	课程负责人	单 位	审批时间（年）
运筹学	李珍萍	信息学院	2009
供应链管理	刘永胜	商学院	2010

北京物资学院北京市精品教材一览表

教材名称	主 编	单 位	审批时间（年）
物流信息系统规划与建设	王微怡	物流学院	2008
物流机械设备运用与管理	魏国辰	商学院	2008
物流运输管理	张旭凤	物流学院	2011
物流系统运作管理	张志勇	物流学院	2011

北京物资学院北京市精品教材立项项目一览表

教材名称	主 编	单 位	立项时间（年）
现代物流信息技术及应用（重点）	刘丙午	信息学院	2009
流通法学	李惠阳	劳法学院	2009
物流系统运作管理	张志勇	物流学院	2009
物流运输管理	张旭凤	物流学院	2009
劳动关系与劳动法	王少波	劳法学院	2009
物流系统仿真与案例分析	郑进科	物流学院	2009

北京物资学院实验教学示范中心一览表

级别	名 称	负责人	单 位	建设时间（年）
市级	物流系统与技术实验教学中心	邬 跃	物流学院	2007
校级	信息管理与信息技术实验教学中心	刘丙午	信息学院	2008

北京物资学院北京市校外人才培养基地一览表

名 称	基地依托单位	基地主持学校	获批时间（年）
物流专业校外人才培养基地	—	北京物资学院	2009
—	北京通州物流基地	北京物资学院	2009
—	中铁快运股份有限公司	北京交通大学 北京物资学院	2010

北京物资学院北京市教育教学改革立项项目一览表

序号	项目名称	负责人	单位	建设时间
1	数学公共基础课“套餐制”数学模式的探索与研究	田立平	信息学院	2008
2	基于本科专业人才培养方案的教学团队优化配置研究	许春燕	教务处	2008

2011 年北京物资学院校级教育教学改革项目一览表

序号	项目名称	负责人	单位	项目类别
1	信息类专业群综合建设的研究与实践	朱　杰	信息学院	重点项目
2	卓越人才培养计划的研究与实践	郭　键	信息学院	重点项目
3	大学生创新思维与创业能力培养的研究与实践	吕　波	商学院	重点项目
4	大学英语实验班教学改革中的师生关系研究	王淑花	外语学院	重点项目
5	创新考核机制　破解思想政治理论课实践教学的瓶颈难题	高书文	思政理论课教研部	重点项目
6	北京物资学院体育必修课“田径”课程设置的遗失与回归研究	王彦英	体育教学部	重点项目
7	成人学历教育实践教学体系建设研究——基于校企合作培养模式	罗新东	继续教育学院	重点项目
8	我校综合性全程考试改革模式研究	常　静	教务处	重点项目
9	采取探究式课堂教学，在教学中培养经济学思维	车卉淳	经济学院	一般项目
10	提升专业英文水平，巩固学科基础知识	牛瑞芳	经济学院	一般项目
11	《宏观经济学案例集》	尹德洪	经济学院	一般项目
12	基于提高学生职业能力的“公司理财”教学方法探索	朱才斌	经济学院	一般项目
13	讨论教学模式在我院专业教学中的应用	朱群芳	经济学院	一般项目
14	“流通经济学”实践教学改革的研究与实践	刘玉奇	经济学院	一般项目
15	“商务谈判”课程实践教学的研究与实践	李　彤	经济学院	一般项目
16	“中国对外贸易概论”课程教学方法改革	张　妍	经济学院	一般项目
17	我校物流金融人才培养模式研究	郝建彤	经济学院	一般项目
18	“金融数据库与统计软件应用”教学模式研究与实践	战雪丽	经济学院	一般项目

续 表

序号	项目名称	负责人	单位	项目类别
19	“国际贸易实务”模拟实验课建设与评估方案研究	原玲玲	经济学院	一般项目
20	金融学专业学生营销技能实训研究	谈志琦	经济学院	一般项目
21	“计量经济学”实践教学改革研究	褚晓琳	经济学院	一般项目
22	“屏幕录像法”在物流软件开发工具课程中的应用研究	王微怡	物流学院	一般项目
23	物流管理专业校内实践周教学体系开发与建设研究	米　娜	物流学院	一般项目
24	在华日本流通企业案例研究	孙前进	物流学院	一般项目
25	“物流系统分析”实验教学改革探讨	周三元	物流学院	一般项目
26	基于需求机理的就业指导能力培养服务研究	温卫娟	物流学院	一般项目
27	个性化网络学习平台的构建研究	丁连红	信息学院	一般项目
28	“线性代数”课程实践教学研究	王莲花	信息学院	一般项目
29	“网页制作”课堂教学方法研究与实践	刘　涛	信息学院	一般项目
30	信息工程（物联网方向）专业建设研究	刘同娟	信息学院	一般项目
31	Matlab 在“应用多元统计分析”实验教学改革研究	刘洪伟	信息学院	一般项目
32	“单片机”课程项目式教学探索与实践	孙　媛	信息学院	一般项目
33	大学生机器人竞赛实践教学体系研究	杨　洋	信息学院	一般项目
34	“运筹学”教学方法研究与实践	吴玉文	信息学院	一般项目
35	实验课评价体系的研究与实践	张　博	信息学院	一般项目
36	“应用回归分析”实践教学改革的研究与实践	张方风	信息学院	一般项目
37	“微积分”课程教学方法改革研究与实践	尚书霞	信息学院	一般项目
38	物资学院教改项目申报平台设计与开发	赵明茹	信息学院	一般项目
39	面向专业综合素质培养的信息资源管理教学改革与实验创新	袁瑞萍	信息学院	一般项目
40	操作系统经典问题可视化课堂教学研究	郭　风	信息学院	一般项目
41	统计学专业理论教学与执业教育相结合的人才培养模式研究	高和鸿	信息学院	一般项目
42	“软件工程”实验课程教学研究与实践	唐恒亮	信息学院	一般项目

续 表

序号	项目名称	负责人	单位	项目类别
43	数学软件在“概率论与数理统计”课程教学实践中的应用	谭加博	信息学院	一般项目
44	“审计学”实验课程的开发与建设研究	马文杰	商学院	一般项目
45	高级应用型财务管理专业人才培养定位与培养方案优化研究	王　丹	商学院	一般项目
46	“高级财务会计”课堂教学法的研究与实践	王丹惠	商学院	一般项目
47	中瑞岳华会计师事务所实习基地建设研究与实践	刘永胜	商学院	一般项目
48	财务管理课程群建设研究	闫　甜	商学院	一般项目
49	“财务管理”课程教学案例开发研究	吴　非	商学院	一般项目
50	市场营销专业校企合作师资队伍建设研究	赵　洁	商学院	一般项目
51	“管理学”课程教学效果提升研究	郭红莲	商学院	一般项目
52	沃尔玛校外人才培养基地建设研究与实践	魏国辰	商学院	一般项目
53	任务型教学法在社会保障外文原著选读课程中的应用	左春玲	劳法学院	一般项目
54	全过程教学法在“财税法”课程教学中的应用	白　硕	劳法学院	一般项目
55	司法考试对法学教学之影响	闫仁和	劳法学院	一般项目
56	大学生职业生涯规划和就业指导与服务的研究——职场基本技能演练沙盘开发	李　玲	劳法学院	一般项目
57	劳法学院本科学生科研/创业项目系统方案设计	罗丽丽	劳法学院	一般项目
58	“职业发展与就业指导”课程教学模式研究与实践	顾丽萍	劳法学院	一般项目
59	人力资源专业技能培养与企业需求适应性研究	顾国爱	劳法学院	一般项目
60	基于课程考试成绩数据的试卷命题质量评价	徐　敏	劳法学院	一般项目
61	对当前主要社会学课程教材的分析	曹　媞	劳法学院	一般项目
62	大学英语分级教学分课型模式下B级读写课程课堂教学方法的改革探讨	马　卓	外语学院	一般项目
63	“商务英语阅读”课程教学法研究与改革	王　茹	外语学院	一般项目
64	网络新闻英语在大学英语教学的应用研究	田　丽	外语学院	一般项目
65	“高级英语”课堂教学模式研究与实践	任丽丽	外语学院	一般项目
66	英语专业（国际传播方向）实践教学体系的构建研究	吴尚义	外语学院	一般项目

续 表

序号	项目名称	负责人	单位	项目类别
67	ESP 框架下财经英语课程教学模式研究与实践	杨倩倩	外语学院	一般项目
68	探寻专业课教学中培育职业精神的方法	沈　健	外语学院	一般项目
69	与公司结合的商务英语教学实践基地建设	张　玲	外语学院	一般项目
70	英语精读有效提问对学生思辨能力的培养	张　娜	外语学院	一般项目
71	讨论式教学方法在“外美鉴赏”课的运用	张绍杰	外语学院	一般项目
72	大学英语语篇阅读教学模式研究	郭亚丽	外语学院	一般项目
73	形成性评价在大学英语口语教学中对促进学生内在学习动力的有效性的实证研究	蒋春生	外语学院	一般项目
74	影响英语写作成绩的元认知策略因素分析	路文军	外语学院	一般项目
75	基于元认知策略的英语听力课堂教学模式改革	鲁曼俐	外语学院	一般项目
76	跨专业优质教学资源的共享和应用——以外语学院商贸英语专业与经济学院国际贸易课程群双语课程为例	谢桂梅	外语学院	一般项目
77	我校思想政治理论课教学有效性研究	冯凡彦	思政理论课教研部	一般项目
78	情境教学法在“中国近现代史纲要”课程中的运用	刘建宁	思政理论课教研部	一般项目
79	思政课实效性实证研究——以“马克思主义基本原理概论”课程塑造大学生核心价值观的作用为例	宋红云	思政理论课教研部	一般项目
80	马克思主义大众化与思想政治理论课教学实现途径研究——基于传播心理学的视角	张震寰	思政理论课教研部	一般项目
81	“和谐人生”体育观在女排教学中应用研究	方配素	体育教学部	一般项目
82	NBA 联赛模式在我校男生篮球课教学中应用的实验研究	孙风林	体育教学部	一般项目
83	构建我校瑜伽课程教学模式的研究	练　丽	体育教学部	一般项目
84	体育教师专业化发展研究	蔡　斌	体育教学部	一般项目
85	订单式继续教育运行新机制研究	陈炜煜	继续教育学院	一般项目
86	高校教学研究管理系统建设	王　健	教务处	一般项目
87	新形势下加强高校教学管理队伍建设的探讨	王又军	教务处	一般项目
88	大学生科学研究与创新创业教育研究	白学波	教务处	一般项目

续 表

序号	项目名称	负责人	单位	项目类别
89	我校素质拓展课程体系的优化研究	陈义彬	教务处	一般项目
90	思想道德修养实践教学研究	刘世波	学生处	一般项目

2011 年北京物资学院本科教学工程校级项目一览表

项目类别	项目名称	负责人	单位	项目分类
教材建设—实验教材	“电工电子技术”课程实验教材建设	马向国	物流学院	集中
教材建设—实验教材	“物流信息技术实验（实训）指导书”	李俊韬	信息学院	集中
教材建设—实验教材	“会计操作实务”实验教材建设	王　丹	商学院	集中
教学管理创新项目—教学管理信息化建设	经济学院网上自动组卷考试系统建设	刘崇献	经济学院	集中
教学管理创新项目—教学管理信息化建设	“概率论与数理统计”课程立体化电子教材	李念伟	信息学院	集中
教学管理创新项目—教学管理信息化建设	体育场馆预约管理系统	常　征	体育教学部	集中
教学管理创新项目—教学管理信息化建设	信息学院实验室管理系统	孙　伟	信息学院	集中
课程建设—课程群建设	企业管理类课程群建设	杜红平	商学院	集中
课程建设—课程群建设	国际法课程群建设方案	李爱华	劳法学院	集中
课程建设—课程群建设	大学英语课程群建设	俞　莹	外语学院	集中
课程建设—实验示范课	提升“国际贸易实务模拟”课程教学质量，打造精品实验课	李　彤	经济学院	集中
课程建设—实验示范课	实验示范课	王成林	物流学院	集中
课程建设—实验示范课	“计算机网络技术”实验示范课建设	张　博	信息学院	集中
课程建设—实验示范课	ERP 沙盘模拟体验式教学示范课	柯　明	商学院	集中
课程建设—实验示范课	基于 SAP 系统的实验示范课程建设	孟　浩	商学院	集中
课程建设—实验示范课	“社会保险管理”实验示范课	李燕荣	劳法学院	集中
课程建设—双语示范课	“公司理财”双语示范课项目	陈　娟	商学院	集中
课程建设—双语示范课	“国际人力资源管理”双语示范课	解进强	劳法学院	集中
课程建设—双语示范课	“英美法概论”双语示范课	孙　瑜	劳法学院	集中
课程建设—小班研讨课	小班研讨	姜　旭	物流学院	集中
课程建设—小班研讨课	行政诉讼法基本方法研讨课	王惠玲	劳法学院	集中

续 表

项目类别	项目名称	负责人	单位	项目分类
培养模式创新项目	金融学专业（证券期货方向）企业订单模式人才培养试点探索	马　刚	经济学院	集中
培养模式创新项目	“3+1”人才培养模式试点	尹德洪	经济学院	集中
培养模式创新项目	拓展国际视野，提高专业素质——经济学专业人才培养的探索与实践	赵　娴	经济学院	集中
培养模式创新项目	卓越报关员培养计划试点	原玲玲	经济学院	集中
培养模式创新项目	人才培养创新实验区——商品学人才培养创新实验区	芮嘉明	物流学院	集中
培养模式创新项目	本科生国际化视野拓展项目	张旭凤	物流学院	集中
培养模式创新项目	图书城企业订单、定制式试点	姜　旭	物流学院	集中
培养模式创新项目	“2+2”人才培养模式试点	申贵成	信息学院	集中
培养模式创新项目	拓展学生国际视野培养计划	申贵成	信息学院	集中
培养模式创新项目	应用创新型信息管理与信息技术人才培养创新实验区	刘丙午	信息学院	集中
培养模式创新项目	卓越软件工程师培育计划	郭　键	信息学院	集中
培养模式创新项目	基于APPLE应用技术的MARKETING专业人才培养	宋晓欣	商学院	集中
培养模式创新项目	商学院本科优秀生培养方案研究	贾炜莹	商学院	集中
培养模式创新项目	物资学院与美国纽约理工大学“4+1”人才培养模式试点项目	魏国辰	商学院	集中
培养模式创新项目	立体化人才培养创新模式研究与实践	尚　珂	劳法学院	集中
培养模式创新项目	基于学生人文素养和职业发展需求的商务英语人才培养创新实验区	王淑花	外语学院	集中
培养模式创新项目	英语专业双主修模式可行性研究	曲囡囡	外语学院	集中
培养模式创新项目	商务英语人才培养企业订单、定制式试点	顾　越	外语学院	集中
实践教学建设	校外人才培养基地建设	刘　宏	经济学院	集中
实践教学建设	模拟商业银行实务教学实验中心建设	杨　菁	经济学院	集中
实践教学建设	经济学院学生实践教学体系建设研究	郝玉柱	经济学院	集中

续 表

项目类别	项目名称	负责人	单位	项目分类
实践教学建设	实验室建设	王　超	物流学院	集中
实践教学建设	商品学专业校外人才基地	刘　艳	物流学院	集中
实践教学建设	伊藤洋华堂北京十里堡店	米　娜	物流学院	集中
实践教学建设	物联网技术实验室建设研究	朱　杰	信息学院	集中
实践教学建设	“三位一体”实验室管理模式的改革与实践	杨　玺	信息学院	集中
实践教学建设	统计学专业校外人才培养基地建设研究	吴海建	信息学院	集中
实践教学建设	电子商务专业实践教学体系建设	张　博	信息学院	集中
实践教学建设	统计学专业实践教学体系建设	周　丽	信息学院	集中
实践教学建设	北京物资学院计算机科学技术专业本科教学实践设计研究	郭　键	信息学院	集中
实践教学建设	财务管理专业实践教学体系建设	王　丹	商学院	集中
实践教学建设	商学院沃尔玛校外人才培养基地建设	宋晓欣	商学院	集中
实践教学建设	财会信息化管理实验教学体系	柯　明	商学院	集中
实践教学建设	工商管理类本科应用型人才培养实践教学体系研究	贾炜莹	商学院	集中
实践教学建设	人力资源管理专业实践教学体系的建设与完善	李广义	劳法学院	集中
实践教学建设	劳动与社会保障专业实践教学体系建设	李燕荣	劳法学院	集中
实践教学建设	法学专业本科毕业设计与实践教学整合方案	高　泉	劳法学院	集中
实践教学建设	人员素质测评教学实验中心的实验教学模式研究和教学平台设计与开发	曾捷英	劳法学院	集中
实践教学建设	外国语言与文化学院语言教学实验中心资源整合平台设计与建设研究	韦美璇	外语学院	集中
实践教学建设	外国语言与文化校外人才培养基地建设	吴尚义	外语学院	集中

续 表

项目类别	项目名称	负责人	单位	项目分类
实践教学建设	基于网络与计算机的大学英语实践教学体系建设	何启滨	外语学院	集中
实践教学建设	思想政治理论课实践教学体系构建研究	冯凡彦	思政理论课教研部	集中
实践教学建设	体质健康监测与研究实验室	衣锦光	体育教学部	集中
教材建设—精品教材	《物流经济学》	赵　娴	经济学院	自主
教材建设—精品教材	《库存管理》	张旭凤	物流学院	自主
教材建设—精品教材	《统计学》	庄　菁	信息学院	自主
教材建设—精品教材	《概率论与数理统计》	李念伟	信息学院	自主
教材建设—精品教材	《房地产开发企业会计》	刘德英	商学院	自主
教材建设—精品教材	《流通法学》	李惠阳	劳法学院	自主
教材建设—精品教材	《实用商务英语写作》	王　茹	外语学院	自主
教学管理创新项目—教学管理信息化建设	信息学院信息发布平台建设	孙　伟	信息学院	自主
教育教学研究	凝练流通特色，提升专业素质——经济学特色专业建设的探索与实践	车卉淳	经济学院	自主
教育教学研究	研究型课程建设的探索与实践	王晓芳	经济学院	自主
教育教学研究	与时俱进地建设和优化国际贸易课程群	刘崇献	经济学院	自主
教育教学研究	课程教学模式改进研究	杨　菁	经济学院	自主
教育教学研究	社会考证提高教学效果研究	单　磊	经济学院	自主
教育教学研究	实施教考分离　提高教学水平	郝玉柱	经济学院	自主
教育教学研究	金融学专业（证券期货方向）教学模式改革项目探索	谈志琦	经济学院	自主
教育教学研究	金融学专业课程群建设	霍再强	经济学院	自主
教育教学研究	专业课分层教学研究	刘　俐	物流学院	自主
教育教学研究	教学案例与实践、实验案例一体化的探索	贡祥林	物流学院	自主
教育教学研究	教学模式改革项目——商品学校外实践教学模式研究	陈　静	物流学院	自主

续 表

项目类别	项目名称	负责人	单位	项目分类
教育教学研究	提高课堂教学质量的探索与实践	陈志新	物流学院	自主
教育教学研究	基于ACM模式的程序设计基础课程实验教学探索	杨　玺	信息学院	自主
教育教学研究	教学模式改革	张海军	信息学院	自主
教育教学研究	教学方法改革项目	高和鸿	信息学院	自主
教育教学研究	虚拟仪器技术	阎　芳	信息学院	自主
教育教学研究	“概率论与数理统计”课程“桥段式”教学模式研究	谭加博	信息学院	自主
教育教学研究	财务报告分析教学中以问题为基础（Problem - based Learning）的教学模式研究	刘　芳	商学院	自主
教育教学研究	会计课程理论与实践教学方法改革	张　军	商学院	自主
教育教学研究	学校工商管理学科核心教育力与教育生态建设研究	倪东生	商学院	自主
教育教学研究	普通高校课堂教学法的研究与实践	曹　键	商学院	自主
教育教学研究	改变学习主体研究——让学生被动变主动	王惠玲	劳法学院	自主
教育教学研究	学生主体性教学策略研究	林　原	劳法学院	自主
教育教学研究	文科学生定量分析意识与能力的培养	刘　江	劳法学院	自主
教育教学研究	司法考试与法学本科教育结合研究	刘　茵	劳法学院	自主
教育教学研究	体验式教学模式在高校教学中的应用	米　峙	劳法学院	自主
教育教学研究	交叉学科教学模式探讨	李爱华	劳法学院	自主
教育教学研究	综合性全程考试改革模式探索与实践	顾丽萍	劳法学院	自主
教育教学研究	课程教学中注重学生可迁移技能的培养	曹　媞	劳法学院	自主
教育教学研究	英语专业读写整合教学模式改革	左　雁	外语学院	自主
教育教学研究	读写类课程教学模式改革	田　丽	外语学院	自主
教育教学研究	课程教学质量提高方法专项研究	任丽丽	外语学院	自主

续 表

项目类别	项目名称	负责人	单位	项目分类
教育教学研究	教学内容改革研究	刘建华	外语学院	自主
教育教学研究	大学英语听说课堂教学方法与手段的改革	孙静波 贺君婷	外语学院	自主
教育教学研究	教学模式改革探讨	张　玲	外语学院	自主
教育教学研究	课程教学模式改革探讨	张丽丽	外语学院	自主
教育教学研究	教学内容改革研究	张春颖	外语学院	自主
教育教学研究	公共基础课教学模式改革的研究与实践	周　杰	外语学院	自主
教育教学研究	高校公共英语课堂的主题教学模式研究	俞　莹	外语学院	自主
教育教学研究	教学方法与手段改革项目	唐　棠	外语学院	自主
教育教学研究	“英语写作”课程教学方法与教学手段改革	路文军	外语学院	自主
教育教学研究	思想政治理论课专题化教学模式构建研究	张震寰	思政理论课教研部	自主
教育教学研究	思想政治理论课教学内容改革研究	高书文	思政理论课教研部	自主
教育教学研究	关于将快易网球教学法引入我校网球课的研究	王彦英	体育教学部	自主
教育教学研究	休闲体育与我校体育教学整合的研究	杨建平	体育教学部	自主
教育教学研究	体育部教学模式改革研究	张晓静	体育教学部	自主
教育教学研究	健美操教学方法改革项目	徐淑斐	体育教学部	自主
课程建设—精品课程建设	“期货市场学”课程	马　刚	经济学院	自主
课程建设—精品课程建设	“货币银行学”课程	王宝森	经济学院	自主
课程建设—精品课程建设	“世界经济概论”课程	盛　浩	经济学院	自主
课程建设—精品课程建设	“计量经济学”课程	褚晓琳	经济学院	自主

续 表

项目类别	项目名称	负责人	单位	项目分类
课程建设—精品课程建设	“物流英语”课程	史晓霞	物流学院	自主
课程建设—精品课程建设	“商品检验法律法规”课程	刘艳荣	物流学院	自主
课程建设—精品课程建设	“机电一体化”课程	孙卫华	物流学院	自主
课程建设—精品课程建设	“供应链管理”双语课程	陆　华	物流学院	自主
课程建设—精品课程建设	“商品检验与质量认证”课程	陈红丽	物流学院	自主
课程建设—精品课程建设	“电工电子设计”课程	姚志英	物流学院	自主
课程建设—精品课程建设	“供应商管理”课程	唐长虹	物流学院	自主
课程建设—精品课程建设	“物流管理”课程	温卫娟	物流学院	自主
课程建设—精品课程建设	“无机化学”实验课程	缪　瑞	物流学院	自主
课程建设—精品课程建设	“常微分方程”课程	王凤英	信息学院	自主
课程建设—精品课程建设	“电子商务系统分析与设计”课程	刘俊娥	信息学院	自主
课程建设—精品课程建设	“统计学导论”课程	庄　菁	信息学院	自主
课程建设—精品课程建设	“数据结构”课程	陈丽梅	信息学院	自主
课程建设—精品课程建设	“操作系统”课程	郭　风	信息学院	自主
课程建设—精品课程建设	“系统分析与设计”课程	董萍萍	信息学院	自主
课程建设—精品课程建设	“企业资源规划”课程	霍灵瑜	信息学院	自主
课程建设—精品课程建设	“财务报告分析”课程	王　静	商学院	自主

续 表

项目类别	项目名称	负责人	单位	项目分类
课程建设—精品课程建设	“战略管理”课程	肖为群	商学院	自主
课程建设—精品课程建设	“采购供应战略”课程	岳思红	商学院	自主
课程建设—精品课程建设	“运作管理”课程	金海水	商学院	自主
课程建设—精品课程建设	“成本会计”课程	郑可人	商学院	自主
课程建设—精品课程建设	“推销与谈判”课程	祝映莲	商学院	自主
课程建设—精品课程建设	“质量管理学”课程	魏国辰	商学院	自主
课程建设—精品课程建设	“民法总论”课程	刘　茵	劳法学院	自主
课程建设—精品课程建设	“人力资源管理”课程	刘家珉 弓秀云	劳法学院	自主
课程建设—精品课程建设	“社会保障学”课程	米　峙	劳法学院	自主
课程建设—精品课程建设	“劳动经济学”课程	林　原	劳法学院	自主
课程建设—精品课程建设	“经济管理英语”课程	张　玲	外语学院	自主
课程建设—精品课程建设	“大学法语”课程	张春颖	外语学院	自主
课程建设—精品课程建设	“大学语文”课程	桂天寅	外语学院	自主
课程建设—精品课程建设	“英语听力”专业核心课程	鲁曼莉 张　娜	外语学院	自主
课程建设—精品课程建设	“中国近现代史纲要”课程	刘建宁	思政理论课教研部	自主
课程建设—精品课程建设	“毛泽东思想和中国特色社会主义理论体系概论”课程	胡占君	思政理论课教研部	自主
课程建设—精品课程建设	健身课	王彦英	体育教学部	自主

续 表

项目类别	项目名称	负责人	单位	项目分类
课程建设—精品课程建设	“大学生心理健康发展”课程	廖 冉	学生处	自主
名师讲学与培育—优秀主讲教师	优秀主讲教师	于 亦	经济学院	自主
名师讲学与培育—优秀主讲教师	优秀主讲教师	李 彤	经济学院	自主
名师讲学与培育—优秀主讲教师	优秀主讲教师	单 磊	经济学院	自主
名师讲学与培育—优秀主讲教师	优秀主讲教师	王晓平	物流学院	自主
名师讲学与培育—优秀主讲教师	优秀主讲教师	王微怡	物流学院	自主
名师讲学与培育—优秀主讲教师	优秀主讲教师	芮嘉明	物流学院	自主
名师讲学与培育—优秀主讲教师	优秀主讲教师	周 丽	信息学院	自主
名师讲学与培育—优秀主讲教师	优秀主讲教师	秦惠林	信息学院	自主
名师讲学与培育—优秀主讲教师	优秀主讲教师	鞠红梅	信息学院	自主
名师讲学与培育—优秀主讲教师	优秀主讲教师	王丹惠	商学院	自主
名师讲学与培育—优秀主讲教师	优秀主讲教师	陈晓梅	商学院	自主
名师讲学与培育—优秀主讲教师	优秀主讲教师	陈喜波	商学院	自主
名师讲学与培育—优秀主讲教师	优秀主讲教师	丁晓霞	劳法学院	自主
名师讲学与培育—优秀主讲教师	优秀主讲教师	左春玲	劳法学院	自主
名师讲学与培育—优秀主讲教师	优秀主讲教师	孙 瑜	劳法学院	自主
名师讲学与培育—优秀主讲教师	优秀主讲教师	解进强	劳法学院	自主

续 表

项目类别	项目名称	负责人	单位	项目分类
名师讲学与培育—优秀主讲教师	优秀主讲教师	张丽丽	外语学院	自主
名师讲学与培育—优秀主讲教师	优秀主讲教师	贺君婷	外语学院	自主
名师讲学与培育—优秀主讲教师	优秀主讲教师	唐　棠	外语学院	自主
名师讲学与培育—优秀主讲教师	张震寰“概论课”的指导与培育	胡占君	思政理论课教研部	自主
名师讲学与培育—优秀主讲教师	优秀主讲教师	孙风林	体育教学部	自主
名师讲学与培育—优秀专业带头人	优秀专业带头人	车卉淳	经济学院	自主
名师讲学与培育—优秀专业带头人	优秀专业带头人	张耀荔	物流学院	自主
名师讲学与培育—优秀专业带头人	优秀专业带头人	朱　杰	信息学院	自主
名师讲学与培育—优秀专业带头人	优秀专业带头人	郭奕崇	信息学院	自主
名师讲学与培育—优秀专业带头人	优秀专业带头人	兰凤云	商学院	自主
名师讲学与培育—优秀专业带头人	优秀专业带头人	齐　严	商学院	自主
名师讲学与培育—优秀专业带头人	英语商务方向带头人	王淑花	外语学院	自主
名师讲学与培育—优秀专业带头人	英语传播方向带头人	吴尚义	外语学院	自主
实践教学建设—实践课程设计与开发	开展实验教学，培养学生的实践能力	毛　艳	经济学院	自主
实践教学建设—实践课程设计与开发	经济学院实践周课程设计与开发	尹德洪	经济学院	自主
实践教学建设—实践课程设计与开发	“物流商务”模拟实验课程设计与开发	田　雪	物流学院	自主
实践教学建设—实践课程设计与开发	课程数字化教学模式的开发	刘　红	物流学院	自主

续 表

项目类别	项目名称	负责人	单位	项目分类
实践教学建设—实践课程设计与开发	实践项目（课程）设计与开发	孙前进	物流学院	自主
实践教学建设—实践课程设计与开发	“国际物流”课程综合性模拟实验项目开发	李彦萍	物流学院	自主
实践教学建设—实践课程设计与开发	数字化物理实验平台的搭建	赵立强	物流学院	自主
实践教学建设—实践课程设计与开发	物流信息技术实践项目设备设计与开发	李俊韬	信息学院	自主
实践教学建设—实践课程设计与开发	课程实践设计与开发	张方风	信息学院	自主
实践教学建设—实践课程设计与开发	以网站开发为内容的计算机科学与技术专业实践周项目研究	赵明茹	信息学院	自主
实践教学建设—实践课程设计与开发	Matlab 软件在信息与计算科学专业的实践教学中的应用	姜　涛	信息学院	自主
实践教学建设—实践课程设计与开发	供应链经营实验项目开发	刘永胜	商学院	自主
实践教学建设—实践课程设计与开发	实践课程设计与开发	吕　波	商学院	自主
实践教学建设—实践课程设计与开发	ERP 财务管理系统实训课程开发	李　斌	商学院	自主
实践教学建设—实践课程设计与开发	实践课程设计与开发研究	吴　非	商学院	自主
实践教学建设—实践课程设计与开发	实践课程设计与开发	张玉红	商学院	自主
实践教学建设—实践课程设计与开发	TOC 体系实践课程设计与开发	徐建国	商学院	自主
实践教学建设—实践课程设计与开发	实践教学研究	殷裕品	商学院	自主
实践教学建设—实践课程设计与开发	案例演习——实践项目（课程）设计与开发	阎章荣	劳法学院	自主
实践教学建设—实践课程设计与开发	人力资源管理专业实践项目设计与开发	隆　意	劳法学院	自主
实践教学建设—实践课程设计与开发	广播电视节目编辑与制作课程设计与开发	郝　琳	外语学院	自主

续 表

项目类别	项目名称	负责人	单位	项目分类
学科竞赛	大学生科研创新项目的培育模式探索	张建宝	经济学院	自主
学科竞赛	其他各类学科竞赛项目——北京市大学生化学实验竞赛	沈　丽	物流学院	自主
学科竞赛	企业物流模拟仿真	周三元	物流学院	自主
学科竞赛	大学物理实验竞赛实训平台的构建	赵立强	物流学院	自主
学科竞赛	全国大学生电子设计竞赛	姚志英	物流学院	自主
学科竞赛	以提高竞赛成绩和考研通过率为目标的数学竞赛培训方案与实施	田立平	信息学院	自主
学科竞赛	北京物资学院大学生数学建模竞赛	李珍萍	信息学院	自主
学科竞赛	2011 中国机器人大赛暨 RoboCup 公开赛	杨　洋	信息学院	自主
学科竞赛	全国机器人大赛暨 2011 年 FIRA 世界杯机器人大赛	杨　洋	信息学院	自主
学科竞赛	3G 智能手机创意设计	张　燕	信息学院	自主
学科竞赛	举办我校大学生统计建模大赛和组织参赛全国大学生统计建模大赛	高和鸿	信息学院	自主
学科竞赛	全国大学生嵌入式设计大赛	阎　芳	信息学院	自主
学科竞赛	ERP 沙盘模拟暨创业经营大赛	李　斌	商学院	自主
学科竞赛	国际企业管理挑战赛（GMC）教学研究	杨宝宏	商学院	自主
学科竞赛	企业经营决策模拟系列赛事组织与辅导研究	陈晓梅 陈　娟	商学院	自主
学科竞赛	基于“全国大学生管理决策模拟大赛”（商道）教学研究	孟　浩	商学院	自主
学科竞赛	基于“北欧—尖峰时刻”大赛教学研究	祝映莲	商学院	自主
学科竞赛	模拟法庭学科竞赛项目	白　硕	劳法学院	自主
学科竞赛	“外研社杯”全国英语辩论赛	李海英	外语学院	自主
学科竞赛	全国大学生英语竞赛	李海英	外语学院	自主

续 表

项目类别	项目名称	负责人	单位	项目分类
学科竞赛	大学生人文知识竞赛	桂天寅	外语学院	自主
学科竞赛	商务英语知识技能竞赛	顾　越	外语学院	自主
学科竞赛	北京市大学生英语演讲比赛	潘爱琳	外语学院	自主
学科竞赛	“CCTV 杯” 全国英语演讲大赛	潘爱琳	外语学院	自主
专业建设—传统专业升级改造	国际经济与贸易专业升级改造研究	原玲玲	经济学院	自主
专业建设—传统专业升级改造	市场营销专业（国际营销主管方向）建设	齐　严	商学院	自主
专业建设—传统专业升级改造	英语（国际商务和国际传播方向）专业建设研究	李　华 桂天寅	外语学院	自主
专业建设—特色专业建设	金融专业证券期货方向	刘　宏	经济学院	自主
专业建设—特色专业建设	会计学专业	兰凤云	商学院	自主
专业建设—特色专业建设	人力资源管理专业	李广义	劳法学院	自主
专业建设—特色专业建设	法学专业流通法方向	李惠阳	劳法学院	自主
专业建设—新专业建设	信息工程专业	郭奕崇	信息学院	自主
专业建设—专业群建设	信息	刘丙午	信息学院	自主
专业建设—专业群建设	劳动科学	唐华茂	劳法学院	自主

学位与研究生教育

【发展概况】

2011 年是学校“十二五”开局之年，是学校研究生教育硕士点申报和产学研基地建设之年。研究生部继续以科学发展观为指导，不断解放思想，开拓创新，以发展为主题，以提高研究生培养质量为主线，加强研究生招生工作，确保生源质量，进一步规范管理制度，加强研究生培养教育，增加科研投入，实施创新创业计划，保障研究生教育规模、质量。工作重点是一个中心、两个关键点，即工作中心是硕士点申报，关键点是推进研究生教育创新工程和加强产学研基地建设。学校现有产业经济学、劳动经济学、管理科学与工程、企业管理4个学术性学位授权点和物流工程硕士、工商管理硕士2个专业性学位授权点。

截至12月31日，共有在校研究生574人；研究生导师151名，其中，校内导师105名，外聘导师46名；研究生部共有工作人员9名。

（撰稿人：张华玲　审核人：李彩丽）

【研究生招生】

2011年，学校共招收录取全日制研究生239人，比2009年增长11.16%。其中，管理科学与工程专业45人，企业管理专业68人，产业经济学专业50人，劳动经济学专业7人，物流工程专业硕士68人，工商管理专业硕士1人。此外，共录取非全日制在职研究生29人。

9月，启动2012级研究生招生工作。

（撰稿人：张华玲　审核人：李彩丽）

【就业工作】

2011年，共有硕士毕业生182人。其中，学术型硕士毕业生151人，专业学位硕士毕业生31人。截至12月31日，就业率达到100%。研究生就业呈现考取博士单位起点高、就业单位质量高、就业单位起薪高等特点。

针对2011届研究生就业工作的严峻形势，学校积极开展就业指导工作。研究生部开展研究生择业就业技巧系列辅导，包括就业政策、公务员考试、简历撰写、面试礼仪、服装搭配等，引导研究生树立正确的择业观；依托专业就业网，搭建就业信息平台；依靠校友导师资源，拓展就业信息来源和渠道。

（撰稿人：张华玲　审核人：李彩丽）

【研究生培养】

修订完善研究生培养管理相关文件，保障培养质量。研究生部着眼于制度建设，在征求基层单位、研究生指导教师以及广大研究生意见和建议的基础上，进一步修订完善《北京物资学院关于硕士研究生培养工作的若干规定》《北京物资学院硕士研究生培养流程》《北京物资学院研究生基本学术规范暂行规定（试行）》等管理文件；制定《北京物资学院硕士学位论文开题报告》《北京物资学院硕士学位论文开题答辩申请表》《北京物资学院硕士研究生导师推荐表》等相关规范表格，通过规范和加强过程管理，保障研究生培养质量。

以实践活动为抓手，培养研究生的主动实践意识，提高实践能力。进一步完善研究生实习基地合作办法，积极引导研究生开展社会调查、生产实习、科研合作、志愿服务和公益活动等，已开辟实习实践基地12家和志愿服务实践基地4家，形成产学研合作、联合培养研究生长效机制。支持研究生开展主题社会实践活动，将理论与实践相结合，提升实践能力。

2011年，继续沿用2007版《北京物资学院研究生培养方案（试行稿）》。

（撰稿人：张华玲　审核人：李彩丽）

【学籍管理】

2011 年，有 4 名研究生学籍发生变动，其中 1 人退学，3 人休学。

（撰稿人：张华玲　审核人：李彩丽）

【学位工作】

为切实加强学位授予工作中的学术道德和学术规范建设，保证学位授予质量，研究生部始终坚持“学术不端检测”和“双盲”评阅工作，加强过程管理，变事后检查与纠正为事前指导与监督，为研究生顺利毕业和学位点建设提供保障。

2011 年，学校共授予硕士学位 182 人。其中，产业经济学专业 43 人，劳动经济学专业 12 人，企业管理专业 56 人，管理科学与工程专业 40 人，物流工程专业 31 人。

（撰稿人：张华玲　审核人：李彩丽）

【学科建设】

学校完善《北京物资学院“十二五”学科建设规划》，探索学科建设与研究生培养创新机制，充分发挥学科建设在学校教学、科研、社会服务等各项工作中统揽全局的龙头作用，通过实施“人才强校、特色名校、科研兴校”战略，统一学科建设的指导思想，组织各个学科凝练方向，优化学科建设布局，明晰学科建设的任务与措施，不断提高学校各学科专业的人才培养质量和学术水平，打造优势学科，建设高水平师资队伍，为建设高水平特色型大学奠定坚实的学科基础，实现学校长远发展的目标。

3 月，学校第十一次学位点申报工作喜获佳绩，新增“应用经济学”、“计算机科学与技术”、“工商管理”3 个硕士学位授权一级学科。至此，学校已拥有 4 个硕士学位授权一级学科，2 个专业硕士学位授权点。此次硕士授权一级学科平台的搭建，实现了学校硕士学位授权一级学科总量上的倍增，使学科结构布局更加合理，为学校“十二五”学科建设、学位与研究生教育发展奠定坚实的基础。

4 月，按照国务院学位办《关于按〈学位授予和人才培养学科目录〉进行学位授权点对应调整的通知》（〔2011〕25 号）精神，学校启动统计学学位授权点的对应调整申报工作。学校多次组织专家对申报材料从学科方向、学科特色、学术队伍、科研成果等方面进行审核，5 月 20 日，最终定稿上报。通过申报工作，进一步理顺学校学科结构，优化学科布局，拓展学科领域。

8 月，根据国务院学位办《关于开展授予博士学位的服务国家特殊需求人才培养项目试点工作的通知》（〔2011〕55 号）精神，学校启动“流通工程与管理”博士人才培养项目的申报工作。在一个多月的准备过程中，组织召开研讨会议 15 次，相关专家和学科负责人深入解读、分析《通知》的内涵与会议精神，结合学校实际情况，从学科方向凝练、学科特色归纳、学术队伍整合、科研成果梳理、校内外资源整合等方面，充分考虑人才培养的不可替代性和可行性，在相关学院及部门的支持下，集全校之力完成申报工作。

10 月，根据国务院学位办《关于做好授予博士、硕士学位和培养研究生的二级学科自主设置工作的通知》(〔2011〕12号)，研究生部启动学校二级学科自主设置论证工作。经过两个多月的工作，完成论证报告15份，从学科内涵与发展现状、学科设置的必要性和可行性、学科建设规划、人才培养方案等方面进行了论证。二级学科自主设置工作，能够充分发挥学校办学自主性，更好地推动研究生教育主动适应经济社会发展的需求。

(撰稿人：张华玲　审核人：李彩丽)

【导师队伍建设】

9月，研究生部开展新增导师遴选工作，经个人申请、学院推荐，有14人申请硕士研究生导师。研究生部对申请者各项条件初审后，提交学校学位评定委员会审议，确定新增硕士研究生导师13人：田雪、张博、鞠红梅、吴非、闫甜、吕波、宋晓欣、郑可人、李惠阳、刘江、解进强、陶冶、杨菁。

按照教育部的要求，学校对导师和专家库信息进行维护和更新，共报送99位专家的信息，包括基本信息、专业技术职务、学科专业及联系方式等内容。在“教育部学位与研究生评估工作平台”上，学校新增专家38人，更新原有专家59人，其中，经济学院24人，新增7人；物流学院19人，新增7人；信息学院18人，新增10人；商学院22人，新增11人；劳动科学与法律学院11人，新增3人；其他部门5人。

10月，研究生部完成网站上导师信息更新工作，增加分类查询功能，方便导师和学生查阅。

(撰稿人：张华玲　审核人：李彩丽)

【研究生思想政治工作】

截至12月31日，研究生部党总支共有党员284名，其中，教工党员8名，在校学生党员263名，毕业未转党组织关系13名。在校研究生党员中，正式党员211名，预备党员52名；一年级党员79名，二年级党员85名，三年级党员99名。在校研究生党员总数占全体在校研究生的45.8%。发展党员48名，入党积极分子254名，推选优秀团员作为党的发展对象58名。

第一，研究生部以建设“学习型”党支部为载体，加强研究生党建工作，推进创先争优活动的开展。定期发布党支部学习和组织活动计划，积极组织学习全国教育工作会议精神、学校“十二五”发展规划等10次专题理论学习会，把师生的思想认识统一到学校发展目标上去。组织“学术道德、考风学风诚信”大讨论、“抵制学术腐败、提倡廉洁教育”大讨论，以及“学生党员标准”等3次全体党员讨论会，扎实推进“学习型”党组织建设和创先争优活动的深入开展。

第二，以纪念建党90周年和辛亥革命100周年为契机，深入开展理想信念教育和革命传统教育。开展“党在我心中”征文比赛，组织“学党史、知国情、跟党走”演讲比赛和“祖国颂”歌咏比赛等丰富多彩的教育活动，宣传党的伟大历程、光辉成就和宝贵经验，加深广大师生对党的历史、党的知识、党的理论路线和方针政策的认识。开展“马克思主义与当代青年”主题研究，把社会主义核心价值体系融入研究生思想政治教育的全过程。开展以“抚今追昔，倾听历史强音；展望未来，砥砺奋斗精神”为主题的纪念辛亥革命活动周，通过系列活动使研究生深刻思考“研究生将如何为国家、为自己的理想而努力奋斗”。

第三，加强党员队伍建设，完善入党积极分子培养，全面推进党建工作。进一步创新初级党校培训体系，实现入党积极分子和党员的全员培训，增加马列原著导读，引入“科学道德与学风建设”讲学，增加“党史知识和党员发展流程”测试，定期举办党支部委员培训班，通过理论学习，建设“学习型”领导班子，不断提高党支部成员领导能力，影响和带动其他党员进一步发挥先锋模范作用，从而提高研究生党支部的凝聚力和战斗力。

第四，深入开展研究生心理健康监控、心理咨询工作。多渠道监控，建立研究生心理健康状况监控体系。采取新生入学和每学年末排查的方式，重点关注排查对象。2011 年，重点观察对象 15 人。同时，组织生活委员宣传心理健康知识，选派学生干部接受心理培训，构建全新的心理辅导与监控体系。强化心理教育，开设“心理健康教育”必修课。采取双学期学习、讲座学习和团体辅导相结合的方式进行，实现理论和实践的结合。

2011 年，研究生部党总支共 2 人次获得校级及以上优秀党员表彰。

（撰稿人：张华玲　审核人：李彩丽）

【优秀论文评选】

1 月，完成对 2008 级硕士论文考核，评选出优秀硕士论文 23 篇，其中，产业经济学专业 7 篇，劳动经济学专业 3 篇，企业管理专业 5 篇，管理科学与工程专业 8 篇。

（撰稿人：张华玲　审核人：李彩丽）

【研究生事务管理】

积极组织研究生开展各种爱国主义、集体主义、志愿服务等教育活动。4 月 2 日，研究生部青年志愿者协会与社会公益组织“阳光爱”在北京市通州区鑫隆市场举行世界自闭症日宣传活动。不仅增强了百姓和社会对于自闭症的认知，而且让志愿者身体力行真切感受到自己的社会责任。

7 月 30 日—8 月 9 日，研究生部暑期社会实践团以“寻访红色精神、服务后重建时代”为主题，沿着红色革命足迹，走进震后新区，在四川大渡河、什邡、都江堰及成都开展了一系列走访和调研活动。通过寻访调研，了解受灾严重地区灾后重建工作的进展和经济、文化、教育事业的恢复情况，完成调查问卷，并对数据进行分析，结合所学专业，完成调研报告，为当地政府出谋划策，用实际行动纪念中国共产党建党 90 周年。

8 月 1—5 日，研究生部暑期社会实践团队以“重走红色革命道路，寻访优秀共产党员，探讨老区就业创业问题”为主题，走进革命老区，前往红军长征的起点——湖南省桑植县城，参观贺龙同志故居。在刘家坪白族乡，实践团围绕当地农村劳动力资源转移情况和农村就业创业问题进行为期五天的实践调研。这次暑期社会实践使同学们铭记历史，传承发扬革命先辈们的艰苦奋斗和自强不息的精神，努力学习科学文化知识，做国家建设发展的有用之材。

（撰稿人：张华玲　审核人：李彩丽）

【研究生科技活动】

研究生部充分利用学校办学资源条件，积极争取和创造机会，通过组织学术报告和讲座、参加各种高水平学术会议和论坛等活动，为研究生进行学术交流搭建平台，营造良好的学术氛围。

研究生部聘请校内外有关专家开展学术报告和讲座 9 次，介绍经济学科领域和管理学科领域的学术发展动态、最新研究成果。科学道德与学风建设宣讲 2 次，大力弘扬科学精神，广泛宣传优良道德与学风。

组织硕士生 300 多人次参加物流学术年会、经济学年会、证券期货年会、中国北京流通现代化论坛等学术交流活动。4 名研究生在第十届中国物流学会学术年会论文评选中获得优秀奖，1 名研究生获“中国物流发展专项基金宝供物流奖”，1 名研究生获北京市研究生英语演讲比赛特等奖。2011 年，研究生共发表学术论文 184 篇，其中，核心期刊 42 篇。12 篇论文被国际会议采纳，7 篇拟被 EI、ISTP 检索。

（撰稿人：张华玲　审核人：李彩丽）

【附录】

2011 年北京物资学院硕士研究生导师情况一览表

序　号	姓　名	专业技术职务	单　位	学科专业
1	陈建中	教　授	经济学院	产业经济学
2	赵　娴	教　授	经济学院	产业经济学
3	潘建伟	教　授	经济学院	产业经济学
4	车卉淳	教　授	经济学院	产业经济学
5	洪　岚	副教授	经济学院	产业经济学
6	孟尚雄	副教授	经济学院	产业经济学
7	王可山	副教授	经济学院	产业经济学
8	高鸿鹰	副教授	经济学院	产业经济学
9	敖　华	副教授	经济学院	产业经济学
10	王宝森	教　授	经济学院	金融学
11	许春燕	教　授	经济学院	金融学
12	刘　宏	教　授	经济学院	金融学
13	霍再强	教　授	经济学院	金融学
14	童年成	副教授	经济学院	金融学
15	冯玉成	副教授	经济学院	金融学
16	于　亦	副教授	经济学院	金融学

续 表

序 号	姓 名	专业技术职务	单 位	学科专业
17	顾声乐	副教授	经济学院	金融学
18	刘 荔	副教授	经济学院	金融学
19	单 磊	副教授	经济学院	金融学
20	杨 菁	副教授	经济学院	金融学
21	陶 冶	副教授	经济学院	金融学
22	张 琦	教 授	经济学院	国际贸易学
23	盛 浩	副教授	经济学院	国际贸易学
24	刘崇献	副教授	经济学院	国际贸易学
25	原玲玲	副教授	经济学院	国际贸易学
26	郝玉柱	教 授	经济学院	应用经济学
27	杨 蓉	教 授	劳法学院	劳动经济学
28	尚 珂	教 授	劳法学院	劳动经济学
29	李广义	教 授	劳法学院	劳动经济学
30	李燕荣	副教授	劳法学院	劳动经济学
31	刘 江	副教授	劳法学院	劳动经济学
32	翁心刚	教 授	物流学院	管理科学与工程
33	邬 跃	教 授	物流学院	管理科学与工程
34	张志勇	教 授	物流学院	管理科学与工程
35	张耀荔	教 授	物流学院	管理科学与工程
36	孙前进	教 授	物流学院	管理科学与工程
37	刘丙午	教 授	信息学院	管理科学与工程
38	田立平	教 授	信息学院	管理科学与工程
39	刘俊娥	教 授	信息学院	管理科学与工程
40	张旭凤	副教授	物流学院	管理科学与工程
41	王成林	副教授	物流学院	管理科学与工程
42	杜志平	副教授	物流学院	管理科学与工程
43	刘 俐	副教授	物流学院	管理科学与工程
44	姜 旭	副教授	物流学院	管理科学与工程
45	马向国	副教授	物流学院	管理科学与工程
46	陈红丽	副教授	物流学院	管理科学与工程

续 表

序 号	姓 名	专业技术职务	单 位	学科专业
47	唐长虹	副教授	物流学院	管理科学与工程
48	王 燕	副教授	物流学院	管理科学与工程
49	周三元	副教授	物流学院	管理科学与工程
50	郭 键	副教授	信息学院	管理科学与工程
51	李俊韬	副教授	信息学院	管理科学与工程
52	周 丽	副教授	信息学院	管理科学与工程
53	郭红莲	副教授	商学院	管理科学与工程
54	鞠红梅	副教授	信息学院	管理科学与工程
55	张 博	副教授	信息学院	管理科学与工程
56	王旭东	教 授	劳法学院	企业管理
57	沈小静	教 授	物流学院	企业管理
58	刘永胜	教 授	商学院	企业管理
59	魏国辰	教 授	商学院	企业管理
60	倪东生	教 授	商学院	企业管理
61	齐 严	教 授	商学院	企业管理
62	刘家珉	教 授	劳法学院	企业管理
63	邹晓美	教 授	劳法学院	企业管理
64	岳思红	副教授	物流学院	企业管理
65	宋玉卿	副教授	物流学院	企业管理
66	陈喜波	副教授	商学院	企业管理
67	杜红平	副教授	商学院	企业管理
68	金海水	副教授	商学院	企业管理
69	刘 华	副教授	商学院	企业管理
70	曾捷英	副教授	劳法学院	企业管理
71	刘萍萍	副教授	劳法学院	企业管理
72	任 吉	副教授	劳法学院	企业管理
73	唐华茂	副教授	劳法学院	企业管理
74	宋晓欣	副教授	商学院	企业管理
75	吕 波	副教授	商学院	企业管理
76	田 雪	副教授	物流学院	企业管理

续 表

序 号	姓 名	专业技术职务	单 位	学科专业
77	李惠阳	副教授	劳法学院	企业管理
78	解进强	副教授	劳法学院	企业管理
79	李珍萍	教 授	信息学院	计算机软件与理论
80	朱 杰	教 授	信息学院	计算机软件与理论
81	王莲花	副教授	信息学院	计算机软件与理论
82	李 蓉	副教授	信息学院	计算机软件与理论
83	刘 军	教 授	信息学院	计算机应用技术
84	郭奕崇	教 授	信息学院	计算机应用技术
85	申贵成	教 授	信息学院	计算机应用技术
86	王玉泉	副教授	信息学院	计算机应用技术
87	刘同娟	副教授	信息学院	计算机应用技术
88	丁连红	副教授	信息学院	计算机应用技术
89	吴海建	教 授	信息学院	统计学
90	庄 菁	副教授	信息学院	统计学
91	秦江萍	教 授	商学院	会计学
92	王春华	教 授	商学院	会计学
93	贾炜莹	教 授	商学院	会计学
94	顾 煜	教 授	商学院	会计学
95	王丹惠	副教授	商学院	会计学
96	王 丹	副教授	商学院	会计学
97	李德恒	副教授	商学院	会计学
98	柯 明	副教授	商学院	会计学
99	兰凤云	副教授	商学院	会计学
100	曹 键	副教授	商学院	会计学
101	陈炜煜	副教授	商学院	会计学
102	殷裕品	副教授	商学院	会计学
103	吴 非	副教授	商学院	会计学
104	闫 甜	副教授	商学院	会计学
105	郑可人	副教授	商学院	会计学

2011 年北京物资学院外聘硕士研究生导师情况一览表

序号	姓 名	工作单位及职务	专业技术职务	研究方向
1	程 红	北京市副市长	博士，教授	产业经济理论
2	白津夫	中央政策研究室经济局副局长	研究员	产业经济理论
3	董 忠	国务院政策研究室农村司副司长	博士，研究员	产业经济理论
4	欧国立	北京交通大学	教授	产业经济理论
5	陆跃祥	北京师范大学经济与工商管理学院	博士，教授	产业经济理论
6	李志军	国务院发展研究中心技术经济研究部副部长	博士，研究员	产业经济理论
7	李保明	国务院国有资产监督管理委员会经济研究中心书记、副主任	研究员	金融研究
8	王汝芳	中关村管委会副主任	博士，教授	金融研究
9	赵 晓	北京科技大学	教授	金融研究
10	李成辉	银河证券有限公司董事	高级经济师	金融研究
11	刘 杉	中国工商时报副总编	博士，教授，高级记者	金融研究
12	桑自国	中国华融资产管理公司董事长	博士	金融研究
13	杨少俊	中国银监会办公厅处长	博士，高级经济师	金融研究
14	汤 烫	中国人民银行培训部主任	教授	金融研究
15	任俊峰	北京农村商业银行董事、党委副书记	博士，研究员	金融研究
16	李 强	中国期货业协会副会长、秘书长	博士，教授	期货贸易
17	王华民	长城伟业期货经纪有限公司总经理	高级经济师	期货贸易
18	冯 雷	中国社会科学院财政与贸易经济研究所国际贸易与投资研究室主任	博士，研究员	国际贸易
19	王国成	中国社会科学院数量经济与技术经济研究所研究员	博士，研究员	计量经济学
20	陈文玲	国务院研究室综合司司长	博士，研究员	流通经济
21	李锦莹	中国物流与采购联合会规划院院长		物流管理
22	李耀强	中国诚通控股集团有限公司党委副书记	经济师	物流管理
23	王 微	国务院发展研究中心市场经济研究所副所长	博士，研究员	物流管理
24	戴定一	中国物流与采购联合会副会长，全国物流标准化技术委员会副主任	高级经济师，研究员	物流工程

续 表

序号	姓　名	工作单位及职务	专业技术职务	研究方向
25	贺登才	中国物流与采购联合会副会长，中国物流学会副会长	主任编辑（副高）	物流工程
26	冯　宁	神华集团物资贸易有限责任公司执行董事、总经理		物流工程
27	荆林波	中国社会科学院财贸所副所长	博士，研究员	物流工程
28	张振林	空军装备研究院，装备总体论证研究所	研究员	物流工程
29	李遵义	中国石油天然气集团公司物资采购管理部局长	教授级高级工程师	采购物流
30	张恩怀	中国石油天然气集团公司物资采购管理部处长	高级工程师	采购物流
31	王文举	首都经济贸易大学副校长	博士，教授	信息管理
32	张业军	北京毅力金网科技发展有限公司董事长		信息管理
33	谭少华	北京大学	博士，教授	信息管理
34	郭小汀	北方工业集团兵总副局长	教授级高级工程师	信息管理
35	赵春江	农业部农业信息技术重点实验室主任	博士，研究员	信息管理
36	唐　伟	北京师范大学党委副书记	博士，教授	战略管理
37	彭建国	国务院国有资产监督管理委员会经济研究中心副主任	研究员	企业战略管理
38	王志钢	国务院国有资产监督管理委员会经济研究中心企业战略部部长	研究员	企业战略管理
39	李明星	中国企业联合会国际副理事长	研究员	企业管理
40	恽铭庆	华夏银行副行长	研究员	财务管理
41	李德伟	国家工商总局司长	博士，教授	财务管理
42	于长春	国家会计学院	博士，教授	会计学
43	杜润平	国家开发银行贷款委员会专职委员	博士，高级会计师	会计学
44	张立中	北京林业大学	教授	会计学
45	唐任伍	北京师范大学管理学院执行院长	博士，教授	人力资源管理
46	赖德胜	北京师范大学出版社社长	博士，教授	人力资源管理

2011 年北京物资学院研究生科研成果一览表

序号	姓　名	论文名称	发表刊物
1	王　哲	The optimal ordering strategy under the GBA in more than three retailers	2011 IEEE 18th international conference on industrial engineering and engineering management
2	吴　声	A New Incidence Degree Model of Interval Grey Number Based On Space Mapping	2011 IEEE 18th international conference on industrial engineering and engineering management
3	孙大尉	第三方物流企业客户关系管理的优化模型研究	Advances in Education and Management
4	郭红丽	数据关联技术在网络购物中的应用	会议论文 ISCID2011
5	郭红丽	双层规划模型及算法综述	会议论文 ISCID2011
6	孙大尉	一种第三方物流客户关系管理模型	ISAEBD 2011，part IV，CCIS 211
7	李　静	大宗物资剩余木材处理方式的动态规划模型研究	2011 IEEE 18th International Conference on Industrial Engineering and Engineering Management
8	刘海燕	我国生育保险法律制度的演替与完善	人口与经济
9	张　迪	网购与物流协同性调查	中国物流与采购
10	许玲玲	The applications in anti - counterfeit of the RFID tags	Services and management engineering
11	常　爽	Research on Evaluation for Business Logistics Capability	2011 International conference on, services and management engineering
12	李兆花	A Review on the Study of Reverse Logistics in Supply Chain	2011 International conference on, services and management engineering
13	董启刚	物联网技术在解决交通堵塞问题中的应用	IEEE - Cyber 2011
14	梁土坤	Exploration on disabled people	中国人口、劳动和社会保障研究
15	张兴梅	香蕉供应链质量安全关键控制点研究	物流技术
16	彭圣钦	基于灰色聚类理论的 EC 下配送中心选址决策研究	物流技术
17	徐雅楠	基于改进的 Shapley 值法供应链利益分配研究	物流技术

续 表

序号	姓　名	论文名称	发表刊物
18	董启刚	无线传感器网络在物流中的应用模式研究	物流技术
19	王　闪	冷链配送中心选址问题	物流技术
20	王克金	再制造背景下第三方逆向物流供应商评价指标研究	物流技术
21	栗　娜	垃圾站选址问题的数学模型及应用	物流技术
22	袁　娜	基于需求强度的拣选系统分析	物流技术
23	高雯雯	物流园区选址影响因素的 ISM 分析	物流技术
24	赵　伟	中国钢铁分销业发展研究综述	物流技术
25	马圆圆	考虑人口因素的公共应急服务设施选址问题研究	物流技术
26	曾　云	基于复杂网络理论的物流配送路径优化研究	物流技术
27	耿　辛	山东省“一圈一群一带”物流产业经济分析	物流技术
28	马晓丽	北京市通州区物流产业经济分析	物流技术
29	谢培庆	战略采购对提升企业竞争力的作用	物流技术
30	李婷婷	多配送中心选址问题的数学模型及算法	物流技术
31	喻　珊	低碳经济下 B2C 电子商务企业物流配送研究	物流技术
32	徐雅楠	我国交通运输业的碳排放测度及因素分解	物流技术
33	宋媛媛	基于 ISM 的 TNT 仓库货物滞留时间的影响因素分析	物流技术
34	刘声亮	基于系统动力学的零售店库存优化研究	物流技术
35	赵宝芹	基于物联网技术的流通过程中食品安全监控系统	物流技术
36	周亚蓉	基于主成分分析的我国区域物流综合评价研究	物流技术
37	汤　卫	常德卷烟厂等级储叶库物流自动化系统运用探究	物流技术
38	陈星浩	基于国家层面的电子文件安全研究	兰台世界

续 表

序号	姓　名	论文名称	发表刊物
39	康　怡	北京上市公司高管薪酬与公司绩效关系的实证研究	财会月刊·会计
40	于向云	物流成本核算方法研究文献综述	财会月刊·会计
41	侯美丽	无形资产累计摊销与减值准备会计核算差异浅析	财会通讯·综合
42	马姣姣	公允价值影响会计信息价值相关性的实证分析	财会月刊·会计

2011 年北京物资学院校级优秀硕士论文名单

序　号	姓　名	论文名称
1	王　琳	马克思劳动价值理论视阈下的我国劳资冲突问题研究
2	王　鑫	我国白酒行业中“窖池资产”确认与计量的研究
3	王秋影	我国黄金市场投资功能研究
4	王璐超	基于 WSN 的仓储环境监控系统关键技术研究
5	石　艳	不同行业资产质量与经营绩效相关性研究
6	白成太	我国钢铁行业产业集中度分析
7	冯　怡	物流市场成熟度评价模型研究
8	吕晓静	物流节点城市等级划分方法及其在山东省的应用研究
9	孙　峰	我国残疾人就业支持问题研究
10	李　涛	沪深 300 股指期货期现套利研究
11	李秀明	北京市生鲜农产品流通模式研究
12	李慧忠	实物期权在商业地产投资决策中的应用
13	张　燕	仓库设施布置和货位优化问题研究
14	张云云	我国农村老年人生活质量研究
15	张占东	中俄鲜活农产品流通模式研究
16	张华玲	不完全信息下双边多轮谈价模型研究
17	岳　祥	网络购物顾客满意度模型实证研究
18	周振拓	生产核心型供应链风险评估研究
19	胡贤满	几类定向问题的模型和算法研究
20	梁　奉	基于结构转换 GARCH－COPULA 模型的动态套期保值研究

续 表

序 号	姓 名	论文名称
21	程严晖	基于系统动力学的连锁超市配送效率研究
22	程永伟	废旧品逆向物流的博弈分析
23	焦博雅	营运资本管理与债务期限的相关性研究

2011 年北京物资学院授予硕士学位的学科专业目录

学 科	专 业
经济学	产业经济学
	劳动经济学
管理学	企业管理
	管理科学与工程

2011 年北京物资学院研究生课程目录

学 期	课程名称	任课教师
2010—2011 学年第二学期	国际贸易理论与政策	郝玉柱
	高级会计学	贾炜莹
	学位论文写作	秦江萍
	高级英语视听说	李亚雄
	多元统计分析	秦惠林
	项目分析与管理	徐广姝
	服务营销管理	宋晓欣
	经济研究方法论	王可山
	数据仓库与数据挖掘	申贵成
	物流管理	翁心刚
	英语听说强化班	孙静波
	管理信息系统	刘丙午
	商贸英语	张丽丽
	高级财务管理	吴 非
	自然辩证法	陈建中
	货币银行学	郝建彤
	战略管理	沈小静

续 表

学 期	课程名称	任课教师
2010—2011 学年第二学期	中级宏观经济学	高鸿鹰
	物流工程	张志勇
	运作管理	唐长虹
	区域经济学	刘玉奇
	组织行为学	曾捷英
2011—2012 学年第一学期	劳动经济学	王今舜
	人力资源管理	刘家珉
	管理经济学	周学勤
	综合英语	孙静波
	高级英语视听说	李亚雄
	中级运筹学	李珍萍
	产业组织理论	赵 娴
	中级计量经济学	孟尚雄
	多元统计分析	秦惠林
	商贸英语	张丽丽
	心理健康教育	高新平
	中级微观经济学	童年成
	科学社会主义理论	陈建中
	英语写作	左 雁
	财政经济学	顾声乐
	物流信息处理技术	马向国
	系统工程	刘 军
	薪酬理论与管理	李广义
	物流规划设计	周三元
	现代物流技术	魏国辰 王成林
	金融工程	王宝森
	成本专题研究	顾 煜
	供应链管理	崔介何
	就业指导	李彩丽
	电子商务	刘俊娥
	证券投资分析	刘 宏

续 表

学 期	课程名称	任课教师
2011—2012 学年第一学期	管理研究方法论	任 吉
	审计理论研究	陈炜煜
	配送中心设计与管理	邬 跃
	劳动关系与劳动法	王少波
	系统仿真与系统集成	刘同娟 李俊韬
	企业理论与公司治理	陈喜波
	金融市场学	单 磊
	绩效管理	杨 蓉
	采购与供应管理	刘永胜
	流通经济学	潘建伟
	社会保障学	李燕荣

科学研究

【发展概况】

科研工作紧紧围绕高水平特色型大学建设和学校"十二五"科研发展规划，有序展开、稳步推进科研工作，在科研制度建设、科研水平提升、科研基地建设、科研团队建设等方面开展了一系列工作，并取得良好的成绩。

2011 年，学校科研成果显著，发表论文 901 篇，三大检索收录论文 102 篇，出版学术著作及教材 84 部，新增立项 90 项，引进科研项目经费总额 2003. 89 万元，获国家专利授权 26 项。举办学术讲座 136 场。

科研处修订《北京物资学院科研院所（中心）管理办法》，并颁布实施，使学校科研院所（中心）规范性、高水平、创新性发展有章可依。

（撰稿人：金　伟　审核人：王可山）

【科研项目与科研经费】

2011 年，科研处组织申报纵向科研项目 246 项，取得较好的立项成绩。新增科研立项 90 项，其中，纵向项目 49 项（省部级及以上科研项目 33 项），横向项目 41 项。科研基地项目 12 项。引进科研项目经费总额 2003. 89 万元。

学校在继续实施"青年科研基金项目"、"学术专著出版资助基金项目"的基础上，组织评审立项"2011 年学校青年基金项目"20 项、"2011 年学校学术专著出版资助项目"2 项。启动实施学校"特色著作工程项目"、"重大科研项目"等孵化高层次项目的科研实力提升工程，把校级科研项目建设成争取高层次项目的"孵化器"和"项目储备库"。同时对校级科研项目实施全程服务管理，提升校级科研项目建设的质量和水平。

（撰稿人：金　伟　审核人：王可山）

【科研成果与科研获奖】

2011 年，发表论文 901 篇，其中，核心期刊论文 486 篇，三大检索收录论文 102 篇。出版著作 84 部。科学研究主要集中在应用经济学研究、物流理论研究、供应链研究、管理科学与工程研究，以及外语专业等领域。

学校组织科研成果奖的申报，包括中国物流发展专项基金"宝供物流奖"、中国商业联合会科学技术奖、中国物流与采购联合会科学技术奖等。荣获 2011 年度中国物流与采购联合会科技进步一等奖 1 项、二等奖 2 项、三等奖 1 项，荣获 2011 年度中国商业联合会科技进步三等奖 1 项，荣获中国物流发展专项基金"宝供物流奖"2 项。市局级以上获奖的科研成果共计 46 项。

（撰稿人：金　伟　审核人：王可山）

【科研基地与管理】

本着科学发展、合理规划、突出优势、整合资源的原则，立足北京、面向全国，瞄准国内外物流前沿，把北京市物流研究基地、物流重点实验室、物流工程中心建成北京物流研究领域的生力军、各类研究项目的孵化器和学校对外开展合作交流的重要平台和窗口。学校对北京市物流研究基地、物流重点实验室、物流工程中心的发展，在组织管理和运行机制上进行了改革和完善。11 月 2 日，面向全校公开招聘北京现代物流研究基地、北京市物流系统与技术重点实验室、北京高校物流技术工程中心副主任，11 月 9 日，组织竞聘答辩会。

（撰稿人：金　伟　审核人：王可山）

【学术交流活动】

为了营造学术氛围，全力打造“开放、流动、联合、竞争”的科研创新体系，鼓励各院部、各学科之间的科研交流与合作，鼓励与政府有关部门的科研交流与合作，鼓励与其他院校、科研机构之间的科研交流与合作，开展学术研讨、学术讲座、学术报告等各种形式的学术活动。其中，“日本物流业的思考”、“物流中心的运营与管理”、“商务运作与企业服务创新研讨会”、“‘十二五’中国物流产业发展”、“物流方法论”、第五届中国北京流通现代化论坛暨加快现代流通体系建设高层峰会、第五届期货论坛、首届商贸论坛、第三届劳动科学论坛等一系列学术活动的开展，活跃学校的学术氛围，推动科研创新，吸引国内外相关领域学者专家的参与，得到政府、行业和企业的高度关注。

（撰稿人：金　伟　审核人：王可山）

【附录】

2011 年北京物资学院发表论文一览表

序号	论文题目	第一作者	单　位	发表刊物	备注
1	Influences of a periodic signal on a noisy synthetic gene network	刘　艳	物流学院	中国科学	
2	应用数据挖掘技术的短期太阳耀斑预报模型	李　蓉	信息学院	中国科学	
3	应用学习矢量量化和无监督聚类的太阳耀斑预报	李　蓉	信息学院	中国科学	
4	pq 阶图的不可定向正则嵌入	王福荣	信息学院	中国科学	
5	立方体的初等交换正则覆盖	王福荣	信息学院	International Journal of Mathematical Combinatorics	

续 表

序号	论文题目	第一作者	单　位	发表刊物	备注
6	降低频率连续可调信号源误差的方法	郭　键	信息学院	Advanced in Computer Science, Intelligent System and Environment	
7	一种计算频率控制字的方法	郭　键	信息学院	Advanced Materials Research	
8	一种提高相位可调信号源精度的方法	郭　键	信息学院	Advanced Materials Research	
9	一种相位差连续可调的双相信号发生器	郭　键	信息学院	计算机测量与控制	
10	随机存储S形人工订单拣选的模型与仿真	郭　键	信息学院	Key Engineering Materials	
11	一种用于涡轮流量计校准的信息信号发生器	郭　键	信息学院	计算机测量与控制	
12	基于M/G/1随机服务理论的分类存储返回型人工订单拣选的研究	郭　键	信息学院	Journal of Computational Information Systems	
13	分类存储S形人工拣选随机模型与仿真研究	朱　杰	信息学院	Key Engineering Materials	
14	随机存储下返回型与S形拣选路径随机模型的比较研究	朱　杰	信息学院	系统仿真学报	
15	基于M/G/1随机服务系统理论的随机存储返回型人工订单拣选研究	朱　杰	信息学院	Journal of Computational Information Systems	
16	商业集聚的经济学分析	尹德洪	经济学院	财经科学	
17	分工演进、交易效率与商业集群	尹德洪	经济学院	财经科学	
18	我国期货市场高成交量隐含的问题与对策	单　磊	经济学院	中国流通经济	
19	新结构主义经济发展理论评述	高鸿鹰	经济学院	经济学动态	
20	提供者交易费用与制造业集聚均衡	高鸿鹰	经济学院	财贸经济	

续 表

序号	论文题目	第一作者	单 位	发表刊物	备注
21	北京经济运行：历史考察与特征分析	潘建伟	经济学院	商业研究	
22	后危机时代扩大我国农村居民消费需求分析	潘建伟	经济学院	中国流通经济	
23	股权激励对公司绩效影响的博弈分析	褚晓琳	经济学院	统计与决策	
24	基于灰色系统理论的北京对外贸易预测	褚晓琳	经济学院	中国流通经济	
25	中国物流产业的发展与问题	姜 旭	物流学院	Material Handling Journal	
26	关于中国货物运输的经济分析	姜 旭	物流学院	Journal of Japan Logistics Society	
27	区域性国际物流信息平台构建研究	翁心刚	物流学院	中国流通经济	
28	日本绿色物流发展的状况及启示研究	翁心刚	物流学院	中国流通经济	
29	基于斑马鱼纹模型的稳定性和分叉分析	田立平	信息学院	IEEE Transactions on Nanobioscience	
30	基于集近似周期表达基因方法的非线性模型	田立平	信息学院	The Scientific World Journal	
31	供应链危机协调管理研究	刘永胜	商学院	Procedia Environmental Sciences	
32	供应链战略联盟关系风险及其控制	刘永胜	商学院	中国流通经济	
33	论商业模式的市场营销意义	齐 严	商学院	中国流通经济	
34	网络背景下商业模式创新趋势与物流企业创新研究	齐 严	商学院	中国流通经济	
35	“团带式”商业规划模式的构建与实证	吕 波	商学院	中国流通经济	
36	加强钢贸领域理论研究，探索钢贸企业盈利模式	吕 波	商学院	中国流通经济	
37	我国应急管理人才激励问题研究	唐华茂	劳法学院	经济管理	

续 表

序号	论文题目	第一作者	单　位	发表刊物	备注
38	北京青年人才资源开发现状及途径	唐华茂	劳法学院	中国流通经济	
39	国企改制过程中职工利益保护机制的探讨	王少波	劳法学院	中国人力资源开发	
40	论我国当前劳动关系中员工面临的压力问题	王少波	劳法学院	中国流通经济	
41	世界500强与我国企业招聘策略比较	弓秀云	劳法学院	中国流通经济	
42	中国农户劳动供给培训中的性别问题	弓秀云	劳法学院	International Journal of China Marketing	
43	社会主义的现实与未来	张春颖	外语学院	当代世界与社会主义	
44	马克思与列宁论危机、反抗与革命时机	张春颖	外语学院	马克思主义与现实	
45	我国农村物流金融服务体系的开拓与创新	陈建中	思政理论课教研部	中国流通经济	
46	推动流通经济理论创新 促进经济发展方式转变	陈建中	思政理论课教研部	中国流通经济	
47	我国社会信用及管理体系现状与对策研究	陈　静	杂志社	中国流通经济	
48	以现代流通体系建设推动流通发展方式转变	陈　静	杂志社	中国流通经济	
49	商贸物流探析	王之泰	离退休工作处	中国流通经济	
50	与流通体制改革和流通科学发展一路同行	王之泰	离退休工作处	中国流通经济	
51	北京绿色物流体系构建研究	车卉淳	经济学院	经济与管理研究	
52	中国商业银行信用卡风险及管理研究	王宝森	经济学院	Journal of Convergence Information Technology	
53	农村金融发展对我国城乡收入差异影响实证分析	冯玉成	经济学院	中国流通经济	

续 表

序号	论文题目	第一作者	单 位	发表刊物	备注
54	我国钢材期货对现货价格波动的影响	刘 宏	经济学院	中国流通经济	
55	高通胀背景下我国居民黄金投资方式研究	刘 荔	经济学院	中国流通经济	
56	人民币跨境结算失衡原因分析	刘 旗	经济学院	中国流通经济	
57	我国商品在国外比国内廉价的原因及对策分析	刘崇献	经济学院	商业研究	
58	北京市现代物流中心构建及发展策略研究	张 琦	经济学院	中国流通经济	
59	知识溢出、产业聚集与中国区域发展	周学勤	经济学院	经济与管理研究	
60	选址理论体系初探	孟尚雄	经济学院	中国流通经济	
61	加强期货理论研究 探索业务创新与产业发展的现实路径——“第五届期货论坛”会议综述	赵 娴	经济学院	中国流通经济	
62	北京内陆港发展现状对策探讨	郝玉柱	经济学院	中国流通经济	
63	基于物流产业集群的融资平台建设及发展对策	郝建彤	经济学院	中国流通经济	
64	我国西部地区资源开发中主体缺位问题及其原因	敖 华	经济学院	中国流通经济	
65	试论发展中国家产业政策的主要问题与改进方向	盛 浩	经济学院	中国流通经济	
66	关于中国区域金融中心发展问题的研究	陶 冶	经济学院	中国流通经济	
67	Forest Disequilibrium Distribution Appraisement Model and Rational Allocation of China	霍再强	经济学院	Communications in Information Science and Management Engineering	
68	果蔬类农产品信息追溯系统的构建研究	王晓平	物流学院	中国流通经济	

续 表

序号	论文题目	第一作者	单　位	发表刊物	备注
69	中国现代流通体系框架构成探讨	孙前进	物流学院	中国流通经济	
70	推动我国商业绿色采购的理性思考	沈小静	物流学院	中国流通经济	
71	产品回收再生动态行为模型分析	周三元	物流学院	中国流通经济	
72	新稳健无监督支持向量机	赵　琨	物流学院	Journal of Systems Sciences and Complexity	
73	工程项目集成化管理的绩效评价研究	徐广姝	物流学院	International Journal of Information Processing and Management	
74	信息物理融合系统在仓储监控管理中的应用研究	刘　军	信息学院	中国流通经济	
75	一种基于死区离散趋近律的准滑模控制	刘　涛	信息学院	自动化学报	
76	Two - stage flux balance analysis of metabolic networks for drug target identification	李珍萍	信息学院	BMC Systems Biology 2011，5	
77	北京市物流产业特征及产业关联统计分析	吴海建	信息学院	中国流通经济	
78	零售电子商务的区域化与实体化分析	张　博	信息学院	中国流通经济	
79	分类存储返回型与S形拣选路径随机模型比较研究	周　丽	信息学院	系统科学与数学	
80	融合多通道信息的二维人脸识别	唐恒亮	信息学院	北京工业大学学报	
81	A Method of Object - based De - duplication	阎　芳	信息学院	Journal of Network	
82	基于Logistic回归模型的会员制营销客户分类方法	梁志新	信息学院	统计与决策	

续 表

序号	论文题目	第一作者	单　位	发表刊物	备注
83	北京市物流业波及效应研究	韩　嵩	信息学院	中国统计	
84	我国生产资料流通行业税收政策现状及相关建议	王　丹	商学院	中国流通经济	
85	公允价值与金融危机辨析——兼论美国金融危机的应对措施	兰凤云	商学院	中国流通经济	
86	行业内企业间资本结构调整的演化博弈分析	闫　甜	商学院	经济与管理研究	
87	影响审计质量因素的博弈分析	陈炜煜	商学院	中国流通经济	
88	通州新城建设与运河文化遗产保护	陈喜波	商学院	北京大学学报	
89	政府采购领域专业教育的作为与突破	倪东生	商学院	中国流通经济	
90	基于不对称信息的供应链契约风险管理	贾炜莹	商学院	商业研究	
91	物流企业服务质量管理的制度因素对服务绩效的影响	魏国辰	商学院	经济管理	
92	制度逆反效应：基于中国的能源、环境、食品安全与福利	刘　江	劳法学院	经济体制改革	
93	关于零售商品质量安全的法律规制研究	刘　茵	劳法学院	中国流通经济	
94	新形势下北京市外来就业人员状况分析	刘家珉	劳法学院	中国流通经济	
95	违约可得利益赔偿之立法及其阐释	闫仁河	劳法学院	法学杂志	
96	绩效考核的量化定位与抉择思考	李广义	劳法学院	中国流通经济	
97	中国农业保险中政府补贴政策的问题分析	李晓晖	劳法学院	中国流通经济	
98	人力资源管理转型折射的价值链思想	杨　蓉	劳法学院	中国流通经济	

续 表

序号	论文题目	第一作者	单 位	发表刊物	备注
99	拆除违法建筑执法问题研究	邹晓美	劳法学院	中国流通经济	
100	基于法律规制视角下的价格违法行为分析	尚 珂	劳法学院	中国流通经济	
101	论我国物流市场准入法律制度的完善	高 泉	劳法学院	中国流通经济	
102	我国老龄事业发展的经济效应分析	顾国爱	劳法学院	中国人力资源开发	
103	一线管理者的激励机制研究	隆 意	劳法学院	企业管理	
104	关于法国物流业优势的研究	吴尚义	外语学院	中国流通经济	
105	张绍杰油画作品选登	张绍杰	外语学院	新华文摘	
106	企业文化与企业诚信	李邢西	思政理论课教研部	中国流通经济	
107	“三位一体”农产品质量安全制度保障体系构建	李淑文	思政理论课教研部	中国流通经济	
108	高校内部控制制度建设现状及对策研究	马东亮	财务处	中国流通经济	
109	流通企业边界的理论探讨	孙志伟	杂志社	中国流通经济	

2011 年北京物资学院出版著作一览表

序号	著作名称	第一作者	单 位	出版单位
1	运输政策变迁的制度分析	王晓芳	经济学院	经济科学出版社
2	金融深化与中国农村金融市场发展研究	杨 菁	经济学院	中国物资出版社
3	绿色农产品封闭供应链网络节点设计与布局研究	洪 岚	经济学院	中国农业大学出版社
4	经济改革与经济发展	敖 华	经济学院	社会科学文献出版社
5	区域性国际物流信息服务体系构建研究	翁心刚	物流学院	中国物资出版社
6	大脑功能连接的复杂网络研究	张方风	信息学院	对外经济贸易大学出版社
7	ERP 实施的管理问题	霍灵瑜	信息学院	机械工业出版社
8	价值与界面商业模式理论与应用	齐 严	商学院	中国物资出版社
9	资本的博弈	吕 波	商学院	机械工业出版社

续 表

序号	著作名称	第一作者	单 位	出版单位
10	供应链风险研究	刘永胜	商学院	知识产权出版社
11	房地产开发企业业务、税务与会计处理	邱 红	商学院	北京大学出版社
12	上市公司审计质量、市场效应及提高路径研究	陈炜煜	商学院	中国社会科学出版社
13	农村居民休闲行为研究	金海水	商学院	对外经济贸易出版社
14	中国的就业制度与政策	任 吉	劳法学院	中国劳动社会保障出版社
15	新形势下的中国残疾人就业问题研究	尚 珂	劳法学院	中国劳动社会保障出版社
16	电影艺术真实性研究	王红进	外语学院	中国广播电视出版社
17	“秀水街英语”的社会语言学研究	左 雁	外语学院	对外经贸大学出版社
18	大学英语四级写作高分策略	路文军	外语学院	中国社会出版社

2011 年北京物资学院省部级以上及一级协（学）会科研项目一览表

序号	项目名称	负责人	单 位	项目来源	项目性质
1	基于参与者行为博弈的供应链利益分配模型研究	杜志平	物流学院	国家自然科学基金	专项项目
2	高产α葡萄糖苷酶抑制剂的菌株筛选及其生物转化机理	陈 静	物流学院	国家自然科学基金	青年基金项目
3	面向城市需求的鲜活农产品冷链物流管理体系研究	翁心刚	物流学院	国家社会科学基金	一般项目
4	塑料全程电子商务及其物流服务技术开发与示范应用	翁心刚 刘丙午 邬 跃	物流学院	科技部	科技支撑计划课题
5	食品可追溯信息有效传递的激励机制研究	魏国辰	商学院	教育部人文社会科学研究	规划基金项目
6	纳米磁性条码技术初探	梁雅琼	物流学院	北京市自然科学基金	预探索项目
7	基于质量安全的北京市食品供应模式研究	沈小静	物流学院	北京市哲学社会科学规划项目	一般项目
8	企业物流风险预警的运行机理研究——以北京市为例	刘永胜	商学院	北京市哲学社会科学规划项目	一般项目

续 表

序号	项目名称	负责人	单 位	项目来源	项目性质
9	北京市食品供应链核心企业内部控制体系研究	秦江萍	商学院	北京市哲学社会科学规划项目	一般项目
10	低温乳制品在冷链物流供应中的品质管理研究	陈 静	物流学院	北京市哲学社会科学规划项目	青年项目
11	北京市休闲功能定位以及休闲设施空间布局研究	郭 茜	信息学院	北京市哲学社会科学规划项目	青年项目
12	行业物流公共信息平台建设与运营模式研究	朱 杰	信息学院	北京市教育委员会人文社科项目	重点项目
13	新生入学教育模式的研究与实践	沈小静	物流学院	北京市委教育工委首都大学生思想政治教育课题	重点项目
14	区域产业关联与波及效应统计指标体系设计研究——以北京市物流业为实证	韩 嵩	信息学院	国家统计局	重点项目
15	物流产业低碳化发展模式的统计研究	周 丽	信息学院	国家统计局	一般项目
16	区域物流基地设施优化配置统计研究	郭 茜	信息学院	国家统计局	一般项目
17	物理系统中的碳足迹管理研究	田志勇	物流学院	中国物流学会	
18	京津冀地区物流体系构建综合环境研究	孙前进	物流学院	中国物流学会	
19	关于我国货物运输的空间分析研究	姜 旭	物流学院	中国物流学会	
20	基于物联网技术的物流园区商业模式创新研究	齐 严	商学院	中国物流学会	
21	中国物流企业分类分级研究	肖为群	商学院	中国物流学会	
22	物流企业持续成长模型及机理研究	魏国辰	商学院	中国物流学会	
23	罐头食品中食品添加剂的检测标准研究	刘 艳	物流学院	中国商品学会	

续 表

序号	项目名称	负责人	单 位	项目来源	项目性质
24	通州区农贸市场蔬菜中农药残留抽样调查研究	陈 静	物流学院	中国商品学会	
25	香蕉供应链质量控制研究现状	张耀荔	物流学院	中国商品学会	
26	北京地区网络购物商品快递中绿色包装现状调研	刘艳荣	外语学院	中国商品学会	
27	信息技术影响内部控制活动的机理研究	秦江萍	商学院	中国总会计师协会	
28	建材企业集团化的物流人才开发研究	唐华茂	劳法学院	中国建材市场协会	
29	高校学习型辅导员队伍建设路径研究	张建宝	经济学院	中国伦理学会	
30	高校德育载体研究	沈小静	物流学院	中国伦理学会	
31	当代大学生群体思想发展规律研究	刘木春	思政理论课教研部	中国伦理学会	
32	当代大学生世界观、人生观、价值观、荣辱观的调查与研究	赵凤琴	思政理论课教研部	中国伦理学会	
33	高校隐性思想政治教育路径研究	胡占君	思政理论课教研部	中国伦理学会	

2011年北京物资学院省部级以上及一级协（学）会获奖成果一览表

序号	成果名称	获奖作者	单位	奖励名称	奖励等级
1	“十一五”国家级规划教材《物流管理基础》	翁心刚	物流学院	中国物流与采购联合会科技进步奖	一等奖
2	物流类专业实验教学平台的构建与应用	王成林 张旭凤 张耀荔 刘 俐 李彦萍 田 雪	物流学院	中国物流与采购联合会科技进步奖	二等奖

续　表

序号	成果名称	获奖作者	单位	奖励名称	奖励等级
3	《市场流通法》课题研究项目	尚　珂　李惠阳 刘　茵　王惠玲 阎章荣	劳法学院	中国物流与采购联合会科技进步奖	二等奖
4	我国物流业发展的现状、问题与对策研究	吴海建　罗新东 周　丽　徐　敏 高和鸿　郭　茜 韩　嵩	信息学院	中国物流与采购联合会科技进步奖	三等奖
5	《市场流通基础立法》课题研究报告	尚　珂　李惠阳 刘　茵　王惠玲 阎章荣　赵　娴	劳法学院	2011 年全国商务发展研究成果奖	二等奖
6	大物流与循环经济	陈建中	思政理论课教研部	2010 年度中国商业联合会科学技术奖——全国商业科技进步奖	三等奖

2011 年北京物资学院获国家专利一览表

序号	专利名称	专利发明人	单位	专利类型
1	一种军用通信设备运输状态检测与模拟系统	王成林	物流学院	发明专利
2	频率控制字的生成方法、装置及信号发生装置	郭　键	信息学院	发明专利
3	一种气密性检测装置	王成林	物流学院	实用新型
4	一种液体温度控制装置	王成林	物流学院	实用新型
5	一种运输环境模拟系统	王成林	物流学院	实用新型
6	一种配送中心运行模拟教学系统	王成林	物流学院	实用新型
7	一种用于巴氏消毒的液体温度控制装置	王成林	物流学院	实用新型
8	一种组合式搬运装卸单元、搬运装卸装置及滑车	王成林	物流学院	实用新型
9	一种磁吸力可调的磁性书签	梁雅琼	物流学院	实用新型
10	电子车牌	李俊韬	信息学院	实用新型
11	一种安全插座	李俊韬	信息学院	实用新型
12	便携式物流信息技术实验箱	李俊韬	信息学院	实用新型
13	一种物流运输监控试验系统	李俊韬	信息学院	实用新型
14	一种物流信息的实践教学系统	李俊韬	信息学院	实用新型
15	一种危险品物流安全监控系统	李俊韬	信息学院	实用新型
16	用于物流拣选作业的智能货架系统	李俊韬	信息学院	实用新型

续 表

序号	专利名称	专利发明人	单位	专利类型
17	一种充电装置	郭　键	信息学院	实用新型
18	物流仓储设备的模拟器	郭　键	信息学院	实用新型
19	一种语音钥匙寻找装置	郭 键	信息学院	实用新型
20	一种粗糙度仪的驱动单元	郭　键	信息学院	实用新型
21	一种细小物品的定位装置	郭　键	信息学院	实用新型
22	一种粗糙度仪的姿态调整装置	郭　键	信息学院	实用新型
23	一种用于双螺杆挤出过程在线测量和取料的装置	郭奕崇	信息学院	实用新型
24	一种用于观测和记录聚合物材料发泡过程的装置	郭奕崇	信息学院	实用新型
25	一种农资物流监控系统	刘　军	信息学院	实用新型
26	一种企业资源规划模拟教学沙盘	柯　明	商学院	实用新型

国际交流与合作

【发展概况】

2011 年，国际交流中心以落实学校“十二五”规划为契机，在继承原有合作交流关系的基础上，继续拓展与专业领域内具有世界先进水平的院校及研究机构的合作关系。工作内容主要包括：开展与国外大学合作办学；教师团出国培训、交流及进修；申请北京市外国留学生奖学金用于留学生学费奖励；留学生招生、教学及管理；举办各类国际学术讲座；接待美国、英国、加拿大、丹麦、韩国等大学领导或教师来访等。

（撰稿人：郭　琳　王　蕾　审核人：韩　星）

【国际、校际交流活动】

在夯实原有合作项目的基础上，学校与美国加州州立大学圣贝纳迪诺校区、德国 Wurzburg - Schweinfurt 大学、英国格罗斯特大学、英国普利茅斯大学、韩国庆北科技大学、韩国中央大学、韩国梦之学校等 7 所院校签订合作协议。主要合作内容包括学分互认、学生互换、教师交流以及科研合作等。

接待各国大学或机构代表来访 21 次，为今后各项国际交流活动奠定基础。

（撰稿人：王　蕾　审核人：韩　星）

【外国专家与留学生工作】

2011 年，国际交流中心共聘请外国专家 3 名（含国际班聘请外国专家 1 名）。共招收留学生 64 人，其中，长期生 28 人，短期生 36 人。

（撰稿人：郭　琳　周雪梅　审核人：韩　星）

【因公出国派遣工作】

办理因公出国手续 36 人次，分别赴美国、德国、法国、俄罗斯、英国、日本等地。交流内容涵盖教师培训、教师访学、签署合作协议及参加国际会议等，为促进学校的国际化办学、提高教师教学水平、开阔教学视野创造了必要条件。

（撰稿人：王　蕾　审核人：韩　星）

【在校生出国留学】

学校赴海外交流项目主要包括学位学习、交换生及短期交流体验。赴海外学习交流学生 52 人，其中，学位生 27 人，交换生 10 人，短期交流生 15 人。赴海外主要国家为英国、德国、韩国等。

（撰稿人：王　蕾　审核人：韩　星）

【组织学术讲座和学术报告】

学校邀请德国和丹麦大学教授和学者举办学术报告，内容以物流管理为主。

（撰稿人：王　蕾　审核人：韩　星）

【外事专项经费资助】

学校向北京市教育委员会申请

“北京市外国留学生奖学金”专项经费10万元，用于扩大留学生招生规模。

（撰稿人：郭　琳　审核人：韩　星）

【附录】

2011年北京物资学院国际、校际交流活动一览表

序号	来访时间	来访人	来访目的
1	3月10日	英国威斯敏斯特大学海外学习部主任简·瓦里斯（Jane Wallis）、英语教学中心主任妮可拉·拉路维尔（Nicolela Hausse de Lalouviere）、国际办公室高级官员妮可拉·乔丹（Nicola Jordan）	合作洽谈
2	3月29日	日本流通经济大学国际交流中心主任松田英教授、经济学院朱思琳副教授	友好访问
3	3月30日	美国北密歇根州立大学国际项目中心国际学生联络官瑞汉姆·克拉肯（Rehema Clarken）等一行两人	合作洽谈
4	3月31日	英国普利茅斯大学科学与工程学院克里夫·威廉姆斯（Clive Williams）博士、海外留学生部中国区域主管妮可拉·塞思（Nicola Seth）	合作洽谈
5	4月8日	英国格罗斯特大学校长保罗·哈特利（Paul Hartley）博士等一行三人	合作洽谈
6	4月13日	丹麦VIA大学学院经济技术学院院长康斯坦丁（Konstantin Lassithiotakis）、VIA大学学院经济技术学院国际事务负责人劳瑞德斯·格林（Laurids Greeen）及VIA中国办公室主任孙立华	校际访问
7	4月21日	美国加州州立大学圣贝纳迪诺校区（CSUSB）中国项目协调人张西文教授	合作洽谈
8	4月27日	美国加州州立大学圣贝纳迪诺校区（CSUSB）校长艾伯特·卡尼格（Albert K. Karnig）博士、中国项目协调人张西文教授、英语系陈融主任	签署合作协议书
9	5月6日	美国阿卡迪亚大学国际事务部副主任简尼斯·芬（Janice A. Finn）、工商管理硕士项目主任托尼·慕斯（Tony Muscia）博士、ESL项目负责人贝蒂·李臣吉尔（Betty Litsinger）及中国办公室负责人余纳敏	面试学生及合作会谈

续 表

序号	来访时间	来访人	来访目的
10	5月20日	丹麦VIA大学学院经济技术学院商学院理查德·林奎斯特（Rickard Lindquist）	面试学生
11	5月24日	英国普利茅斯大学海外留学生部中国区域主管妮可拉·塞思（Nicola Seth）等一行两人	学术会谈
12	9月8日	德国乐哈克大学阿明（Armin F. Schwolgin）教授、图姆（Egon Trump）教授等一行三人	双学位项目洽谈
13	9月28日	法国百优集团公司马克·德比斯（Marc DEBETS）等一行两人	友好访问
14	10月17日	爱尔兰沃特福特理工学院计算机系主任米浩（Mícheál O hÉigeartaighy）博士等一行两人	合作洽谈
15	10月21日	韩国梦之学校校长等一行四人	签署合作协议
16	11月4日	英国普利茅斯大学海外留学生部中国区域主管妮可拉·塞思（Nicola Seth）等一行两人	合作项目跟进
17	11月15日	英国哈德斯菲尔德大学中国首席代表陈甲等一行两人	中外合作办学项目洽谈
18	12月8日	美国曼哈顿维尔学院副校长凯丝·费茨格拉德（Kathy Fitzgerald）、副校长马瑞娜·瓦萨利（Marina Vasarhelyi）等一行四人	合作洽谈
19	12月13日	韩国庆北科学大学韩中翻译系主任李龙镇教授	工作访问
20	12月16日	丹麦VIA大学学院经济技术学院商学院理查德·林奎斯特（Rickard Lindquist）、价值链管理系主任艾瑞克·爱恩（Erik Aaen）	教师讲座及双学位项目洽谈
21	12月16日	韩国中央大学	教师讲座及双学位项目洽谈

2011 年北京物资学院聘请外国专家一览表

姓　名	Florente Irene Lin（方爱琳）	Miskov Alex（艾利克斯）	Siota Alfred William（威廉姆）
性　别	女	男	男
国　籍	美　国	美　国	美　国
护照号	482528110	058247645	208109491
出生年月日	1979 年 3 月 1 日	1951 年 3 月 11 日	1937 年 1 月 25 日
所授课程	英语口语、国际商务文化、高级视听说	商务沟通、商务英语视听说、英语口语、美语会话	合同法、商业法
居留证号码	03711323	02974974	注：国际班外教持 F 签证
外专证号码	W061214	W091193	

2011 年北京物资学院在校外国留学生一览表

国　别	上半年（人）	下半年（人）
韩　国	14	15
日　本	1	0
丹　麦	4	2
德　国	0	2
美　国	26	0
合　计	45	19

管理与服务

学校管理

【发展概况】

校务管理工作主要包括政策研究、信息传递、服务领导决策、服务大局和服务基层。学校办公室（党委办公室、校长办公室）是学校党委和行政综合办事机构，具有承上启下、协调左右、联系内外的职能，学校办公室下设综合事务室、信息秘书室、机要文书室。

（撰稿人：刘　艳　审核人：胡　伟）

【会议及活动的组织服务和协调】

以学校重点工作为中心，组织协调全校性重要活动和接待事项。主办或协办“十二五”规划编制与实施、依法治校、2011 年通州区人大换届选举、校公务用车专项治理、处级及处级以下干部聘任、第四届教职工代表大会暨工会会员代表大会、第五届中国北京流通现代化论坛等重要活动。

9—11 月，分四个阶段开展通州区人大换届选举工作，组织学校 7282 名选民选举，参选率达 95.33%。物流学院副教授张旭凤当选为通州区人大代表。

协助领导对校情进行了解和研究，完善校领导联系基层制度。9 月，公布校领导接待日程表，协调安排党委书记对 7 个二级学院进行调研。

（撰稿人：刘　艳　审核人：胡　伟）

【综合管理】

围绕学校“十二五”规划编制与实施工作，结合创先争优活动，进一步规范管理，提升服务水平。继续加强维稳值班及突发事件应急管理工作。根据维稳工作要求，坚持敏感时期每日“零报告”制度，加强值班人员队伍建设，强化突发事件应急管理，畅通信息报送渠道。

在学校突发事件处置上发挥组织、协调、联络、信息沟通的重要作用，及时妥善处理各类校内突发情况。加强学校办公室系统建设，提升校内沟通与服务水平。

做好印信管理、会议安排及服务、信访接待、学校标识纪念品管理等日常工作。2011 年，全校登记用印 2.6 万余次、组织机构代码证 100 余次、介绍信 44 封。安排校领导接待日接待在职、退休教职工及学生 5 次。组织编报 2010 年北京市综合统计年报表及 2011 年季度报表、教育部 2011—2012

学年初教育事业统计报表。编发学校制度汇编手册，通过制度建设，使各项管理更加科学化、规范化、制度化。

（撰稿人：刘 艳 审核人：胡 伟）

【信访接待】

学校信访工作坚持“分级负责，归口管理”的原则。学校办公室是学校信访工作的主管部门，负责接待处理各类来人、来电、群众来信等信访事件。

2011年，收到群众来信30封。其中，涉及干部聘任和教师岗位聘任问题5件；涉及学生大类招生专业分流、补考清考及教务系统问题5件；涉及学生使用图书资源、校园生活服务、校园环境等方面的问题10件；继续教育的问题3件；其他问题7件。

学校认真坚持校领导接待日制度，2011年，共接待来访5次，涉及教师关于二级学院建设的建议、其他非专业技术校内岗位津贴、退休职工取暖费及学生补考等问题。学校依据信访工作相关法律和政策规定，坚持实事求是、一切从实际出发的原则，对来信来访反映的问题和情况，积极做好各方面的沟通协调工作，做到及时处理、认真落实、不推诿、不积压、件件有落实、事事有结果。

（撰稿人：牛莉萍 审核人：胡 伟）

【公文处理】

2011年，公文处理1000余件。其中，办理发文200余件，包括党委发文35件，行政发文112件，学校办公室发文14件，其他发文40余件。办理收文400余件，包括上级机关及外单位来文300余件，校内来文80余件。各类临时性办文100余件。办理机要收发文830余件，其中，收文800余件，发文30余件。老干部阅文10余次。

（撰稿人：王 萍 审核人：胡 伟）

【信息工作】

在做好日常信息的采、编、报、发等工作的同时，重点做好新一轮干部竞聘等方面的信息收集上报，同时指导各教学院部和职能部门做好信息收集报送。全年共编发《每周信息》32期。试运行校园办公自动化系统（OA系统），将每周信息、校领导工作日程等信息上网发布，确保学校信息畅通。

（撰稿人：刘 浏 审核人：胡 伟）

【依法治校】

学校高度重视依法治校工作，2011年进一步推进依法治校进程，建立依法决策、民主管理、自我管理、自主办学的工作机制，把教育管理和办学活动切实纳入法治轨道。1月10日，学校召开推进依法治校工作会议，主题为“夯实科学发展长效机制，推进依法治校全面建设”。会议决定，进一步完善学校内部管理体制，把党委的领导权和行政的执行权、管理权有机统一起来，形成集体领导、个人分工负责相结合的领导体制和工作格局；建立健全学校章程，落实专业人员和专门机构的配备；加强对领导干部和全体师生的法制宣传教育和培训，不断提高法治化工作水平，切实维护好学校和全体师生的根本利益和长远利益。

学校制定了《北京物资学院法治建设工作方案》，建立学校法律事务实行归口管理与分工负责相结合的工作机制，明确学校办公室为学校法律事务归口管理机构，学校其他职能部门和业务主办单位按照学校规定或授权具体负责各自职责范围内的法律事务；加强学校办公室法制工作力量，配备一名专职法律事务工作人员；首次面向北京市律师事务所公开招标竞聘，聘任中标的北京康达律师事务所担任法律顾问机构。学校办公室负责法律顾问的具体协调和管理。

3月，在学校党委的领导下，开展校内规章制度清理工作，剔除已废止、重复及与现行国家和北京市政策法规不相适应的规章制度，同时修订、补充若干规章制度。该工作于2011年年底完成，共收录各类制度193项，涵盖党建、行政、教学、科研、学工等各个方面。

（撰稿人：刘　浏　审核人：胡　伟）

【保密工作】

2011年，学校保密工作稳步推进。进一步修订工作制度，规范工作流程，为工作运行提供制度保障。

加强校内安全保密工作，多次组织相关单位开展保密自查工作，召开专项保密会议，研究信息化条件下的保密管理工作。

6月，组织25名保密管理干部参观市委保密委承办的全国窃密泄密案例警示教育展。

（撰稿人：王　萍　审核人：胡　伟）

【年鉴工作】

学校于2007年开始编撰年鉴，截至2011年12月，已编撰完成2006年、2007年、2008年、2009年和2010年共5本年鉴。

年鉴以文章和条目为基本体裁，以条目为主。字数从2006年23.5万字，增加到2010年的38万字，图片近70幅。年鉴设置新闻图片、学校概况、特载与专文、文件与规章、党政重要会议、机构与队伍、院系与教学部、教育教学、科学研究、国际交流与合作、管理与后勤保障、党建与思想政治工作、人物、表彰与奖励、毕业生名单、媒体报道、大事记17个大类，重点反映了学校在教学科研、学科建设、人才培养、队伍建设、管理服务、对外合作交流、校园文化、党的建设等方面的重要活动和取得的经验成果。

年鉴在学校年鉴编委会的主持下，由编辑部组织完成。编辑部以学校办公室人员为主，联合各教学院（系部）和党政职能部门的有关同志共同组成。主要撰稿人为校内各单位（部门）熟悉情况的教职员工，审核人为各单位（部门）主要负责同志。编辑部具体负责年鉴的编辑和校对工作。学校办公室负责年鉴的总体工作。

（撰稿人：杨　蓉　审核人：胡　伟）

【校务公开】

1. 成立领导小组，构建制度体系

学校成立校务公开工作领导小组，领导小组下设校务公开工作办公室；各单位指定专人负责具体承办本单位校务公开有关事宜。构建基本制度体系、监督制度体系和延伸制度体系的“三大体系”。

基本制度体系包括《北京物资学院校务公开条例》《北京物资学院校务公开实施细则》《北京物资学院校务公开

指南》《北京物资学院校务公开目录》等一系列规章制度，对学校事务的公开要求、公开内容、公开方式、公开时限均作出明确规定，使校务公开工作有章可循、有法可依。

监督制度体系包括编制《北京物资学院惩防体系建设制度汇编》《校务公开监督检查制度》，制定《北京物资学院关于进一步加强建设项目审计的意见》《关于治理教育乱收费工作实施方案》《工程建设（修缮）和仪器、设备、其他货物采购监督工作规定》《建设工程全过程跟踪审计办法》《关于招生监察工作的暂行规定》等规章制度，以制度严格政策、决策的执行程序，对干部选拔、工程招标、职称评定、招生工作、后勤管理等群众关心和关注的问题明确工作职责，加大监管力度，确保规范运作。

延伸制度体系主要是学校二级单位的公开制度，包括各学院（部、处、室）二级校务公开制度，并从学校层面对二级单位公开工作提出规范要求。2011 年，学校六个学院、两个教学部及各职能部处全部建立实施了院（部、处、室）务公开制度，并制定院（部、处、室）务公开实施细则。各单位能够按照学校校务公开制度及各学院（部、处、室）务公开细则认真做好公开工作，确保师生员工的知情权、参与权和监督权。

2. 校务公开工作的重点

一是建立健全公开载体。坚持以教职工代表大会作为校务公开工作的重要载体和渠道。同时，采取召开总支书记例会、行政工作例会、月度座谈会、教授座谈会，以及拜访离退休老同志、校领导接待日、校长信箱、校园广播、有线电视、校园网等多种形式进行公开。2011 年起，学校对校园网主页和二级单位网页进行全新改版，规范了校园网首页和二级页面中的“综合新闻”、“通知公告”、“校内动态”等板块。

二是加大重点部门、重点领域的公开力度。学校重点加大对“人、财、物”等重点工作的公开力度，凡是涉及学校改革发展和师生员工切身利益的重大决策，如人事分配制度改革、专业技术职务评聘等工作；涉及学校管理的重大事项，如招生考试、教育收费、项目审批等工作；涉及学校党风廉政建设中的重大问题，如收入申报、礼品登记等工作，均纳入公开范畴。2011 年，学校重点加强财务和基建工程的公开力度，制定了《财务和建设工程公开工作实施细则》。学校每年向教代会汇报财务工作。实施基建项目的“阳光工程”，成立了工程建设项目招投标领导小组，制定了《北京物资学院工程建设项目招投标管理办法》。所有基建项目严格按照招标程序，进行公开招投标，纪监、审计和工会负责人对招投标工作实施全过程监督，对建设项目进行全过程审计。

三是引导督促二级学院（部）做好公开工作。为做好校务公开向基层延伸，学校要求各学院（部）建立校务公开工作机构，形成工作制度。通过成立二级教代会、建立院（部）务公开制度，实现了基层管理工作的民主化、规范化，并形成了自身的特色。

四是加大监督检查力度。学校校务公开工作领导小组对干部选拔、工程招标、职称评定、招生工作、教育收费等重点领域和事项加大监管力度，确保规范运作。每年由校领导带队，纪监、工会等部门参加，对重点单位校务公开情况进行检查或抽查，并将公开情况作为考核各部门工作的重要指标，与干部年终考核挂钩。学校还加强对信访工作、教代会提案督办的力度，向相关单位下发督办通知单，要求严格按照规定时限对提案进行答复，使我校信访工作和教代会提案的落实率得到明显提高。

3. 校务公开工作与民主管理、民主评议相结合

一是校务公开与教代会制度相结合，充分发挥教代会在校务公开工作中的主渠道作用。教代会是教职工参与学校民主管理、民主监督的重要途径。学校充分发挥教代会作为校务公开的主渠道作用，形成了学校一切重大部署和重要决策都要听取教代会意见、经过教代会讨论的民主管理和民主决策程序。学校的发展规划、人事分配制度、后勤社会化改革等重要改革方案，学校的年度工作报告、年度工作计划、财务工作报告等都经过教代会讨论审议，使学校的改革措施更加符合实际，决策更具科学性与前瞻性。

二是校务公开与民主评议领导干部相结合，把校务公开作为干部选拔、培养、管理、监督的一条有效途径。学校制定《处级干部选拔任用工作规定》《处级干部年度考核实施办法》等制度，规范干部选拔、任用、考核等各个程序，同时实行干部任前公示制度和试用期制度，进一步加强对干部的管理、监督力度。

三是校务公开与党风廉政建设相结合，把校务公开作为落实党风廉政建设责任制的重要措施。学校制定了《党风廉政建设和反腐败工作主要任务分工》，贯彻落实《〈建立健全教育、制度、监督并重的惩治和预防腐败体系实施纲要〉的实施意见》，将涉及学校党风廉政建设的有关问题纳入校务公开范畴，主动接受群众监督。同时，校纪检监察部门向校内若干重要单位派出监察员，全程参与监督基建工程招投标、大宗物资采购、招生、收费等工作的决策，防止腐败现象发生。

四是校务公开与学校内部管理相结合，把推行校务公开作为深化学校内部管理体制改革的助推器。学校通过推进校务公开工作，加快了学校民主管理、依法治校的进程，确保了教职工的知情权、参与权和监督权。教职工通过参与学校的各项事务，积极献计献策，使学校的内部管理进一步规范，进一步深化了学校内部管理体制改革。2011 年，学校开展对历年规章制度清理、修订工作，规范各项内部管理工作。

（撰稿人：刘　浏　审核人：胡　伟）

发展规划

【发展概况】

2011年6月，根据学校事业发展需要，学校成立发展规划办公室。主要职责是：跟踪研究国内外高等教育的发展现状、规律和趋势，研究学校中、长期发展战略，制定学校中、长期发展规划并组织、协调、监督实施，确保学校整体规划目标顺利实现；围绕学校总体发展目标和中心工作，深入开展理论和实践研究，为学校提供经常性的高教信息服务和决策参考；组织重大项目调研、论证、提出论证方案、政策依据和决策建议；负责规划、协调学校拓展办学，积极争取社会资源，推进学校为行业和地方经济社会发展服务等相关工作。

2011年下半年，发展规划办公室主要开展“十二五”规划的修订完善、任务分解和印刷成书等工作。

（撰稿人：胡占君）

【“十一五”规划完成情况】①

“十一五”时期是学校发展史上极不平凡的五年。五年来，学校认真贯彻落实科学发展观，结合国家和首都经济社会发展的需要，积极探索建设高水平特色型大学的发展道路，努力调动全校师生员工的积极性，围绕构建和谐校园和培养高素质人才，求真务实，开拓创新，学校建设和发展的各项事业取得了显著成绩，基本完成了“十一五”规划提出的各项任务。

——学科建设得到加强，师资队伍建设取得明显进展。

学校进一步加强学科规划，凝练学科方向，整合学术资源，争取科研项目，营造学术氛围，紧紧围绕办学定位和办学特色，加快学科布局调整，大力加强管理科学与工程、产业经济学等市级重点学科建设，逐步建立三级重点学科建设体系，围绕物流特色学科大力加强大类学科平台建设，初步建立起以物流学科为特色，以经济学科为基础，以管理学科为主干，多学科协调发展的学科体系。大力加强学位点建设，积极发展研究生教育，实现新增工商管理和应用经济学等两个一级学科硕士点的发展目标，在校研究生规模达到500人。

五年来，教师数量稳步增长，学历层次明显提升，结构逐步优化，素质不断提高，初步形成了一支学科、职称、年龄、学历结构比较合理，教学科研力量较强的学科队伍。学校现有教职工660人，其中，专任教师近391人，教师队伍人数达到全校教职工总数的59.24%，具有博士学位的教师比例达到34.27%。正副教授188人，比例达到48.08%。

——教育教学改革进一步深化，人才培养质量稳步提高。

① 文中数据截至2011年5月6日。

学校教学改革取得明显进展，人才培养方案不断优化，课程体系、教学内容、教学方法、教学管理改革持续向纵深推进，本科教学改革与质量工程取得可喜成绩，人才培养质量和学生综合素质稳步提升。2007 年 10 月，在全体师生员工的努力下，在教育部本科教学工作水平评估中取得优异成绩。

“十一五”期间，学校建有国家级特色专业建设点 2 个，国家级人才培养模式创新试验区 1 个，市级特色专业建设点 3 个，市级实验教学示范中心 1 个，市级精品课程 4 门，市级精品教材 2 部，列入精品教材建设立项 6 部，市级优秀教学团队 5 个，市级教学名师 5 名，北京市优秀教学成果奖 4 个，市级教改立项 5 项，市级校外人才培养基地 3 个，本科生科学研究与创业行动项目 100 余项。

——科研工作水平明显提高，科研创新能力不断增强。

学校坚持以科研促进教学，不断完善科研管理制度，科研基地和科研创新团队得到优化重组，初步形成有一定规模、有较强研究能力和相对稳定研究方向的科研队伍，涌现一批较高质量的科研成果，科研实力明显增强，科研业绩大幅提升。

“十一五”期间，学校建有北京市重点实验室 1 个、北京市人文社科研究基地 1 个、北京市工程中心 1 个，已建成 7 个科技创新平台、8 个科研基地，组建科研创新团队 33 个。学校共承担国家科技攻关项目 1 项，国家自然科学基金和社会科学基金项目 10 项，省部级课题 65 项；出版专著、译著、教材 252 部，发表学术论文 2081 篇。“十一五”期间，纵向科研经费 5776.72 万元，横向科研经费 1529.49 万元。

——管理体制改革进一步深化，办学活力显著增强。

学校不断深化和完善内部管理体制改革，大力推进干部制度改革，实行岗位公开竞聘、择优录用，打破干部终身制，优化干部的年龄、学历和专业知识结构；以“按需设岗、公开竞聘、平等竞争、择优聘任、严格考核、合同管理”为目标，积极稳妥地推进人事制度改革；积极推进校院（部）两级管理体制改革和财务管理改革；稳步推进后勤社会化改革，在管理体制、运行机制及内部用工制度等方面进行积极的探索。这些改革措施极大地增强办学活力，有力地推动各项事业的发展。

——对外交流与开放进一步扩大，办学水平不断提高。

学校重视与国内外高等院校、科研机构和社会团体进行校际交流与合作，开放办学水平不断提高。积极与国内知名高校开展合作办学和合作研究；派出青年教师到国内外知名大学进修学习或攻读博士学位，并积极邀请兄弟院校知名教授、学者来校讲学和指导工作。2011 年，与日本、英国、澳大利亚、加拿大、马来西亚、韩国、新加坡、美国等国家和地区的 20 多所大学或科研机构建立良好的合作与交流关系，在科研课题、合作办学、学分互认、教师互访、学生互换、师资培训等方面开展一系列合作，促进学校的学科建设及教学和科研的发展，提高学校在国际上的影响。

——基础设施建设有力推进，办学条件明显改善。

“十一五”期间，学校积极拓展办学空间，新征土地 80 亩，新租用土地 90 亩；新建第二教学楼和篮排球场，完成学校道路的修建扩建、校门与主教学楼翻新、校医院改建装修和校园环境的绿化美化工程等一系列校舍修缮工程；完成天然气、市政自来水入户工程；对锅炉房燃烧温度控制系统进行改造，优化改造管道线路；完成综合楼立项、图书馆和体育文化中心项目前期研究论证立项工作；实施校园“一卡通”工程，不断推进数字化校园建设；进一步优化图书结构，扩大图书规模，提高图书质量；学校硬件水平得到明显提升，办学条件与校园环境明显改善。

——党建和思想政治工作不断加强。

深入开展中国特色社会主义理论体系教育，党的宣传与思想理论建设不断加强；大力加强领导班子思想政治建设和能力建设，各级领导班子领导水平和治校理教能力显著提高；深入推进干部人事制度改革和组织制度创新，干部工作的科学化、民主化、制度化水平有新的提高；持续推进基层党建创新，基层党组织政治核心和战斗堡垒作用不断增强，党员先锋模范作用日益突出。扎实推进党风廉政建设，在强化对领导干部的监督、加强制度建设等方面取得明显进展。认真实施思想政治理论课程设置方案，加强哲学社会科学课程建设，积极推进中国特色社会主义理论体系“进课堂、进教材、进学生头脑”工作；大力加强辅导员队伍建设；深入推进学风建设，大力开展素质拓展工程；大学生思想政治教育工作水平不断提高，全方位、全过程、全员育人的大德育格局初步形成，大学生呈现出积极向上的精神面貌。2007 年 4 月，学校召开第一次党员代表大会。9 月，学校顺利通过北京市党建工作评估。

（撰稿人：胡占君）

【“十二五”规划编制】

学校高度重视“十二五”规划编制工作。早在 2010 年学校召开的“十二五”规划编制动员部署会上，校长王旭东动员部署了规划编制工作，规定编制工作主要分四个阶段完成。

第一阶段：启动与调研阶段（2010 年 4—9 月）。广泛开展校内外调研，研究制订“十二五”规划编制工作方案，召开各单位、各部门负责人会议，对规划编制工作进行动员和部署。学校组织各种务虚会、座谈会、研讨会，多种形式征询各方面意见，进一步理清学校“十二五”期间的发展思路、发展目标和工作任务。各单位、各部门认真组织学习和调研，总结“十一五”发展成绩与经验，做好相关数据的收集、整理和统计、分析工作，认真分析学校各项事业发展的特色、比较优势，找准存在的问题与差距，明确发展思路，为规划编制打下坚实的基础。

第二阶段：组织起草阶段（2010 年 10—11 月）。在前期调研的基础上，研究确定学校“十二五”总体规划、各专项规划以及各单位、各部门“十二五”发展规划的基本思路。完成学校“十二五”总体规划、专项规划及各单位、各部门规划的起草与研究论证工作，并将相关规划初稿汇总交至学校办公室。

第三阶段：研究论证完善阶段(2010年12月—2011年2月)。通过多种渠道和形式，广泛征求全校师生员工对“十二五”规划的意见和建议，修改、完善相关规划，做好相关规划的衔接工作。

第四阶段：审议发布阶段（2011年3月)。通过学校党委会、校长办公会、教代会等民主决策形式，审议并通过学校总体规划及专项规划，直至最终定稿，予以发布并对规划进行汇编。

学校对《规划》编制提出6句话48个字的要求：即理念领先，视野开阔；现状摸清，差距找准；定位准确，思路明晰；任务落实，措施可行；改革深化，机制激活；管理加强，保障到位。

按照学校的编制工作部署和要求，“十二五”规划编制工作如期完成。共完成以下规划编制任务。

1. 总体规划

北京物资学院“十二五”教育事业发展规划；

2. 专项规划

（1）北京物资学院“十二五”学科建设规划；

（2）北京物资学院“十二五”人才培养规划；

（3）北京物资学院“十二五”科学研究规划；

（4）北京物资学院“十二五”师资队伍建设规划；

（5）北京物资学院“十二五”党建和思想政治建设规划；

（6）北京物资学院“十二五”校园建设规划；

（7）北京物资学院“十二五”后勤服务保障规划；

3. 各院部等二级单位的规划

（撰稿人：胡占君）

人事管理

【发展概况】

2011年，人事处在学校党委和行政领导下，完成教职工的引进、录用、调配、培训、职务晋升、考核、工资、社保、奖惩等各项工作。负责起草学校人事管理规章制度；拟定机构设置、人员编制和岗位职数；编制学校用人计划及劳动工资计划；改革教职工聘任制度和审核测算人事档案管理、工资、奖金、津贴、福利待遇标准等工作。完成了2011年度工作计划，为学校各项事业的发展提供了有效的制度支持和人力资源保障。

（撰稿人：樊娅楠　审核人：刘耀京）

【教职工队伍现状】

截至2011年12月底，学校教职工队伍总规模为660人。其中，干部198人，专任教师391人，工勤71人。从职称结构看，共有正高级专业技术职务人员47名；副高级专业技术职务人员158名；中级专业技术职务人员304名；初级专业技术职务人员62名。从学历结构看，具有博士研究生学历134人；具有硕士研究生学历202人；具有大学本科学历218人；具有大专学历47人；大专以下学历59人。从年龄结构看，35岁以下189人；36～45岁208人；46～55岁225人；55岁以上38人。

（撰稿人：樊娅楠　审核人：刘耀京）

【市属高校人才强教深化计划】

2011年，郝玉柱的“京津冀地区贸易与经济发展模式研究”团队入选北京市属高校人才强教深化计划创新团队；赵娴入选北京市属高校人才强教深化计划教学创新人才；王成林、李俊韬、郭红莲、唐华茂、周敏、杨菁、郭键、孙静波、李彩丽、梁晨、桂天寅、高泉、方配素、张克非14位教师入选北京市属高校人才强教深化计划中青年骨干人才。组织申报北京市属高校人才强教深化计划2012年度资金项目，共申请项目资金386万余元。

（撰稿人：樊娅楠　审核人：刘耀京）

【人事制度】

拟定《北京物资学院编制管理暂行办法（修订稿）》《北京物资学院管理人员、其他专业技术人员及工勤人员编制核定办法》《北京物资学院教师编制核定办法》《北京物资学院处级以下管理岗位和非教师岗位聘任实施办法（试行）》等文件，修改、整理人事规章制度汇编，对已经废止的规章制度进行了删除，增补新的规章制度、管理办法等，并报学校办公室进行审核与公布，为学校的人事管理奠定制度基础。

（撰稿人：樊娅楠　审核人：刘耀京）

【全员岗位竞聘】

2011年，完成全校处级以下非教师岗位分级聘任。按照全员聘任制要求，制定相关分级聘任工作办法，将处级以下非教师岗位分为重点岗、骨干岗和一般岗三级，并对全体行政管理人员进行分级竞聘。全校共有139人参加竞聘，其中，聘任重点岗54人、骨干岗70人、一般岗13人。通过分级聘任，明确了岗位分工与岗位职责，避免了因人设岗、人浮于事的管理弊端，实现了岗位管理与人员聘用的科学化、合理化。

（撰稿人：樊娅楠　审核人：刘耀京）

【人才引进与职务晋升】

2011年，共引进人员13人。其中，招收应届博士毕业生2人、硕士毕业生8人；调入3人。

3名教师晋升教授职务；7名教师晋升副教授职务；1名教师晋升思政副教授职务；4名教师晋升讲师职务；3名教师晋升思政讲师职务，1名教师平转思政讲师职务，1名教师晋升实验师职务。其他专业技术职务中，2名专业技术人员晋升中级职称，1人晋升教育管理副研究员。完成22名教师的高校教师资格认定工作。

（撰稿人：樊娅楠　审核人：刘耀京）

【教师分级聘任】

按照《北京物资学院教师考核办法(2011—2013 聘期)》等有关文件的规定，进行 2011—2013 聘期教师岗位分级聘任工作。副高级职务及以下教师岗位分级聘任工作由各学院（部）独立完成。共有 2 名教师聘为二级教授职务、15 名教师聘为三级教授职务、25 名教师聘为四级教授职务，20 名教师聘为五级副教授职务、36 名教师聘为六级副教授职务、74 名教师聘为七级副教授职务，50 名教师聘为八级讲师职务、82 名教师聘为九级讲师职务、58 名教师聘为十级讲师职务，9 名教师聘为十一级助教职务、6 名教师聘为十二级助教职务。

（撰稿人：樊娅楠　审核人：刘耀京）

【工资与福利】

完成新入职、试用期转正、调动等人员的工资手续；完成 2011 年职龄津贴调整、薪级晋级及补发工作等的发放；完成校内处级以下非教师聘任和处级干部聘任后的岗位工资调整；完成 2011 年防暑降温费、节日津贴、校级先进个人奖励、北京市一次性补贴等的发放工作。

（撰稿人：樊娅楠　审核人：刘耀京）

【社会保险】

2011 年，事业单位人员全部参加社会医疗保险工作，人事处会同离退休工作处在 15 个工作日内完成全校在职、离退休人员共 986 人的信息录入工作，第一次将 901 张社保卡全部发放到教职工手中。依据学校医疗补贴的政策，与校医院一起核实全校在职、退休人员的补贴。对借调人员、外派出国学习人员的医疗补贴做了相应的调整，保证医疗报销工作能够按期顺利进行。

（撰稿人：樊娅楠　审核人：刘耀京）

【人事档案管理】

继续清理学校原有的档案遗留问题，积极联系档案本人或其亲属，避免因该部分档案和劳动关系引发纠纷。推进档案管理工作数字化的进程，已经和相关单位就档案的电子扫描、电子存档、电子借阅的方式进行探讨，对所需要的经费进行认真的核算，积极筹备档案管理升级。

（撰稿人：樊娅楠　审核人：刘耀京）

【年度考核】

组织完成处级以下教职工年度考核工作。全校教职工总数为 660 人，处级以下教职工参加考核人数为 563 人。考核结果优秀 72 人，占 12. 8%，合格 447 人，占 79. 4%；见习期只参加考核不定档次人员 13 人，占 2. 3%；因病假、出国、借调等各种原因未参加考核 31 人，占 5. 5%。完成首个教师三年聘期考核工作，全校共有 336 名教师参加考核，考核优秀 55 人，考核合格 248 人，暂缓确定等级 33 人。

（撰稿人：樊娅楠　审核人：刘耀京）

【培训工作】

2011 年，考取博士研究生 2 人，考取硕士研究生 1 人，博士后流动站从事博士后研究 3 人。派出骨干国内访问学者 2 人，一般国内访问学者 4 人。派出 1 人赴美国参加为期一年的国外访问学者深化计划，1 人赴加拿大参加高校英语专业骨干教师教学技能培训班。派出 2 人参加北京市双语教师国内深化培训，

2 人参加第三期硕士研究生导师高级研修班。3 人参加高等学校教师评价系统和教学质量评价量表的设计与应用高级研修班。3 位教师到北京市教师发展基地进行为期半年的脱产培训。为新进员工开展入职培训和适应性锻炼，并为 13 人报名参加北京市高师培训中心组织的北京市高等学校教师岗前培训班。

（撰稿人：樊娅楠　审核人：刘耀京）

【附录】

2011 年北京物资学院教职工队伍学历状况一览表

人员	博研	硕研	大学	大专	其他	总计
全部教职工	134	202	218	47	59	660
其中：教师	134	155	102	—	—	391
干部	—	47	108	36	7	198
工人	—	—	8	11	52	71

2011 年北京物资学院教职工队伍专业技术职务状况一览表

人员	正高职	副高职	中级	初级	无	总计
全部教职工	47	158	304	62	89	660
其中：教师	47	141	189	14	—	391
干部	—	17	115	48	18	198
工人	—	—	—	—	71	71

2011 年北京物资学院教职工队伍年龄状况一览表

人员	35 岁以下	36 ~ 45 岁	46 ~ 55 岁	55 岁以上	总计
全体教职工	189	208	225	38	660
其中：教师	149	141	90	11	391
干部	40	54	92	12	198
工人	—	13	43	15	71

财务工作

【发展概况】

2011年，学校财务工作以科学发展观为统领，以制度建设为主线，以提高财务服务水平为目标，全面落实各项财务制度，启动高级财务管理平台系统，首次召开财务资产工作会议，探讨创新工作方法，财务工作不断便捷化、规范化，服务水平不断提高。

（撰稿人：王秋影　审核人：王春华）

【财务制度建设】

为规范财务行为、加强财务管理、提高资金使用效益、促进学校各项事业发展，根据《高等学校财务制度》和国家有关法规，结合学校实际情况，修订《北京物资学院校院（部）两级财务管理办法》《北京物资学院预算管理办法》《北京物资学院校内预算经费支出管理细则》《北京物资学院财政专项管理办法》《北京物资学院差旅费管理办法》等14项管理制度，同时制定或修订预算编制流程、预算支出审批流程、专项立项申报流程、日常支出重大支出报销流程、公费医疗报销流程、大额资金审批表、日常报销业务细则等14项业务流程及细则并装订成册，发放至学校各单位和各部门，严格遵守财务制度。

（撰稿人：王秋影　审核人：王春华）

【财务信息化建设】

11月，启用“高级财务管理平台”系统，该系统具有“工资查询”和“项目经费查询”两大功能。通过该系统，学校在职及离退休职工可查询并下载打印工资记录，各类经费负责人可查看经费使用情况及执行进度，为部门决策提供参考依据，初步解决工资查询和经费使用情况查询等问题。

（撰稿人：王秋影　审核人：王春华）

【财务专项管理】

为加强学校财政专项管理，提高财政专项管理的规范化水平和资金使用效率，根据《关于成立学校财政专项管理委员会的通知》（物院发〔2011〕73号）规定，学校成立了财政专项管理委员会，负责财政专项评审论证、专项执行过程的监督检查、财政专项的绩效考评。

6月，学校配合北京中平建华浩会计师事务所完成市教委对人才强教教学技能和学术团队项目绩效评价工作，经过业务审查、财务审计及现场答辩，顺利完成并通过两个项目绩效评价。

（撰稿人：王秋影　审核人：王春华）

【财务收费管理】

根据《关于2011年北京市进一步规范教育收费工作的意见》（京教监〔2011〕2号）和《北京市教育委员会转发市发展改革委等关于公布取消和停止社会团体部分收费及有关问题文件的通知》（京教财〔2011〕12号）规定，学校全力推行“阳光收费”，采取收费公示牌的形式向学生公示收费标准，严查“小金库”，重申各单位无权自设收费项目，任何收费项目均按照程序审批，未经批准收费项目不得执行，已经执行的立即停止，各部门不得私自购买使用缴费收据，严格执行“收支两条线”管理，所收费用及时上交学校财务，使学校收费工作更加公开、透明。

（撰稿人：王秋影　审核人：王春华）

【财务资产工作会议】

为总结财务资产工作，规范财务资产工作流程，提高财务资产工作服务水平，学校于2011年首次召开财务资产工作会议，会议总结近年来财务资产状况，提出转变财务观念、创新财务管理体制的目标，通过《北京物资学院关于财务管理体制的规定》等14项财务制度。

（撰稿人：王秋影　审核人：王春华）

【财务预算管理】

根据《北京市教育委员会关于编制2011年市教委所属预算单位部门预算的通知》（京教财〔2010〕28号）要求，学校财务遵循依法理财、勤俭办学、综合预算、统筹规划、公开透明、绩效管理原则，测算收入来源，合理安排预算支出，重点安排项目申报工作，以校园网为平台全面开展专项需求调查预申报，在正式申报阶段完成74个财政专项申报工作，为学校科研、教学、基础设施改造、实验室建设等提供资金保障。

（撰稿人：王秋影　审核人：王春华）

【财务决算管理】

根据《北京市财政局关于编制2011年度北京市部门决算的通知》（京财国库〔2011〕2645号）要求，学校于2011年年底组织财务工作人员完成年终收支、清理往来款项、对账等工作，明确分工，按要求编制年终决算报表，编写决算分析报告，保质保量完成决算工作。

（撰稿人：王秋影　审核人：王春华）

【公费医疗改革管理】

根据《关于市级公费医疗单位参加基本医疗保险问题的通知》（京社保发〔2011〕42号）要求，在2011年年底前完成市级公费医疗与基本医疗保险制度并轨，学校财务在12月31日前将公费医疗范围内需报销医疗费清理完毕，并向市财政局申报2012年度社会基本医疗保险金预算，同时协助人事处将所有教职工纳入医保系统，为2012年全体教职工实行基本医疗保险提供保障。

（撰稿人：王秋影　审核人：王春华）

【财务审计与全预算绩效考评信息填报】

3—4月，学校接受北京市审计局对2008—2010年预算执行情况和财政专项绩效延伸审计。11月，配合纪监审办公室和北京兴中海会计师事务所完成对原校长王稼琼离任审计的后续审计工作。12月，完成市教委提出的科研项目审计整改意见报告，并以学校文件形式上报市教委。

7月，北京市教委全面推行全预算绩效考评工作，学校财务处认真学习、积极准备，经过相关部门密切配合，完成2006—2011年六年经费使用情况的全预算绩效考评信息填报工作。

（撰稿人：王秋影　审核人：王春华）

资产管理

【发展概况】

学校资产管理部门为资产管理处。在“十二五”规划的开局之年，资产管理处以邓小平理论、“三个代表”重要思想、科学发展观为指导，以深化资产二级管理模式改革为主题，以制度建设为重点，以服务教学科研为中心，以开展“五型”机关建设为契机，全面加强制度建设、信息化建设、采购管理和队伍建设，完成2010年财务决算与各项资产决算工作，为2012年全市事业行政单位资产清查打下坚实的基础。

（撰稿人：肖艾林　审核人：樊路维）

【固定资产管理】

从设备出入库管理入手，严格执行设备验收、入库、出库和建账程序，做到资产账卡（含合同）、发票、购置清单、设备、资产标签相符，确保新增资产设备台账的准确无误，并建立和完善统一的资产设备数据库，实现对资产设备跟踪、查询和统计等工作的计算机管理，提高资产设备管理的准确性和高效性，有效防止国有资产非正常减损。

以学校发文为依据，所有在库固定资产维修做到报修手续齐全后再安排维修，有签字、有责任人、有记录、有比较，力求维修质量和经费支出双满意。2011年，学校仪器设备维修费预算40万元，各部门的仪器设备实际维修支出29.2万元。

针对资产分类号登错的情况，尤其在推进实施资产动态管理的过程中，为确保资产信息准确性，按照市教委发布的资产分类代码进行核查，通过上级动态库管理员进行调整。12月31日，按照市教委新发布的车辆分类代码，完成所有车辆分类代码的调整。

截至2011年12月31日，学校固定资产累计为45735台件套，固定资产总价值为3.92亿元。其中，本年度新增固定资产4532台件套，价值为3232.5822万元。

（撰稿人：肖艾林　审核人：樊路维）

【制度建设】

配合学校依法治校工作的推进，以学校规章制度清理工作为契机，结合资产管理工作实际情况，建立完善一系列资产管理、设备采购等9项制度，包括《北京物资学院国有资产管理办法》《北京物资学院固定资产管理办法》《北京物资学院物资采购管理办法》《北京物资学院物资采购合同管理办法》《北京物资学院固定资产处置管理办法》《北京物资学院固定资产报废处置实施细则》《北京物资学院仪器设备维修管理办法》《北京物资学院会议费管理办法》《北京物资学院机动车运行经费管理暂行办法》，有8项制度已在全校发文实施。为进一步提升资产管理工作标准化、规范化水平，在制度建设基础上，结合实际工作，共制定七项工作流程，并附相关工作应用表格十张，以严谨的流程图及表单确保规章制度落到实处。

（撰稿人：肖艾林 审核人：樊潞维）

【采购管理】

2011 年，严格按政府采购程序执行政府采购工作，公开招标项目 26 项，金额 2330 万元。协议采购项目 56 项，采购金额 515 万元。审核备案政府定点会议采购合同 249 项，金额 409 万元。校内采购项目 23 项，采购金额 234 万元。凡是采购进口产品的，统一由资产处按规定代表学校到财政局办理进口产品采购申请报批手续。加强大额采购资金支付审核，每一项采购资金的支付，都按照规定的程序，逐级进行审核批准，涉及项目采购及固定资产购置的，需经资产处审核，严格按照合同约定和审计规定执行，保证了资金安全。

（撰稿人：肖艾林 审核人：樊潞维）

【召开首次财务资产工作会议】

1 月，资产处和财务处联合组织召开学校首次财务资产工作会议，全体校领导、各部门负责人和资产管理员参加会议。在资产工作报告中资产处汇报了学校国有资产增长变化情况及当前资产状况，总结了学校资产管理的主要工作，重点是全面认真地总结了 2010 年的资产大清查工作，并针对资产清查中发现的问题，作出工作安排。会议为全体资产管理员颁发了聘书，参会人员对准备出台的资产管理制度进行了讨论，对资产管理工作提出了意见和建议。

（撰稿人：肖艾林 审核人：樊潞维）

【加强资产信息化建设】

2011 年，全面加强资产信息化建设，运用资产动态管理系统，加强对资产工作实时监督，有利于学校内部控制和上级主管部门对学校资产管理工作的监督，提高工作效率、降低管理成本、实现资产管理与预算管理的有机结合。

市属高校全部使用新的资产动态管理系统。在对原系统数据优化清理的基础上，顺利完成新旧系统的数据转换，正式启用北京高校资产动态管理系统，从管理权限的分配、规范、监督入手，系统规划、稳步推进，切实提升资产动态管理科学性和与资产管理相关的廉政风险防控的水平和成效。通过设置行政办公设备配置定额和标准，有效避免资产的闲置和浪费，防止超定额、超标准配置行政办公设备和车辆。

根据学校机构调整和新一轮人员竞聘上岗的情况，重新调整确认资产管理员及资产单位库，并对系统数据进行相应调整，确保动态系统正常运行。聘请开发资产动态管理系统的久其软件公司工程师对全校资产管理员进行首次培训，全体资产管理员基本掌握新增资产登记、验收等操作，初步达到日常工作的要求。

按照市教委的统一安排，安装了资产管理系统和财务核算系统之间的网闸系统，实现了资产登记、处置、财务登账等操作数据的自动传输，数据处理状态的实时反映，自动对账、反馈，大大提高了工作效率，进一步保证了资产账与财务账中资产数据的正确一致。

根据资产动态管理系统的使用情况和上级对资产管理工作以及决算工作的新规定、新要求，及时对资产分类和使用方向等资产数据进行调整、细化，进一步做到资产数据、财务数据与上级要求规范一致，为完成 2012 年预算工作和 2011 年决算工作做好充分准备。

（撰稿人：肖艾林　审核人：樊路维）

【完成资产预、决算工作】

1 月，完成 2010 年财务决算与资产决算的相关工作。10 月，配合财务处在 4 个工作日内完成填报学校 2012 年日常办公设备类固定资产购置申报表、学校教学培训类固定资产购置申报表、2012 年预算单位固定资产（标准）购置申报表，以及表单的文字说明，完成 2012 年资产预算工作。12 月，参加市教委组织的 2011 年年终决算工作布置会并提前填报完成资产决算报表。

（撰稿人：肖艾林　审核人：樊路维）

【完成首次北京市行政事业单位资产统计工作】

2011 年，北京市首次开展全市行政事业单位资产统计工作，这项工作需利用北京市行政事业单位资产管理系统及相应的软件，要求各单位学习新软件的操作。资产处在全处同志的通力协作下，在规定时间内完成了所有统计报表，北京物资学院是现场会审时第一家完全无误顺利通过的单位。

（撰稿人：肖艾林　审核人：樊路维）

基本建设

【发展概况】

2011 年是“十二五”的开局之年，也是市属高校三年建设规划实施的关键一年。学校基建工作在学校党委和行政领导下，围绕学校“十二五”时期事业发展规划和 2011 年工作要点，按照学校整体工作部署，紧紧围绕服从学校大局，服务教学科研这一主线，大力加强校园环境建设，改善教学科研等办学条件，提升校园文化品位，积极推进学校的基本建设规划，使基建工作能够满足教学科研和师生生活需求，展现学校良好风貌，适应学校特色内涵发展要求，为学校的发展创造了良好的基础保障。

7 月，新学科综合楼项目开工建设，项目建筑总面积 2.38 万平方米。其中，地上 1.98 万平方米，地下 0.4 万平方米，是学校单体最大的建筑。全年完成基槽土建施工、地下结构施工、地上结构二层封顶，局部三层立柱浇筑工程。新建图书馆项目前期手续已通过政府各部门审批，项目方案通过市教委设计方案专家评审，项目可行性研究报告通过市发改委组织专家评审。12 月，学校体育文化中心列入市教委三年建设实施规划第三批项目。全年完成各项资金近 2800 万元。

（撰稿人：陆　宁　审核人：韩振节）

【校园总体规划】

根据通州区新城规划，在原校园总

体规划的基础上，进一步进行了调整完善。校园总体规划已基本定型，修改后的规划更加规范、科学、合理。

（撰稿人：陆　宁　审核人：韩振节）

【基建项目】

完成暖气管线改造、体育场南侧环境改造、体育场显示屏钢结构及广播系统、学生公寓区环境改造、校园门禁及消防监控系统工程、学生公寓前道路及环境改造、雨污分离工程、体育设施基础改造、供电局开闭器移位改造、后勤服务设施抗震加固工程、三食堂抗震加固工程、后湖及周边环境改造、电增容、体育设施改造、学生公寓区道路改造、学生生活区环境改造等基础设施建设项目。

完成教学辅助用房改造工程、教学设施维修改造工程、后勤服务设施改造工程、科研用房装修改造、校医院及后勤服务设施维修改造、教学及服务用房维修改造、学生公寓粉刷及改造工程、学生公寓卫生间改造工程等装修改造项目。

（撰稿人：陆　宁　审核人：韩振节）

【专项资金申报】

为稳步推进学校基础设施建设，打牢基础，根据实际情况，学校申请2012年财政专项资金907.96万元，11个项目资金已全部到位。

（撰稿人：陆　宁　审核人：韩振节）

【附录】

2011年北京物资学院申报2012年专项资金计划安排建设项目一览表

序号	计划安排建设项目名称	计划开工时间	计划总投资（万元）	目前进度情况
1	新学科综合楼VRV空调设备购置	2012年8月	243	财政资金已批复
2	服务设施防水修缮工程	2012年8月	59.22	
3	校园基础设施改造	2012年8月	43.05	
4	热力管道改造工程	2012年8月	140.43	
5	电力及弱电管道改造工程	2012年8月	49.82	
6	3号学生公寓卫生间改造工程	2012年8月	93.21	
7	部分学生公寓粉刷及改造工程	2012年8月	58.71	
8	消防设施维修改造工程	2012年8月	36.8	
9	电力电缆改造工程	2012年8月	51.47	
10	第一教学楼设施修缮工程	2012年8月	56.77	
11	继续教育学院教学及后勤设施装修改造	2012年8月	75.49	
	合　计		907.97	

后勤管理

【发展概况】

2011年，学校后勤管理工作围绕和服务于学校教学科研中心工作，积极贯彻落实科学发展观，坚持“三服务两育人”宗旨，圆满完成学校日常后勤服务保障任务。在学校新一轮处级干部聘任中，后勤领导班子进行了调整。新领导班子积极探索适合学校发展的后勤运行体制和机制，强化自身建设，加强对内管理能力，提升对外服务形象，后勤管理水平、保障能力和服务质量得到进一步提升。

（撰稿人：赵秀兵　审核人：卫　波）

【学生公寓服务】

学生公寓服务中心坚持“以人为本”服务理念，不断提高人性化服务水平。与学生处配合，组织全体员工进行心理拓展训练，增强员工的向心力和凝聚力，提高员工工作积极性。举办第五届宿舍文化节，营造温馨的宿舍生活氛围，弘扬物院宿舍文化。完成2011届毕业生离校退宿和新生入住工作。暑假期间，更换1号学生公寓楼全部家具。及时启动传染病应急预案，防控学生宿舍出现的脊髓灰质炎传染病。学校每日对公寓楼内公共部位喷洒消毒液，对被传染的宿舍及时消毒，将患传染病的学生及时隔离治疗，有效预防和控制传染病的发生与扩散。

（撰稿人：秦桂娟　审核人：卫　波）

【校园绿化保洁与生活服务】

校园服务中心对校园内13.6万平方米绿地、5000多平方米绿篱、3700多棵树木进行浇灌施肥、喷药灭虫、剪枝锄草等养护工作。补栽补种因施工等原因缺损绿植7000多平方米，培育花卉近20个品种，4万余盆。清理生活垃圾和遗留建筑垃圾近1000吨，清除卫生死角20余处，以整洁的校园环境保障第五届中国北京流通现代化论坛的顺利召开。通过北京市爱国卫生运动委员会等组织对校园控烟工作的检查。

2011年，车队安全完成学校教职工班车和公务用车等各种运输任务，全年共出车4000余车次，总行驶40余万千米，未发生任何交通事故。落实北京市组织开展的公车专项治理工作，制定出台《北京物资学院公车使用管理办法》和《小车班和部门用车收归后勤管理实施方案》。积极开展安全教育，参加通州区安全委员会举办的交通安全宣传月活动，面向学生开展交通法规宣传教育活动。

（撰稿人：杨连喜　审核人：卫　波）

【校园动力维修】

2011年，动力维修服务中心累计完成各类接报修工作3.5万余次，更换各种配件2.31万余套件，收缴各种费用110余万元。全面除垢疏通维修老家属楼供暖管线，彻底解决老旧管线堵塞问题。更换部分楼房自来水管线主阀门，分段控制得到进一步细化。疏通和清理部分下水主、分支管线，保证下水系统更加通畅。完成后湖改造工程。

加强各工种操作人员管理和岗位技能练兵，提高操作技能和处理紧急事故应变能力。加强安全教育，严格执行各项安全操作规程。严格执行购料审批制度，坚持修旧利废，严格按规定办理出入库登记手续。

（撰稿人：郑桂岳　审核人：卫　波）

【节能工作】

2011 年，用水总量 37.65 万立方米，在新综合楼工程施工情况下，与 2010 年同期相比，用水总量增加约 8000 立方米，远低于 64 万立方米指标用水。污水处理厂处理污水 30 余万立方米，达到北京市地方排放标准。全年回用中水 4.5 万余立方米（包括雨水收集系统所收集的雨水），用于学校绿化和后湖景观用水。

（撰稿人：郑桂岳　审核人：卫　波）

【校医院工作】

2011 年，校医院完成科室改建、内部优化、规章制度制定和落实，以及正常门诊、医疗保障、师生体检、预防接种、计划生育、红十字会等工作。全年共接待就诊人员 2.39 万人次。

重新装修放射科，新建洗衣房、消毒室、污水处理系统。更新理疗科、口腔科及保健病房设施设备。完成校医院仪器设备更新采购与安装专项，提高校医院诊疗水平。

完成各类体检工作。教职工体检 930 人次，新生体检 1496 人次，运动会体检 357 人，研究生体检 258 人。

传染病防控和预防保健工作。共发生传染病 10 人次，其中，发生水痘 1 人、肺结核 1 人、肝炎 2 人、菌痢 4 人、麻疹 1 人、风疹 1 人。及时采取措施，避免传染病扩散流行。对 2011 级新生开展结核病普查，免费监测结核菌（PPD）1400 余人，为外地新生免费注射百白破、麻疹疫苗共 322 人次。为防控新型脊髓灰质炎病例输入，建立健全学校传染病防控组织，制定防控制度和措施，对外地 115 人重新抽查取样，为 89 人接种脊髓灰质炎疫苗。加大各种传染病防治的宣传力度，降低传染病发生可能。加强全校食品卫生检查，每周检查食堂 2 次，保证食品卫生安全。

1 月，完成教职工实行医保停止公费医疗的前期准备工作。协调校信息中心、医保单位、网络建设公司，研究解决校医院 HIS 网络系统升级改造方案，满足医保刷卡实时结算功能需要。

做好红十字会、献血和医疗保障工作。2011 年，共组织红十字会活动 12 次，包括预防艾滋病同伴教育活动，预防艾滋病志愿者招募活动，急救培训，结核病预防，红十字知识培训等。配合校医院进行各种疫病防治宣传活动，如结核病防治宣传、艾滋病防治宣传，各季节传染病、流行病预防宣传，控烟宣传活动等。组织完成 2 次义务献血工作。利用板报、条幅、发放知识手册等形式进行义务献血知识宣传教育。医疗保健出诊 10 次（新生军训，运动会保障，老干部活动医疗保障，四、六级考试现场保障等）。

计划生育工作。开具学生婚育证明

84份，学生生育服务证5份。办理教工生育服务证19份，办理教工独生子女证20份。发放避孕药具2005盒，发放独生子女补贴19人、托费补贴18人、奶费补贴18人次。停发独生子女费10人、奶费补贴12人、托费补贴12人。

创建无烟学校工作。根据市爱卫会、市教委、市卫生局联合下发的11号文件要求，学校开展创建无烟校园工作，校医院积极组织落实，迎接市爱卫会等组织检查学校创建无烟校园落实情况。

（撰稿人：田玉明　审核人：卫　波）

【饮食服务】

餐饮服务中心采取各种方式控制成本，认真调研市场，做好原材料采购工作，参加高校组织大宗原材料统一采购，联合采购土豆1万斤。按照市教委下发的《北京高校学生食堂成本核算指导标准》，加强成本核算管理，制定学校学生食堂《餐饮成本核算具体方法》，组织管理人员学习，做好成本核算管理。通过成本控制和成本核算，在原材料持续涨价情况下，确保学生食堂基本伙价格不涨，花色品种和质量不降。

完成新生军训就餐保障任务。2011年，首次实行新生军训统一就餐制度，餐饮服务中心积极协调三个食堂处理好新生就餐位置确定和用餐标准统一问题，处理好新生用餐与其他学生和教职工用餐的衔接问题。高度重视少数民族学生用餐需求。在两次大的民族节日，外聘厨师制作民族风味食品，请新疆籍学生亲自制作手抓饭，均获民族学生好评。利用暑假完成学生餐厅后厨、清真餐厅后厨、“潞河居”风味餐厅后厨排油烟设备更新改造工程。

（撰稿人：鲍　威　审核人：卫　波）

【住宿接待服务】

经管服务中心坚持管理创利、服务创优、安全创稳方针，积极做好住宿接待服务保障工作。以做好接待服务工作为重点，坚持“制度、服务、效能”目标，强化员工教育和服务意识，在保证完成学校各种会议住宿接待任务的同时，圆满完成其他各类接待任务，客房营业总额达到41万余元。

（撰稿人：邓颖松　审核人：卫　波）

【房改与售房工作】

全力做好全校退休职工和在职职工住房补贴统计上报和发放工作。寒假期间按市房改办要求对原上报数据进行重新复核，对漏报和级差补贴职工进行补报。暑假前，发放第一批退休职工100人的住房补贴。11月，为第一批在职职工136人提取住房补贴。12月，为1999年以来参加工作的无房新职工和2007年以来调入学校的无房职工201人进行住房补贴基本信息备案工作。为新进教职工建立住房公积金和住房补贴。

（撰稿人：赵秀兵　审核人：卫　波）

【财务管理工作】

后勤财务在学校财务处指导下，完成后勤经费年初预算和年终决算工作，完成餐饮中心日常财务报账工作，完成合同工工资发放工作，完成基建会计与校财务处交接工作。2011年，共审核原始单据2315张，输入审核记账凭证463张，装订成册57册。

（撰稿人：岑燕英　审核人：卫　波）

审计工作

【发展概况】

2011年，学校审计工作以科学发展观为统领，进一步深化“服务型”内部审计定位。坚持“为学校领导决策服务、为完善管理服务、为学校建设发展服务”的宗旨，始终以“强管理、防风险、增效益、促发展”作为审计工作的出发点和落脚点，不断强化审计工作对学校宏观管理的服务功能。在深化学校改革，促进廉政建设，加强财务管理，提高经济效益等方面，起到了监督保障和参谋助手的作用。学校审计工作在坚持常规审计与重点审计相结合的基础上，加大审计力度，拓宽审计覆盖面，依法开展各类审计事项45项，送审资金总额达3.72亿元。其中，预算执行与财务收支审计1项，基建修缮工程审计36项，领导干部经济责任审计5项，科研项目审签1项，共提交审计报告及审计监察通知书等54份，实现直接经济效益722.80万元。

（撰稿人：张　莹　审核人：傅　强）

【预算执行与财务收支审计】

进一步落实《北京市属高等学校预算执行和决算内部审计实施办法（试行）》，深入开展单位预算执行审计。3—4月，北京市审计局对包括北京物资学院在内的10所高校的科研基地建设项目进行绩效审计。学校审计部门积极配合，结合外审对2010年度学校财务收支进行审计。审计中发现的问题，市教委以《北京市教育委员会关于北京物资学院2010年度预算执行和决算草案的审计整改意见通知书》（简称《审计整改意见通知书》）的形式进行反馈。学校领导班子高度重视，立即在党委会和校长办公会上对《审计整改意见通知书》中提出的问题和整改要求进行全面深刻的分析研究，并成立以校长为组长的整改工作领导小组，拟定整改工作方案，进一步规范预算执行，加强财务管理。

根据2011年10月市教委下发的《关于对部分市级教育单位进行后续审计的通知》（京教审通〔2011〕15号）精神，在学校主管领导的指挥下，审计部门督促相关部门自查、整改。

（撰稿人：张　莹　审核人：傅　强）

【基建修缮工程审计】

积极落实教育部《关于加强和规范建设工程项目全过程审计的意见》的精神。2011年，学校立项并获批新学科综合楼和图书馆建设两项新建项目，预算总投资1.7亿元。针对2011年基建工程规模较大的实际情况，为促进各类工程项目规范管理，提高基本建设资金使用效益，学校党委研究决定，对两个基建项目实行全过程跟踪审计。纪监审办公室先后两次组织实施招投标事项，确定基建项目全过程跟踪审计工程造价咨询单位，变事后监督为事前控制和过程控制，加强源头预防。通过审计，降低工程管理风险，维护学校合法利益。

加大对基建修缮项目的审计。截至12月31日，共审计基建、修缮项目36项，送审金额8054.01万元，较2010年送审金额4234.61万元增加90.19%；审减金额722.80万元，较2010年审减额156.28万元增加362.50%；平均审减率为8.97%，较2010年平均审减率2.3%增加6.67个百分点。通过审计，为国家和学校节约资金，提高资金的使用效益。

（撰稿人：张　莹　审核人：傅　强）

【经济责任审计】

2011年，学校成立由审计专业和会计专业教师组成的4个兼职审计小组，分别对原学校办公室主任、原组织部部长、原纪监审办公室主任、原离退休干部处处长、原研究生部主任5名处级领导干部进行任期经济责任审计。审计发现问题12条，提出整改意见12条。

（撰稿人：张　莹　审核人：傅　强）

【制度建设与宣传】

2011年，纪监审办公室认真贯彻市教委《关于进一步加强教育系统内部审计结果利用工作的意见》（京教审〔2010〕2号）和学校制定的《北京物资学院关于加强审计结果利用工作的有关规定》（物院发〔2010〕70号），高度重视审计结果利用和审计整改。对于审计中发现的问题，首先在党委会上通报，在一定范围内公开，并责成被审计单位限期整改，在规定时间内上报整改结果。这一举措在加强干部队伍党风廉政建设，促进提高管理水平，制约权力，依法行政等方面发挥了一定作用。

采取审计工作公开、审计发现问题适度公开等形式，学校在校园网上发布审计公告7次，将审计情况、审计结果、全过程跟踪审计招投标结果等告知全校师生，既接受全校师生的监督，又得到相关部门和负责人的大力配合，审计工作开展顺利。

（撰稿人：张　莹　审核人：傅　强）

【培训与交流】

按照北京市纪委、北京市教委的要求，积极开展教育收费自查自纠工作、“小金库”专项治理工作，迎接北京市治理教育乱收费局际联席会议办公室对学校教育收费的检查。迎接市委教育工委、市教委对学校2011年落实党风廉政建设责任制、推进惩防体系任务完成情况的检查。

认真落实后续教育和业务培训制度，不断提高自身素质。纪监审办公室工作人员先后五次参加市教委及市审计局组织的业务培训会、工作会和审计人员后续培训会。积极推动计算机软件在审计工作中的运用。

（撰稿人：张　莹　审核人：傅　强）

离退休工作

【发展概况】

北京物资学院离退休工作处成立于2000年12月，负责离退休人员管理服务工作，对离休和退休人员实行党政一级管理。截至2011年12月底，离休人员14人，退休人员340人，内退人员22人，合计376人。离退休工作处工作人员6人。

（撰稿人：王世林　审核人：王秀华）

【党建工作】

北京物资学院离退休党总支部成立于2001年9月，截至2011年12月底，离退休党总支部下设离退休老干部党支部1个，退休干部党支部10个，工作人员党支部1个，共12个党支部。党员189人，其中，离休党员13人，退休党员170人，在职党员6人。

2011年，按照市委组织部、市委教育工委和学校党委的要求，在离退休干部党支部中，深入开展“创先争优”活动，创建“五好支部”、评议“优秀共产党员”，增强离退休党支部的凝聚力和战斗力，发挥党员的先锋模范作用。党总支把抓好离退休干部政治理论学习作为支部建设的一项重要工作。各党支部坚持每月组织一次支部活动，认真学习党的十七届五中、六中全会精神，学习胡锦涛总书记“七一讲话”等。先后组织党员学习“两会”精神，观看《辉煌历程》庆祝建党90周年党史光盘，参加学习十七届六全会理论辅导报告等八次。暑期在平谷教工休养院，党总支召开“学习胡锦涛总书记七一讲话”研讨班，请学校党委书记刘木春、副校长王文生和纪委书记赵凤琴出席会议，并作学习胡锦涛总书记“七一讲话”辅导报告。

在加强离退休干部党支部建设中结合实际，按照党员居住地调整党支部设置，把原来退休党员的三个支部，划分成十个支部，有利于离退休党支部开展活动，增强党组织联系群众、服务群众的功能。为庆祝中国共产党建党90周年，按照市老干部局的要求，在离退休老同志中开展“颂党恩抒豪情、添光彩乐晚年”主题活动，组织离退休党员参观河北阜平县城南庄晋察冀边区革命纪念馆、北京航空博物馆、怀柔影视基地等。开展党史答题、征文、书法绘画、摄影展等活动。“七一”前夕，党总支召开庆祝建党90周年表彰联欢会，会上对荣获“校级优秀党支部”的退休干部北院支部、“校级优秀共产党员”张声书，获离退休工作处党总支先进党支部的红庙退休干部党支部，以及21名优秀共产党员给予表彰。

（撰稿人：王世林　审核人：王秀华）

【队伍建设】

学校离退休工作以贯彻落实《北京

市离退休干部工作领导责任制》为抓手，加强对学校离退休工作的领导和制度建设。为加强学校离退休干部服务管理工作，校党委印发《北京物资学院关于进一步做好新形势下离退休干部工的意见》和《北京物资学院离退休干部工作领导责任制》文件，对做好学校离退休工作给予制度保障。调整学校离退休干部工作领导小组成员。离退休工作处按照学校的要求重新规范全部离退休服务管理的规章制度。进一步加强对工作人员的培训，着重提高政治素质和工作能力，增强政治意识、大局意识、责任意识和服务意识。工作中牢固树立全心全意为离退休老干部服务的宗旨，热情、周到、耐心、细致地为老同志服务。

（撰稿人：王世林　审核人：王秀华）

【管理服务】

春节前夕，召开离退休干部座谈会，学校领导向老领导、老教授拜年。学校工会为每一名离退休人员发放500元购物卡和1000元节日补贴。

5月，为离退休人员安排健康体检，每周两次审核药费单据，每月到红庙首都经贸大学东区院内，为居住在市里的离退休人员审核药费单据。下半年为全体离退休人员办理社保卡，年末将社保卡发放到离退休人员手中。

暑期组织两批离退休人员到平谷教工疗养院休养。

教师节前，党委书记刘木春代表校党委到3位离退休老教授家中看望慰问。

重阳老年节召开年满70、80周岁老同志的集体祝寿会，党委书记刘木春、副校长王志鸣代表学校向老寿星祝贺，感谢老同志们为学校建设所作的贡献，并请老同志参观校史馆。

走访及到医院看望慰问病人186人次，为45位离退休老同志发生活困难补助费4万元，学校为全体离退休人员增加补贴。

12月，离退休工作处召开总结表彰会，党委书记刘木春、校长王旭东参加会议并通报学校工作情况，会上对2011年先进集体和个人及各项比赛获奖人员进行了表彰。

离退休工作处实行按居住地以党支部为核心建立离退休人员服务管理小组，支部书记为组长、一名群众为副组长的新的管理模式，有利于发挥支部的作用和联系群众、服务群众的功能。在开展大型活动中，如社保卡登记和发放及选民登记中，发挥了积极作用。

（撰稿人：王世林　审核人：王秀华）

【文体活动】

学校注重离退休人员精神文化建设，开展丰富多彩的文娱体育活动，丰富离退休人员的生活，为离退休人员办实事，年年增项目。2011年，为改造后的红庙活动室添置乒乓球桌，为活动室安装热水洗手器。按照规定足额拨付离退休活动经费，为离退休人员开展科学健康的文体活动提供保障。

按照市委组织部、市老干部局关于在全市离退休干部中开展“颂党恩抒豪情、添光彩乐晚年”主题活动的要求，在庆祝中国共产党成立90周年之际，积极组织离退休老同志开展“七个一”

活动，即召开一次座谈会、举行一次主题党日活动、举办一次“党在我心中”征文活动、举办一次书画摄影比赛、召开一次庆祝建党90周年联欢会、举办一次党的知识竞赛、宣传表彰一批先进党员。

举办离退休人员春季运动会，春游怀柔青龙峡，秋游房山圣莲山、大兴海子公园，组织离退休老同志游览顺义湿地公园、怀柔区神堂峪景区、荆轲塔、易水湖等。参加市老教协举办的“重阳节”大兴南海环湖走活动。

6月，党总支召开庆祝建党90周年联欢会，离退休老同志们用自编自演的文艺节目，抒发对党无限热爱的情怀，精彩的演出得到与会领导和老同志的好评。组织老年合唱队参加学校庆祝建党90周年红歌大赛。

老教协成立的台球队、乒乓球队、门球队、口琴队、舞蹈队、书法组、摄影组等，吸引离退休老同志100多人参加活动，形成天天有活动、月月有赛事的局面，离退休人员的生活丰富多彩。

（撰稿人：王世林　审核人：王秀华）

【关心下一代工作】

学校关工委在校党委领导及有关部门的大力支持下，认真落实《中共教育部党组关于加强全国教育系统关心下一代工作委员会建设的意见》和校党委《关于加强学校关心下一代工作委员会建设的意见》的精神，做好学校关工委的各项工作。

2011年，关工委为新生作两场有关“如何度过大学生活”的讲座。为新入学的120名贫困生免费提供二手军训服装。回收军训服装600套和1000多本旧教材。爱心捐助站长期向贫困学生发放衣物。关工委组织学校部分师生及社会人士共11批、182人到河北万全县进行扶贫助教工作，将回收的军训服装送给万全县川流中学和北京百年职校各150套。自2009年开展的“关爱（万全县）百名单亲困难儿童阳光工程”以来，已资助178名贫困学生。关工委老同志与大学生社团“青年志愿者协会”、“爱心社”共同组织多次活动，加强离退休老同志与大学生的相互交流，使大学生们受益匪浅。

2011年，关工委副主任杨洪璋再次被评为北京市教育系统关心下一代工作先进个人。

（撰稿人：王世林　审核人：王秀华）

信息网络

【发展概况】

2011年6月，网络中心改名信息中心。为加快学校的信息化发展，加强信息化建设领导，在原网络中心的基础上，组建信息中心，增设信息中心副主任岗位，信息中心顺利完成各岗位职责制定和岗位聘任工作。

为保障网络的正常运行，满足教学、科研、管理和生活等多方面的网络需求，信息中心探索新的管理方法和措施，完成190余万元的网络基础和应用系统方面的专项建设，“数字校园”三大平台和两个系统也正式启用。

（撰稿人：梁　培　审核人：王玉泉）

【编制“十二五”信息化发展规划】

编制“十二五”信息化发展规划，编写信息化发展“十二五”规划要点、编制“十二五”信息化实施计划和相应的预算。

（撰稿人：梁　培　审核人：王玉泉）

【校园网建设】

校园“一卡通”系统和“数字校园”系统的数据存储备份。购置并部署两套磁盘阵列及配套的主机适配卡、存储交换机和备份软件等，作为现有的一卡通系统和数字校园系统的数据存储备份。

机房配套改造。相关机房设施改造，增大供电能力，优化制冷方式，满足新增设备的运行需求。

预算项目。购置一套网络测试系统和一套网络管理系统，购置10台学生宿舍楼校园网升级改造所需的交换机。

进行校园一卡通公共接口库的自主研究开发工作。针对校园“一卡通”系统用户数据需求越来越多的情况，信息中心尝试自主研究开发用于实际系统中的公共接口库。

机房设施的升级、维保等年度服务。机房设施包括安装精密空调、UPS及电池、新风机，安全产品包括网络安全客户端、防垃圾邮件网关、WEB过滤网关、内网审计系统、流量管理系统、VPN等。

增加300兆校园网接入带宽，使校园网总带宽达420兆。

（撰稿人：梁　培　审核人：王玉泉）

【校园网管理和服务】

调整校园网用户收费标准。将原1Mb/分的标准调整为2Mb/分，取消按月计流量的收费类型。

完成“数字校园”三大平台和两个系统的启用，完成“数字校园”一期工程中统一身份认证平台、统一信息门户平台、统一数据库平台的启用，完成校园信息查询系统和办公自动化系统的启用。

人工服务。信息中心提供全年365天从早8点到晚9点的人工服务，满足教职工、学生上网的技术支持需求，其服务项目包括开户、交费、报修、答疑、笔记本电脑维护、制作双绞线接头、安装系统、安装杀毒软件等。

信息中心下属的卡务中心采集2011级本科生和研究生的照片，用于“一卡通”系统、门禁系统和英语四、六级考试报名等。

信息管理系统服务。对科研处、教务处、后勤处、宣传部等多个信息管理系统的建设提供技术支持，为后勤、科研等多个管理系统提供服务器管理服务。

（撰稿人：梁　培　审核人：王玉泉）

图书馆

【发展概况】

2011年，图书馆紧紧围绕学校“建设高水平特色型大学”这个中心，对照图书馆“十二五”发展规划的各项具体指标开展工作。制订《图书馆十二五发展规划》；完成图书馆处级以下非教师岗位的设置与聘任；通过竞聘产生新一届领导班子；改革工作流程，修订新的岗位职责；重点加强参考咨询部和网络技术部的技术力量；提请成立新一届学校图书情报工作委员会；继续加大图书馆新馆建设的调研、功能设计与专项申报准备工作；通过举办书展、组织教师现场采购，加强文献资源建设；与物流学院共建物流资料馆，成为物流阅览室的重要组成部分；改版新图书馆门户网站；重视新生入馆教育，创新与完善读者服务工作；图书馆分工会“教职工之家”验收合格；组织参加学校第八套广播操比赛，获得第三名；参加北京市高校图书馆羽毛球友谊赛，获得个人赛第五名；举办图书馆摄影大赛；积极选派工作人员参加各种行业内的交流与培训活动，提高现有人员的业务素质。

（撰稿人：单世侠　审核人：刘家珉）

【馆藏资源建设】

继续将馆藏资源建设的重点放在调整馆藏结构、提高馆藏品质之上，不断充实具有学校特色的馆藏资源体系。拓宽资源建设的渠道，首次举办图书馆金秋书展，第一时间让新书与读者见面，并接受读者荐购图书；组织教师赴台湖国际图书城开展首次图书现场采购，将教师需求与图书采购直接对接，活动共采购图书码洋近5万元。截至2011年年底，完成各类资源建设费用386.93万元。其中，纸本资源经费237.59万元，电子资源经费149.34万元。订购中文图书3.01万册。订购外文原版图书633册，其中，基本经费订购80册，专项经费订购553册。中外文纸本图书馆藏达到94.57万册。中文过刊增加495册，外文过刊增加152册，研究生论文增加30册，报纸增加178册。馆藏纸本资源总量达到97.76万册。馆藏中外文图书Mark数据增加1.04万条，手工登录校内各部门自购图书5906册。新增中国年鉴资源全文数据库和Medalink百链学术搜索平台。图书馆数据库品种达到25种，其中，中文数据库18种，外文数据库7种。

（撰稿人：单世侠　审核人：刘家珉）

【读者服务】

在传统服务的基础上不断拓展读者服务内容，包括改版建设新的图书馆网站，新网站从功能上实现了资源、服务、导航的全方位呈现。

9月20日—10月17日，图书馆联合学生处首次对全体新生实施入馆参观教育；首次为新生提供临时借阅服务。

11月28日，由图书馆和物流学院牵头共建的物流资料馆举行了揭牌仪式，极大地充实和提高了原有物流阅览室的藏书数量与品质。

继续强化传统服务内容，尽量延长开放时间，阅览室每周开放时间达 96 小时，节假日不闭馆。截至 12 月 31 日，到馆读者 43.78 万人次，图书馆网站访问数量 11.12 万次，各类数据库点击量 29.91 万次。电子阅览室接待读者上机 1.15 万人次，16.84 万机时。借出图书 4.51 万册，续借 3389 册，还回 4.51 万册。工具书及库本阅览室接待读者 3349 人次，为读者提供 937 种中文期刊，99 种外文期刊，117 种报纸的阅览服务，期刊阅览 1.53 万人次，报纸阅览 2.55 万人次。通过网站、海报栏等不同途径开展读者培训，参考咨询回答读者提问 400 余人次。文印室为师生员工复印 55 万页，装订各种资料 3012 册。

（撰稿人：单世侠　审核人：刘家珉）

【信息化与数字化建设】

继续加强网络化与数字化建设，中心机房增加备份服务器 1 台。暑假期间，电子阅览室和中心机房实施检修与改造，更换网线与配件，清理电脑病毒；顺利完成 2011 年额度为 14.93 万元、品种为 14 种的数据库专项经费的招标采购，其中，12 种为续订，2 种为新增，分别为中国年鉴资源全文数据库和 Medalink 百链学术搜索平台。图书馆数据库品种达到 25 种，其中，中文数据库 18 种，外文数据库 7 种。

（撰稿人：单世侠　审核人：刘家珉）

【交流与培训】

积极参加京内外高校图书馆同行间的各种研讨会，围绕图书馆新馆建设多次派出图书馆馆员外出考察学习，包括北京工业大学、郑州大学、云南大学、上海财经大学、厦门大学等全国著名大学图书馆，促进馆员专业知识提升，加强馆际联系。

（撰稿人：单世侠　审核人：刘家珉）

【附录】

2011 年北京物资学院图书馆纸本馆藏一览表　（单位：册）

类别 \ 项目	当年新增	当年累计
纸本图书	30735	946356
合订期刊	687	25916
合订报纸	178	4160
剪　报	0	323
硕士学位论文	30	92
接受赠书	0	1339
总　计	30997	978186

《中国流通经济》杂志

【发展概况】

2011年，杂志社坚持科学发展观，积极探索学术期刊如何更好地为学校学科建设和教学科研服务的新路径，实施质量工程，推动名刊建设。遵守国家有关新闻出版的法律法规和政策，坚持为学校学科建设与教学科研服务的办刊宗旨，坚持以流通与物流为特色，严格把关，以质取稿。在期刊页码由80页增加为128页、人员编制没有变化的情况下，高质量高标准完成全年12期杂志的编辑出版任务。

4月，学校召开《中国流通经济》杂志出版200期纪念笔会。10月，与商学院合作，组织和承办第五届中国北京流通现代化论坛暨加快现代流通体系建设高层峰会。

（撰稿人：孙志伟　审核人：陈建中）

【期刊管理】

教育部哲学社会科学名刊工程启动以来，全国高校各类学术期刊都普遍重视和不断提高刊物的学术质量与编校印刷质量。《中国流通经济》杂志继2010年被评为“全国高校百强社科期刊”和“北京市高校人文社科学术期刊名刊”，其“现代物流”栏目同时被评为全国高校社科学术期刊特色栏目和北京市高校人文社科学术名栏后，继续实施名刊工程，强化原有的优势，不断推出精品文章。

杂志社加强选题策划工作，组织刊发了一批在国际国内有重要影响的文章，主要作者有全国人大常委会原副委员长成思危，全国政协副主席万钢、徐匡迪，著名经济学家厉以宁、吴敬琏、刘国光、郑新立、张卓元、周叔莲、何伟、晓亮、俞晓松、丁俊发、何黎明、杨圣明、李崇富、辜胜阻、黄国雄、张志刚、王之泰、陈文玲，日本物流学会副会长丹下博文，韩国中央大学教授申仁光等，在国内外产生了广泛影响。

杂志社继续加强科学管理，完善岗位职责，制定科学的绩效考核标准，建立科学规范的长效管理机制，制定实施了《中国流通经济杂志社工作绩效考核标准与奖惩实施细则》，使管理工作科学化、规范化、高效化。继续以编排规范化、国际化建设为重点，精心策划组稿工作，不断提高刊物学术质量、编排质量和出版印刷质量，推动刊物质量不断提升。

2011年，杂志社除出版印刷版、光盘版、数字版外，又开辟一个新领域，即与台湾华艺数位艺术有限公司合作，出版繁体字版，以适应海外华人的阅读习惯。

（撰稿人：孙志伟　审核人：陈建中）

【杂志出版200期纪念笔会】

《中国流通经济》杂志1987年创刊至今已走过25年历程，到2011年第5期整整出版200期。为总结经验，再上层楼，学校组织举办笔会，全国人大常委会副委员长陈昌智，著名经济学家厉以宁、王梦奎、张卓元、周叔莲、樊纲、丁俊发，中国市场学会会长俞晓松，中国物流与采购联合会会长何黎明等题词祝贺，著名经济学家张卓元、周叔莲、何伟、晓亮、王之泰，以及《中国流通经济》杂志社总编陈建中等撰文，对《中国流通经济》杂志走过的历程进行回顾与总结，既肯定成绩，也提出不足与希望，并指出未来发展方向。

（撰稿人：孙志伟　审核人：陈建中）

【第五届中国北京流通现代化论坛】

10月15日，由中国物流与采购联合会、中国市场学会、北京物资学院主办，《中国流通经济》杂志社与北京物资学院商学院承办的第五届中国北京流通现代化论坛暨加快现代流通体系建设高层峰会在学校召开，来自中、日、韩等国内外的著名经济学家、流通物流专家学者300余人出席论坛。全国人大常委会副委员长陈昌智致信祝贺，参会嘉宾主要有国务院发展研究中心原主任、中国改革发展基金会理事长、著名经济学家王梦奎，全国政协经济委员会副主任、中共中央政策研究室原副主任、著名经济学家郑新立，中国物流与采购联合会会长何黎明，中国市场学会会长俞晓松、理事长高铁生，中国商业联合会副会长、中华全国商业信息中心主任王耀，国务院研究室综合司司长陈文玲，中国商业经济学会副会长、著名商业经济学家黄国雄，中国物流与采购联合会首席顾问、著名物流专家丁俊发，中国工程院院士孙宝国，原北京市政协副主席、著名物流专家王之泰，日本物流学会副会长、爱知学院教授丹下博文，日本流通经济大学教授、研究生院物流信息研究科长矢野裕儿，日本流通经济大学物流科学研究所教授小野秀昭，韩国中央大学东北亚流通研究所教授申仁光及中国社会科学院、国家发展和改革委员会、国务院发展研究中心、商务部等中外流通、物流产业相关部门负责人及理论界的专家、学者。

本次论坛的主题是为实现我国经济增长向依靠消费、投资、出口协调拉动转变，必须尽快建立多种渠道、多种业态、内外贯通、城乡一体的现代流通服务体系。

《人民日报》《光明日报》《经济日报》和新华网、人民网、北京电视台等20多家媒体记者出席大会并进行报道。进一步提高学校在全国流通和物流领域的学科影响力。

（撰稿人：孙志伟　审核人：陈建中）

【学术交流活动】

杂志社组织、采访和报道了第五届中国北京国际文化创意产业博览会“中国文化创意产业与金融资本峰会”、2011中国物流发展报告会、第四届军事物流学术论坛、中国商业经济学会第七次会员代表大会、第五届期货论坛暨证券期货专业建设研讨会、首届中国商贸流通企业发展论坛等高水平学术会议。

（撰稿人：孙志伟　审核人：陈建中）

【队伍建设】

2011年，杂志社人员构成稳定，员工素质进一步提高。杂志社积极组织相关人员参加国家新闻出版总署组织的主编培训班及市委宣传部、市新闻出版局组织的各种理论学习活动，有1人经北京市高级专业技术资格评审委员会评审，获得出版专业编审的高级专业技术资格，1人获得出版专业副编审的高级专业技术资格。

（撰稿人：孙志伟　审核人：陈建中）

【国际影响】

中国知网发行与传播统计报告显示，《中国流通经济》杂志发行北美洲、澳洲、欧洲、亚洲、非洲等各大洲，刊物个人用户分布在32个国家和地区，机构用户分布在27个国家和地区，其中不乏世界知名的高等学府及教育与科研机构，如北美洲的斯坦图大学、普林斯顿大学，澳洲的澳大利亚国家图书馆、澳大利亚国立大学、悉尼大学，欧洲的剑桥大学、牛津大学、柏林工业大学，亚洲的韩国国家图书馆、高丽大学，日本的东京大学，新加坡国立大学、新加坡国家图书馆等。

（撰稿人：孙志伟　审核人：陈建中）

【工作成果】

2011年，据不完全统计，杂志刊发文章被中国人民大学书报资料中心复印报刊资料、新华文摘、高校社科文摘等全文转载44篇，在全国高校主办的学报及学术刊物中名列第二名。其中，按学科单列，经济学文章17篇，排名第16位；管理学文章25篇，在工商管理学科排名第6位，转载率排名第16位，综合指数排名第9位。杂志在全国经济类刊物中的地位稳步提升。

（撰稿人：孙志伟　审核人：陈建中）

【附录】

2011年高等院校学报全文转载量前16名比较一览表

期刊名称	转载数量（篇）	名次
中国人民大学学报	46	1
中国流通经济	44	2
北京大学学报（哲学社会科学版）	39	3
中山大学学报（社会科学版）	38	4
南京大学学报（哲学·人文科学·社会科学）	36	5
清华大学学报（哲学社会科学版）	35	6
现代传播（中国传媒大学学报）	35	6
复旦学报（社会科学版）	33	7
外交评论（外交学院学报）	32	8
华中师范大学学报（人文社会科学版）	31	9
财经科学	31	9
西南民族大学学报（人文社会科学版）	31	9
北京师范大学学报（社会科学版）	26	10

续 表

期刊名称	转载数量（篇）	名次
中国青年政治学院学报	25	11
浙江大学学报（人文社会科学版）	24	12
南开学报（哲学社会科学版）	23	13

资料来源：根据2011年度《复印报刊资料》转载学术论文指数排序整理。

2011年中国人民大学《报刊复印资料》单列工商管理学科期刊全文转载量排名一览表

期刊名称	转载数量（篇）	名次
外国经济与管理	38	1
管理学报	37	2
经济管理	35	3
旅游学刊	29	4
科学学与科学技术管理	27	5
管理世界	25	6
中国流通经济	25	6
中国工业经济	22	7
会计研究	19	8
中国软科学	17	9

资料来源：根据2011年度《复印报刊资料》转载学术论文指数排序整理。

2011年中国人民大学《报刊复印资料》单列工商管理学科期刊全文转载率排名一览表

期刊名称	转载数量（篇）	发文数量（篇）	转载率（%）	名次
外国经济与管理	38	95	40.00	1
营销科学学报	11	36	30.56	2
旅游科学	13	55	23.64	3
旅游学刊	29	160	18.13	4
审计与经济研究	13	85	15.29	5
管理学报	37	268	13.81	6
管理案例研究与评论	6	46	13.04	7
中国工业经济	22	180	12.22	8

续 表

期刊名称	转载数量（篇）	发文数量（篇）	转载率（%）	名次
经济管理	35	289	12.11	9
上海立信会计学院学报	8	67	11.94	10
会计研究	19	161	11.80	11
南开管理评论	9	100	9.00	12
管理世界	25	279	8.96	13
科学学与科学技术管理	27	306	8.82	14
管理科学	6	73	8.22	15
中国流通经济	25	307	8.14	16
商业经济与管理	11	148	7.43	17
审计研究	7	95	7.37	18
中国软科学	17	231	7.36	19
当代财经	12	171	7.02	20

资料来源：根据2011年度《复印报刊资料》转载学术论文指数排序整理。

2011年中国人民大学《报刊复印资料》单列工商管理学科期刊综合指数排名一览表

期刊名称	转载量归一值	转载率归一值	篇均分归一值	综合指数	名次
外国经济与管理	1.000000	1.000000	0.784185	0.935256	1
管理学报	0.973684	0.345149	0.865135	0.752559	2
经济管理	0.921053	0.302768	0.887493	0.725500	3
旅游学刊	0.763158	0.453125	0.829008	0.689903	4
营销科学学报	0.289474	0.763889	0.961350	0.633361	5
管理世界	0.657895	0.224014	0.894056	0.598579	6
科学学与科学技术管理	0.710526	0.220588	0.802754	0.591213	7
中国工业经济	0.578947	0.305556	0.872339	0.584947	8
中国流通经济	0.657895	0.203583	0.863561	0.583301	9
会计研究	0.500000	0.295031	0.924901	0.565980	10

资料来源：根据2011年度《复印报刊资料》转载学术论文指数排序整理。

档案管理

【发展概况】

2011年，是档案馆正式履行职责的第一年。档案馆认真落实学校和上级档案业务部门的工作部署，强化“对历史负责，为现实服务，替未来着想”意识。围绕学校中心工作，积极做好档案接收整理工作，馆藏档案有较快增长；做好档案提供利用工作，为学校事业和校友服务；发挥校史馆功能，宣传和展示学校发展成就。

档案馆设在学校科研楼四层。4月，装修改造办公用房和档案库房，现有办公用房使用面积24平方米，档案库房使用面积60平方米。6月，档案管理工作由学校办公室移交给档案馆。

档案馆现有计算机3台，打印机1台，复印机1台，投影仪1台，传真机1台。五节档案柜38组，组合文件柜5个。

（撰稿人：胡瑞旺）

【档案收集】

收集整理2008—2010年上级发文和物院发文、物院党发文、物院办发文；2001—2004年审计报告；1989级至2007级新生录取名册；通州区人大代表选举材料等。全年新增档案146卷、2057件，其中，党政管理档案63卷、893件，教学档案28卷、475件，出版物档案52卷、182件，声像档案2卷、500件，法律文件1卷、7件；新增电子档案29.4GB。截至12月底，馆藏档案4538卷。

（撰稿人：胡瑞旺）

【制度建设】

起草制定《北京物资学院档案管理暂行办法》，并颁布执行。就学校档案的概念，档案管理工作的意义，档案工作领导体制和机构设置，文件材料的收集整理和归档验收，档案的管理和利用等重要问题做出了规定。档案馆制定《档案利用制度》和《档案安全管理制度》作为馆内制度，在网页上公布执行。

（撰稿人：胡瑞旺）

【档案提供利用】

档案提供利用60次，其中，校内办公查阅档案14次，包括人事处查阅临时工工资追加计划，高等学校基层报表；基建办公室借用《国有土地使用证》办理基建相关手续；离退休工作处借用《北京物资学院与北京经济学院交接协议书》；学校办公室查阅2003年通州区人大代表选举文件，2008年各院系目标责任书等。档案提供利用工作为校内相关部门解决问题、办理手续、化解矛盾，提供了重要依据和参考。为校友查阅复制学籍档案、开具档案证明、协助中介组织和用人单位对毕业生进行学历、学位、高考成绩、大学学习成绩认证等46次。

（撰稿人：胡瑞旺）

【校史馆】

校史馆新增展品近百件，包括学校印章、领导名章和处级单位印章85件，奖牌、奖杯、荣誉证书等10余件。全年累计接待参观1140人。其中，接待校友集体返校参观9次、230人，接待在校生集体参观3次、750人，接待社会单位和兄弟院校来访参观5次、60人，接待个人参观100人。

（撰稿人：胡瑞旺）

【附录】

2011年北京物资学院档案馆馆藏一览表

档案类别		原有卷数	新增卷数	累计卷数	新增件数
管理类档案		3186	63	3249	893
教学档案	本专科生	398	28	426	475
	研究生	106	0	106	0
	教学评估	377	0	377	0
外事档案		313	0	313	0
声像档案		10	2	12	500
出版物档案		0	52	52	182
法律文件		2	1	3	7
合 计		4392	146	4538	2057
电子档案		—	29.4GB	29.4GB	29.4GB

校友联络

【发展概况】

2011年，学校党委和行政对做好校友工作给予大力支持和有效指导，在人力、物力、财力等方面提供重要保障。学校校友会按照社会团体的相关规范和要求运行和发展，在联系和凝聚广大校友方面发挥了积极作用，取得了显著成绩。

1月，校友会完成合法注册，6月底，办理完三证一户全部合法手续。

9月，学校批准将“校友会办公室”更名为“校友工作办公室”。根据校友工作的发展需要，学校制定下发《北京物资学院关于进一步做好校友工作的若干意见》，有效加强对校友工作的宏观指导，明确目标要求。学校由党委副书记负责分管校友工作，指导校友会秘书处和校友工作办公室。建立校友会重大事项报告、工作会议、财务管理等工作制度，建立完善校、院两级校友工作机制，成立由主要领导直接负责的二级学院校友工作小组，使校友工作成为各个职能部门和教学院部的一项常规性工作。

学校积极支持各地校友会加强组织建设，为各地校友工作的开展提供可靠的组织保障和良好的工作平台。广东、福建、上海、江苏、河南、四川六个省市校友会与学校校友会确定联络员，建立经常性的联络沟通和信息工作机制。

（撰稿人：余　茜）

【召开会议】

7 月 13 日，北京物资学院校友会在人文楼 312 室召开第一次会长办公会议，校长、校友会会长王旭东，党委副书记、副会长沈小静，纪委书记、监事长赵凤琴参加会议。会议研究讨论《关于进一步做好校友工作的若干意见》及校友会相关制度，并对校友会相关制度提出修改意见；与会成员就筹备成立北京物资学院教育基金会达成共识；提出校友会常务理事和秘书处成员的建议调整名单，并提交第一次常务理事会讨论通过。

10 月 15 日，学校校友会第一届常务理事会第一次会议在国际交流中心召开。学校党委书记、校友会顾问刘木春，校长、校友会会长王旭东，党委副书记、校友会副会长沈小静，副校长王志鸣，纪委书记、校友会监事长赵凤琴，副校长王文生，校长助理刘丙午以及来自全国各地校友代表出席会议。会上审议并通过《北京物资学院校友会章程》的修改意见、《北京物资学院校友会组织机构人员及增补名单》《北京物资学院校友会第一届常务理事会工作小组名单》《北京物资学院校友会工作会议制度》《北京物资学院校友会重大事项报告制度》《北京物资学院校友会财务管理制度》等。

11 月 29 日，校友会秘书处召开工作会议，会议通报了首届北京物资学院校友发展论坛举办情况，以及推进河北、天津等校友分会组织筹备成立的情况；提出建立往届班级校友通讯联络员机制、校友会各工作小组开展活动的体制机制和建立校友资料库的建议。

12 月 30 日，校友代表、北京中集物流有限公司经理周兵，北京中储华通商贸有限公司总裁郎艳霞，广东校友会陈金发出席 2010—2011 学年优秀学生表彰大会，分别为“北京中集物流奖学金”获得者、“北京中储华通商贸奖学金”获得者、“携手助飞奖学金”获得者颁奖。

（撰稿人：余　茜）

【各地校友会动态】

3 月，广东校友会 88 级校友李文娟捐助 3 名学生，每名学生获得一次性资助 3000 元。至此，广东校友会建立的捐助基金完成对 15 名学生的资助。同时，增加 5000 元专门捐助给因车祸而被截肢的赵丽同学，希望赵丽同学顺利完成学业，步入社会，做一个自强不息的坚强女孩。

4 月 23—24 日，河南校友会第二届年会暨换届会议在黄河名胜游览区桂园度假村隆重召开。学校党委副书记沈小静、商学院院长魏国辰、校友工作办公室主任余茜及在豫校友近 60 人出席年会。会议选举新一届会长、秘书长及理事会成员，增设副会长、副秘书长，修改了章程。

9月17—18日，广东校友会第十三届年会在北京师范大学珠海校区国际交流中心举行，学校党委书记刘木春、校友会秘书处人员及各地校友代表出席年会活动。

9月25—29日，学校党委副书记沈小静、组织部部长宋晓欣一行随北京高校组织系统考察团赴贵州考察，并与卢光武、代华、吴康毓等八位贵州校友代表亲切座谈。

11月12—13日，由学校校友会主办、四川校友分会承办的首届物院校友发展论坛在四川成都召开。学校党委副书记、校友会副会长沈小静，原校长、四川校友会名誉会长张声书，北京现代物流研究基地常务副主任、物流学院教授张志勇，校友工作办公室主任余茜及各地校友会会长参加此次论坛。

12月3日，上海校友会第五届年会在上海美兰湖顺利召开，副校长王文生出席会议并讲话。校友工作办公室主任余茜、广东校友会秘书长吴东炎、福建校友会会长陈志忠、四川校友会会长敬文宝及上海校友会的70位校友参加年会。会议对《北京物资学院上海校友会章程（修订版）》作了说明和补充，制定上海校友会会费管理制度，会议增补上海校友会理事成员。

12月18日，北京物资学院北京校友会筹备成立工作会议在北京皇苑大酒店隆重召开，学校党委副书记沈小静、北京物资学院原校长张声书、原副校长龚树生、石油化工学院党委副书记刘仲仁应邀出席会议。学校校友总会秘书处及部分常务理事参加了会议。会议推选出北京校友会筹备组成员，并对下一步的工作做初步安排。

（撰稿人：余　茜）

【服务学校】

学校注重发挥优秀校友的示范育人作用，积极邀请校友回校交流，聘任校友担任在校生人生导师。在学校就业工作和学生教育活动中，许多校友将他们的职场经历、人生感悟和事业成就与在校生分享，引起广泛的共鸣，取得良好的育人实效。

在北京物资学院30周年校庆之际，校友已先后在学校设立“北京中储华通商贸奖学金”15万元，“北京中集物流奖学金”15万元，广东校友会“携手助飞基金”20万元，连同江苏校友会为学校捐赠5万元，河南校友会为“商学院学生活动”项目捐赠5万元等，捐赠总金额共计60余万元。在签订协议后，校友会积极沟通落实，每年在学生表彰大会上颁发3个奖学金和助学金，奖励资助30名成绩优异、表现突出、家庭困难的在校生，每名学生资助3000元。校友的慷慨捐赠和一片爱心点燃了在校学子的激情，他们以各种方式表达勤奋学习、报效祖国、为母校增光的决心。

（撰稿人：余　茜）

【服务校友】

受各地校友会的邀请，学校领导及有关人员参加校友会的年会和重要活动，进一步增进学校和校友的感情，提高地方校友会的凝聚力、向心力和影响力，推动各地校友工作的开展。学校领导先后参加广东、河南、上海、四川等校友会的年会，并前往福建、贵州、广西、上海等地会见校友。校友会秘书处和校友工作办公室通过热情周到的服务，得到广大校友越来越多的信任和支持。

根据校友的需要，校友会主动热情服务校友返校团聚，协助校友开展形式多样的联谊活动，特别是对返校参加毕业十周年、十五周年、二十周年庆祝活动的班级，主动协助安排住宿和活动场所，落实参观校园等事宜。校友会秘书处和校友工作办公室热情接待校友来电来访，尽力办好校友托办的每一件事。通过积极主动地做好各项服务工作，不仅加强学校与校友的联系，也加深母校与校友、校友与校友之间的感情。

2011 年，学校校友会共接待 8 个班级的返校活动。4 月 30 日，信息学院 97512 班的毕业十周年同学聚会；5 月 1 日，商学院 92231 班的毕业十五周年同学聚会；6 月 5 日，97411 班的毕业十周年同学聚会；7 月 2 日，97211 班的毕业十周年同学聚会；8 月 6 日，91 届 8711 班的毕业二十周年同学聚会：8 月 7 日，91 届 8722 班和 8731 班的毕业二十周年同学聚会；9 月 24 日，97213 班毕业十周年班级聚会。

学校校友会与各地校友会、校内二级学院共同谋划和组织行业论坛等研讨活动。11 月 20 日，由北京物资学院商学院和北京物资学院校友会共同主办的首届中国商贸流通企业发展论坛暨钢贸企业成长与未来高峰会，来自全国各地的 20 余名校友应邀参加论坛并发言，分享他们创业的经验和人生感悟，对在校生有很好的启示作用；经济学院的期货论坛、劳法学院的劳动科学论坛也都汇集一批在业内声名显赫的校友，充分展示毕业生的发展成就，扩大学校的知名度和影响力，为活动增添亮色。

校友会秘书处每年还向 50 名常务理事定期通报校友工作，将母校的建设与发展信息在第一时间传递给校友。每逢新年，校友会秘书处都向校友寄发贺年卡，给校友送去母校的问候和祝福。

（撰稿人：余　茜）

党建与思想政治工作

组织工作

【发展概况】

2011年，学校组织工作坚持以邓小平理论、“三个代表”重要思想和科学发展观为指导，认真贯彻党的十七大、十七届五中全会精神，深入学习全国教育工作会议精神，按照中共北京市委和市委教育工委的有关部署，围绕党建、干部管理、后备干部和人才队伍建设、组织部自身建设等方面工作，科学谋划、加强交流、务求实效，继续推进制度化、规范化、科学化建设。

截至12月31日，学校共有党总支（直属党支部）14个，党员1511名；处级干部89名。

（撰稿人：荀　萍　审核人：宋晓欣）

【党组织基本情况】

学校共有党委1个，党总支12个，直属党支部2个；党支部73个，其中，教工党支部34个，学生党支部28个，离退休党支部11个。党员1511名，其中，职工党员400名，占教工总数的62.69%；学生党员926名，占学生总数的14.12%（本科生党员666名，占本科生的10.16%，研究生党员260名，占研究生的44.98%）；离退休党员185名。

（撰稿人：荀　萍　审核人：宋晓欣）

【成立基础保障部党总支部】

为适应学校后勤服务、基础设施建设和安全保卫工作的协调与管理，并加强党的组织建设和领导，经学校党委2011—16次会议研究决定，在原后勤党总支部的基础上，成立基础保障部党总支部委员会，任命王明发为基础保障部党总支书记。撤销原后勤党总支部，所属党员组织关系转入基础保障部党总支部；撤销原隶属于机关党总支部的保卫处党支部，所属党员组织关系转入基础保障部党总支部。调整后总支部委员9名，成立5个党支部，分别是后勤机关支部、后勤一支部、后勤二支部、基建支部和保卫支部。

基础保障部党总支作为跨部门的基层党组织，在整合资源、加强沟通配合、促进协调发展等方面发挥积极作用。

（撰稿人：赵秀兵　审核人：王明发）

【基层组织工作】

1. 开展创先争优活动调研

9月，开展创先争优活动调研，派

出调研小组深入各党总支进行调研活动。

2. 贯彻落实《中国共产党普通高等学校基层组织工作条例》

学校举办《中国共产党普通高等学校基层组织工作条例》专题研讨班。全体处级干部、党支部书记、辅导员和挂职干部共计136人参加。市委教育工委常务副书记刘建出席研讨班开班典礼并作报告。

3. 召开中国共产党北京物资学院代表大会

5月11日，召开中国共产党北京物资学院代表大会，会议听取和审议学校党委的工作报告和纪委的工作报告；讨论学校“十二五”事业发展规划；补选王志鸣、赵凤琴和王文生为中共北京物资学院第一届委员会委员。

4. 隆重开展庆祝建党90周年活动

6月29日，学校召开庆祝建党90周年暨创先争优表彰大会。会议对2011年度北京物资学院先进基层党组织、优秀共产党员和优秀党务工作者进行了表彰和事迹展示，启动“百万党员寄心语”活动和“共产党员献爱心”捐款仪式。

5. 深入开展“提高办学质量促发展，服务人民群众树形象”活动

2011年9月—2012年7月，学校党委在全校基层党组织和党员中开展“提高办学质量促发展，服务人民群众树形象”活动，制定《北京物资学院创先争优活动领导小组关于2011年创先争优活动工作要点》和《北京物资学院深入开展“提高办学质量促发展，服务人民群众树形象”活动的实施方案》，继续强化党员作风建设，遵循分类指导的原则，提出“五风建设”，即：继续推进学习型党组织建设，营造全校上下良好学习风气；强化党员领导干部公仆意识，弘扬密切联系群众的优良作风；强化教师党员责任意识，树立勤业爱生的优良师德师风；管理和后勤岗位党员要不断强化服务意识，打造清新高效的服务风貌；强化学生党员先锋意识，塑造勤奋刻苦的优良学风。

6. 开展服务满意度调查工作

学校面向各教学院（部）党总支的学生、教工、用人单位开展满意度调研，征求群众对党组织和党员在服务意识、服务能力、服务作风、服务效能等方面的意见建议，满意率达91.24%。

7. 规范党费收缴、使用和管理工作

党委组织部制定《关于党费收缴、使用和管理的暂行规定》，各党支部开始党费的调整核算工作。

8. 接受市委教育工委组织处进校调研工作

11月2日，市委教育工委组织处调研小组来我校走访调研。调研小组对我校“创先争优”第三阶段工作给予充分肯定，并高度评价我校“五风”建设，创新性文化育人，研究型学习体系，依托专业优势，服务地方经济，发挥党支部作用，促进教师成长等工作。

9. 加强新形势下党建带团建工作

学校党委制定《关于加强新形势下党建带团建工作的意见》，切实加强党对共青团工作的领导，全面带动共青团的思想建设、组织建设和队伍建设。

10. 注重基层组织负责人队伍建设

12月6—7日，学校党委组织部和统战部联合举办总支书记、支部书记培训暨统战工作研讨会，市委教育工委组织处负责人应邀围绕高校基层党组织建设作专题报告，高校统战工作专家卢咸池作专题讲座。党委书记刘木春出席培训班并讲话。培训班由党委副书记沈小静主持，各党总支、直属党支部书记、副书记，党支部书记、党委职能部门负责人参加培训。印发《北京物资学院党务工作手册》和《党员发展工作手册》。

（撰稿人：荀　萍　审核人：宋晓欣）

【党员发展工作】

学校党委坚持以《中国共产党章程》和《中国共产党发展党员工作细则（试行）》为指导，认真贯彻执行“坚持标准，保证质量，改善结构，慎重发展”的工作方针，有组织、有计划地搞好党员发展工作，注重学生党员的综合素质，形成有效的工作机制。2011年，共发展党员500名，比2010年增加29名，增长率为6.16%。其中，教职工党员6名，学生党员494名。新发展的494名学生党员中包括研究生党员53名，本科生党员441名。

（撰稿人：荀　萍　审核人：宋晓欣）

【干部选拔任用】

按照《北京物资学院处级领导干部任期制规定（试行）》（物院党字〔2006〕12号）的要求，2008年聘任的处级领导干部到2011年已任期届满。经学校党委研究决定，在全校范围内进行处级领导干部聘任工作。

4—6月，干部换届实施全员竞聘，除工会、团委外，全校32个处级单位和部门的85个处级领导干部岗位全部实行公开竞聘，采用“公开选拔、竞争上岗”的形式，按照公布职务说明书，组织推荐、民主推荐和自荐，笔试，组织考察，党委讨论决定，任前公示等程序，坚持任前公示制，考察预告制，任职试用期制。

这次干部聘任工作中，正处级领导干部38人，副处级领导干部40人；新任处级领导干部14人，提任干部7人，轮岗交流干部23人，免职处级领导干部14人。

截至2011年12月31日，学校共有处级干部89名。其中，正处级干部44名，副处级干部45名。

（撰稿人：荀　萍　审核人：宋晓欣）

【干部挂职锻炼】

2011年，共推荐3名干部赴校外挂职，分别是：外语学院辅导员付莉挂职新疆维吾尔自治区阿克苏地区库车县团委副书记，兼任库车县党委宣传部副部长；继续教育学院院长李邢西挂职通州区教委副主任；离退休工作处副处长申云贵挂职市教委监察处副处长；经济学院辅导员韩春丽到北京市团委挂职。

（撰稿人：荀　萍　审核人：宋晓欣）

【干部管理工作】

编制《北京物资学院处级干部手册》，重申处级干部管理相关规定。结合干部集中换届的工作实际，重申干部离任交接制度。组织处级以上干部进行个人收入申报、个人重大事项报告，完成个人收入申报180人，重大事项报告96人。

认真执行干部谈话制度，坚持新任干部任前谈话制度和处级领导干部任内诫勉谈话制度，全面覆盖在任和离任的103位处级干部。

（撰稿人：荀　萍　审核人：宋晓欣）

【干部考核】

12月15日，学校党委启动2011年度处级干部考核和教学院（部）班子考核工作，制定《2011年度处级干部考核和教学院（部）班子考核工作方案》，对70名处级干部和9个教学院（部）班子进行考核。物流学院和信息学院领导班子考核优秀，16名处级干部考核优秀。

（撰稿人：荀　萍　审核人：宋晓欣）

【干部培训】

3月，组织学校全体处级干部、挂职干部和党政职能部门管理干部等217人参加学习贯彻全国教育工作会议精神和教育规划纲要远程专题培训，完成20学时的学习任务。举办暑期处级干部培训班，进行集体廉政谈话，并签署党风廉政责任书。举办新任处级干部培训班和年轻处级干部培训班。

积极输送干部参加调训，开阔干部的视野，增长才干促进交流。先后派出3名处级干部参加北京市中青年干部培训班，2名处级干部参加年轻处长培训班，16名干部参加6个类别的短期专题培训班。

（撰稿人：荀　萍　审核人：宋晓欣）

【干部监督】

10月25日，为适应干部监督工作新形势新任务的客观需要，学校党委制定《北京物资学院干部监督工作联席会议暂行规定》，加强党委组织部与纪监审办公室的信息沟通和协调配合，形成干部监督工作合力，提高学校中层干部选拔任用和干部管理工作的整体水平。

（撰稿人：荀　萍　审核人：宋晓欣）

【人才工作】

9月13日，党委组织部、统战部与人事处、工会共同举办新进教师联谊会，参观考察通州新城发展规划，游览古运河。

继续组织北京市委组织部的人才资助科研项目申报工作，3名教师获得资助，资助金额共计8万元。协助5名青年教师申报中组部启动的“青年拔尖人才支持计划”，物流学院王成林作为50名成员之一，被市委组织部推选参加中组部的最终评审。

（撰稿人：荀　萍　审核人：宋晓欣）

【党校工作】

党校结合纪念建党90周年纪念活动，重点强化对干部、入党积极分子、新党员的培训工作。2011年，举办干部培训班9期。其中，党总支书记、支部书记培训班1期；中层干部暑期培训班1期；新任处级干部培训班1期；新进教师培训班1期；学生党员发展工作培训班1期；新党员培训班1期，培训预备党员323名；毕业生党员培训班1期，培训毕业生党员278人；入党积极分子培训班2期，培训发展对象602人。党校通报表彰2011年新党员培训班优秀学员16名。

（撰稿人：荀　萍　审核人：宋晓欣）

【附录】

2011 年北京物资学院处级干部结构表

性　别	人数	政治面貌	人数
男	52	中共党员	74
女	37	民主党派	6
学历学位	人数	无党派	9
博士	21	专业技术职务	人数
硕士	38	正高级	28
本科	26	副高级	27
本科以下	4	中级及以下	34

宣传工作

【发展概况】

2011 年是中国共产党建党 90 周年，也是北京物资学院“十二五”发展的开局之年，党委宣传部在校党委的正确领导下，以邓小平理论和“三个代表”重要思想为指导，全面贯彻落实科学发展观，坚持高举旗帜、围绕大局、服务师生、改革创新的工作理念，紧紧围绕学校中心工作，不断创新工作思路与工作方法，扎实开展宣传思想工作，为加快建设高水平特色型大学提供了有力的思想保证、精神动力、舆论氛围和文化条件。

（撰稿人：陈宵英　审核人：孙　杰）

【理论学习与教育】

党委宣传部结合学校党员干部和师生员工的思想实际，进一步加强和深化理论武装工作，提高理论武装实效，全面推进“组织学习化、学习研究化、研究成果化、干部专家化”水平。

学校两级中心组学习坚持以学习实践科学发展观为主线，以庆祝建党 90 周年为契机，认真制定和落实学校全年理论中心组学习计划和逐月学习方案，进一步加强理论学习制度化和规范化。

2011 年，有针对性地组织报告会和专题理论讲座 7 次，邀请全国人大外事中心、国务院研究室信息研究司、中央党校、军事科学院学会、中国社会科学院、市委教育工委等部门及科研机构的 7 名专家来校作专题报告，围绕“两会”精神、中国共产党历史、十七届六中全会精神、形势与政策宣传教育、校园文化建设等主题内容，开展专题报告理论学习；创新党委中心组学习的方式方法，以“借鉴国外办学经验，提高开放办学水平”为主题，开展 1 次党委中心组理论学习研讨；注重学习与实践相结合，到北京农学院和北京建筑工程学院调研学习。

围绕国内外发生的重大事件和师生员工关注的热点问题，组织开展了多种形式的政治理论学习和形势政策教育活动。邀请外交部原部长李肇星为全校师生作形势与政策教育主题报告。订购并发放了《2011年政府工作报告》《科学发展观重要论述摘编学习读本》《中共党史二卷》《2011年理论热点面对面》《党的十七届六中全会〈决定〉学习辅导百问》等学习读本；订购《建党伟业》《开天辟地》等电影光盘；编印学习资料2期，发放3000余册，保证全校理论武装取得良好效果。

以党建思政网为平台，及时更新充实网站栏目内容，开展网络理论教育和理论宣传；以纪念建党90周年、党风廉政建设宣传教育月、法制宣传教育月、雷锋纪念日、“五四”运动纪念日、教师节、国庆节等活动和节日为契机，制作专题网页，开展各种纪念活动和展览，深入宣传党的路线方针政策和国家法律法规、引导师生学习党的历史和社会主义核心价值体系等。

（撰稿人：陈宵英　审核人：孙　杰）

【舆情调研】

按照市委教育工委的要求，宣传部在春季和秋季开学初，认真做好学校舆情调研，先后通过设计调查问卷、网上调研、座谈等方式，了解师生对当前时事大事的看法，并汇总思想动态上报市委教育工委。

申请注册成为人民网舆情调查会员单位，使网络舆情监控工作进一步规范化。加强网上舆情监控，与信息中心联合及时把握校园舆情动态，有针对性地开展教职工思想政治和形势政策教育，关注教职工思想动态。

（撰稿人：陈宵英　审核人：孙　杰）

【宣传思想研究成果】

2011年，学校以“当代中国马克思主义理论研究会”为平台，以校院（部）两级中心组为龙头，以党员干部为主体，深入开展思想政治理论研究，完成纪念建党90周年理论征文和党建专项课题研究工作，组织党委理论中心组和党员干部开展校外调查研究、参与校外思想政治理论课题研究。学校有七篇德育论文获中国伦理学会大学德育研究会研究奖项；学校荣获第二届首都大学生思想政治教育工作实效奖二等奖。

（撰稿人：陈宵英　审核人：孙　杰）

【新闻宣传】

2011年，党委宣传部一方面坚持积极宣传、主动宣传、重点宣传，提高对内宣传质量，另一方面与社会媒体保持良好的沟通与互动，注重对学校的全方位报道，塑造学校良好形象，为学校科学发展营造良好的舆论氛围。

宣传部综合运用校内外各类新闻媒体和舆论阵地，与相关部门联合开展2011年教师节、2011迎新、2011恭贺新年、2011党风廉政建设宣传教育月、中国北京流通现代化论坛、北京物资学院通州区人大代表选举、民族文化周、2011年运动会、法制宣传教育月等宣传主题活动，并制作专题网页，出版校报专版，制作视频宣传片，突出重点，注重实效，加大宣传力度。

1. 对外宣传

2011年，社会媒体报道北京物资学

院新闻信息超过135余篇，重大采访活动报道100余次，重点反映学校办学思路、创新人才培养模式、教育教学成果、师资队伍、党建和思政教育工作取得的成效。其中，《中国教育报》发表的“北京物资学院：现代物流人才的摇篮”、《教育与职业》发表的“王旭东：践行教育真谛”、《红旗文稿》发表的“以研究型学习推进高校学习型党组织建设”、《光明日报》发表的“第五届中国北京流通现代化论坛述要”、《科技日报》发表的“北京物资学院主办劳动科学论坛”、《北京教育》发表的“邬跃：以‘品牌意识’助推物流业发展”等报道和文章，都产生较好社会影响。

对外宣传的一大特点是学术论坛增多，除第五届中国北京流通现代化论坛外，第三届劳动科学论坛、首届商贸论坛、第五届期货论坛等几大论坛使学校对外宣传又增加了新的报道点，共计在《人民日报》《光明日报》《科技日报》和北京电视台等社会媒体发表各类报道50余篇，充分宣扬展现北京物资学院学术科研活动水平和学校品牌，塑造学校良好形象。积极做好各类信息报送工作，不定期向市委教育工委办公室和北京教育系统创先争优领导小组办公室上报简报50余篇。

2. 新闻网

联合信息中心，督促各单位做好本部门二级网页的设立、运行、维护及监控工作；完善宣传部（新闻中心）网站建设，恢复建立校报网络发布平台、学校网络广播发布平台。

2011年，新闻中心网络信息上传量共2663条，上传图片5000多张，平均每天上传信息7.4条（含节假日），平均每个工作日上传信息13条。在编辑上传的2663条信息中，新闻类信息占56%，通知公告类信息占31%，其他类信息占13%。新闻中心采写系列专题新闻15篇，内容包括第三届劳动科学论坛、首届商贸论坛、2011区人大选举、第五届期货论坛、中国北京流通现代化论坛、新生导航、军训进行时、物院欢迎你、2011暑期实践、第四届“双代会”、大学生记者调查、全国物流设计大赛、第27届田径运动会、关注赵丽、“十二五”规划调研。

3. 校报

全年共出校报10期。为弥补校报新闻时效性差的弱势，校报紧密结合学校中心和重点工作，精心策划专版、专题、栏目等，走精细化道路，重点进行专题报道、深度报道、评论报道，如对校园控烟、新生军训、公开观摩课、校企合作人才培养、“十二五”发展规划等进行专题或者深度报道；适应形势需要，增加社论版面，对校内处级干部竞聘、第五届中国北京流通现代化论坛配发社论，受到师生员工的广泛关注。

4. 校园广播台

完善校园广播台网站建设，开办新闻报道、时事评论、时尚艺术、音乐欣赏、体育赛事评点、心理情感、校园文学七大类十余档节目，同时根据需要制作播出特别节目，坚持每天四次播音（含工间操），编辑文稿累计360多万字。在有限时间中，广播台不断丰富节目内容，贴近学生生活，从细微处着手，在制作水平和报道深度上下工夫，特别是在庆祝建党90周年系列活动中，制作播出宣传了一系列的特色专题节目。

5. 校园电视台

校园电视台配合学校重要工作做好电视新闻工作，完成学校、院部重大活动的拍摄工作，进一步拓展宣传渠道，提高舆论引导能力。制作了“党史大讲堂——刘宝东教授讲座”、“周恩来精神——罗援将军讲座”、“全国物流设计大赛预告片”、“庆祝建党90周年——‘七一’表彰短片”、“红歌会全程”、“新生运动会”、“军训进行时”、“教官寄语”、“中国北京流通现代化论坛预告片”、“校领导通州区人大选举讲话”、“党风廉政工作总结”、“校园文明短片”、“优秀班主任助理”等，节目受到师生的关注。

（撰稿人：陈宵英　审核人：孙　杰）

【校园文化与精神文明建设】

宣传部以庆祝建党90周年等重大活动为契机，进一步推进校园文化与精神文明建设。围绕建党90周年、国庆节、教师节、党风廉政建设宣传教育月等重大活动，做好校园文化氛围的布置营造工作。做好宣传橱窗、阅报栏、刀旗等内容更新与管理，营造健康向上的校园文化。2011年，制作更新橱窗展板5期、100多块；刀旗3期、150多面；保持阅报栏的及时更新。编辑印刷《2011年北京物资学院画册》1000册，编辑印刷《传媒物院2010》400册。

为加强校园文化建设规划，以配合促进社会主义文化大发展大繁荣为契机，制定校园文化建设规划初稿，组织举办校园文化建设专题报告会。以践行“北京精神”为契机，联合工会、学生处等相关部门，制定学校精神评选工作方案，推进学校精神凝练培育工作。进一步推进校歌歌词谱曲等工作；联系歌华有线公司，努力推进有线电视改造及机顶盒入户工作。

（撰稿人：陈宵英　审核人：孙　杰）

【队伍建设】

继续推进兼职通讯员队伍建设，加强大学生记者团队伍建设，以建设一支政治强、业务精、作风正、纪律严的专兼职队伍为目标，不断完善制度机制，加强人员的业务培训，提高宣传队伍素质和水平。

进一步加强二级单位兼职通讯员队伍管理，鼓励通讯员多投稿，组织召开兼职通讯员工作会议，对变动人员及时更新。向各位通讯员明确校园网栏目和新闻网《综合新闻》稿件刊发标准和要求，强调新闻稿件的时效性，明确新闻上报的署名原则，并进一步明确学校兼职通讯员培训制度等问题，做到各部门都有兼职通讯员负责本部门新闻宣传工作，兼职新闻宣传工作队伍日趋完善。

宣传部整合校报、网络新闻社、广播台、电视台记者，组建成大学生记者团，成员200余人。邀请校内外专业人员加强宣传队伍培训，先后举办网新社记者培训3次、180人次，电视台记者培训4次、160人次，校报记者培训3次、200人次，广播台记者培训3次、100人次，提高学生记者的工作水平和新闻采写能力。学生记者采写网络新闻报道154篇，从不同角度、不同层次及时展现校园各项活动。

（撰稿人：陈宵英　审核人：孙　杰）

【制度建设】

2011年，赴北京第二外国语学院交流学习，借鉴兄弟院校的经验，规范学校宣传工作制度，制定《北京物资学院宣传橱窗管理办法》《北京物资学院横幅、标语、广告牌设置管理办法》《北京物资学院新闻宣传工作管理办法》《北京物资学院讲座管理办法》《北京物资学院校内刊物管理办法》《北京物资学院新闻发言人制度及网络发言制度暂行办法》6项规章制度，建立规范的校园新闻网上稿制度。同时，对原有新闻宣传工作制度和部门内制度进行全面梳理，共整理出“理论学习和思想教育”方面制度3项、“对内、对外宣传”方面制度3项、部内各项制度7项，废除1项，完成《北京物资学院宣传工作制度汇编》初稿。

（撰稿人：陈宵英　审核人：孙　杰）

【附录】

2011年北京物资学院党委中心组邀请专家报告一览表

时　间	主讲人	报告题目	内　容
3月23日	国务院研究室信息研究司副司长　向东	牢牢把握主题主线，奋力开创科学发展新局面	学习贯彻“两会”精神
4月13日	市委教育工委常务副书记刘建	《中国共产党普通高等学校基层组织工作条例》解读	《中国共产党普通高等学校基层组织工作条例》专题培训班
5月25日	军事科学院学会副秘书长罗援将军	弘扬周恩来精神	党风廉政建设宣传教育月
10月28日	翁心刚、王志鸣、赵凤琴	借鉴国外办学经验，提升我校开放办学水平	学习十七届六中全会精神
11月16日	全国人大常委、全国人大外事委员会主任委员、中国翻译协会会长、外交部原部长　李肇星	形势与政策教育报告会	形势与政策教育
12月21日	中央党校文史部教授、博导　徐平	现代化进程中的文化和发展问题研究	学习贯彻十七届六中全会精神

纪检监察工作

【发展概况】

2011年，纪检监察工作认真落实党的十七届五中全会和中纪委十七届六次全会，以及全国教育系统党风廉政建设工作会议精神，以完善和落实党风廉政建设责任制为龙头，以廉政风险防控为重要载体，以领导干部作风建设为重点，以加强对权力的监督和规范权力运行为着力点，以党务、校务公开为重要环节，按照“三个更加注重”的要求，全面推进学校惩治和预防腐败体系建设，有效健全决策、监督和执行机制，不断提高学校党风廉政建设的科学化水平，为学校全面发展提供有力保证。

（撰稿人：张　莹　审核人：傅　强）

【反腐倡廉教育】

1月17日，学校召开纪委委员会议，学习贯彻党的十七届五中全会和中纪委六次全会，以及全国教育系统党风廉政建设工作会议精神。

5月25日，学校召开2011年党风廉政建设报告会，邀请军事科学院罗援将军作《弘扬周恩来精神》的精彩报告，学校副处级以上干部、教职工党员、学生党员代表和部分入党积极分子约500人聆听报告。

5月，学校开展以“创先争优、勤政廉政”为主题的党风廉政建设宣传教育月活动，组织处级以上干部认真学习《中国共产党党员领导干部廉洁从政若干准则》和《关于实行党风廉政建设责任制的规定》；进一步落实廉政风险防范措施，完善各级廉政责任体系；加强干部选聘过程中党性党纪教育及监督工作。

组织60余名处级干部参观国家博物馆《复兴之路》大型主题展览。

6月，纪委组织各总支纪检委员、党风廉政监督员和部分职能部门的重点岗位人员共20余人到江西学习调研，在纪委书记赵凤琴的带领下，调研组一行走访参观了江西南昌大学和井冈山革命圣地。

6月30日，学校召开2011年第二次纪委委员会议，传达学习中共北京市委教育工作委员会关于印发《北京高校纪检监察工作考核办法（试行）》的通知、中共北京市委教育工作委员会北京市教育委员会关于印发《2011年北京高校推进廉政风险防范管理工作实施方案》的通知，以及中纪委副书记吴玉良在纪念建党90周年新闻发布会上的讲话精神。

在学校2011年暑期处级干部培训班上，纪委书记赵凤琴作党风廉政建设工作报告，并以此作为与新聘正、副处级领导干部集体廉政谈话。

（撰稿人：张　莹　审核人：傅　强）

【党风廉政制度建设】

纪委协助党委制定《2011年北京

物资学院党风廉政建设和反腐败工作主要任务分工》，规定校领导及各职能部门领导任务分工和职责，明确责任分解、责任考核和责任追究关键环节。各单位制定党风廉政建设和反腐败工作主要任务分工，并上交纪监审办公室备案。汇编下发《北京物资学院惩防体系建设制度汇编》和《北京物资学院廉政风险防范管理工作资料汇编》，共编入制度96项。21个职能部门和9个教学单位查找风险点360个，制定措施486条，制定工作流程图158个，建立完善推进党风廉政建设的制度体系。

8月25日，举行《北京物资学院处级干部党风廉政建设暨风险防范责任书》签约仪式。

组织全校32个二级单位贯彻两项法规（党风廉政建设责任制和廉政准则）落实情况专项调研和检查，重点检查领导干部落实责任制和执行《廉政准则》的情况。

印发《关于建立健全监督工作联席会议制度的意见》《关于“一案两报告”的相关规定》和《关于招生监察工作的暂行规定》等文件。纪委分别召开有组织部、基建办公室、财务处、资产管理处、后勤管理处等部门参加的工作联席会议，加大干部队伍作风建设和干部教育、管理、监督的力度，促进基建、财务、国资相关制度的完善。

（撰稿人：张　莹　审核人：傅　强）

【监督检查工作】

严格招生监督，全程参与继续教育学院招生、研究生招生、本科生招生和艺术特长生招生工作，做到跟踪监督，确保“六公开、六不准、六严禁”落实到位，推进招生工作“阳光工程”。

加强对基建（修缮）工程、大宗物资采购的监督。基建工程及修缮工程招投标19项，总金额9454万元；大宗物资设备采购招投标46项，总金额达到2523万元。

加强对干部选拔任用的监督。4月，纪监审办公室全程参与监督学校处级以下岗位的聘任工作。6月，处级干部竞聘中，首次加入笔试环节，将党风廉政建设相关知识作为考试内容。纪监审办公室对监考、阅卷、竞聘答辩、群众测评、任前考察等聘任的全过程进行监督。

12月9日，北京市委教育工委、市教委党风廉政建设责任制领导小组对学校2011年落实党风廉政建设责任制、推进惩防体系任务完成情况进行专项检查。检查组听取了学校党委的汇报，召开中层干部代表座谈会和教师、民主党派人士代表座谈会，查阅相关材料。通过检查，认为学校党政领导高度重视党风廉政建设，层层落实责任。廉政风险防范工作推进有力，《廉政准则》教育扎实生动，制度建设形成体系，有效推进反腐倡廉建设各项工作。

（撰稿人：张　莹　审核人：傅　强）

【专项治理工作】

开展2011年春季学期和秋季学期教育收费自查自纠工作。9个院部，22个职能部门均对照自查内容逐项进行检查，自查率达到100%。学校对重点单位进行督察。经自查和集中检查，未发现违反规定的收费行为。

继续深入开展“小金库”治理工作。根据学校统一安排，各院（部）、职能部门认真开展治理“小金库”自查自纠工作，自查面达到100%，填报《“小金库”全面复查报告表》。各单位和部门在宣传栏或校园网进行自查情况公示，向学校“小金库”专项治理工作办公室递交承诺书。学校“小金库”专项治理工作领导小组对经济学院、劳法学院、学校办公室、图书馆和信息中心5个单位进行工作检查。

协同有关部门组织开展规范公车使用及清理和规范庆典、论坛、研讨会活动等专项检查的自查自纠工作。

（撰稿人：张　莹　审核人：傅　强）

【信访和案件处理】

2011年，共收到信访件6封，逐一分类登记。针对信访举报反映的问题，纪检工作人员认真开展调查核实，严格按照相关程序和规定做好工作，保障信访渠道畅通，所有信访件全部结案。

（撰稿人：张　莹　审核人：傅　强）

【队伍建设】

3月3日，学校纪检监察工作人员参加2011年北京教育系统纪检监察工作会和培训会，纪委副书记李士元代表学校纪委作了题为《加强组织协调扎实做好党风廉政建设工作》的交流发言。

纪检监察人员参加北京教育系统案件工作培训会、中国教育纪检监察培训中心举办的纪检监察工作培训班、北京市教育纪工委组织的培训，提高纪检干部的业务能力和工作水平。

（撰稿人：张　莹　审核人：傅　强）

机关党务工作

【发展概况】

机关党总支在学校党委的领导下，承担学校党政机关基层党组织建设任务和领导指导机关分工会工作。2011年，机关党总支围绕学校改革发展的中心工作，狠抓机关党总支所属党支部建设和党员队伍建设，提高基层党组织的凝聚力和战斗力，提高党员的思想政治素质和综合能力。

2011年，机关党总支所属党政职能部门15个，在职职工101人。其中，校级领导7人，正处级干部15人，副处级干部19人。

（撰稿人：杨　蓉）

【党建工作】

2011年，机关党总支有党支部7个，党员77人。接收预备党员1人，转正1人，参加党校培训的积极分子1人。

抓好理论学习，特别是党总支理论中心组的学习。机关党总支基本保证每月召开1～2次总支委员会，全年共召开党总支委员会和党总支扩大会12次。

领导机关分工会工作，加强组织建设，开创工作新局面。4月1日，机关分工会召开会员大会，选举产生新一届分工会委员会，张素珍和卢长永同志分别担任分工会主席和副主席。响应学校工会创建合格“教职工之家”的号召，总支委员、支部书记和分工会委员互相配合，在学校工会的大力支持下，在全体分工会委员的努力下，11月，通过学校工会的“建家”验收。机关分工会的“教职工之家”地点在人文楼108室，配备书柜、电视、健身机械等，为广大机关会员提供开会学习交流和健身放松的场所。

10月21日，组织党员和工会会员参观台儿庄战役纪念馆和孔府故居。

申报北京市优秀基层党建工作创新项目——高校“五型”机关建设并获得批准。“七一”前夕，组织共产党员献爱心活动，77名党员、积极分子和群众捐款7294.50元。在创先争优活动中，机关党总支第四党支部（学团支部）和第五党支部（保卫支部）获学校先进基层党组织表彰，2名党员获学校优秀共产党员表彰，1名党员获学校优秀党务工作者表彰。在北京物资学院庆祝中国共产党建党90周年红歌比赛活动中，机关分工会代表队获得一等奖。

（撰稿人：杨　蓉）

【“五型”机关建设】

2009年，机关党总支在总支所属的党支部中开展“五型”（学习型、服务型、高效型、和谐型、廉洁型）机关建设活动。三年来，机关党总支通过集中学习、开展机关作风自查、外出取经交流、召开专题研讨会等多种形式，统一机关全体党员的思想认识，得到各党支部的积极响应。2011年年底，制定完成“五型”机关建设标准初稿。目前，该项活动成为30个“北京高校优秀基层党建工作创新项目（2010—2012）”之一，得到市委教育工委的资助。

（撰稿人：杨　蓉）

学生工作

【发展概况】

贯彻落实市委教育工委、北京市教委《关于贯彻落实全国加强和改进大学生思想政治教育工作座谈会精神进一步加强首都大学生思想政治教育工作的意见》《关于加强北京高校班集体建设的意见》，市委教育工委《2011年北京高校宣传教育工作要点》等文件精神，围绕培养中国特色社会主义合格建设者和可靠接班人这一根本任务，以班级建设、队伍建设为重点，以学生党建为主线，以学风建设为突破口，借助信息化手段，开展行之有效的大学生思想政治教育。

（撰稿人：刘世波　审核人：季　靖）

【制度建设】

修订《学生手册》，同时，借学校制度清理之机，对学生管理制度进行全面审查与清理。制定或重新修订《〈关于加强和改进大学生心理健康教育〉的实施意见》《北京物资学院心理危机干预及自杀预防暂行办法》《北京物资学院学生德育·素质档案管理办法》《北京物资学院本科生奖励办法》《北京物资学院先进班集体评选办法》《北京物资学院学生请假、销假规定》《北京物资学院〈学生证〉管理办法》7 项制度。

（撰稿人：刘世波　审核人：季　靖）

【学生管理】

2011 学年，在籍学生 5972 人。处分违纪学生 41 人次；加大清欠学费力度；与校医院合作共同组织 475 名学生参加献血，完成结核病筛查工作；与保卫处合作共同开展学生安全教育与消防演习，增强学生消防安全意识；与后勤部门合作共同举办北京物资学院第五届宿舍文化节，加强学生宿舍管理。

（撰稿人：程　杨　审核人：季　靖）

【学风建设】

积极开展“优良学风班”活动，共有 54 个班级参加建设，根据达标办法，有 18 个班级获 2011 年优良学风班荣誉称号。在总结经验的基础上，组织 56 个班级申报 2012 年优良学风班建设。针对不同年级学生的特点实行分年级教育和指导，重点针对大一新生实施引航工程，实行体验式入学教育，让新生尽快适应大学生活，融入到校园文化中，缩短不适应期，实现自主设计与管理。参观校史馆，对学生进行校史校情教育；以班级为单位，组织全体新生参观图书馆。在心理健康教育中，通过团体辅导进行新生班级建设、心理委员和班级助理培训，让广大新生在沟通、交流与合作中分享与感悟；在职业生涯教育中，注重案例分析和成功经验分享；在理想信念教育中，尽量减少空洞说教，与通州团区委密切合作，扩展社区服务职能，以班级对接社区的形式，让广大新生在志愿服务与社会实践中，在对社会问题的考察与分析中树立正确的立场和观点。

与教务处合作，为大一新生提供集中晚自习教室，鼓励专业课教师利用晚自习时间加强学生学业指导，鼓励各学院结合实际情况开展行之有效的晚自习活动安排；鼓励学生考研，协调考研教室 3 间，开辟宿舍自习室 13 间。

（撰稿人：刘世波　审核人：季　靖）

【党建和思想政治教育】

思想政治教育工作以新生入学教育为突破口，以优良学风班建设为载体，以服务社会为导向，强调学生在实践中反思与成长，保证思想政治教育工作的实效性。一是利用课堂主渠道发挥思想政治教育的作用，通过形势政策课对新生开展校情校史、国际国内形势、廉洁文化、就业形势、人生理想目标、学风校风教育等。二是拓宽视野，利用社会校友资源，利用各种讲座有针对性地开展教育。其中，举办校友面对面讲座 10 余场，以李肇星为代表的专家讲座 10 余场，学生处工作人员结合自身经历举办系列 WORKSHOP，学生思想政治教育形式灵活多样。三是引导学生积极参与各类专业实践与社会实践，积极实施“通州新城发展服务计划”区校共建项目，促进广大学子在志愿服务中不断成长。四是借助《德育素质档案》引导学生积极参与各种德育活动，并注重发挥《德育素质档案》的评价引导功能，将《德育素质档案》运用于学生的评优选先和党员发展中，极大地发挥了《德育素质档案》的育人功能。五是围绕建党90周年开展大学生党建，以“学习党史”、“党在我心中”等主题开展征文评比、演讲比赛等活动，将党建与团学组织和班级建设相结合。六是加强典礼文化建设，利用开学典礼、毕业典礼、颁奖典礼等，教育引导学生感恩学校、感恩老师。七是与组织部合作开展“红色1+1”活动、创先争优评比活动、学生党员述责测评工作，重视学生党员的教育、管理，发挥党员的先锋模范作用。八是召开系列主题座谈会，先后召开班主任助理座谈会、研究生辅导员座谈会、少数民族学生座谈会、国家奖学金获奖者座谈会、冷餐会、学生校园治安及违纪问题研习会、学生党员座谈会等一系列座谈会，主题鲜明，针对性强，极大地提高了思想政治教育的实效性。

（撰稿人：刘世波　审核人：季　靖）

【学生助困】

2011年，在校生中共有1014名家庭经济困难的学生。学校采取新生“绿色通道”、勤工助学、临时困难补助、减免学费、“5个一”关怀活动、申请和接受资助项目等措施，解决贫困生的困难。

在迎新工作中，开辟新生“绿色通道”，为120名新生办理了暂缓注册手续，共缓交学费、住宿费43.48万元，提供免费军训服装120套、外语学习用具57套、卧具6套。为贫困新生发放爱心大礼包，内有价值60元的洗漱用品和价值400元的手机礼包，总金额达6万余元。

设立校内勤工助学岗509个，每名上岗贫困生可获得平均每月300元的助学金，总金额达131万元。

发放临时困难补助2200余元，减免12名孤儿、烈士子女学费5.58万元。元旦、“五一”等节日，为贫困生发放50元电话卡。

中秋节前，举行5个“一”活动，即：为贫困生举办一次晚会，提供一次免费午餐，发一条祝福短信，免费发放一张爱心电话卡，免费观看一次文艺演出。

申请中国扶贫基金会助学金7.68万元，资助51名贫困生。北京市教委下拨资金11.08万元，用于贫困学生洗澡水、饮用水、电话补助，599名贫困生每人获得185元的此项补助。办理助学贷款申请108份、生源地贷款申请122份。

北京市资助中心下拨28.5万元，有950名贫困生每人获得300元的生活补贴；学校拨出专款1.92万元，资助64名贫困生；仅此两项，覆盖全部1014名贫困生，金额总计达到30.42万元。

2011—2012学年，新疆教育厅资助新疆籍少数民族学生59人，每人1134元，共计6.69万元。广东校友会资助10名学生，共计3万元；UPS资助10名学生，共计4.8万元。

13名学生获得国家奖学金，金额10.4万元；198名学生获得国家励志奖学金，金额99万元；921名学生获得北京市国家助学金资助，一等368名、二等553名，金额总计29.28万元；1名学生获得宋庆龄发展基金会助学金5000元。

为126名毕业生办理国家助学贷款还款协议签约工作。

（撰稿人：汤燕丽　审核人：季　靖）

【心理健康教育】

12月8日，大学生心理健康教育与咨询中心（以下简称心理健康教育咨询中心）通过北京高校心理素质教育工作专项督导检查。

心理健康教育咨询中心开设新生必修课“大学生心理健康与发展”和全校选修课“心理行为拓展”“生活与健康”共计300余学时，覆盖学生1600余人。

心理健康教育咨询中心接待个别心理咨询230余人次，开展团体辅导380余人次。对2名重点关注学生进行随访追踪，对5例处于危急状态学生进行及时干预处理（危机当时和危机后与家长沟通交流），陪护就医学生送诊等。12月，完成新生（本科生1500余人、研究生500余人）入学心理健康测评筛查工作，将测查结果及时反馈各学院和研究生部。首次建立电子版新生心理档案。制作心理健康教育展板20余块，分别放置在办公楼走廊，达到普及宣传心理健康知识、美化工作环境的效果。出版1期《心田》和2012年心理健康台历；制作新生入学宣传单页，普及心理健康知识；开设24小时学生心理咨询热线，随时应对学生需求。

开展“5.25”大学生心理健康宣传月系列活动，包括“卢沟桥阳光越野，携手同行”活动、校园抱抱团、笑容传递温暖活动、亲情征文“说出你的爱”活动、“心理趣味竞赛”、“师生交流会”、第六届“5.25‘心灵之声’相声小品大赛”、河北万全县扶贫支教拓展活动等。积极发挥学生社团的作用，指导哲心社参加京东高校心理联盟演讲比赛总决赛，并荣获团体优秀奖和个人三等奖；《让考试飞》心理小品荣获北京市“5.25”心理剧大赛二等奖；《瞬间的永恒》在北京市高校亲情征文“说出你的爱”活动中荣获三等奖。

心理健康教育咨询中心外请专家讲座5场，开展和参加专职心理教师、辅导员、宿舍管理员和心理委员主题培训9场，促进校内外交流，加强心理健康教育队伍建设。

（撰稿人：廖　冉　审核人：季　靖）

【队伍建设】

为缓解专职辅导员数量不足的现状，学校采取加大引进辅导员力度和开展学长助推工程等措施。引进5名应届硕士以上毕业生担任专职辅导员；聘任19名研究生党员担任本科生兼职辅导员。

注重提升学生工作队伍能力，完善辅导员岗位培训制度，组织专职学生工作人员和专兼职辅导员参加岗位培训125人次、校外考察调研20人次，召开辅导员班主任事迹展示、经验推广会，邀请北京市优秀辅导员到校做经验介绍，推动校际之间的双向交流；选送2名优秀辅导员到校外挂职锻炼。

德育教研室积极引导辅导员开展工

作研究，申报思想政治教育课题 14 项，包括北京市思政中心课题 3 项。组织 2010 年德育课题结项工作。

（撰稿人：刘世波 审核人：季 靖）

【国防教育】

组织新生军事训练，按教学计划完成新生军事理论课教学任务，并进行了考试。积极响应国家号召，超额完成 2011 年度征兵计划，9 名在校生和 2 名毕业生应征入伍。5 名学生从部队复员返校继续学习深造。

（撰稿人：张立柱 审核人：季 靖）

【毕业教育】

修订完善《北京物资学院就业工作考评办法》；首次讲授《大学生职业生涯规划与就业指导》（三）课程，并召开该课程研讨会。组织企业宣讲会和校园双选会，有近 160 家企业参会；开展“职业生涯规划月”，针对学生的不同需求，组织各种大赛、生涯工作坊、职业信息访谈等活动以及各种求职技巧类讲座。开展“北京物资学院就业推进月”活动，以“校友面对面”和“求职精品讲座”为主要活动内容。举办学校首届“职业探索校园寻宝”大赛和“北京市高校职业类社团交流峰会”。召开“2011 年毕业生就业工作会议”，经济学院、信息学院被评为 2011 年北京物资学院就业工作先进集体，物流学院、商学院、外国语言与文化学院获得单项奖。就业工作会上，校长首次与各学院一把手签订就业工作目标责任书。组织冬季“校园双选会”，有近 120 家企业参会。

通过就业信息网发布招聘信息 700 余条，岗位需求数超过 4000 个。推动就业指导队伍的“专业化”建设，高度重视就业指导人员的“专业化”培训，参加各种就业培训与学习 49 人次。

（撰稿人：王 红 审核人：季 靖）

【就业工作】

2011 届共有本科毕业生 1405 人，毕业生中北京生源 1085 人，占毕业生总数的 77.22%。截至 8 月 31 日，本科生就业率为 96.73%，毕业生中正式签订三方协议书的学生有 1076 人，升学 37 人，出国 51 人，教委统计口径签约率为 82.85%，比 2010 年提升了 8%。参加预征兵 2 人，西部志愿者 1 人，到京郊农村担任村官 29 人。

（撰稿人：王 红 审核人：季 靖）

【环境建设】

“数字迎新系统”启用两年来，运行良好，有效地创新了学生工作形式，提高了工作效率；“学工系统”投入使用，在学生工作管理中的功能日益凸显，并逐步探索资源整合，将资助工作和学生德育素质档案管理等纳入学工系统管理平台。

（撰稿人：刘世波 审核人：季 靖）

【附录】

北京物资学院2011届毕业生分布一览表

学　历	人　数	备　注
研究生	182人	学术型硕士毕业生151人 专业学位硕士毕业生31人
本科生	1405人	

北京物资学院2011届本科毕业生人数一览表

学　院	人　数	备　注
经济学院	254人	
物流学院	263人	
信息学院	272人	
商学院	315人	
劳动科学与法律学院	210人	
外国语言与文化学院	91人	
总　计	1405人	

北京物资学院2011年本科毕业生一次就业率一览表（截至2011年8月31日）

学　院	就业率（%）	备　注
经济学院	96.06	
物流学院	95.44	
商学院	99.05	
信息学院	95.96	
劳动科学与法律学院	96.19	
外国语言与文化学院	97.80	

保卫工作

【发展概况】

2011年，学校安全保卫工作以市委教育工委、市教委、首都综治办、市公安局关于“十二五”期间深入开展

“平安校园”创建工作为目标，进一步加大校园社会管理综合治理力度，全面排查矛盾纠纷和安全隐患，巩固清理校园非法经商及解决历史遗留问题的工作成果。整合优化保卫队伍结构，加强保安队伍建设，提高执勤素质和服务能力。加大技防专项投入，提高校园安全防范水平和能力。规范人员车辆出入校园秩序，全方位营造平安校园环境。高标准完成其他重大临时性执勤任务，校园治安管理、防范能力和水平得到进一步提高。

（撰稿人：陈永超　审核人：丁树歧）

【综合治理】

认真开展“平安校园”创建工作，加大校园综合治理力度，排查矛盾纠纷和安全隐患，梳理出10个方面24个问题，认真分析，查找原因，制定对策，落实责任单位。巩固校园非法经商清理工作的成果，清理无合法手续销售摊点3个，办理出入校园车辆通行证328个。积极配合通州区动物检验检疫部门，收容上缴流浪猫狗25只，校园环境得到明显改善。重大节假日和寒暑假前后，8次协调组织校园安全综合检查，发现问题，及时通报和提出整改意见，排除不稳定因素，确保校园安全稳定。

清理家属院住户在绿化带内种植蔬菜的问题，协助做好通州区人大代表选举工作。配合属地社区，做好人员思想稳定和转化工作。

（撰稿人：陈永超　贺玉英
审核人：丁树歧）

【治安工作】

完成重点部位的值班值勤和校园夜间治安巡逻，开展“12·4”普法日宣传教育，加大安全防范宣传力度，不断提高广大师生的安全防范意识。加强重大活动的安保力度，配合地方政府完成通州区人大代表换届选举等重大活动期间的安保任务。处理盗窃、诈骗、丢失、打架等治安案件110余起，为师生挽回经济损失2万余元。加强学校大门人员、车辆进出管理，牢固树立服务师生、服务学校建设大局的观念，努力建设平安校园、和谐校园。

（撰稿人：陈永超　周黎明
审核人：丁树歧）

【校园“110”】

加强校卫队队员业务训练和素质教育，提高工作能力和工作水平。规范学校中控室的管理，组建应急反应小分队，增强预警意识和快速反应能力，出色完成校园内的各项固定执勤和重大活动的安保任务。

2011年，校卫队员组织执勤训练280课时，接警150余次，出警300余人次，为师生员工家属排忧解难40余起，较好地维护了校园的安全稳定和校园秩序。

（撰稿人：陈永超　周黎明
审核人：丁树歧）

【消防安全】

加强消防宣传教育，举办新生消防安全知识与消防技能的讲座。利用“11·9”消防日，组织以重大火灾案例、燃放烟花爆竹造成火灾和人身伤害案例和校园禁止燃放烟花爆竹宣传等为主题的校园消防展板展示活动，组织逃生自救消防演习2次。采取定期抽查方式，组织消防安全检查，发现火灾隐患11个，及时指导相关单位进行纠正。继续做好校园建筑的消防设施、电气设施和防雷设施的安全检测，维修手提式灭火器材1800具。

（撰稿人：陈永超　韩文和　审核人：丁树歧）

【交通安全】

借鉴首都高校成熟的校园停车管理经验，制定出入校园车辆管理方案，有序推动该方案的调研、论证工作。实行车辆凭通行证出入，登记车辆630余辆，增设停车位100余个，及时补充隔离设施、交通器材等，进一步规范校园交通秩序。

（撰稿人：陈永超　审核人：丁树歧）

【科技创安】

充分利用专项资金，进一步完善校园安防系统，做好安全防范工作。2011年，投入资金147万元，实施网络视频监控系统二期工程改造，在学生公寓、学生食堂、潞河居等处，安装网络视频监控探头36个，并安装了配套系统平台。

（撰稿人：申明宪　审核人：丁树歧）

【户籍管理】

2011年，办理新生迁入户口471人，迁出毕业生户口413人；办理第二代身份证340余个；开具证明信35份次。

（撰稿人：赵建国　审核人：丁树歧）

【奖励情况】

2011年，保卫处被北京市公安局授予集体嘉奖，周黎明、韩文和授予个人嘉奖。保卫处党支部被学校评为先进党支部。

（撰稿人：陈永超　审核人：丁树歧）

统战工作

【发展概况】

2011年，学校统战工作在市委统战部和市委教育工委的正确领导下，坚持围绕中心，服务大局；围绕发展，凝心聚力；围绕稳定，促进和谐；围绕改革，创新工作，引导统战对象发扬“爱国、创新、包容、厚德”的北京精神，牢固树立中国特色社会主义的共同理想信念、共同前进方向、共同奋斗目标，为学校的整体稳定和快速发展提供和谐民主的环境保障。

截至2011年12月底，学校共有党外人士124名。其中，民主党派成员75人，高级职称的无党派人士49人。

6个民主党派均建立了校级基层组织，即民盟物院支部（21人）、民建物院支部（28人）、致公党物院支部（8人）以及民革物院小组（6人）、民进物院小组（9人）、九三学社物院小组（3人）。

学校还有一批归侨侨眷、少数民族和归国留学人员等统一战线对象。

（撰稿人：荀　萍　审核人：宋晓欣）

【学习培训】

学校支持民主党派人员参加相关培训。选派致公党物院支部主委尚珂同志参加“北京高校党外代表人士培训班”。组织各党总支统战委员、民主党派代表及教学科研骨干赴革命圣地井冈山考察学习。

12月6日，学校组织召开统战工作研讨会，邀请北京高校统战理论与实践研究会副会长、北京大学党委统战部顾问卢咸池作专题讲座。参加研讨会的有各民主党派代表，党委职能部门及各党总支（直属党支部）的书记、副书记、统战委员。研讨会围绕进一步做好基层统战工作、调动发挥统战对象的作用，加强党派自身建设的科学化、规范化水平，发挥党派自身作用，正确对待民主党派成员个性突出，党派发展工作，宗教工作等议题开展讨论。

（撰稿人：荀　萍　审核人：宋晓欣）

【建言献策】

2011年年初，学校邀请各民主党派代表、无党派教授代表、女教授协会代表等欢聚一堂，通报学校的工作，明确2011年工作重点，总结各民主党派基层组织的工作，对学校发展建言献策。

教师节前夕，学校举行迎中秋茶话会。党委书记刘木春介绍了学校发展面临的形势、机遇与挑战，通报了学校“十二五”期间的目标任务。各民主党派负责人和无党派教授表示要进一步加强党派自身建设，更多地参与社会服务，努力打造学校的良好形象。茶话会进一步调动了统战人士参与学校发展的积极性和主动性，加强了党同民主党派和无党派人士的沟通。

学校支持各级人大代表、政协委员参政议政，在政协通州区第四届委员会第四次会议上，邹晓美委员提出的《关于大运河森林公园内增加艺术特色项目，提高公园艺术品位的提案》被授予“2011年度优秀委员提案”荣誉。2011年，区县政协换届，学校党委与通州区统战部反复沟通磋商、交换意见、酝酿人选，有6名同志被选为通州区第五届政协委员。其中，中共党员1人，无党派教授1人，民主党派4人。

（撰稿人：荀　萍　审核人：宋晓欣）

【民主党派自身建设】

9月，统战部到各党总支（直属党支部）进行统战工作调研，梳理民主党派和无党派人士的基本信息，建立电子档案。

统战部积极配合通州区统战部和各民主党派，对区民主党派组织的换届候选人、党派发展对象进行考察。3名候选人当选为民建通州区工委委员。民盟物院支部发展新成员1名。

（撰稿人：荀　萍　审核人：宋晓欣）

【党外干部培养选拔工作】

党委重视从党外同志中选拔干部。2011年，处级干部换届调整后，处级干部中党外干部占11.5%。其中，民主党派成员6名，无党派人员4名。

（撰稿人：荀　萍　审核人：宋晓欣）

【民族宗教工作】

2011年，学校少数民族学生577人，少数民族教职工39人，涵盖27个少数民族。

5月，学校党委制定了《关于进一步做好“守望教会”参与人员专项工作方案》，抵御和防范宗教渗透。

8月31日是穆斯林的“开斋节”，学校在清真餐厅为回族、维吾尔族、哈萨克族和柯尔克孜族等民族的师生提供免费午餐。“古尔邦节”，学校通过辅导员向少数民族学生发送节日问候，并通过学生骨干向广大少数民族学生传达学校的教育理念和民族政策，学生代表专门到统战部向学校的人性化关怀表示感谢。

学校按照上级要求，开展反邪教教育主题党日活动，全体党员进一步认清了邪教的本质，增强了反邪教的意识，树立了自觉防范邪教危害的理念。

10月31日—11月6日，学校举办主题为“彰显民族风采，繁荣校园文化”的首届民族文化周活动，开通专题网页，举办各民族师生座谈会，开展丰富多彩的民族文化集市活动，教育引导广大师生树立社会主义民族观，共同推动社会主义文化大发展大繁荣，促进校园和谐与民族团结；同时，建立“北京物资学院各民族学生飞信群”，征集《民族工作意见建议单》，及时掌握各民族学生的思想动态和舆情，及时解决学生反映的问题。

学校邀请北京市委统战部原副部长周伯琦为广大学生作题为《当前的宗教工作形势及党关于宗教问题的基本观点和基本政策》的专题报告。

（撰稿人：荀　萍　审核人：宋晓欣）

【侨务工作】

学校有3名归国华侨，按照北京市人力资源和社会保障局、北京市财政局、北京市人民政府侨务办公室《关于提高华侨离退休人员临时生活补贴标准的通知》（京人社公发〔2011〕184号）要求，从2011年1月1日起，提高归国华侨的临时生活补贴标准，每人每月100元。

（撰稿人：荀　萍　审核人：宋晓欣）

【附录】

北京物资学院各级人大代表、政协委员名单

第十三届北京市人大代表　邹晓美

第五届通州区人大代表　张旭凤

政协通州区第五届委员　翁心刚　李珍萍　祝映莲　邹晓美　杨　狄　尚　珂

北京物资学院各民主党派负责人名单

中国国民党革命委员会北京物资学院小组

组　长　刘　俐

中国民主同盟通州区工委

副主委　祝映莲

委　员　郝玉柱

副秘书长　贡祥林

中国民主同盟北京物资学院支部

主　委　郝玉柱

委　员　祝映莲　游振强

中国民主建国会北京市委员会

委　员　洪　岚

中国民主建国会通州区工委

副主任　邹晓美

委　员　齐　严　洪　岚

中国民主建国会北京物资学院支部

主　委　邹晓美

委　员　王　丹　唐华茂

中国民主促进会北京物资学院小组

组　长　杨　狄

中国致公党通州支部

副主委　尚　珂

中国致公党北京物资学院支部

主　委　尚　珂

副主委　李　玲

委　员　李爱华

九三学社北京物资学院小组

组　长　杜红平

工会与教代会工作

【发展概况】

2011年，学校工会、教代会工作以党的十七届五中全会精神为指导，在学校党委的领导下，深入贯彻科学发展观，落实市教育工会工作部署，以科学发展，构建和谐校园为主线，“当好主力军、建功十二五”为主题，围绕学校中心工作，服务学校大局。积极推进各项工作，得到学校党委和广大教职员工的充分肯定，受到上级主管部门的表彰，获得北京市教育工会评选的工会工作先进单位和北京市总工会2011年度重点工作优秀奖。

5月，学校工会、教代会顺利召开和完成第四届“双代会”换届选举工作，全面加强工会自身建设；以二级“教职工之家”建设工作为抓手，全面推进学校二级工会基层组织建设，实现二级“教职工之家”全覆盖；积极维护教职工的各项合法权益，发挥教职工民主参与、民主管理、民主监督的积极作用，为推动学校发展作出积极贡献。

教代会设有提案工作委员会、教学科研工作委员会、“三育人”工作委员会、干部评议工作委员会。学校工会设有女教职工委员会、文体部、生活福利部、青年教工部。工会下属13个分工会，会员690名。

（撰稿人：韩莹莹　审核人：朱润辉）

【召开第四届教职工代表大会暨第四届工会会员代表大会】

5月6日，召开北京物资学院第四届教职工代表大会暨第四届工会会员代表大会。80名代表出席会议。北京市教育工会主席张青山出席会议并讲话。学校党委书记刘木春致开幕词。大会听取和审议校长王旭东的工作报告，听取和审议工会主席赵凤琴代表第三届教代会执委会、工会委员会所作的工作报告；审议北京物资学院财务工作报告、北京物资学院提案工作报告、北京物资学院工会财务审计报告。选举产生第四届教代会执委会、工会委员会、经费审查委员会。

第四届教代会执委会委员共11名（以姓氏笔画为序）：王文生、朱润辉、许春燕（女）、李广义、李念伟、贡祥林（回）、陈红丽（女）、陈建中、单磊、赵凤琴（女）、魏国辰。

第四届工会委员会委员共13名（以姓氏笔画为序）：朱润辉、张家富（回）、张晓静（女）、张素珍（女）、李彤（女）、李珍萍（女）、贡祥林（回）、陈征（女）、呼杰、祝映莲（女）、赵凤琴（女）、崔明男（朝）、缪维。

第四届工会经费审查委员会委员共3名（以姓氏笔画为序）：王丹（女）、陈娟（女）、蔡艳霞（女）。

5月6日，第四届教代会执委会、校工会委员会召开第一次会议，选举赵凤琴为教代会主席、校工会主席，朱润辉为教代会副主席、校工会常务副主席，贡祥林为教代会副主席、校工会副主席。经费审查委员会选举王丹为主任。

（撰稿人：韩莹莹　审核人：朱润辉）

【第四届教职工代表大会暨第四届工会会员代表大会提案工作】

第四届教职工代表大会暨第四届工会会员代表大会共收到有效提案43份。教代会提案工作委员会对提案进行审查立案，并报请教代会执委会审批，决定对其中37项提案予以立案，其余6份提案作为建议处理。校工会于7月5日举行“双代会”提案承办签约仪式，推进提案工作规范化、透明化、高效化。受到代表的高度赞扬。

（撰稿人：韩莹莹　审核人：朱润辉）

【民主管理与民主监督】

教代会参与民主管理和民主监督。6月21日，教代会执委会召开专题会议，研讨学校《处级以下管理岗位和非教师岗位绩效工资方案补充规定（征求意见稿）》。人事处处长刘耀京对《补充规定》的具体内容作详细介绍，副校长王文生就《补充规定》及学校相关工作的总体思路进行说明。各位委员本着认真负责的态度，对《补充规定》的整体框架和基本内容进行充分讨论，并提出具有建设性的意见和建议。在教代会召开之前，校工会组织召开不同类型的座谈会，广泛征求教职工意见和诉求，协助相关部门修改完善文件。

（撰稿人：韩莹莹　审核人：朱润辉）

【文体活动】

3月8日，学校工会和女教授协会举办北京物资学院庆祝“三八”国际劳动妇女节活动。活动采取女教工包饺子形式，100余名女教工欢聚一堂，共庆节日，校领导也带来了亲切的问候与诚挚的祝福，并与大家共话物院新貌，畅谈学校发展。

举行第八套广播体操大型汇演活动，全校13个分工会组织代表队参加汇演。组织鹫峰山、大觉寺郊游活动，全校300多名教职工及家属参加。联合体育教学部对全校教职工进行体质健康测试。

6月22日，在学校大礼堂隆重举行北京物资学院庆祝中国共产党建党90周年红歌比赛活动。全体校领导以及全校师生员工近1000人参加活动。机关分工会代表队获得一等奖，外语学院分工会代表队、研究生分工会代表队获得二等奖，物流学院分工会代表队、商学院分工会代表队、经济学院分工会代表队、后勤分工会代表队获得三等奖。

在全校开展全民健身系列活动。举行汉石桥湿地徒步大会，教职工300余人参加活动。组织第九套广播体操培训工作。

12月30日，校工会在国际交流中心二层举行2012年新年团拜会。学校领导和离退休领导代表、各分工会代表和学生代表170余人欢聚一堂，同庆新春，互致问候。

（撰稿人：韩莹莹　审核人：朱润辉）

【服务会员】

办理女工安康保险370份，办理理赔1份。组织单身职工参加北京市青年联谊会活动。帮助教职工解决17名子女入学转学。办理教职工家属医疗统筹卡618件。

（撰稿人：韩莹莹　审核人：朱润辉）

【队伍建设】

7月30日，校工会组织召开教代会、工会暑期工作研讨会。参加会议的有学校党委书记刘木春，纪委书记、工会主席赵凤琴，副校长王文生，以及第四届“双代会”各专委会主任和部分分工会主席。研讨会的主题是深入学习落实胡锦涛“七·一”讲话精神，全方位研讨工会工作，提升工会工作能力，从大视野、高站位上把握工会工作。

组织学校分工会主席和部分“双代会”专委会主任，分别到清华大学、华北电力大学、北京建筑工程学院3所兄弟院校工会学习调研。

12月26日，学校工会召开2011年度工作总结表彰会。物流学院分工会、劳法学院分工会荣获北京物资学院2011年度工会先进集体荣誉称号，陈征等19位同志获得优秀工会工作者荣誉称号，周丽等55位同志获得优秀工会工作者荣誉称号。

（撰稿人：韩莹莹　审核人：朱润辉）

【“教职工之家”建设】

召开二级“教职工之家”建设验收评审会。评选物流学院分工会、劳法学院分工会、继续教育学院分工会为先进“教职工之家”；信息学院分工会、外语学院分工会、思政理论课教研部分工会、体育教学部分工会、研究生部分工会、图书馆分工会、机关分工会、基础保障部分工会为合格“教职工之家”。北京物资学院“教职工之家”建设实现全覆盖。

（撰稿人：韩莹莹　审核人：朱润辉）

共青团工作

【发展概况】

2011年，学校共青团紧密围绕“两个全体青年”政治目标，以学习促建设，以服务促发展，主动破解难题，带领全校团组织和广大团员青年在推动“人文北京、科技北京、绿色北京”战略，全面服务学校青年学生成长成才，为建设高水平特色型大学贡献力量，为纪念建团90周年献礼。

学校团委设书记1名、副书记1名，工作机构有办公室、组织部、宣传部。主任（部长）由教师担任，副主任（副部长）由学生担任。另设学生会、社团联合会、青年志愿者联合会和大学生艺术团，并外聘教师指导艺术团排练工作。

（撰稿人：庞　波　审核人：丁　健）

【团干部挂职与交流工作】

1月14日，按照共青团中央的要求，学校选派外语学院辅导员付莉赴新疆阿克苏地区库车县挂职团县委副书记兼宣传部副部长。

5月23—28日，库车县团县委一行来访，参加学校志愿者联合会成立大会，并在学校团委的联络下，访问通州团区委，参观通州区中小学。

7月15—22日，学校全体专职团干部赴库车县，与团县委共同交流西部地区共青团建设以及民族学生思想政治教育等工作。

（撰稿人：庞　波　审核人：丁　健）

【思想政治教育工作】

共青团思想政治工作紧紧抓住建党90周年、辛亥革命100周年、“一二·九”学生运动76周年等重要契机，切实加强青年学生革命传统教育、理想信念教育和爱国主义教育。

广泛开展“学党史、知党情、跟党走”纪念中国共产党成立90周年系列主题教育活动，包括“学党史、明责任、做表率”征文活动、“学党史　知党情　跟党走”主题团日活动、“学习党史，坚定信念”党史知识竞赛、“重走红色革命道路，寻访优秀共产党员”主题社会实践活动。

2011年，“为学”团校共计开办3期培训班，针对新生学生干部、学生干部骨干以及学生组织主要负责人进行系统化培训。

（撰稿人：庞　波　审核人：丁　健）

【社会实践工作】

7—8月，部署实施暑期社会实践活动，围绕“学习长征精神、重走长征之路”的主题，派出14支队伍。其中，京内队伍2支，京外队伍12支，126名学生参加社会实践活动。经北京市团市委评比，在2011年度首都大学生暑期社会实践活动中，学校10支团队获优秀团队称号，13份研究报告获优秀成果，5名教师被评为先进工作者，9名学生被评为先进个人。

（撰稿人：庞　波　审核人：丁　健）

【学生会工作】

学生会工作坚持贯彻党的教育方针，发挥学校和广大同学的沟通纽带作用，促进学生素质全面提高。学生会设办公室、文艺部、体育部、学习部、宣传部、生活权益部、外联部、女生权益部、社会实践部九个部门。

2011年，举办4次“沟通驿站”活动，以问卷和座谈会的形式收集广大师生的想法和建议，为校园建设献计献策。

举办北京物资学院第六届“赛N思”科技作品大赛暨第六届“挑战杯”首都大学生课外学术科技作品竞赛选拔赛。劳法学院团队获得三等奖。

举办以“彰显个性，绽放光彩，让宿舍成为我们的家”为主题的宿舍文化节活动，以卫生检查、宿舍文化评比结合的方式评选出12个五星级宿舍。

举办“让舞姿飞”北京物资学院第二届校园舞蹈大赛，商学院代表队获得冠军。

6月11日，召开北京物资学院第十四届学生代表大会，选举新一届学生代表大会委员会委员，于鹏飞等19名学生当选为新一届学生会代表委员会委员。

以学院为单位举办“卧虎阳光杯”

足球赛，经济学院夺取男子冠军，商学院夺取女子冠军。

举办以“为青春引航，耀梦想之光”为主题的迎新晚会。

11月3日，北京物资学院第二十三届大学生辩论赛拉开帷幕，大赛历时一个月，信息学院和经济学院分别获得辩论赛冠亚军。

12月9日，为纪念“一二·九”学生运动76周年，举办以“激昂青春，勇担历史使命”为主题的大型舞台剧展演，21名学生获得7个奖项，物流学院和经济学院获得最佳剧目奖。

（撰稿人：庞　波　审核人：丁　健）

【研究生会工作】

研究生会下设主席团、外联部、宣传部、体育部、生活部、学习部、网络部、文艺部等部门。主席团由一名主席、两名副主席、一名办公室主任组成，其他各部门分别由一名部长、两名副部长组成，委员25名。

日常工作。研究生会外联部主要负责校际联系、活动赞助等工作。宣传部主要负责活动前、中、后期的宣传工作，涉及文字、图片、海报、展板等。体育部主要负责组织运动比赛、运动会队员选拔、校运会相关项目组织协调。生活部主要负责学生卫生检查、公交卡办理、补助发放等工作。学习部主要负责《悟研》杂志编写、采稿，配合研究生部教务工作。网络部主要负责研究生部网络建设和宣传活动中的技术部分。文艺部主要负责文艺活动的组织、培训等工作。

特色活动。研究生会负责协助组织举办趣味运动会、元旦晚会、创新文化节等活动，还协助参与河北万全县支教活动。

（撰稿人：张华玲　审核人：李彩丽）

【学生社团工作】

2011年，学校共有49个学生社团，2003名成员。各类社团开展丰富多彩的校园文化活动，在各种活动中汲取历史、地理、自然、文学、艺术等方面知识，提高大学生整体综合素质。由各社团联合组成的社团联合会，以“全心全意为社团服务”为宗旨，整合全校社团资源，促进学生全面成长。社团联合会下设6个职能部门，分别为办公室、权益部、规划部、人事部、外事部和宣传部。

2011年，注销绘影人动漫协会、碧波垂钓社、英语口语协会3个社团，新成立计算机协会、琴艺相声社、国安社3个社团。

6月，社团联合会召开第三次社团代表大会，会议选举产生新一届社团联合会委员会。大会重新修订社团联合会章程和工作手册。

社团联合会主席团走访中国传媒大学、北京师范大学等学校，进行经验交流和学习，与各高校建立长期合作联系。

举行社团风采节，近50个社团、1500名师生参与。开展“多彩周末”系列活动，包括周末舞会、音乐会等各类活动，前后举办6场，累计1500名师生参加。

beever街舞社在大礼堂举办街舞专场演出，充分展示社团风采，吸引全校1000余名师生观看。

（撰稿人：庞　波　审核人：丁　健）

【志愿服务工作】

学校通过成立北京物资学院志愿者联合会，全面整合志愿服务资源，初步搭建志愿服务长效运行体系。2011 年，学校建志愿服务基地 16 个，注册志愿者 1383 人，组织各类志愿服务 3800 人次，累计 2.15 万小时。

5 月 28 日，北京物资学院志愿者联合会成立暨第一次会员代表大会在第二教学楼三号报告厅隆重召开。大会审议通过《北京物资学院志愿者联合会章程》，选举产生北京物资学院志愿者联合会第一届委员会委员 19 人。

第五期“关爱万全县百名单亲困难儿童阳光工程”正式启动，此次活动由学校青年志愿者服务指导中心牵头，组织各学院青年志愿者协会以及“爱心社”、“自强社”等公益社团共同开展。18 名志愿者分三组分别前往万全县高中、孔家庄小学、孔家庄一中、安家堡小学、上营屯小学、孔家庄二中、高庙堡小学、洗马林学校、蒋家梁小学等 9 所学校，资助学生 67 人，扶贫款 1.54 万元。

为第三届“顺丰杯”全国大学生物流设计大赛总决赛、中国北京流通现代化论坛、通州团区委举办的“皇家礼炮王者杯·2011 中国马球公开赛”提供志愿服务，近 200 名志愿者参加志愿工作。

（撰稿人：庞　波　审核人：丁　健）

【艺术教育工作】

2011 年，邀请艺术名家、国内外专业艺术团体到校开展艺术演出与讲座 3 场；举办学生高雅艺术专场演出 2 场，艺术团直接参与演出及礼仪活动 1600 人次，直接观看演出并接受艺术熏陶的学生达 1.8 万人次。大学生艺术团是学校艺术教育的重要力量，包括管乐团、合唱团、舞蹈团、戏剧团、礼仪组和化妆组六个分团，以及办公室、评议部和宣传部三个职能部门。

邀请美国田纳西州单簧管乐团和西班牙圣地亚哥大学合唱团到学校进行交流活动，分别与学校大学生艺术团管乐团合作举办音乐会。

举办北京物资学院青年文化节开幕式暨北京交响乐团专场音乐会，邀请北京交响乐团举办“高雅艺术进校园”普及交响乐音乐会，并由谭利华指挥，亲自为现场观众讲解和普及交响音乐知识。

应团中央邀请，学校大学生舞蹈团作为唯一一支中国特邀代表队，赴俄罗斯参加“大学生艺术之春”开幕式活动，表演《水》和《风筝》两个舞蹈作品。

5 月 16 日，北京市纪念中国共产党成立 90 周年系列合唱活动——2011 北京合唱节开幕仪式暨音乐会在中山音乐厅举行，学校大学生艺术团合唱团作为唯一的高校团队，在音乐会上演唱合唱作品《在银色的月光下》。

合唱团代表首都大学生，参加“我心中的旗帜——首都教育系统纪念建党九十周年大型文艺晚会”。

学校管乐团在全国大学生艺术展业选拔赛，以北京市第二名的成绩入围 2012 年 2 月在杭州由教育部举办的第三届全国大学生艺术展演比赛决赛。学校大学生舞蹈团参加“首届中国物流文化节”，荣获一等奖。

学校大学生戏剧团参加第三届北京

市大学生戏剧节。10月23日晚，多幕剧《灵魂拒葬》和独幕剧《七里香》在中央戏剧学院剧场公演，演员付熙获优秀女演员奖，多幕剧《灵魂拒葬》获优秀舞台美术设计奖，学校获得优秀组织奖。

学校大学生艺术团合唱团、管乐团和舞团参加北京青年艺术团主办的“青春·北京”声乐专场、器乐专场和舞蹈专场的演出。最终，管乐团获得了管乐类第一名和综合类铜奖。

学校大学生艺术团参加以“青春北京”为主题的2011北京青年艺术节开幕式暨北京大学生艺术团成立仪式，并正式成为北京青年艺术团的成员。

共青团通州区委和学校团委共同主办“乐动符年”2012新年音乐会暨北京青年艺术团基层青年慰问演出，通州国际新城建设一线的各界青年和学校师生共计300人观看演出。

（撰稿人：庞　波　审核人：丁　健）

【附录】

2011年北京物资学院团委干部名单

部　门	姓　名	职　位	学　院
校团委	高亚轩	组织部副部长	物流学院
	蒲梦璇	组织部副部长	商学院
	赵　凯	组织部副部长	信息学院
	贾文琪	宣传部副部长	商学院
	赵　引	办公室副主任	物流学院
学生会主席团	魏一卓	主　席	信息学院
	乔梦骄	常务副主席	商学院
	陈　强	副主席	信息学院
	袁　毅	副主席	劳法学院
	朱晓宇	副主席	物流学院
社团联合会主席团	左延龙	主　席	物流学院
	冯光宇	副主席	信息学院
	殷小涵	副主席	物流学院
志愿者联合会主席团	刘　赫	主　席	商学院
	王　蕾	副主席	经济学院
	聂晓芙	副主席	劳法学院
大学生艺术团主席团	李亚楠	团长	物流学院
	李思思	副团长	经济学院
	刘　媛	副团长	劳法学院

2011 年北京物资学院社团一览表

序号	社团名称	人数	序号	社团名称	人数	序号	社团名称	人数
1	经济学院校友会	30	18	数学协会	40	35	物流协会	20
2	计算机协会	16	19	自强社	80	36	女足	20
3	跆拳道	80	20	Be ever 街舞社	50	37	竹欣手语	120
4	SGS 卡牌社	100	21	哲心社	13	38	自行车	20
5	动漫社	33	22	琴艺相声社	5	39	外语交流协会	35
6	红十字会	60	23	“风极速”轮滑社	80	40	会计协会	35
7	联谊社	30	24	法学社	15	41	企业发展学研究会	57
8	拾艺堂	8	25	紫金绿影	90	42	田径	30
9	电影艺术协会	60	26	向日葵文学社	15	43	ACCA 协会	56
10	爱心社	50	27	徐行社	40	44	高尔夫	15
11	网球社	60	28	企业经营模拟社	18	45	吉他协会	60
12	球迷俱乐部	50	29	轩艺社	34	46	电子竞技	20
13	韩语社	30	30	大学生创业者协会	30	47	摄影协会	20
14	演讲与口才	30	31	CUBE 魔方社	15	48	魔艺社	20
15	体育舞蹈社	20	32	公共关系协会	18	49	人力资源管理协会	30
16	证券就业协会	100	33	台球协会	15	合计	49	2003
17	英　语	10	34	乒羽协会	120			

学院与教学部

经济学院

【发展概况】

2011 年，经济学院紧密围绕教学科研中心目标，稳步推进各项工作。以学科建设为引领，不断加强和深化学科专业建设；以“质量工程”为契机，不断探索提高教学质量和推进教学改革的现实路径；以学风建设为中心，不断强化人才培养的综合素质和专业技能；以就业工作为导向，不断拓展就业渠道和提高就业质量；以提高团队合作和能力为目标，不断加强师资队伍和工作队伍建设。发挥党组织的政治核心作用和党员的先锋模范作用，创先争优，取得各项事业的全面发展。

学院有教职工 58 人。设有经济学、国际经济与贸易、金融学（含金融学证券期货方向）3 个本科专业；新设应用经济学一级学科硕士点；拥有产业经济学北京市重点建设学科、金融学和国际经济与贸易校级重点学科；有经济学国家级特色专业建设点、经济学北京市特色专业建设点、证券期货校级特色专业；有经济学实验教学与数据处理中心、模拟商业银行实务教学实验中心、国际贸易实务模拟实验室、金融衍生工具实验室等 4 个实验室；有商品与金融期货科技创新平台、现代流通发展与创新科技创新平台；有流通经济研究所、现代产业经济研究中心、物流经济信息研究中心、商品期货价格信息数据处理中心、北京物资学院华证期货研究院等研究机构；有经济学系列课程北京市优秀教学团队、国际经济与贸易北京市学术创新团队；有流通改革与流通现代化、国际经济与贸易研究、证券期货创新与应用研究、金融与证券研究、投资风险量化分析、现代流通发展与创新、金融风险管理技术创新 7 个科研创新团队。

2011 年年底，完成《经济学院“十二五”时期事业发展规划》的制定工作，明确经济学院“十二五”时期的总体发展目标、主要任务和保障措施。总体发展目标是出人才、出成果、上水平；主要任务包括学科工作、教学工作、人才培养、队伍建设和党建工作；主要从学科建设、教学建设、团队建设和人才培养等方面提供保障措施。

（撰稿人：赵　娴）

【师资队伍】

学院坚持培养和引进相结合原则，

继续加强师资队伍建设，不断优化师资队伍结构。学院有专任教师 49 人，其中，教授 9 人，副教授 21 人；具有博士学位的教师 25 人，博士后 2 人；北京市教学名师 1 人，北京市师德先进个人 1 人，北京市中青年骨干教师 8 人；硕士生导师 24 人。获得 2011 年度教学先进个人 1 人，优秀辅导员 1 人。

新聘教授 1 人，副教授 1 人。

（撰稿人：赵　娴）

【学科建设】

产业经济学北京市重点建设学科顺利通过中期检查，检查结果为良好。专家组认为：北京物资学院产业经济学北京市重点建设学科项目经过三年的建设，在学术队伍、科学研究、人才培养、条件平台、学术交流等方面都有进展，取得一批标志性成果，为国家及北京市经济和社会发展作出了贡献。

经国务院学位委员会审核，应用经济学一级学科硕士点获批。

开展应用经济学目录内二级学科论证工作。11 月，经济学院组织应用经济学一级学科下的金融学、产业经济学、国际贸易学、劳动经济学和统计学 5 个目录内二级学科的论证工作，召开学科论证研讨会，聘请校内外专家对 5 个二级学科的论证方案进行审阅。

申报博士点项目“物流金融”方向。9 月，经济学院参与“流通系统工程与管理”博士点项目的申报工作，组织申报物流金融方向。

论证和申报“证券期货”目录外二级学科。撰写“证券期货”二级学科论证方案，聘请校外专家对“证券期货”目录外二级学科进行评审。

（撰稿人：杨　菁　审核人：赵　娴）

【教学工作】

教学管理工作。经济学院始终将提高教学质量工作放在第一位，学期初，要求每位任课教师必须将教学文件（包括教学大纲、教学日历等）备齐，并将教学文件电子版及时传送到经济学院网页，供师生查阅。要求因公外出调研学习的教师，回校后必须写出调研学习的简报。同时，严格控制调停课次数。要求评教结果排名靠后的教师，自己查找原因，提出诉求，由经济学院提供帮助。对于实施教考分离的“微观经济学”和“宏观经济学”课程，为了校外出题人对考试知识点的准确把握，经济学系专门组织教师对微观经济学和宏观经济学的教学大纲进行重新修订。

教育教学改革工作。在教育教学改革方面，经济学院完成 2010 年度校级教育教学改革项目 7 项，有 1 项获得二等奖。2011 年，共申请教改立项项目 13 项。

创新教学手段。开展“领导下课堂听课”＋“温馨助教”活动；进一步完善教考分离制度和毕业论文匿名评审制度。教研室举办丰富多彩的活动，助推教研水平的提高。

强化实践教学环节，不断深化与实习基地的合作内容和合作模式。进一步加强和深化实习基地建设的相关内容，深入探索定制化专业人才培养的模式和内容，继续完善校企联合授课模式，丰富实践性课程的内容，引入行业后备人才培养项目等，进一步发挥校友资源的优势，拓展其他专业的实习实训基地建设。实践周采取了灵活多样的形式，包括到合作单位的实习实践活动、开设实验课程、名家讲座以及社会调研活动。通过开展灵活丰富的实践周活动，极大地提高了学生观察社会、分析问题的能力，收到了良好的效果。

（撰稿人：尹德洪　审核人：赵　娴）

【科研工作】

2011 年，发表学术论文 86 篇。其中，B 级论文 46 篇（含 B 扩），EI 检索论文 11 篇，较 2010 年增加 6 篇。霍再强教授在《Communications in Information Science and Management Engineering》国际期刊上发表论文 1 篇，实现零的突破。出版著作 22 部，其中，学术专著 4 部，编著 9 部，教材 9 部。

申请并获得批准科研项目 17 项，较 2010 年增加 6 项。其中，省部级项目 6 项，较 2010 年增加 5 项；局级项目 5 项；横向项目 2 项；校级项目 2 项；科技创新平台项目 2 项。项目总经费达到 361 万元，较 2010 年增加 146 万元。其中，财政专项经费 255.5 万元，纵向课题经费 94.5 万元，横向课题经费 7 万元，校内课题经费 4 万元。

省部级课题立项和引进经费取得重大突破。由赵娴教授主持的商务部“新疆奎屯商贸物流发展规划”、“新疆伊宁商贸物流发展规划”和“废弃电气电子产品回收管理办法”等项目获得立项。

在高级别项目申报方面取得一定成绩，王宝森教授申报的北京市教育科学规划重点项目获得批准。

在高级别奖项方面有显著进展，共获得市局级以上奖励 10 项。

举办学术讲座 24 场。其中，本院教师讲座 3 场，外聘专家讲座 21 场。

（撰稿人：古　今　审核人：赵　娴）

【合作交流】

2011 年，参加国内外进修学习 16 人次；参加第五届中国北京流通现代化论坛，中华外国经济学说研究会第十九次学术研讨会，第四届信息管理、创新管理与工业国际会议，高校实验教学管理实验信息化建设暨物联网技术研讨会，第四届国际金融市场分析年会，第七届中国国际期货大会等各种国内外学术会议 52 人次，提交会议论文 7 篇。

10 月 22 日，举办“第五届期货论坛暨证券期货专业建设研讨会”，积极推进学术交流。论坛邀请证券期货界专家学者以及校友汇聚一堂，就共同关心的商品与金融期货热点问题进行了深入的探讨和交流。与会嘉宾围绕如何应对金融危机、发展中国期货市场研究以及加强期货人才培养等专题展开讨论。

（撰稿人：古　今　审核人：赵　娴）

【党建工作】

学院党总支坚持围绕教学科研中心工作开展基层党建工作。完善规章制度，加强规范管理，激励约束并重，着力建设 5 支高素质的工作队伍，即以提高领导合力为目标，加强干部队伍建设；以提高教学科研水平为目标，加强教师队伍建设；以强化管理能力为目标，加强学生工作队伍建设；以推进大德育格局为目标，加强班主任队伍建设；以学风建设为目标，加强学生骨干队伍建设。

加强基层教师党支部建设，以“学术的支部、专业的团队”为指引，着力构建专业型教师支部，实现党建和专业建设机互动。按专业和教研室调整教师党支部设置，由具有高级专业技术职务的教研室主任担任党支部书记，保证支部活动与教研室业务活动的有机互动，也有利于开展与学生支部的共建活动，使党建工作、专业建设、学生培养实现有效衔接。

优化基层党组织的设置，保证党组织的有效覆盖，在学科专业建设和人才培养过程中，使教师支部的战斗堡垒作用得到充分发挥，教师党员的先锋模范作用得到进一步体现。倡导团队精神，打造高水平的教学科研团队，积极开展学科专业建设工作；注重发挥教授、骨干教师在学术上的引领和带头作用以及学科专业建设中的骨干作用；对青年教师的业务发展给予更多的关注，进行科学指导和合理引导，形成明确的科研方向。

重视创新学习方式、提高学习效果，开展多种形式的学习活动，如组织调研、参观和业务学习、工作会议、经济沙龙、讲座等，丰富支部活动的内涵，通过研究式、开放式和体验式学习，着力构建学习型党支部。

依托工会组织，加强文化建设，推进和落实“职工之家”建设工作。

党员发展工作按计划有序开展，共发展学生党员 77 名。重视积极分子培养，加强初级党课的筹备和动员，充实学生党员后备队伍，不断扩大初级党课的覆盖面。举办第七期入党积极分子初级党校培训班，186 名学生接受党的基本知识培训，82 名入党积极分子被确定为发展对象，246 人通过团组织推优。

以党建带团建，注重夯实组织基础，加强作风建设，构建长效机制。落实学校党委《关于开展创建“学习型党支部”活动的意见》和《关于在全校基层党组织和党员中深入开展创先争优活动的实施方案》，召开学生党员大会进行部署，使活动覆盖全体学生党员；品牌活动不断丰富并凸显专业特色，深化和拓展特色工作，“青年经济论坛”成为新的活动载体。

（撰稿人：赵　娴）

【学生工作】

2011 年，本科毕业生 254 人（含国际班 12 人），签约率为 82. 68%，就业率为 96. 06% 。其中，考取北京市村官 5 人，考取硕士研究生 5 人，出国 25 人。市级优秀毕业生 12 名，校级优秀毕业生 12 名。在就业管理和服务工作中坚持“强化质量，塑造品牌，提升社会美誉”的导向，年终就业评比考核排名全校第一。

2 人获得国家奖学金，26 人获得国家励志奖学金，142 人获得国家助学金，57 人获“校级三好学生”，58 人获“院系级三好学生”，45 人获得“校级优秀学生干部”，150 人获得其他单项奖。2 个班级获得校级优秀班集体，3 个班级获得经济学院优秀班集体。

积极参加学校第 27 届田径运动会，获得团体总分第二名和女子团体总分第二名的好成绩。获得“卧虎杯”

男子足球赛冠军、“飞凤杯”女子篮球赛亚军。在学校组织的“五四”青年节竞速越野项目中获得个人及团体第一名。在纪念“一二·九”运动系列活动中，获得小品大赛最佳人气奖。组织开展“践行北京精神”主题团日活动，2个团支部获评校级主题团日活动。围绕全民健身，强身健体举行了一系列运动活动，举办2011级新生运动会，大一、大二、大三学生参加的院内循环足球篮球赛。为了丰富学生的业余生活，组织开展2011级新生班级辩论赛、新生风采大赛暨年度表彰晚会、“微电影”创意大赛、“宿舍文化节”评比、“最美的物院一景”照片评比、书法大赛、“跳蚤市场”等。

坚持开展志愿服务工作。经济青年志愿者协会不仅在七彩小学、胡各庄敬老院、天桥湾社区等传统基地进行志愿服务活动，而且积极拓展新的志愿服务基地和服务工作，扩大志愿服务的社会影响和美誉。如赴顺义区太阳村开展服务活动；全程承担第六届北京国际文化创意创业博览会青年文化创意与创新成果展区的志愿服务工作。

多渠道开展社会实践。通过项目化的形式，推动广大学生积极参与社会实践。6份调研报告获2011年度首都大学生暑期社会实践活动优秀成果：平谷区桃园及其相关产业对平谷区经济发展的影响调研；北京市大学生村官的现状调查；新能源汽车产业链调研；商业银行发展中间业务收费问题地区比较实证调研；大学生实业带动农村经济发展的探索；北京市老年人理财问题的调研。

形成了“以思想政治教育保障学风建设，以第二课堂活动推进学风建设，以优良学风试点班级建设匡正学风，以大学生科学研究与创业行动计划项目提升学风”的工作思路，大力推进学风校风建设。举办第六届经济文化节，并进一步拓展内容项目，共颁发奖学金1.3万元。组织100名学生参加国泰安投资咨询有限公司主办的2011年度全国模拟炒股大赛东北和华北地区选拔赛，获优秀组织奖。遴选14个班级参与学校“优良学风试点班”建设。大学生科学研究与创业行动计划项目立项41项，中期答辩通过37项，终期评审通过30项。

深化特色活动。与平谷区东高村镇门楼庄村党支部、崇文区体育馆街道工委东玉社区党支部结对，连续第六年坚持开展“红色1+1”活动。举行总理“两会”记者招待会模拟活动，得到中国教育网、搜狐教育、慧聪教育等权威教育媒体的关注和报道；设立“薪火”就业基金，得到中国教育报的肯定和报道；人才培养与就业工作的特色得到《教育考试报》、和讯网、中金在线等社会媒体的关注。

（撰稿人：张建宝　审核人：赵　娴）

【附录】

2011 年经济学院发表论文一览表

序号	论文题目	第一作者	发表刊物	备　注
1	Forest Disequilibrium Distribution Appraisement Model and Rational Allocation of China	霍再强	Communications in Information Science and Management Engineering	B 级
2	中国森林资源分布非均衡性评价模型研究	霍再强	The International Conference on E－Business and E－Government 2011	B 级
3	我国中小企业 IPO 机制研究	王宝森	MASS 2011	B 级
4	中国商业银行信用卡风险及管理研究	王宝森	JOURNAL OF CONVERGENCE INFORMATION TECHNOLOGY	B 级
5	基于模糊 VAR 的商业银行信用风险研究	王宝森	MASS 2011	B 级
6	北京内陆港发展现状及对策探讨	郝玉柱	中国流通经济	B 级
7	中小银行业上市公司财务预警模型研究	郝玉柱	ICIII2011	B 级
8	我国钢材期货对现货价格波动的影响	刘　宏	中国流通经济	B 级
9	The Empirical Analysis of Price Discovery Function in Steel Futures	刘　宏	International Conference on Management and Service Science（MASS 2011）	B 级
10	对我国物流企业竞争构建方式的分析	张　琦	IEEE	B 级
11	北京市现代物流中心构建及发展策略研究	张　琦	中国流通经济	B 级
12	北京经济运行：历史考察与特征分析	潘建伟	商业研究	B 级
13	后危机时代扩大我国农村居民消费需求分析	潘建伟	中国流通经济	B 级
14	北京绿色物流体系构建研究	车卉淳	经济与管理研究	B 级

续 表

序号	论文题目	第一作者	发表刊物	备 注
15	发展中国家“资源空心化问题”的经济学分析	车卉淳	2011 2nd International Conference on Electronics and Information Engineering	B级
16	加强期货理论研究，探索业务创新与产业发展的现实路径——“第五届期货论坛”会议综述	赵 娴	中国流通经济	B级
17	商业集聚的经济学分析	尹德洪	财经科学	B级
18	分工演进、交易效率与商业集群	尹德洪	财经科学	B级
19	新结构主义经济发展理论评述	高鸿鹰	经济学动态	B级
20	提供者交易费用与制造业集聚均衡	高鸿鹰	财贸经济	B级
21	股权激励对公司绩效影响的博弈分析	褚晓琳	统计与决策	B级
22	基于灰色系统理论的北京对外贸易预测	褚晓琳	中国流通经济	B级
23	基于中国经济运行周期视角的滞胀分析	刘 江	国际贸易问题	B级
24	制度逆反效应：基于中国的能源、环境、食品安全与福利	刘 江	经济体制改革	B级
25	选址理论体系初探	孟尚雄	中国流通经济	B级
26	供应链金融操作风险研究	王 迪	论文集	B级
27	人民币跨境结算失衡原因分析	刘 旗	中国流通经济	B级
28	知识溢出、产业聚集与中国区域发展	周学勤	经济与管理研究	B级
29	关于中国区域金融中心发展问题的研究	陶 冶	中国流通经济	B级
30	对“限塑令”政策的分析和评价的研究	朱群芳	Energy Procedia/IACEED2010	B级
31	我国期货市场高成交量隐含的问题与对策	单 磊	中国流通经济	B级

续 表

序号	论文题目	第一作者	发表刊物	备 注
32	高通胀背景下我国居民黄金投资方式研究	刘 荔	中国流通经济	B级
33	我国商品在国外比国内廉价的原因及对策分析	刘崇献	商业研究	B级
34	基于物流产业集群的融资平台建设及发展对策	郝建彤	中国流通经济	B级
35	农村金融发展对我国城乡收入差异影响实证分析	冯玉成	中国流通经济	B级
36	试论发展中国家产业政策的主要问题与改进方向	盛 浩	中国流通经济	B级
37	Institutional Economic Analysis on EU Transport Policy Change	王晓芳	2011 International Conference on Information Management, Innovation Management and Industrial Engineering（ICIII 2011）	B级
38	北京发展市内免税商店问题探讨	郝玉柱	商业时代	B扩
39	我国黄金市场上“地下炒金”问题探析	郝玉柱	生产力研究	B扩
40	沪深300指数期货价格发现功能实证分析	冯玉成	商业时代	B扩
41	我国居民消费需求不足的原因与对策探讨	冯玉成	商业时代	B扩
42	结构方程模型在风险管理中的应用综述	霍再强	商业时代	B扩
43	后危机时代中国企业“走出去”方式创新探讨	张 琦	商业时代	B扩
44	中国钢铁企业的发展状况及变化趋势	王可山	经济导刊	B扩
45	中国消费环境对居民消费水平的影响	刘 江	华东经济管理	B扩

续 表

序号	论文题目	第一作者	发表刊物	备 注
46	人民币升值对我国社会福利水平的影响	刘崇献	生产力研究	B扩
47	上证大宗商品 ETF 系统性风险预警模型研究	朱才斌	商业时代	B扩
48	后金融危机时代中国外汇储备的规模和结构管理研究	牛瑞芳	商业时代	B扩
49	我国玉米国际贸易逆差原因及对策	郝玉柱	中国国情国力	
50	关于我国发展市内免税商店的思考	郝玉柱	经济纵横	
51	北京市对外贸易与经济增长关系的实证研究	郝玉柱	物流技术	
52	基于库兹涅茨假说的我国国民收入分配走向分析	郝玉柱	经济问题	
53	Statistical Analysis on Regional Income Disparity in China	潘建伟	Recent Advance in Statistics Application and Related Areas	
54	农村居民消费需求分析与政策建议	潘建伟	商场现代化	
55	卖出套期保值适用范围分析	刘 宏	改革与战略	
56	创新教学模式、提高教学质量	刘 宏	西江月	
57	区位选择与生产服务性流通发展	赵 娴	Management Science and Engineering	
58	后危机时代中国企业“走出去”的新特点与思考	张 琦	改革与战略	
59	The Analysis of Cleaner Production and the Policies Based on Sustainable Development	车卉淳	2011 International Conference on Management Innovation, Information Technology and Economic Growth (2011 MIITEG)	
60	人民币升值抑制通货膨胀是否可取	刘崇献	时代经贸	
61	北京市属高校发展困境及对策探讨	刘崇献	北京教育（高教）	

续 表

序号	论文题目	第一作者	发表刊物	备 注
62	北京地铁晚间及非高峰期用作城市物流系统探讨	刘崇献	城市发展研究	
63	我国劳动密集型出口产业区域转移的障碍和对策分析	刘崇献	特区经济	
64	评一评“限塑令”得失	朱群芳	环境保护	
65	冷藏运输发展现状的分析研究	朱群芳	中国冷链年鉴 2010	
66	中国电子垃圾循环利用问题的研究	朱群芳	2011 IEEE International Conference on Waste Recycling, Ecology and Environment（2011ICWREE 国际会议）	
67	城市交通拥堵的经济学分析	王晓芳	中国城市经济	
68	在课程建设中体现专业特色——运输经济学课程建设与教学方法研究	王晓芳	2011 International Conference on Physical Education and Society Management（ICPESM2011）	
69	中国冷链年鉴——中国花卉冷链物流	王可山	中国冷链年鉴	
70	影响消费者选择安全农产品（食品）行为的实证研究	王可山	河北经贸大学学报	
71	丰富教学方法，提高货币银行学课程教学质量	牛瑞芳	科教文汇	
72	我国外汇储备管理的规模和结构风险及对策分析	牛瑞芳	特区经济	
73	基于成本的股权融资博弈分析	褚晓琳	Recent Advance in Statistics Application and Related Areas	
74	中国上市公司股权融资偏好的文献综述	褚晓琳	首都经济贸易大学学报	
75	我国证券业的发展现状、问题及对策	李义福	时代经贸	
76	我国家电连锁经营的现状、问题及其发展对策	李义福	时代经贸	
77	新形势下农信社须规范运作	杨 菁	中国城乡金融报	

续 表

序号	论文题目	第一作者	发表刊物	备 注
78	发展林业产权交易 拓展农村信贷新市场	杨 菁	中国城乡金融报	
79	利率期货	马 刚	期货市场教程	
80	利率期货市场	马 刚	期货市场教程 第七版修订	
81	中美德育比较	武凌云	中国市场	
82	中印贸易摩擦浅析	毛 艳	时代经贸	
83	转型期政府职能演变略论	鄢圣鹏	武汉商业服务学院学报	
84	我国商业银行理财产品质押制度探析	陈景同	管理观察	
85	我国商业银行理财产品法律关系探析	冉 京	管理观察	
86	国际贸易实务模拟实验课数学改革的思考	原玲玲	实验室研究与探索	
87	关于辅导员开展大学生个性化职业生涯规划指导的思考	张建宝	出国与就业	

2011 年经济学院出版著作一览表

序号	著作名称	主要作者	著作类别
1	绿色农产品封闭供应链网络节点设计与布局研究	洪 岚	专著
2	金融深化与中国农村金融市场发展研究	杨 菁	专著
3	运输政策变迁的制度分析	王晓芳	专著
4	金融英语	张 琦	编著
5	银行国际业务英语	张 琦	编著
6	内蒙古西部地区发展问题研究	童年成	编著
7	中国冷链物流发展报告 2011	洪 岚	编著
8	中国生产资料流通发展报告	赵 娴	编著
9	商业经济专业知识与实务（初级）2011	赵 娴	教材
10	商业经济专业知识与实务（中级）2011	赵 娴	教材

2011 年经济学院科研项目一览表

序号	项目名称	负责人	项目来源	项目性质
1	基于供应链视角的质量安全蔬菜供给研究——以北京市为例	洪　岚	教育部	纵向项目
2	科研基地——现代流通发展与创新研究	赵　娴	北京市教委	纵向项目
3	科研基地——商品与金融期货研究	杨　菁	北京市教委	纵向项目
4	北京地区私人银行业务发展研究	于　亦	北京市教委	纵向项目
5	新型农村金融机构建设对北京农村经济影响的实证研究	杨　菁	北京市教委	纵向项目
6	高校学习型辅导员队伍建设路径研究	张建宝	中国伦理学会	纵向项目
7	基于中低收入群体的小额信贷研究	杨　菁	中国农业大学	横向项目
8	通州区农业产业园区专题研究	洪　岚	北京市通州区农村工作委员会	横向项目
9	期货公司服务产业客户模式研究	单　磊	北京物资学院	校级项目
10	我国流通行业上市公司融资偏好研究	褚晓琳	北京物资学院	校级项目
11	讨论教学模式在我院专业教学中的应用	朱群芳	北京物资学院	校级项目
12	后金融危机时代中国外汇储备的规模及结构风险研究	牛瑞芳	北京物资学院	校级项目

2011 年经济学院获奖成果一览表

序号	成果名称	获奖作者	奖励名称	奖励级别	奖励等级
1	中国畜产食品质量安全问题研究	王可山	中国商业联合会科学技术奖全国商业科技进步奖	经科技部批准的社会力量设立的科技奖	一等奖
2	北京陆运口岸发展问题探讨	郝玉柱等	第十次中国物流学术年会优秀论文奖	国家一级协会（国资委直管协会）	三等奖
3	北京市绿色物流体系构建研究	车卉淳 赵　娴	第十次中国物流学术年会优秀论文奖	国家一级协会（国资委直管协会）	三等奖
4	确定以培养环境素养为目标的环境教育体系境将推动学校环境教育发展	朱群芳	“中国教育实践与研究论坛”征文评比大奖赛	局级	一等奖

续 表

序号	成果名称	获奖作者	获奖名称	获奖级别	获奖等级
5	环境素养水平测试的实证和方法研究	朱群芳	“中国教育实践与研究论坛”征文评比大奖赛	局级	一等奖
6	精捷化通路—家电连锁企业物流配送体系的优化路径	刘玉奇等	第十次中国物流学术年会优秀论文奖	国家一级协会（国资委直管协会）	其他奖
7	区位选择、流通组织成本与生产性流通发展	赵 娴 高鸿鹰	第十次中国物流学术年会优秀论文奖	国家一级协会（国资委直管协会）	其他奖
8	Institutional Economic Analysis on U. S. Transport Policy Change	王晓芳等	第十次中国物流学术年会优秀论文奖	国家一级协会（国资委直管协会）	其他奖
9	现代工业物流企业竞争优势构建模式——价值链物流	张 琦	第十次中国物流学术年会优秀论文奖	国家一级协会（国资委直管协会）	其他奖
10	基于模糊综合评价的供应链操作风险研究	王宝森	第十次中国物流学术年会优秀论文奖	国家一级协会（国资委直管协会）	其他奖
11	生物进化、种群生态学以及商业集群	尹德洪 谢桂梅	第十次中国物流学术年会优秀论文奖	国家一级协会（国资委直管协会）	其他奖
12	农产食品供应链定量分析	洪 岚 赵 娴	第十届（2010年度）引进版科技类优秀图书奖	局级	其他奖

物流学院

【发展概况】

北京物资学院物流学院（Logistics School）成立于2006年7月，主要由管理科学与工程、工商管理、化学、物理、生物工程、机械工程、信息工程和交通运输工程等一级学科组成。2011年，学院设物流管理、物流工程、机械设计制造及其自动化、商品学、采购管理等五个教研室。学院拥有北京市物流系统与技术重点实验室、工程技术实验室、流通安全实验室三个专业实验室。学院的主要科研机构包括北京市物流系统与技术重点实验室、北京市商务委物流研究基地、中国物流学会—亚太物流研究交流合作部、北京物资学院—中国采购与供应链研究中心、中法百优采购研究中心等。学院设物流管理、物流工程、机械设计制造及其自动化（物流设备工程方向）、商品学、采购管理五个本科专业。学院拥有管理科学与工程、企业管理两个硕士学位授权点，拥有管理科学与工程北京市重点建设学科。

截至12月31日，教职工47人。其中，专任教师49人。专任教师中，硕士生导师20人；教授5人，副教授25人；具有博士学位的教师28人。

毕业本科生233人，招收本科生301人，在校本科生1153人。

孙前进晋升教授；徐广姝、陈静、胡贵彦晋升副教授。

副教授田雪被学校聘为硕士生导师，新聘辅导员吕亚鹏。

（撰稿人：王成林　审核人：邬　跃）

【学科建设】

2011年，物流学院共有管理科学与工程、工商管理两个二级学科，其中，管理科学与工程为北京市重点建设学科。管理科学与工程学科下设物流工程方向，工商管理学科下设物流管理方向。

9月，按照国务院学位委员会、教育部下发的《关于做好授予博士、硕士学位和培养研究生的二级学科自主设置工作的通知》要求，学院学术委员会开展管理科学与工程学科论证工作。9—12月，累计召开讨论会6次，在管理科学与工程一级学科目录下申报物流管理与工程、物流设备工程、流通安全工程3个二级学科点。

以物流特色学科群建设为龙头，开展跨门类、跨领域的综合交叉型学科建设工作，形成面向现代物流产业，融合管理学、理学以及工学三大门类的综合交叉型“物流特色学科群”，凝练一批具有特色的研究方向，包括以管理科学与工程、工商管理为基础的物流节点规划研究方向，以机械工程、控制工程、信息工程为基础的物流工程技术开发和应用研究方向，以生物工程、化学工程、控制工程、材料工程为基础的物流检测技术研究。

在学科方向凝练的基础上，注重科研团队的建设。成立“柔性物流中心规划与设备研发”、“流通安全检测”、“物流信息化与决策支持研究团队”、“物流技术应用研究团队”、“RFID集成技术研究团队”5个科研团队。

强化实验室建设。扩建工程技术实验室和物流系统与技术实验教学中心，购置“杆状物料流通加工系统”、“企业运输管理模拟平台”、“数字化物理实验平台”、“智能小型物料传输设备”、“国际物流系统模拟设备”、“中国产经数据分析平台”、“物流系统规划平台”等，为物流管理、物流工程、物流设备工程等专业提供良好的科研和实践教学环境。实验室总资产超过4000万元。

鼓励学生参与科研活动。以大学生科学研究与创业行动计划项目为依托，开展学生科研活动，学生共发表学术论文2篇，获得国家专利3项。

（撰稿人：王成林　审核人：邬　跃）

【教学工作】

2011年，教学工作的基本思路是落实物流学院培养具有国际化视野的实战型物流人才培养目标，以实验班建设带动师资队伍建设、带动课程改革、带动人才培养模式创新。目标是深化教学改革力度，提高教学质量。重点是围绕国际物流实验班建设、校企合作实验班建设，全面实施国际化实战型人才培养机制；进一步培养国际化的师资队伍。采取加大与国内外企业的交流力度、建设实习基地、鼓励教师参加国内外学术会议等措施，与德国维尔茨堡—施因伟福特应用技术大学签署交换学生协议，举办中德日物流论坛，签署实践教学基地等重要活动。

原有物流实验班22名学生全面实施为期半年或一年的国外交流。

物流学院获得校级教学改革立项5项。

5月9日，物流学院第三届实验班企业实践活动在华人物流集团召开启动会，物流学院副院长张旭凤、华人物流集团董事长苏志勇以及第三届物流实验班全体成员参加启动会。整个实践活动历时2个月。

5月9日，学校与上海化工品交易市场签订共建实践教学基地协议。学校党委副书记沈小静与上海化工品交易市场负责人出席签字仪式。双方表示，通过加强在多领域、多角度的合作，有利于充分发挥各自的有效资源，实现双方共同的目标。6月17日，双方党建“实践教学基地”举行揭牌仪式。物流学院党总支书记张耀荔、经济学院党总支书记赵娴等一行5人出席。

6月29日，北京国际招标有限公司与北京物资学院物流学院签署校企合作协议书，双方正式建立战略合作伙伴关系。北京国际招标有限公司副总经理宋跃铭与业务经理戴磊、郑祥，学校党委副书记沈小静、物流学院党总支书记张耀荔、院长邬跃、副院长张旭凤以及采购管理专业师生出席签约仪式。

7月4—8日，物流学院特邀法国百优集团咨询专家Mr. Etienne CASTANET，对物流学院师生作为期一周的采购管理系列培训。Etienne CASTANET从Category Management、QCDSIM and Functional Analysis、Purchasing Levers等方面对学生进行专题讲座。Etienne CASTANET以其独特的教学方式和理念，介绍最前沿的采购理论、方法、工具，不仅调动学生学习的兴趣，同时也启发教师以新的视角从事采购管理教学和研究。

7月12日，08级物流实验班校企合作培养总结会在物流学院会议室召开，物流学院党总支书记张耀荔、副院长张旭凤出席会议。会议由物流实验班班主任史晓霞主持，物流实验班全体同学参加。此次校企合作项目是一次有意义的尝试。

7月29日，学校党委副书记沈小静带队，采购管理专业教师参加教育部高等学校物流类专业教学指导委员会和中国物流与采购联合会共同主办的“第十一届全国高校物流专业教学研讨会”，沈小静在会上作关于采购管理专业建设报告。通过交流，使来自全国物流高校的同行对学校采购管理专业有了全面了解，拓展采购管理专业教师的视野，有助于更好地开展教学和科研工作。

9月13日，在物流学院召开08级留德交换生欢迎会暨09级留德交换生欢送会。交换生在德国不仅学习先进的物流管理理念和方法，也了解德国的文化，提升爱国热情，以祖国为荣的荣誉感大大加强。交换生们非常感谢学校给予的机会，表示今后一定要更加努力学习，更好地为祖国效力，回馈学校的培养。

10月25日，物流学院与北京建设（控股）有限公司校企合作签约仪式在物流学院会议室举行。院长邬跃、北京建设（控股）有限公司执行总裁钱旭代表双方签署战略合作协议。协议的签署使双方进一步开展全方位校企合作，实现优势互补，加强合作交流，促进互利共赢，建立长期稳定的战略合作关系，打下良好的基础。

（撰稿人：张旭凤　审核人：邬　跃）

【科研工作】

1. 科研项目

2011年，包括科研基地建设在内的纵向项目25项，经费总计为522万元。其中，教授翁心刚负责的“塑料全程电子商务及其物流服务技术开发与示范应用”为科技部负责的国家科技支撑计划项目的子课题、“面向城市需求的鲜活农产品冷链物流管理体系研究”为全国哲学社会科学规划办公室负责的国家社会科学基金项目。副教授杜志平负责的“基于参与者行为博弈的供应链利益分配模型研究”为国家自然科学基金项目。副教授陈静负责的“高产α－葡萄糖苷酶抑制剂的菌株筛选及其生物转化机理研究”获得国家自然科学基金面上项目资助。

物流学院开展横向科研项目13项，经费合计375万元。

2. 科研成果

2011年，以第一作者公开发表论文117篇。其中，A级期刊1篇，B级期刊43篇。出版专著教材8部。获奖成果23项，其中，获得国家一级协会奖9项，局级奖14项。申请专利10项。其中，作为知识产权第一署名单位8项。

3. 科研基地建设

2011年，物流学院以现有的科研基础资源为基础，以北京市物流系统与技术重点实验室、现代物流研究基地等为核心，大力开展科研基地基础建设。获得北京市教委科研基地项目资助的“科技创新平台—物流管理与工程”经费为200万元。

11月6日，物流学院举办物流系统与技术重点实验室建设研讨会，来自北京化工大学、北京理工大学、北京信息科技大学等高校的5名专家以及物流学院相关教师参加会议。副院长王成林向各位专家介绍目前重点实验室的建设情况，主要包括近一年来重点实验室依托物流特色学科群综合发展，构建国内领先的教学和科研基础平台，形成教学和科研的双枢纽；以重点实验室为核心面向多学科、多专业、多层次需求进行物流实验教学体系构建；建立多元化的师资培养模式，培育开放自由的学术环境，强化研究生培养；创新多层次的学术委员会的指导机制，形成精益化的日常管理服务体系，以及基于重点实验室联盟实现社会大资源共享等方面的情况，并阐述重点实验室下一步的工作计划。本次会议强化了重点实验室同外界的交流，有效促进重点实验室下一阶段的建设工作。

12 月 7 日，北京现代物流研究基地召开“十二五”建设工作研讨会。校长、基地主任王旭东，副校长翁心刚，科研处长秦江萍等应邀出席研讨会并发表重要讲话。王旭东首先宣布学校为加强物流基地建设所作出的相关决定文件，并对基地下一个建设周期及“十二五”建设规划工作作出重要指示。翁心刚从学校科研管理的视角提出学校对基地“十二五”建设规划工作的总体要求。秦江萍针对基地下一步建设，从科研投入、成果奖励、开放性课题等方面提出宝贵建议，并希望基地和科研处今后相互配合，共同为学校科研上水平作出应有贡献。

4. 学术动态

物流学院广泛参加各种学术交流活动，积极参加国际国内科学研究会议。

3 月 9 日，中国商品学会副会长兼秘书长付绪哲和副秘书长吴晓玲来物流学院考察，王超博士详细介绍商品学实验室建设情况。党总支书记张耀荔与来访嘉宾就高校商品学课程青年教师培训、开展校企合作、学生就业等问题进行探讨。

3 月 30 日，原日本通运株式会社技术部主任、日通综合研究所研究员，日本物流控股股份有限公司高级顾问番原应学校日本物流研究中心邀请进行学术交流。番原先生在国际交流中心一层报告厅为师生作题为“日本物流业的思考”的学术讲座。

4 月 14 日，中德物流日——绿色物流与供应链论坛在北京物资学院物流博物馆隆重举行。校长王旭东为论坛致辞。物流学院副教授姜旭、清华大学教师、德国 TUV 集团代表、集保物流代表针对绿色物流与供应链这一主题发表演讲。本次论坛通过具有针对性的探讨，为如何进一步发展绿色物流提供了新的视角和思路，也为物流学院更加深入地开展相关研究提供基础。

4 月 20 日，中国物资储运协会会长、中国物流学会副会长姜超峰应学校日本物流研究中心邀请，在国际交流中心一层报告厅作题为“物流中心的运营与管理”的学术讲座。副校长翁心刚、副教授姜旭等教师参加讲座。双方就学校发展，以及进一步推进校企合作进行交流与探讨。

7 月 18—21 日，由中国物流生产力促进中心、东风汽车公司物流协会和甘肃物流学会主办，物流技术杂志社承办的 2011 第九届工业企业物流论坛在兰州举行。此次会议还举办物流技术杂志第六届优秀论文颁奖仪式。物流学院教师撰写的论文获得一等奖 2 篇，二等奖 3 篇和三等奖 5 篇。

7 月 29 日，由中国商品学会和韩国商品学会主办，物流学院承办中韩商品学学术会议召开。中国商品学会学术委员会组成人员，韩国商品学会金锺淳会长、李硕珪教授，北京物资学院商品学专业部分教师参加会议。中韩商品学学术会议为商品学科的发展、为中韩两国在多方面的合作奠定基础并起到推动作用。

7月30—31日，物流学院商品学教师参加中国商品学会第十四届学术论坛暨中韩商品学交流会议。本届论坛以商品学教育教学交流为主题，由“名师传教”、“精品课建设”、“一线案例”、“韩国交流”四大板块构成。在此次大会上，物流学院教师和学生撰写的论文获得一等奖3篇、二等奖1篇和三等奖2篇。

8月2—6日，教育部第九届全国高等院校物流骨干教师高级研修班在烟台举办，本次研修班的主题确定为“采购与供应链管理—实践教学”。物流学院采购管理专业副教授唐长虹受邀作为此次师资培训的专家评委，并作专题讲座。

9月24—25日，物流学院物流管理教研室主任刘俐、商品学教研室主任陈红丽参加在西安举办的“第三届军事物流与应急物流研讨会”，并参与应急物流国家标准草案的研讨。

11月6日，物流学院邀请北京理工大学教授张之敬为工程技术类专业教师作关于工程类国家自然科学基金申报的辅导讲座。

11月11—13日，由中国物流学会、中国物流与采购联合会主办的“第十次中国物流学术年会暨亚太物流联盟年会”在湖南省长沙市召开。副教授姜旭主持的课题“关于我国货物运输的空间分析研究”荣获“2011年度中国物流学会课题优秀成果奖”二等奖，撰写的论文《我国铁路货物运输的空间经济分析》荣获“第十次中国物流学术年会优秀论文奖”三等奖，并当选为中国物流学会五届二次理事会常务理事。

由学校日本物流研究中心主办的“日本物流的发展经验与借鉴”专题分论坛，围绕“从物流成本的变化看日本物流业的发展、日本零售业的创新与发展、日本物流信息化的现状与发展”等主题展开。副教授姜旭根据《日本物流调查报告书（2010年）》中的调查数据与大量图表，从不同角度分析日本物流成本的变化趋势及其对物流业发展的影响。

11月28—29日，由中国交通运输协会、中国国际贸易促进委员会、美国运输与物流协会、中国国际人才交流基金会等单位联合主办，舟山市人民政府承办的“2011中美物流会议”在舟山市召开。物流学院副教授姜旭应邀作题为“物流成本与中国物流业发展”的报告，演讲内容受到与会高校和企业代表的好评。

物流学院大学生申报北京市教委大学生科学研究与创业行动计划项目34项，评审合格24项。其中，一等奖1项：“基于生物酶技术检测果蔬中有机磷农残速测卡研究”；二等奖2项：“四环素类抗生素的快速检测研究”、“关于我国快递业线路及网点布局的研究”；三等奖4项：“812公交站布局改良方案设计”、“政府绿色采购研究”、“仓储环境智能检测与控制系统”、“行李好管家运行模式研究”。

（撰稿人：王成林　审核人：邬　跃）

【对外交流】

2011 年，学院共接待 4 个国家 6 次 13 人来访。派出参观访问交流 2 个国家 3 人次。举办国际学术会议 2 次，参加会议 2 次 3 人次，提交论文 1 篇，签署合作意向 2 项。

4 月 14 日，法国波尔多管理学院教授来学院进行考察。考察中，法国波尔多管理学院 Cesar 教授介绍在国际商务专业、物流管理专业和采购管理专业方面的办学特色和优势。物流学院副院长张旭凤介绍物流学院的专业、师资和实验室的基本情况，并重点对物流相关专业和采购专业的人才培养特点进行介绍。双方就合作培养国际化的采购和供应链管理专业研究生、本科生互换交流、教师互换交流等方面进行探讨，并达成共识。

4 月 30 日—5 月 5 日，物流系统与技术重点实验室副教授王成林和孙卫华赴德国开展学术交流访问活动。通过本次交流活动扩大学校物流重点实验室的影响力，开阔实验室的建设思路，促进实验室的国际化合作，提升实验室的国际化开放水平。

6 月 5 日，学校与德国维尔茨堡—施因伟福特应用技术大学签署交换学生协议，德国维尔茨堡—施因伟福特应用技术大学物流系与北京物资学院物流学院互派留学生项目正式启动。

9 月 3—10 日，德国巴符州立大学物流系主任阿明教授、图姆教授、凯瑟琳教授一行到学校进行学术交流。国际交流中心及物流学院与 3 位专家就学生互换、合作研究、双学位教育等方面进行深入交流。

9 月 27 日，欧洲著名采购领域专业咨询公司——法国 BUY. O（百优）集团总裁马克访问学校，物流学院副院长张旭凤、副院长王成林与马克总裁就教材出版、学生培养等方面进行深入交流，共同商讨采购管理专业进一步发展的思路。采购专业教师参加座谈。

12 月 16 日，丹麦 VIA 大学商学院院长 Richard Lindquist，价值链管理系主任 Erik Aaen 及中国办公室主任孙立华一行 3 人来学校进行访问。国际交流中心主任韩星、物流学院副院长张旭凤、副院长王成林接待来访客人，双方就两校之间的深入合作进行会谈。

12 月 19 日，韩国中央大学教授 Choong Bae Lee 和申仁光教授来校进行学术交流，并与学校签署合作协议。合作协议的签署表明韩国中央大学经济贸易学院与物流学院互派留学生项目正式启动。

（撰稿人：张旭凤　审核人：邬　跃）

【社会服务】

3 月 21 日，物流学院为廊坊市交通运输局举办第二期物流管理研修班开班。7 月 1 日，物流管理研修班举行结业仪式，29 名学员获得培训证书。

（撰稿人：张旭凤　审核人：邬　跃）

【党建工作】

2011 年，物流学院党总支共有 6 个支部。其中，教师党支部 2 个、学生党支部 3 个，临时学生党支部 1 个。党员

141 人，其中，教工党员 31 人，学生党员 110 人；入党积极分子 620 人；发展党员 67 人。

物流学院党总支委员 7 名：党总支书记张耀荔，副书记王晓平，组织委员何佳赢，纪委委员宋玉卿，青年委员梁晨，统战委员邬跃，保卫委员张涵。

物流学院分工会委员 4 名：分工会主席兼女工委员田雪，副主席芮嘉明，文体委员史晓霞，宣传委员陆华。

推荐 1 名同志作为后备干部挂职培养，田雪任物流学院院长助理。

1 月 17 日，校长王旭东、副校长王文生在校办副主任胡伟陪同下，到物流学院进行“十二五”规划调研，征求二级学院对学校“十二五”教育事业发展规划的意见。物流学院院长邬跃、副院长张旭凤、张志勇、党总支副书记王晓平参加工作汇报与座谈。

2 月 9 日，物流工程毕业班赵丽同学不幸因车祸失去双腿，牵动全校师生和社会上众多人的心，尤其是赵丽顽强、乐观的人生态度，深深地感染着师生们。在学校党委的支持下，物流学院党总支发起为赵丽捐款的倡议，得到学校师生员工、天赐良缘社区居民、校友的积极响应。大家以各种方式捐款，在短短的几天内，共捐款 22 万余元。物流学院党总支书记张耀荔、副书记王晓平、学生处处长季靖、组织部部长杨蓉等到医院看望并将捐款转交赵丽。王成林、孙卫华、陈志新等教师主动为赵丽提供论文辅导并进行论文答辩，使赵丽顺利毕业。

3 月 30 日，物流学院举行工会会员大会，进行“双代会”代表的选举。大会由总支书记张耀荔主持。经过候选人提名、差额选举等程序，王旭东、张耀荔、贡祥林、陈红丽、宋玉卿、张涵、田雪 7 名教师为“双代会”代表。

4 月 9 日，物流学院学生党支部书记王淑焕、何佳赢率全体学生党员赴中国科学技术馆开展以“建设学习型党支部，培养创新型党员”为主题的支部活动。

5 月 4 日，在学校体育馆举行物流学院与廊坊交通局友谊篮球赛。

5 月 13—15 日，物流学院党总支 22 名党员到毛泽东同志故居和刘少奇同志故居参观学习。在建党 90 周年即将到来之际，全体党员在韶山毛泽东铜像广场和炭子冲刘少奇同志故居分别向两位领袖敬献花圈并佩戴党徽，以表崇敬之情。

5 月 26 日，“北京高校东南片区党史知识竞赛”在北京第二外国语学院举行。物流学院学生欧阳婷、吴玲玲、刘洋秋月和饶星代表学校参赛。选手们沉着稳健，在必答、抢答、选答、风险四个环节均有精彩表现。最终荣获三等奖。

6 月 1 日，物流学院党总支到朝阳区东村开展“红色 1 + 1”共建互助活动之宣讲活动。物流学院党总支书记张耀荔、学校大学生心理健康教育与咨询中心副教授高新平及 16 名大学生党员参加此次活动。东村党支部书记和物流学院党总支书记为活动致辞，并进行物流学院“红色 1 + 1”党员活动基地揭牌仪式，宣布共建互助活动正式开始。

高新平作题为《天平—金钱与幸福》的报告。

6月22日，为庆祝中国共产党建党90周年，物流学院党总支组织新党员入党宣誓仪式。总支书记张耀荔、副书记王晓平，分团委书记毛文富、学生支部书记王淑焕、何佳赢出席宣誓仪式，仪式由副书记王晓平主持，47名新党员面对党旗庄严宣誓。

7月12日，物流学院党总支书记张耀荔、副书记王晓平到顺义张各庄村看望赵丽同学，为她送去大学本科毕业证书和学士学位证书，并向赵丽转交了学校师生8000元捐款。

7月14日，物流学院分团委书记毛文富带领部分09级学生党员走访慰问92岁高龄的学校离休干部李沧。李沧向学生们回顾了亲身经历的卢沟桥事变、台儿庄战役和淮海战役等重大事件。

8月16—22日，物流学院以“忆改革开放路，访杰出物流人”为主题，组成社会实践团队，赴深圳开展暑期社会实践活动。期间走访在深圳市普路通供应链管理股份有限公司、深圳市格瑞供应链管理有限公司和深圳市森之源木业有限公司工作的校友，参观深圳博物馆、中国外运广东有限公司子公司——深圳中外运物流有限公司。

8月23—26日，物流学院以庆祝中国共产党成立90周年为契机，由物流学院分团委书记毛文富任指导教师的09级党员实践团赴革命圣地井冈山，开展以“胸怀理想、坚定信念、艰苦奋斗”为教育主题的社会实践活动。

9月13日，物流学院党总支邀请中国延安干部学院教授李世明为大一新生作“延安精神　成功之路”的专题报告。报告会上，李世明教授从政治方向、实事求是、艰苦奋斗、为人民服务四个方面诠释了什么是“延安精神”，“延安精神”如何使中国共产党走向成功，以及发扬“延安精神”的现实意义。李教授采用“拉一拉，讲一讲，答一答”的形式，为大学生们上了一堂生动的党课。

10月24日，物流学院召开深入开展创先争优活动部署会。会议由党总支副书记王晓平主持。会上传达学校党委对深入开展创先争优活动的要求和学院党总支的安排。

11月2日，物流学院党总支在第二教学楼一号报告厅举行初级党课开班仪式。总支书记张耀荔主持开班仪式。物流学院特别邀请中纪委驻新华社纪检组宋庆森做党课第一讲。

11月28日，在图书馆一层西侧举行“物流资料馆”揭牌仪式，党委书记刘木春以及物流学院、图书馆的领导班子成员和部分教职工、学生出席开馆仪式。仪式由图书馆党总支书记张克非主持。物流学院党总支书记张耀荔致词，物流学院院长邬跃和图书馆馆长刘家琨签署“物流资料馆”共建协议。党委书记刘木春希望物流资料馆能够为物流学科的发展、广大师生科学研究和教学服务发挥更大的作用。

（撰稿人：张耀荔　审核人：邬　跃）

【学生工作】

2011年，物流学院学生工作的指导思想是通过建立和完善规章制度和办事流程，提高学生管理的规范化水平和效率；通过学习、培训、研讨、科学研究和考核提高学生管理队伍的工作水平和教育管理质量；通过特色活动创物流学院的品牌；通过创先争优活动加强大学生党建工作，全面提高党员素质；通过为毕业生提供有针对性的服务，提高就业数量和质量。

1. 制度建设及管理程序

进一步调整完善《辅导员班主任的选聘和考核制度》《学生活动经费使用和管理制度》《德育档案建立和管理办法》《学生日常事务办理流程》《就业奖励办法》等，为学生工作的顺利开展奠定良好的基础。

2. 队伍建设

辅导员队伍建设。定期召开辅导员工作会议，进行工作通报和工作研讨，根据个人特点划分工作内容，充分调动每一位辅导员的工作积极性和主动性。

班主任队伍建设。公开选聘新生班主任，并在学期初和学期末召开全体班主任会议，进行工作通报和工作研讨。分别在6月和12月进行班主任考核评优，树立优秀班主任典型。

发挥分团委和学生会的积极性，加强培训与交流沟通。5月—6月，进行分团委、学生会的换届工作。利用暑期实践对新任学生干部进行培训，并在日常的活动中拓展工作思路，提高工作水平。

加强班干部的选拔和培养，充分发挥学生的积极性和主动性，提高学生自我服务、自我管理的意识，让更多的学生得到锻炼的机会。

3. 就业工作

物流学院圆满完成2011届毕业生就业工作，以签约率82.52%、就业率98%的成绩超额完成学院与学校签订的签约率79%、就业率95%的就业指标，获得学校就业工作特色奖。

积极拓展就业市场，利用校友资源和教师资源为学生拓展就业途径，用激励办法鼓励教师参与就业工作。

继续开展“就业百家单位行”活动，加强与企业的沟通和联系，建立长期合作关系，推广学院的专业和毕业生，拓展就业渠道。11月9日，中都物流有限公司校园招聘宣讲会在物流学院举行。大学生表示通过这次宣讲会不仅拉近学生与企业间的距离，还使学生进一步了解企业文化的重要性，明确自己的职业与人生规划。宣讲会后，中都物流有限公司与物流学院探讨了构建校企合作培养模式的基本意向。

创新性地提出“新专业种子工程”，针对初次有毕业生的商品学专业，在加强校企合作的同时，加大推荐力度，最终使大多数商品学专业学生找到了满意的工作，签约率超过全校平均签约率。

调查分析毕业生的求职意向，对学生进行分类指导。关注就业困难的学生，鼓励他们树立就业的自信心，敢于推销自己，争取机会。

班主任具体负责本班学生就业工作，在期末对全年级就业情况进行总结分析，按照《就业奖励办法》，对各班主任工作进行考核、奖励。

做好毕业生材料的整理，为毕业生提供完整的档案材料。建立毕业生档案，对已毕业的学生工作情况进行跟踪调查，为建立物流学院校友录做好资料准备。

4. 学生基本信息维护

学工系统档案。从学生的基本信息开始，通过数字化办公平台，记录学生在校期间的德育表现，一人一案，一学年一更新。

就业档案。一人一案，做好就业前的调查，记录学生的整个求职过程，有针对性地进行就业服务。

贫困生档案。进一步明确贫困生的认定标准和程序，建立贫困生档案。一人一案，记录学生的资助情况和勤工助学情况。从物质资助向精神资助转化，对贫困生进行精神指导。

心理问题学生档案。加强对心理问题学生的监控和辅导，建立档案，一人一案，记录学生的问题表现和处理教育经过。

5. 学风建设

以活动树学风，通过开展多种丰富的活动加强学风建设。5 月，举行物流文化节系列活动，营造学术氛围；面向新生开展“新生风采系列活动”，做好正确的引导，增强班集体的凝聚力；面向学生举办提高身体素质的运动会、提升学生思辨能力的辩论赛、开拓学生视野的专家讲座和增强学生对专业认知的社会实践活动。

以奖励正学风，做好奖学金的评定工作。把奖学金的评定过程作为对学生学风引导的过程。通过评选优秀班集体，树立身边的标杆，引导学院的学习风气。

以宿风助学风，加强宿舍文化建设。开展优良学风宿舍评选活动，推动宿舍良好风气的形成。继续执行宿舍卫生安全检查制度，及时公布优秀宿舍和受到卫生、安全警示的宿舍。对于优秀宿舍，用图片进行展示，并组织展示观摩。对于较差的宿舍，通知班主任，加强管理和监督，并限期整改。

6. 大学生党建

做好初级党校、高级党校、毕业生党校三级党校工作。9—10 月，针对 2011 级新生开办初级党校班，提高党课质量，党总支邀请知名人士分别从充分认识中国共产党、青年学子为什么要入党、我们身边的共产党员、入党流程等多个方面，让学生对中国共产党有较为全面、客观的认识；协助学校党委组织部管理两期高级党校培训班，对积极要求入党的学生加强组织纪律性和集体观念的培养；对于毕业生党员，做好组织关系的转移工作，做好党员材料的整理和交接工作。

加强对学生党支部委员的培训。根据学生实际情况及时调整支委工作，并且在工作中请组织部对学生支部的委员进行培训，完善工作流程、提高工作效率。对工作过程中存在的问题及时加以引导和纠正，使他们在为组织工作的同时，提升自身的能力。

开展创先争优活动，加强党员意识教育，提高支部的凝聚力。组织增强凝聚力的集体活动，发起增强认识社会的调研活动，开展促进教学工作的支部共建活动。

创新“红色 1 + 1”活动形式。6

月，物流学院党总支与朝阳区金盏东村党支部建立“红色1+1”党员活动基地，并根据当地马上要拆迁的现状，提前做好群众的思想引导。邀请当地的大学生村官到校与在校的大学生交流，就如何考取村官、村官工作的现状等内容进行探讨。

成立大四毕业生党支部。作为创先争优工作的一部分，就要创新党组织管理形式。12月，针对大四毕业生的实际情况，物流学院党总支成立大四毕业班党支部，加强对大四党员的管理和教育。

7. 大一工程

大一工程是新苗工程，是学风、校风、系风、班风建设的基本点，在大一时，帮助学生树立正确的学习态度，树立正确的目标，对于学生工作的开展，乃至全校工作的开展都具有非同一般的意义。

面向新生开展“新生风采系列活动”，充分调动所有新生的积极性，加快学生间的熟识程度，增强班集体的凝聚力。

在大一新生中开展“学业规划”工作，对新生进行专业教育，各教研室做好入学教育，使学生热爱专业，激发学习的积极性和主动性，并且引导新生树立正确的学习动机和人生目标。

培养新生晚自习的习惯，为各班提供固定的学习、活动场所，使班级建设有了更好的落脚点。

8. 其他工作

做好招生咨询。结合学院制定的招生计划，做好咨询，扩大学校知名度，吸引更多的优秀学生，提高生源质量。

建立突发事件应急预案。以院长、书记、副书记、团委书记和辅导员为主成立应急小组，对突发事件做出及时有效的反应，并尽量将影响控制在最小的范围内。

加强对问题学生的管理。做好学习成绩统计分析，对学生的日常表现进行调查，查找问题学生，针对不同学生特点进行教育引导。

加强学生的日常管理。落实各种规章制度，通过制定“物流学院学生工作月安排”引导学生工作的常规化、标准化。

9. 社会奖学金

物流学院广泛与社会各界进行交流合作，为学生争取多项企业奖学金、助学金。2011年，3人获中集物流奖学金，15人获罗杰斯特奖学金，20人获华人物流助学金。

（撰稿人：王晓平　审核人：邬　跃）

【特色工作】

1. 以科研平台构建为中心，加强高水平学科研究基地建设

对学院科研资源进一步优化，突出重点工程建设，形成一批强有力的科研发展基础平台。

强化物流系统与技术市级重点实验室、工程技术实验室以及流通质量安全实验室的建设，累计投入基金200余万元，购置包括遥感飞机在内的一批高精尖设备，进一步充实实验室的基础力量，形成更多的优势资源。

物流系统与技术市级重点实验室完

成部分设备的更新和改造，增强了为教师科研工作服务的能力。实验室正处于从以教学型为主逐步过渡到以科研型为主的转化过程，并已经形成国内领先的现代物流服务业基础工程技术研究和应用中心。

进一步加大物流实验室联盟的建设力度，更大范围地扩展实验室的影响力和凝聚力，形成国内一流的开放式物流工程技术研发和应用平台。2011 年，包括北京化工大学等在内的 3 所高校加入该联盟。

进一步完善物流博物馆建设，制定新的博物馆发展计划，未来将建设成为集科学研究、成果应用展示、教育教学、科学知识普及等为一体的综合性现代物流基地。

大力促进与重点核心企业的联合型工程中心的建设，形成与企业的良性互动，提升学院服务产业的能力。

2. 以人为本，加大扶持力度，构建高层次的科研团队

以北京市物流管理与工程科研基地建设为基础，加大科研人才培养力度，扩展科研人才培养渠道，改善科研人才培养环境，构建更加合理的科研人才培养制度，初步建设成一支具有国际化背景、宽阔国际化视野的科研团队。

2011 年，物流学院组织 3 次出访日本、德国以及法国的科研机构和高等院校，1 名教师赴美国普林斯顿大学进修。

在相关政策的扶植下，一批青年教师快速成长，形成一支年龄结构合理的研究团队。学院已经拥有集团型企业物流资源配置决策研究团队、零售物流研究团队、物流系统与技术创新团队、商品流通安全研究团队以及采购与供应链研究团队等 5 个科研团队。

3. 强化研究生和本科生科研能力培养，打造多层次的科研基础人才培养基地

全面提升研究生与指导教师的结合度，吸引研究生广泛参与科研工作，提高研究生的培养质量。

重视本科生科研能力培养，以开放实验、学科竞赛等为引导，提升本科生科研的参与度，探索将竞赛常规化、普及化的新途径，在学生中创造良好的科研氛围。物流学院获得全国大学生物流设计大赛一等奖 1 项，首都大学生物流设计大赛二等奖 1 项。

4. 大力建设开放式研究平台，引入外部资源，形成物流发展合力

实行物流学院学科建设专家引入工程，为学科建设提供保障，邀请业内专家作为学科发展的指导专家，在制定科研发展计划、项目申报、重点课题研究、青年教师培养等方面，提出建设性意见。邀请 20 余位专家来校讲座，听众超过 1000 人次。

5. 全面提升与行业协会、学术期刊的合作关系，为科研工作创建良好的外部环境

物流学院与物流领域的行业协会、学术杂志开展深层次合作，建立常态的联系人制度，扩大信息对接服务，提升物流学院在上述机构的影响力。在加强与中国物流与采购联合会、中国物流学会、中国商品学学会现有合作的同时，还与中国机械工程学会、中国仓储协会、德国商会建立联系，共同举办多项活动，构建学院发展的良好社会资源环境，提升学院的影响力。

（撰稿人：王成林　杨　雪
审核人：邬　跃）

【附录】

2011 年物流学院发表论文一览表

序号	论文题目	第一作者	发表刊物	备　注
1	Influences of a periodic signal on a noisy synthetic gene network	刘　艳	中国科学	A 级
2	区域性国际物流信息平台构建研究	翁心刚	中国流通经济	B 级
3	日本绿色物流发展的状况及启示研究	翁心刚	中国流通经济	B 级
4	推动我国商业绿色采购的理性思考	沈小静	中国流通经济	B 级
5	中国物流产业的发展与问题	姜　旭	Material Handling Journal	B 级
6	基于复杂性供应链脆弱性研究	杜志平	中国流通经济	B 级
7	关于中国货物运输的经济分析	姜　旭	Journal of Japan Logistics Society	B 级
8	中国现代流通体系框架构成探讨	孙前进	中国流通经济	B 级
9	产品回收再生动态行为模型分析	周三元	中国流通经济	B 级
10	工程项目集成化管理的绩效评价研究	徐广姝	International Journal of Information Processing and Management	B 级
11	果蔬类农产品信息追溯系统的构建研究	王晓平	中国流通经济	B 级
12	基于对偶树复小波的匹配追踪方法及其应用	陈志新	Applied Mechanics and Materials	B 级
13	冷链协同机制研究	翁心刚	The Conference on Engineering and Business Management (EBM 2011)	B 级（论文集 ISTP）

续 表

序号	论文题目	第一作者	发表刊物	备 注
14	绿色供应链下的供应商选择分析研究	马向国	IEEE International Conference on Automation and Logistics，ICAL2011	B级（论文集EI）
15	Wi-Fi RTLS在自动仓储管理系统中的应用	马向国	IEEE International Conference on Automation and Logistics，ICAL2011	B级（论文集EI）
16	基于Flexsim的配送中心不同分拣策略的仿真及优化	马向国	IEEE International Conference on Automation and Logistics，ICAL2011	B级（论文集EI）
17	基于层次分析法和灰色系统理论的应急条件下物流方案选择研究	马向国	Proceedings of the international symposium on emergency management 2010	B级（论文集ISTP）
18	工程项目集成化管理的实证研究	徐广姝	IEEE 17th International Conference on Industrial Engineering and Engineering Management	B级（论文集EI）
19	中国工程项目集成化管理效果的实证研究	徐广姝	Proceedings of IEEE 18th international conference on industrial engineering and engineering management	B级（论文集EI）
20	MES中的非结构化信息管理策略	姚志英	Applied Mechanics and Materials	B级（论文集EI）
21	基于碎片内容分析的CAD图纸管理新方法	姚志英	2011 IEEE International Conference on Computer Science and Automation Engineering	B级（论文集EI）
22	the e-readiness of Chinese logistics industry	田 雪	International Conference on Management and Service Science	B级（论文集EI）
23	the Dynamic International Executive Logistics Talent Attributes Model	田 雪	International Conference on Management Service Science	B级（论文集EI）

续 表

序号	论文题目	第一作者	发表刊物	备 注
24	新稳健无监督支持向量机	赵 琨	Journal of systems sciences and complexity	B级（SCI）
25	基于熵值的供应商评价模型的研究	赵立强	International Conference on Management and Service Science（MASS2011）	B级（论文集EI）
26	考虑外部成本的配送网络设计研究	陆 华	Proceedings of the 2011 International Conference on Network Engineering nd Computer Science	B级（EI）
27	对偶树复小波分析及其在轧件缺陷检测中的应用	陈志新	2010 3rd International Conference on Advanced Computer Theory and Engineering（ICACTE 2010）	B级（论文集EI）
28	基于信息化的我国国际贸易物流可视化现状以及需求分析	王成林	2011 2nd International Conference on Management Science and Engineering	B级（论文集ISTP）
29	Research on B2B2C – based Logistics Operation Patterns	王晓平	国际会议MASS2011	B级（论文集EI）
30	基于高分辨率遥感影像的人口密度分析法在大型超市选址中的应用研究	史晓霞	21ST POMS	B级（论文集EI）
31	大学生消费教育现状研究	张耀荔	中国物流与采购	B扩
32	我国社会物流成本居高不下成因研究	翁心刚	中国物流与采购	B扩
33	北京物流基地分布及功能定位浅析	孙前进	商业时代	B扩
34	日本便利店在华特许经营战略浅析	孙前进	中国物流与采购	B扩
35	日本便利店业态在中国的发展战略研究	孙前进	商业时代	B扩
36	基于产业结构的京津冀物流功能集聚区建设探讨	孙前进	商业时代	B扩

续　表

序号	论文题目	第一作者	发表刊物	备　注
37	我国中心城市配送系统构建问题及对策	梁　晨	中国物流与采购	B扩
38	中心城市配送系统的形成机理及其复杂性研究	梁　晨	中国物流与采购	B扩
39	基于聚合裂变效应的区域性国际物流综合服务平台构建	唐秀丽	商业时代	B扩
40	我国水产品批发市场体系建设问题与对策	唐秀丽	中国物流与采购	B扩
41	我国管理学科发展动因研究	徐广姝	商业时代	B扩
42	国际化实战型物流人才素质模型	田　雪	中国物流与采购	B扩
43	依托学科建设促进物流实验室服务水平提升	王成林	中国物流与采购	B扩
44	基于国际贸易数据的我国国际物流市场发展趋势与流向特点	李彦萍	中国物流与采购	B扩
45	快递企业物流能力提升途径研究	翁心刚	物流技术	
46	系统规划工作框架 搭建全方位德育体系	沈小静	北京教育德育版	
47	Quality control and management on banana supply chain	张耀荔	2011 3rd International Conference on Education Technology and Computer Engineering and Applications	
48	日本物流发展现状与趋势	姜　旭	中国物流发展报告（2010—2011年）	
49	日本绿色物流发展的几点借鉴	姜　旭	现代物流报	
50	日本货物纯流动调查的借鉴意义	姜　旭	现代物流报	
51	日本物流成本管理给我们的启示	姜　旭	现代物流报	

续 表

序号	论文题目	第一作者	发表刊物	备 注
52	绿色物流的发展与企业的社会责任	姜 旭	物流技术	
53	日本物流的“求车求货”信息系统	姜 旭	现代物流报	
54	我国铁路货物运输的空间经济分析	姜 旭	中国物流学术前沿报告（2011—2012 年）	
55	关于我国铁路货物运输的实证研究	姜 旭	物流技术	
56	基于货物纯运输量的日本物流业发展	姜 旭	铁道运输与经济	
57	从物流成本的变化看日本物流业的发展	姜 旭	中国物流年鉴（2011 年）	
58	日本物流政策及数据统计连续性的启示	姜 旭	现代物流报	
59	日本《综合物流施策大纲》对我国的启示	姜 旭	现代物流报	
60	北京交通业：大气污染控制举措	孙前进	中国科技投资	
61	外资快餐业的食品安全问题与隐患	孙前进	中国市场	
62	日本综合超市在华立地布局战略分析	孙前进	中国市场	
63	京津冀物流体系构建的经济环境研究	孙前进	北京市哲学社会科学研究基地成功选编 2011	
64	河北省进京蔬菜流通环境形成背景浅析	孙前进	中国市场	
65	京津冀地区物流体系建设与发展研究（上）	孙前进	物流技术	
66	京津冀地区物流体系建设与发展研究（下）	孙前进	物流技术	

续 表

序号	论文题目	第一作者	发表刊物	备 注
67	物流管理专业（方向）硕士研究生培养现状调查分析	孙前进	中国市场	
68	物流实践教学平台构建研究	王成林	2011 2nd International Conference on Management Science and Engineering	
69	物流实验室联盟构建策略研究	王成林	物流技术	
70	配送中心装卸搬运系统设计研究	王成林	物流技术	
71	破解“看似简单却事故频发”难题	王成林	中国安全生产报	
72	我国国际物流综合服务平台构建分析	王成林	物流技术	
73	区域性国际物流综合服务平台构建研究	王成林	物流技术	
74	基于涡旋机理的区域国际物流综合服务体系构建模式研究	王成林	物流技术	
75	基于联盟的面向产业的地方高校重点实验室可持续发展策略研究	王成林	2011 Conference on Education and Education Management（EEM 2011）	
76	供应链绩效评价之“取与舍”	唐长虹	石油石化物资采购	
77	如何提升供应链的“竞争力”	唐长虹	石油石化物资采购	
78	供应链管理人才高与低	唐长虹	石油石化物资采购	
79	“利用外部有效资源”的路径选择	唐长虹	石油石化物资采购	
80	供应链结构设计节点之“多与少”	唐长虹	石油石化物资采购	
81	供应链中信息技术应用之“新与旧”	唐长虹	石油石化物资采购	
82	构建供应链企业“核心竞争力”的思维方法论	唐长虹	石油石化物资采购	
83	北京地区连锁超市果蔬质量控制现状调研分析	陈 静	中国商品学会第十四届学术论坛论文集	

续 表

序号	论文题目	第一作者	发表刊物	备 注
84	北京地区水果种植基地及农户农药施用现状调研分析	陈 静	中国商品学会第十四届学术论坛论文集	
85	Determination technique of pesticide residue in vegetables	陈 静	2011 3rd International Conference on Education Technology and Computer	
86	Research on cold chain technical standards of fermented dairy products stored at low temperature	陈 静	The fourth International Institute of Statistics & Management Engineering Symposium	
87	农产品冷链报告	王晓平	2010 中国农产品加工、流通与冷链产业发展报告	
88	冷链温度控制与监测追溯	王晓平	2010 中国冷链年鉴	
89	电子商务模式下的农产品信息交换研究	王晓平	农产品电子商务发展与探索：首届中国农产品电子商务论坛文集	
90	Context based Dynamic and Flexible Approval Mechanism within Process and Rule	王晓平	The 3rd International Conference on Information Science	
91	配送中心选址影响因素仿真研究	张旭凤	International Conference on Management Science and Intelligent Control	
92	物流配送网络的无标度网络特征研究	张旭凤	物流技术	
93	基于 ISM 理论的快递网点选址影响因素研究	张旭凤	物流技术	
94	企业供应链文化整合研究	唐秀丽	物流技术	
95	北京市“十二五”时期物流业发展的建议	唐秀丽	物流技术	
96	中国仓储教育培训与人力资源分析（2011）	刘 俐	中国仓储行业发展报告（2011）	
97	基于灰色关联模型的苏北物流经济影响因素分析	刘 俐	物流工程与管理	

续 表

序号	论文题目	第一作者	发表刊物	备 注
98	商品检验在生鲜加工配送中心的作用研究	缪 瑞	中国商贸	
99	以实施 ISO 14000 标准为手段加快物流绿色化进程	缪 瑞	物流技术	
100	基于企业动态能力的国际化实战型物流人才素质模型	田 雪	物流技术	
101	电子贸易物流服务行业发展环境成熟度模型及评价指标体系研究	田 雪	物流技术	
102	基于 RFID 的化工类产品仓储高效管理与实时安全监控的无线网络化综合系统研究	赵立强	物流技术	
103	基于 RFID 的化工类产品运输的高效管理与实时安全监控的无线网络化综合系统的研究	赵立强	2011 International Conference on Information, Service and Management Engineering (ISME 2011)	
104	采购研究综述及展望	王 燕	物流技术	
105	封闭体系中的内信号随机共振	刘 艳	CMBB 2010	
106	浅谈商品学学科的发展与改革	沈 丽	中国重要会议论文全文数据库	
107	关于医院后勤仓库库存控制的研究	胡贵彦	物流技术	
108	长三角港口群物流发展格局关系研究	温卫娟	中国科技纵横	
109	过程感知的工作流管理信息系统开发	王微怡	中国科技博览	
110	生鲜食品冷链物流服务质量研究述评	陈红丽	物流技术	
111	从超声波到高强度聚焦超声消融技术	刘 红	中国科技信息	

续 表

序号	论文题目	第一作者	发表刊物	备 注
112	青山商事以自动化物流中心支撑商圈扩展	米 娜	物流技术与应用	
113	“双轨制”物流人才培养模式的探索与实践	陆 华	物流技术	
114	SERA 模型与 CEM 模型耦合的区域生态风险预测	史晓霞	World Academy of Science, Engineering and Technology	
115	新型耐电晕聚酰亚胺杂化薄膜的制备与性能研究	芮嘉明	化工新型材料	
116	信息不对称下供应链上下游企业质量守约博弈分析	杜志平	物流技术	
117	特色农产品配送成本最小化的分布式网络设计研究	徐广姝	2009 年度中国总会计师优秀论文选	

2011 年物流学院出版著作一览表

序号	著作名称	主要作者	著作类别
1	城市物流	唐秀丽	学术专著
2	经济体制改革与市场体系建设	孙前进	编著
3	北京农产品流通体系规划与建设	孙前进	编著
4	零售业改革与发展	孙前进	编著
5	区域性国际物流信息服务体系构建研究	翁心刚	编著
6	2011 中国仓储行业发展报告	刘 俐	编著
7	物流运筹学——技术及方法应用	白晓娟	编著
8	商品检验与质量管理	陈红丽	教材
9	物流信息技术	王晓平	教材

2011 年物流学院科研项目一览表

序号	项目名称	负责人	项目来源	项目性质
1	基于核酸适体与纳米金的超灵敏快速检测方法研究	沈 丽	国家自然科学基金项目	纵向项目

续　表

序号	项目名称	负责人	项目来源	项目性质
2	基于参与者行为博弈的供应链利益分配模型研究	杜志平	国家自然科学基金项目	纵向项目
3	高产α－葡萄糖苷酶抑制剂的菌株筛选及其生物转化机理	陈　静	国家自然科学基金项目	纵向项目
4	塑料全程电子商务及其物流服务技术开发与示范应用	翁心刚	国家科技支撑计划项目	纵向项目
5	面向城市需求的鲜活农产品冷链物流管理体系研究	翁心刚	国家社会科学基金项目	纵向项目
6	纳米磁性条码技术初探－北京自然基金	梁雅琼	北京市自然科学基金项目	纵向项目
7	低温乳制品在冷链物流供应中的品质管理研究	陈　静	北京市哲学社会科学规划项目	纵向项目
8	基于质量安全的北京市食品供应模式研究	沈小静	北京市哲学社会科学规划项目	纵向项目
9	商业绿色采购政策研究	沈小静	商务部	纵向项目
10	电子商务环境下的物流管理	王晓平	中央其他部门社科专门项目	纵向项目
11	编著《农产品流通安全与质量检测技术》	陈　静	北京市委组织部	纵向项目
12	我国货物运输空间经济研究	姜　旭	北京市委组织部	纵向项目
13	科技创新平台－物流管理与工程	邬　跃	北京市教委科研基地项目	纵向项目
14	流通环节中蔬菜农药残留快速检测系统研究	陈　静	北京市教委科技计划面上项目	纵向项目
15	流通环节中食品药物残留快速检测技术研究	沈　丽	北京市教委科技计划面上项目	纵向项目
16	生鲜食品冷链物流服务质量评价指标体系的研究	陈红丽	北京市教委人文社科计划面上项目	纵向项目
17	体验式新生入学教育模式的研究与实践	沈小静	北京市委教育工作委员会项目	纵向项目
18	京津冀地区物流体系构建综合环境研究	孙前进	中国物流学会	纵向项目

续 表

序号	项目名称	负责人	项目来源	项目性质
19	关于我国货物运输的空间分析研究	姜 旭	中国物流学会	纵向项目
20	香蕉供应链质量控制研究现状	张耀荔	中国商品学会	纵向项目
21	罐头食品中食品添加剂的检测标准研究	刘 艳	中国商品学会	纵向项目
22	通州区农贸市场蔬菜中农药残留抽样调查研究	陈 静	中国商品学会	纵向项目
23	高校德育载体研究	沈小静	中国伦理学会	纵向项目
24	都市绿色农产品现代物流创新示范园战略规划	邬 跃	北京建设（控股）有限公司委托项目	横向项目
25	宋庄现代综合物流园	邬 跃	中稷畅捷物流科技有限公司委托项目	横向项目
26	新疆库车县国际商贸物流发展战略规划	邬 跃	库车县发展和改革委员会委托项目	横向项目
27	娄底鑫业现代物流项目规划	邬 跃	湖南鑫业房地产有限公司委托项目	横向项目
28	河北钢铁集团物流产业“十二五”发展战略规划	翁心刚	河北钢铁集团国际物流有限公司委托项目	横向项目
29	邯郸钢铁集团有限责任公司现代物流发展战略规划	翁心刚	邯郸新兴国际商贸物流管理有限公司委托项目	横向项目
30	激光等离子体自生磁场测量	梁雅琼	中国科学院国家天文台委托项目	横向项目
31	巴氏消毒机控制系统研发	王成林	北京大友汉腾畜牧技术有限公司委托项目	横向项目
32	铁路物流服务与技术创新基地	姜 旭	中国铁道科学研究院东郊分院委托项目	横向项目
33	古籍数字化加工系统	姚志英	北京正东博润科技有限责任公司委托项目	横向项目
34	基于供应链环境下贵重品物流设计	刘红	北京市天健商贸有限责任公司委托项目	横向项目

续 表

序号	项目名称	负责人	项目来源	项目性质
35	北京铜牛集团有限公司仓库选址及运营设计项目方案	宋玉卿	北京铜牛集团有限公司委托项目	横向项目
36	无线通信路由器设计与开发	缪瑞	北京亿旗创新科技发展有限公司委托项目	横向项目
37	基于预期流模型的北京市共同配送模式选择与网络优化研究	温卫娟	北京物资学院青年科研基金项目	校级项目
38	基于产品差异化的旅游供应链合作协调研究	杨　丽	北京物资学院青年科研基金项目	校级项目

2011 年物流学院获奖成果一览表

序号	成果名称	获奖作者	奖励名称	奖励级别	奖励等级
1	“十一五”国家级规划教材——物流管理基础	翁心刚	中国物流与采购联合会科技进步奖	国家一级协会（国资委直管协会）	一等奖
2	物流类专业实验教学平台的构建与应用	王成林	中国物流与采购联合会科技术进步奖	国家一级协会（国资委直管协会）	二等奖
3	物流类专业实验教学平台的构建与应用	张旭凤	中国物流与采购联合会科技术进步奖	国家一级协会（国资委直管协会）	二等奖
4	物流类专业实验教学平台的构建与应用	张耀荔	中国物流与采购联合会科技术进步奖	国家一级协会（国资委直管协会）	二等奖
5	物流类专业实验教学平台的构建与应用	刘　俐	中国物流与采购联合会科技术进步奖	国家一级协会（国资委直管协会）	二等奖
6	物流类专业实验教学平台的构建与应用	李彦萍	中国物流与采购联合会科技术进步奖	国家一级协会（国资委直管协会）	二等奖

续 表

序号	成果名称	获奖作者	奖励名称	奖励级别	奖励等级
7	物流类专业实验教学平台的构建与应用	田　雪	中国物流与采购联合会科技术进步奖	国家一级协会（国资委直管协会）	二等奖
8	物流实验教学平台的开发与推广	王成林	中国商业联合会科技术进步奖	国家一级协会（国资委直管协会）	二等奖
9	关于我国货物运输的空间分析研究	姜　旭	2011 年度中国物流学会课题优秀成果奖	省部级	二等奖
10	北京现代物流体系规划与建设	孙前进	2010 年宝供物流奖	国家一级协会（国资委直管协会）设立的奖项	三等奖
11	我国铁路货物运输的空间经济分析	姜　旭	第十次中国物流学术年会优秀论文奖	省部级	三等奖
12	基于涡旋机理的区域国际物流综合服务体系构建模式研究	王成林	第十次中国物流学术年会优秀论文奖	省部级	其他奖
13	物流实验教学研究	王成林	中国商品学会科技创新成果奖	省部级	其他奖
14	基于涡旋机理的区域国际物流综合服务体系构建模式研究	王成林	中国物流生产力促进中心优秀论文奖	局级	一等奖
15	农产品协议流通中的信息跟踪追溯模式研究	王晓平	中国物流生产力促进中心优秀论文奖	局级	一等奖
16	北京地区连锁超市果蔬质量控制现状调研分析	陈　静	中国商品学会论文奖	局级	一等奖
17	浅谈商品学学科的发展与改革	沈　丽	中国商品学会论文奖	局级	一等奖
18	电子商务与物流课程的教学探讨	胡贵彦	中国物流生产力促进中心优秀论文奖	局级	二等奖

续 表

序号	成果名称	获奖作者	奖励名称	奖励级别	奖励等级
19	代储代销研究	宋玉卿	中国物流生产力促进中心优秀论文奖	局级	二等奖
20	北京地区水果种植基地及农户农药施用现状调研分析	陈　静	中国商品学会论文奖	局级	二等奖
21	电子贸易物流服务行业发展环境成熟度模型及评价指标体系研究	田　雪	中国物流生产力促进中心优秀论文奖	局级	三等奖
22	基于 RFID 的冷库实时监控与管理的无线网络化综合系统研究	赵立强	中国物流生产力促进中心优秀论文奖	局级	三等奖
23	电子鼻技术在农产品流通中的应用	刘　艳	中国物流生产力促进中心优秀论文	局级	三等奖

2011 年物流学院获国家专利一览表

序号	专利名称	专利发明人	专利类型
1	一种军用通信设备运输状态检测与模拟系统	王成林	发明专利
2	一种可用于巴氏消毒的液体温度控制装置	王成林等	实用新型专利
3	一种组合式搬运装卸单元、搬运装卸装置及滑车	王成林等	实用新型专利
4	一种气密性检测装置	王成林　王琦（学生）	实用新型专利
5	一种液体温度控制装置	王成林等	实用新型专利
6	一种配送中心运行模拟教学系统	王成林　张旭凤等	实用新型专利
7	一种运输环境模拟系统	王成林　王琦（学生）	实用新型专利
8	一种磁吸力可调的磁性书签	梁雅琼	实用新型专利

2011 年物流学院校级教改项目一览表

项目名称	负责人	项目级别
在华日本流通企业案例研究	孙前进	一般项目
“屏幕录像法”在物流软件开发工具课程中的应用研究	王微怡	一般项目
基于需求机理的就业指导能力培养服务研究	温卫娟	一般项目
物流系统分析实验教学改革探讨	周三元	一般项目
物流管理专业校内实践周教学体系开发与建设研究	米　娜	一般项目

信息学院

【发展概况】

信息学院（School of Information）成立于 2006 年 6 月，2011 年 6 月，学院领导班子换届。7 月，调整原信息管理、电子商务、计算机科学与技术、信息与计算科学、统计学 5 个教研室，合并组建成 3 个系：计算机技术与信息工程系、计算科学与统计系、信息管理与电子商务系。

计算机技术与信息工程系，设有计算机科学与技术和信息工程（物联网方向）两个专业，拥有计算机科学与技术一级学科硕士点，教师 20 人。其中，教授 3 人，副教授 8 人；具有博士学位的教师 9 人；硕士研究生导师 8 人；北京市中青年骨干教师 3 人；北京市学术创新团队 1 个。计算科学与统计系设有信息与计算科学、统计学两个本科专业，教师 25 人。其中，教授 3 人，副教授 9 人；具有博士学位的教师 13 人；硕士生导师 7 人；北京市教学名师 1 人，北京市中青年骨干教师 3 人；优秀教学团队 1 个。信息管理与电子商务系，设有信息管理与信息系统、电子商务两个专业，信息管理与信息系统专业是北京市特色专业，教师 20 人。其中，教授 3 人，副教授 6 人；具有博士学位的教师 7 人；硕士生导师 5 人；北京市教学名师 1 人，北京市中青年骨干教师 3 人。

学院拥有计算机基础实验室、数据分析与计算科学实验室 、信息系统与软件工程实验室、智能处理与控制仿真实验室、电子技术实验室、计算机原理与接口实验室、电子商务实验室、网络技术实验室、图形处理实验室、多媒体技术实验室等 10 个实验室，以及实践教学中心和信息与控制工程研究中心，总使用面积 2500 多平方米。

2011 年，毕业本科生 272 名，在校本科生 1143 名学生。

（撰稿人：陈　征　审核人：朱　杰）

【学科建设】

2011年，信息学院拥有管理科学与工程和计算机科学与技术两个一级学科硕士学位点。

4月，信息学院参加北京市教委组织的“关于新申办一级学科硕士学位建设工作会议”，撰写《计算机科学与技术学科点建设方案》。9—10月，参与北京物资学院“流通系统工程与管理”博士点的申报工作，主要负责“流通信息工程与技术”方向的论证工作。

11—12月，开展自主设置二级学科以及目录外二级学科论证工作。在一级学科管理科学与工程下设置优化理论与方法、信息管理与信息技术两个二级学科；一级学科计算机科学与技术下设置计算机应用技术、计算机软件与理论两个二级学科；设置目录外二级学科——物联网工程与技术。对上述5个二级学科开展学科论证工作。

晋升副教授1人、讲师3人，引进博士2人。

信息学院获北京市教委重点学科建设资金资助5万元，主要用于管理科学与工程学科的基本建设。

信息学院现代物流信息与控制技术研究基地设有“现代物流信息综合智能处理技术”研究团队，“控制、仿真与系统优化”研究团队，“最优化理论与应用”研究团队，“物流统计理论与方法创新”研究团队4个创新团队。

2011年，发表论文152篇。其中，A级论文3篇，B级论文65篇；承担各类课题18项，其中，横向项目7项，省部级项目6项，市局级项目5项；申请专利9项；出版书籍12部，其中，学术专著2部，编著7部。

（撰稿人：申贵成　审核人：朱　杰）

【教学工作】

2011年，信息学院1名教师获北京市第七届青年教师教学基本功比赛理工类B组一等奖、最佳演示奖、最受学生欢迎奖；2名教师获校级“优秀教师”称号。

信息学院获批47项校级“本科质量工程”项目，其中，集中项目13项，自主项目34项；获批校级教学改革项目19项，其中，重点项目2项。获批大学生科学研究与行动就业计划项目27项。

2011年，信息工程专业招收第一届本科生；申报物联网工程本科专业；修改完善2009年制订的“大类招生，灵活培养”人才培养方案，改革实验班制度，开始实行入学即确定大类培养方向，大二结束后明确专业人才培养方案。

修订制定本科培养方案。全体教师参与讨论，学院教学指导委员会通过，对2010级6个专业的本科培养方案进行修订完善；制定2011级和2012级的本科培养方案。

组织召开各类教学工作会议。2月24—25日，召开“专业教育特色”研讨会，探讨专业教育和特色教育；4月23日，召开“新学科、专业建设计划”研讨会，探讨如何加强新建学科、新建专业的建设；5月30日，召开提高毕业论文质量研讨会，探讨如何开展毕业论文工作以及进一步提高毕业论文的质量等问题；6月8日，召开“专业建设—特色专业—信息管理与信息系统”研讨会，进一步研究特色专业—信息管理与信息系统的专业建设问题，进一步凸显该专业的人才培养特色；6月19日，召开“物联网应用研究方向”研讨会，探讨物联网技术的应用方向，为进一步制定物联网技术方向的人才培养计划提供基础；8月26日，召开“学科整合与科技创新”会议，商讨新学期教学、科研等各方面工作安排；12月1日，召开“计算机技术与信息工程专业建设”研讨会，着重探讨计算机系新建专业——信息工程（物联网技术方向）的办学理念、宗旨、培养目标及培养模式等问题。

（撰稿人：郭　键　审核人：朱　杰）

【科研工作】

2011年，信息学院教师主持、参与省部级以上项目15项，其他级别项目11项，横向项目10项，校级项目4项。发表论文154篇，A级期刊论文3篇；SCI期刊论文检索3篇，其中，1篇为SCI、EI双检索；SCI会议论文检索1篇，EI期刊论文检索11篇，EI会议论文检索40篇；B级期刊论文19篇，1篇发表在国外期刊。著作10部。

获得国家专利15项，其中，郭键等人设计的“频率控制字的生成方法、装置及信号发生器”专利为发明专利。

获得各级科研奖励2项，其中，获中国物流与采购联合会科技进步奖1项，其他奖1项。

田立平教授获得2011年度校级科研先进个人。

信息学院科研基地建设获得资助共计230万元，其中，“科研基地—物流技术工程研究”获得资助80万元，“科研基地—科技创新平台—现代物流信息与控制技术研究”获得资助150万元。

1月23日，召开“信息工程技术应用研讨会”，参会人员为学院领导、教授以及部分教师，研讨信息工程技术的应用理论和方法。1月28日，召开“物流信息与控制技术研讨会”参会人员为学院领导、教授以及部分教师，研讨物流信息技术与控制技术发展趋势、创新方法和实施途径。6月6日，召开“校企结合科研方向研讨会”，参会人员为企业代表、学院领导、教授以及相关教师，探讨企业与高校科研合作的途径和方式。10月16日，召开“科研创新项目研讨会”，参会人员为学院领导、教授、教研室主任以及专任教师，交流科研经验，探讨创新途径和方法。12月14日，召开“物流技术工程研讨会”，参会人员为学院领导、教授以及相关教师，总结年度工程项目成果，交流物流技术和工程实施经验。

（撰稿人：阎　芳　审核人：朱　杰）

【党建工作】

信息学院党总支共包括6个支部。其中，教师党支部3个、学生党支部3个。党员198人，其中，教工党员46人，学生党员152人；入党积极分子592人。发展党员82人。

信息学院党建工作主要包括党总支会议议事规则、制定领导干部党风廉政建设责任分工、开展“创先争优”活动、开展年度先进基层组织和优秀党员评选、重新组建教职工党支部等。

4月，组织开展创先争优活动。

6月，党总支换届，选举产生新一届党总支部委员会，总支书记刘军，副书记徐必忠。

7月，制定党总支会议议事规则、领导干部党风廉政建设责任分工等管理文件。进行党支部调整工作，将原教工支部撤销，在教学系的基础上新建3个教工支部，使支部建设与教学系建设相统一。

8月，全体党员参观刘胡兰纪念馆。

9月，完成“教工之家”建设。

12月，总支组织全体教职工开展为期一年的教风学风建设年活动。

（撰稿人：刘　军　审核人：朱　杰）

【学生工作】

按照学校2011年工作总体要求和信息学院工作计划，信息学院学生工作继续围绕学校发展大局，坚持科学发展观，确立以学生为本，全面育人的理念，通过形式政策教育及党团活动，切实加强学生的思想政治教育，全面推进校风学风建设活动，抓好学风和院风建设。通过创造宽松健康、积极向上的环境来促进学生的发展，努力营造一个教育、管理和服务的良好氛围。同时关注学生的自我发展和自主教育，努力培养学生的创新精神的实践能力，推动工作创新，开创学生工作的新局面。

1. 制度建设和队伍建设

学院根据实际情况引进辅导员1名，共有专职辅导员3名，兼职研究生辅导员2名。为2011级新生班配备班主任10名，兼职班主任助理20名。辅导员与班主任相互协调，分工明确，全面有序地开展各项学生管理工作。

制定《信息学院2011级班主任手册》，并带领新生班主任学习手册内容，重点学习强调《北京物资学院本科学生管理规定》《北京物资学院学生纪律处分条例》和《北京物资学院学士学位授予工作细则》。9月，对2011级学生学习理解《学生手册》的情况进行考察，强化对学生的教育和管理。

2. 就业工作

截至8月底，272名本科毕业生中，升学6人，签署就业协议224人，占毕业生总数84.56%。其中，北京村官12人，社区服务1人，预征兵5人，自主创业1人。家庭经济困难学生就业率达98.08%。信息管理与信息系统专业就业率100%，统计学专业就业率100%，信息与计算科学专业就业率97.96%，计算机科学与技术专业就业率96.55%，电子商务专业就业率90.91%，信息管理与信息系统专业（软件设计方向）就业率90%。就业工作取得良好成绩，获得学校表彰。

3. 学风建设

为进一步增强学院学习氛围，新生班继续落实晚自习制度，学院通过班级辅导员和班主任的督导，进一步加强晚自习的管理和教育。通过在新生晚自习开展“读书报告会”活动，帮助大一新生端正学习态度，充实对大学生活的认知，从而有效地避免他们在刚入学时出现迷茫。此外，学院还在晚自习中引入形式丰富的信息科技讲座和培训班，为学生专业知识的学习打下良好的基础。

4. 大学生党建

11月，为加强入党积极分子的思想政治教育，信息学院开设了第九期初级党课培训班，历时一个月。围绕入党的程序和要求、党的性质和指导思想、树立正确的入党动机，以及入党流程、“推优”流程及入党材料的写作等内容，举办四次党课讲座，培训入党积极分子184人。通过培训，加深入党积极分子对中国共产党的了解，明确入党的努力方向。

5. 学生科技获奖

信息学院学生柯雅雅、付涛获得北京市数学建模一等奖。白雅楠等21名同学获得成功参赛奖。陈昌等11名同学获得北京物资学院第八届数学竞赛一、二、三等奖。谭欣欣等23人获得北京物资学院第五届数学建模竞赛二、三等奖，徐萌等7名同学获得北京物资学院首届大学生统计建模大赛一、二、三等奖。在2011年“林海雪原杯”第十三届全国机器人大赛暨2011年世界杯机器人大赛中国队选拔赛中，学院“京东浩海”代表队获得了FIRA仿真型5V5机器人足球比赛全国三等奖。在2011年“读者杯”中国机器人大赛暨RoboCup中国公开赛中，信息学院大学生机器人团队获得全国一等奖1项、二等奖2项、三等奖1项，参赛团队全部获奖。

6. 学生组织

为进一步提高团学干部的综合素质和工作能力，4月和10月，信息学院分别举办两期团学骨干培训班，所有从事学生管理工作的教师，信息学院分团委、学生会的主要干部，以及2010级、2011级各团支部、班级主要干部共400余人参加培训。

为进一步强化信息学院专业特色，分团委新成立计算机协会，学生社团增加到2个。各社团设会长1名，委员4名，干事20余名。

（撰稿人：徐必忠　审核人：朱　杰）

【对外交流】

信息学院教师参加国际学术会议5人次，发表国际学术会议论文59篇，在国际学术交流方面取得了长足的进展。

学院邀请北京师范大学教授李仲来作关于“统计的应用”专题讲座，邀请北京大学教授谭少华作关于“人工智能”专题讲座，邀请北京科技大学教授王昭顺作关于“信息安全”专题讲座，邀请首都师范大学教授汪和平作关于“量子微积分”专题讲座，邀请北京师范大学教授汪凤雨作关于“从归纳法看数学的理论与应用”专题讲座，共有师生290人次参加上述讲座。

（撰稿人：阎　芳　审核人：朱　杰）

【附录】

2011 年信息学院发表论文一览表

序号	论文题目	第一作者	发表刊物	备注
1	应用数据挖掘技术的短期太阳耀斑预报模型	李　蓉	中国科学	A 级
2	应用学习矢量量化和无监督聚类的太阳耀斑预报	李　蓉	中国科学	A 级
3	pq 阶图的不可定向正则嵌入	王福荣	中国科学	A 级
4	Stability and Bifurcations Analysis of Models for Zebrafish Somitogenesis	田立平	IEEE transactions on Nanobioscience	B 级(SCI)
5	Nonlinear Model – Based Method for Clustering periodically expressed genes	田立平	The Scientific World Journal	B 级(SCI)
6	Two – stage flux balance analysis of metabolic networks for drug target identification	李珍萍	BMC Systems Biology	B 级(SCI)
7	Parameter estimation method for Periodical Gene I dentification	田立平	The 5th International Conference on Bioinformatics and Biomedical Engineering	B 级(EI)
8	Stability and Bifurcations Analysisof Models for Zebrafish Somitogenesis	田立平	IEEE transactions on Nanobioscience	B 级(EI)
9	Globally Delay – Independent Stability of Ring – Structured Genetic Regulatory Networks	田立平	The 24th Annual Canadian Conference on Electrical and Computer Engineering	B 级(EI)
10	A Power – Law Based Model for Caspase Activated Apoptosis and Its Parameter Estimation	田立平	The 5th International Conference on Bioinformatics and Biomedical Engineering	B 级(EI)
11	The visions, technologies, applications and security issues of Internet of Things	申贵成	The 2nd International Conference on E – Business and E – Government (ICEE 2011)	B 级(EI)
12	Research on Fast Scalable Implementation of Elliptic Curve Cryptosystem on NIST Prime Field	申贵成	The 7th International Conference on Wireless Communications, Networking and Mobile Computing	B 级(EI)
13	Research on stochastic model and simulation for sorted – storage S – type	朱　杰	Key Engineering Materials	B 级(EI)

续 表

序号	论文题目	第一作者	发表刊物	备 注
14	The Study of Random - Storage Return - Type Manual Order Picking Based on M/G/1 Random Service System Theory	朱 杰	Journal of Computational Information Systems	B级 (EI)
15	The Orienteering Problem with Compulsory Nodes and Time Window	李珍萍	2011 8th International Conference on Service Systems and Service Management, Proceedings of ICSSSM' 11	B级 (EI)
16	Design and implementation of intelligent risk management system for city gas pipeline	刘俊娥	2011 GBMCC	B级 (EI)
17	Research on the construction of the logistics information platform in large - scale coal enterprises	刘丙午	2011 Fourth International Conference on Information Management, Innovation Management And Industrial	B级 (EI)
18	Design of Dual Phase Signals Generator Based on AD9833	郭 键	2011 International Conference on Electronic Engineering, Communication and Management	B级 (EI)
19	Method to Improve the Accuracy of Adjustable Phase Difference of Signal Generator	郭 键	Advanced Materials Research	B级 (EI)
20	A Novel Method to Calculate Frequency Control Word of Direct Digital Synthesizer	郭 键	Advanced Materials Research	B级 (EI)
21	Stochastic model and simulation research for random - storage S - type manual order picking	郭 键	Key Engineering Materials	B级 (EI)
22	A method to reduce error when synthesizing signal with adjustable frequency by using DDS	郭 键	2011 International Conference on Electronic Commerce, Web Application and Communication	B级 (EI)
23	Novel Algorithms to Restrain Deviation When Synthesizing Adjustable Frequency Signal using DDS	郭 键	Advanced in Conputr Science, Intelligent System and Environment	B级 (EI)

续 表

序号	论文题目	第一作者	发表刊物	备 注
24	The Study of Sorted – Storage Return – Type Manual Order Picking Based on M/G/1 Random Service System Theory	郭 键	Journal of Computational Information Systems	B级 (EI)
25	Class Tag Clustering Algorithm of Clustering Search Engine	周 鸿	2011 International Technology, Computer Engineering and Management Sciences	B级 (EI)
26	Research on web semantic information retrieval technology based on ontology	周 鸿	The 2011 International Conference on Intelligent Systems and Knowledge Engineering	B级 (EI)
27	Research on web semantic information retrieval technology based on ontology	周 鸿	2011 International Conference on Intelligent Systems and Knowledge Engineering	B级 (EI)
28	Research on Methods of Ontology – based Class Label Semantic Similarity Computation	周 鸿	2011 International Conference on Computational and Informational Sciences	B级 (EI)
29	Research on Construction of E – government Platform Based on Urban Traffic Management	周 鸿	2011 Fourth International Conference ON Information Management, Innovation Management and Industrial	B级 (EI)
30	Third – party payment problems and countermeasures	张 博	8th IEEE International Conference on Mobile Ad – hoc and Sensor Systems	B级 (EI)
31	The factors to hinder small retail entities from developing E-Commerce and its strategy	张 博	8th IEEE International Conference on Mobile Ad – hoc and Sensor Systems	B级 (EI)
32	To Promote the Development of Retail E-Commerce in Depth with Regional E – Commerce	张 博	IEEE International Conference on Computational Intelligence and Computing Research	B级 (EI)
33	Discrete Midpoint – Type Variation Integration	谭加博	2011 International Conference on Computational and Information Sciences	B级 (EI)

续 表

序号	论文题目	第一作者	发表刊物	备 注
34	Trapezoidal Variational Integration of Hamiltonian Systems	谭加博	International Conference on Information Engineering and Applications, IEA 2011	B级(EI)
35	Numerical methods for ordinary differential equations with two parameters	谭加博	International Conference on Information Engineering and Applications, IEA 2011	B级(EI)
36	Information Integration Solutions based on J2EE for Supply Chain Enterprises	张海军	International Conference on Management and Service Science	B级(EI)
37	Research and Application of Monitoring Memory by Page Fault in Linux Task Manager	张海军	2011Communications in Computer and Information Science	B级(EI)
38	Application of Centrality Measures in Bulletion Board Systems	丁连红	2011 IEEE 2nd International Conference on Computing, Control and Industrial Engineering	B级(EI)
39	Social Network Analysis Application in Bulletion Board Systems	丁连红	2011 International Conference on Intelligence Science and Information Engineering	B级(EI)
40	Demand Research of Construction of China	周 丽	The 2nd International Conference on Multimedia Technology (ICMT2011)	B级(EI)
41	The Issue Discussion of Regional International Logistics Integrated Information Service Platform Building	周 丽	The 2nd International Conference on Multimedia Technology (ICMT2011)	B级(EI)
42	Study of Logistics Distribution Network Planning based on Heuristic algorithm	李俊韬	the fourth International Conference on Intelligent Computation Technology and Automation	B级(EI)
43	Study of a Multi－objective Vehicle Routing Problem with Time Window based on Particle Swarm Optimization	李俊韬	2011 3rd International Workshop on Intelligent Systems and Applications (ISA2011)	B级(EI)

续 表

序号	论文题目	第一作者	发表刊物	备 注
44	Radar Level Meter Measurement in the Storage Silo	成晓红	materials science and information technology	B级(EI)
45	The concentration of air and pulverized coal boiler optimization methods and research	成晓红	frontiers of green building, materials and civil engineering	B级(EI)
46	基于 BPR 的 ERP 系统规划	霍灵瑜	2011 International Conference on Engineering Education	B级(EI)
47	融合多通道信息的二维人脸识别	唐恒亮	北京工业大学学报	B级(EI)
48	一种基于死区离散趋近律的准滑模控制	刘 涛	自动化学报	B级(EI)
49	Explanation of risk influence diagrams	袁瑞萍	2011 4th international conference on information management, innovation management and industrial engineering	B级(EI)
50	A Method of Object - based De - duplication	阎 芳	Journal of Network	B级(EI)
51	Research of Higher Education Input - Output	陈 蕾	2011 International Conference on Management Science and Industrial Engineering	B级(EI)
52	Brain Functional Networks Analysis and Comparison	张方风	2010 3rd international conference on biomedical engineering and informatics	B级(EI)
53	Research on Organizational Innovation Mode in Coal Logistics Enterprise	杨 洋	2011 信息科学与工程应用国际学术会议	B级(EI)
54	Application of the Hybrid Arbitrated Digital Signature Scheme in CSCW	于 真	7th International Conference on Wireless Communications, Networking and Mobile Computing	B级(EI)
55	Data Transmission Based on Guaranteeing QoS in Broadband Access Networks	张 燕	Advanced Research on Automation, Communication, Architectonic and Materials	B级(EI)

续 表

序号	论文题目	第一作者	发表刊物	备 注
56	A Research on Logistic Regression Model Based Corporate Credit Rating	秦惠林	The 2nd International Conference on E - Business & E - Government ICEE 2011	B 级 (EI)
57	Research on Energy Consumption Efficiency of Logistics Industry in China under Low Carbon Economy	韩 嵩	The 2nd International Conference on E - Business and E - Government	B 级 (EI)
58	分类存储人工拣选随机服务系统效率研究	朱 杰	管理科学学报	B 级
59	随机存储下返回型与 S 型拣选路径随机模型的比较研究	朱 杰	系统仿真学报	B 级
60	北京市物流产业特征及产业关联统计分析	吴海建	中国流通经济	B 级
61	信息物理融合系统在仓储监控管理中的应用研究	刘 军	中国流通经济	B 级
62	一种相位差连续可调的双相信号发生器	郭 健	计算机测量与控制	B 级
63	一种用于涡轮流量计校准的信息信号发生器	郭 健	计算机测量与控制	B 级
64	立方体的初等交换正则覆盖	王福荣	International Journal of Mathematical Combinatorics	B 级
65	北京市物流业波及效应研究	韩 嵩	中国统计	B 级
66	零售电子商务的区域化与实体化分析	张 博	中国流通经济	B 级
67	基于 Logistic 回归模型的会员制营销客户分类方法	梁志新	统计与决策	B 级
68	分类存储返回型与 S 形拣选路径随机模型比较研究	周 丽	系统科学与数学	B 级

2011 年信息学院出版著作一览表

序号	著作名称	主要作者	著作类别
1	大脑功能连接的复杂网络研究	张方风	专著
2	ERP 实施的管理问题	霍灵瑜　刘丙午	专著
3	概率论与数理统计典型问题分析	李念伟　王凤英	编著
4	线性代数解题方法	王莲花　梁志新	编著
5	系统工程	刘　军　张方风　朱　杰	编著
6	计算机控制技术	刘　军　刘同娟　郭　健	编著
7	高等数学（上）	田立平　鞠红梅	教材
8	高等数学（下）	田立平　鞠红梅	教材
9	管理运筹学	李珍萍　成晓红　刘洪伟 常双领　张方风等	教材

2011 年信息学院科研项目一览表

序号	项目名称	负责人	项目来源	项目性质
1	北京市行业物流公共信息平台建设与运营模式研究	朱　杰	北京市教委人文社科计划重点项目	纵向项目
2	北京市休闲功能定位以及休闲设施空间布局研究	郭　茜	北京市哲学社会科学规划办	纵向项目
3	区域物流基础设施优化配置统计研究	郭　茜	国家统计局	纵向项目
4	物流产业低碳化发展模式的统计研究	周　丽	国家统计局	纵向项目
5	区域产业关联与波及效应统计指标体系设计研究——以北京市物流业为实证	韩　嵩	国家统计局	纵向项目
6	物流系统中的碳足迹管理研究	田志勇	中国物流学会	纵向项目
7	基于物联网的生鲜农产品供应链可视化研究	刘同娟	北京市教委	纵向项目
8	模型分析与参数估计方法在信息系统中的应用	田立平	北京市教委	纵向项目
9	基于物联网的物流中心自动化处理系统子项目——多层穿梭车系统	刘丙午	普天物流技术有限公司	横向项目
10	数字校园信息标准与规范体系研究	李俊韬	北京物联富科技有限公司	横向项目

续 表

序号	项目名称	负责人	项目来源	项目性质
11	三一重工 18 号厂房立体库数据分析及仿真	李俊韬	北京机械工业自动化研究所	横向项目
12	国内、外先进企业供应商管理体系调研	李俊韬	北京燃气集团物资供应分公司	横向项目
13	中医问诊时序模型的建立及模块化存储的实现	李俊韬	中国中医科学院中医临床基础医学研究所	横向项目
14	信用信息数据项统计分析	韩　嵩	中国商业联合会	横向项目

2011 年信息学院获奖成果一览表

序号	成果名称	获奖作者	奖励名称	奖励级别	奖励等级
1	物流系统中的碳足迹管理研究	田志勇　刘丙午　霍灵瑜　李俊韬	2011 年度中国物流学会课题优秀成果奖	省部级	一等奖
2	我国物流业发展现状、问题与对策研究	吴海建　罗新东　周　丽　徐　敏　高和鸿　郭　茜　韩　嵩	中国物流与采购联合会科技进步奖	国家一级协会（国资委直管协会）	三等奖

2011 年信息学院获国家专利一览表

序号	专利名称	专利发明人	专利类型
1	频率控制字的生成方法、装置及信号发生器	郭　健　刘丙午　朱　杰等	发明专利
2	一种充电装置	郭　健　刘丙午　周　丽　刘　军　申贵成	实用新型专利
3	一种用于观测和记录聚合物材料发泡过程的装置	郭奕崇　阎　芳　李俊韬　刘丙午　霍灵瑜	实用新型专利
4	一种用于双螺杆挤出过程在线测量和取料的装置	郭奕崇　刘丙午　郭　健　李俊韬　霍灵瑜　阎　芳	实用新型专利
5	一种农资物流监控系统	刘　军　阎　芳　朱　杰　杨　玺　郭　健　刘同娟　刘丙午　韩　嵩	实用新型专利

续 表

序号	专利名称	专利发明人	专利类型
6	一种细小物品定位装置	郭　健　周　丽　朱韶红　朱　杰	实用新型专利
7	一种语音钥匙寻找装置	郭　健　周　丽　董萍萍	实用新型专利
8	物流仓储设备的模拟器	郭　健　刘同娟　朱　杰　刘　军　杨　玺　阎　芳　郭奕崇　陈　蕾	实用新型专利
9	一种粗糙度仪的驱动单元	郭　健　刘　军　刘丙午　周　丽	实用新型专利
10	一种粗糙度仪的姿态调整装置	郭　健　朱　杰　王玉泉　周　丽	实用新型专利
11	一种物流运输监控实验系统	李俊韬　刘丙午　朱　杰　刘　军　王玉泉　郭奕崇　黄全欣	实用新型专利
12	一种物流信息的实践教学系统	李俊韬　刘丙午　王玉泉　朱　杰　刘　军　郭奕崇　霍灵瑜　申贵成　黄全欣	实用新型专利
13	便携式物流信息技术实验箱	李俊韬　刘丙午　朱　杰　刘　军　郭奕崇　黄全欣　霍灵瑜	实用新型专利
14	一种安全插座	李俊韬　刘丙午　王玉泉　刘　军　朱　杰　郭奕崇	实用新型专利
15	用于物流拣选作业的智能货架系统	李俊韬　刘丙午　王玉泉　郭奕崇　朱　杰	实用新型专利

商学院

【发展概况】

商学院成立于2008年6月。现有工商管理、市场营销、财务管理、会计学4个专业，设有工商管理、市场营销、财务管理、会计学4个教学系，建有商务实训中心、会计多媒体实验室、财务管理实训室、集团财务协同实验室、体验理财中心、企业经营与运作实验室、大学生实训基地等8个实验室。

商学院现有教职工61人，其中，教授8人，副教授24人，具有博士学位的教师17人，北京市青年骨干教师5人，新晋升教授1人。

在校本科生1400余名，是学校规模较大的学院。

商学院的办学指导思想是：以思想创新、学术创新为先导，以围绕首都服务业现代化建设和完善工商管理学科为核心，坚持学术带学科、学科带专业的发展方针，树立全球化、信息化、专业化人才培养目标模式，进一步优化和明确商学院人才培养方案，按照优势突出、特色鲜明、社会急需的原则，确立特色人才培养目标和规格，进一步明确各专业之间的关系和支撑，构筑以工商管理、市场营销、会计学、财务管理为核心的工商管理学科专业建设体系；坚持特色定位，依托服务行业，加强与政府部门、企业、其他高校的联系，强化教学管理，加强师资队伍建设，打造凝聚力工程，创造快乐工作的环境，营造一个相互欣赏、相互理解、相互合作的学术氛围，努力形成一批在工商管理领域有影响的科研成果，全方位提升商学院办学层次和水平；构建学生教育管理和服务体系，努力培养具有全球化视野、现代商业理念、富有创新精神、具有现代企业管理理论和技能的工商管理类专门人才。

商学院发展目标是：经过一定时期的建设和发展，实现工商管理学科专业品质的全面提升，形成工商管理、市场营销、会计学、财务管理等专业相互支撑、协调发展的本科专业框架，形成本科和企业管理专业研究生教育的相互促进和提升的良好发展态势；争取把工商管理一级学科建成北京市重点学科，争取把1～2个专业建设成北京市品牌专业或特色专业，全面提高人才培养质量；形成一支有影响的、学术水平高的学术队伍；形成高效运行机制和积极向上、和谐工作的环境平台。

2011年，商学院根据学校党委和行政的总体部署，编制商学院发展的“十二五”规划，并围绕编制的规划和学院年度工作计划，认真贯彻落实，突出特色，不断创新工作机制，不断提升办学能力和水平。特别是举办首届中国商贸流通企业发展论坛，使学院特色更加明显。

（撰稿人：魏国辰）

【学科建设】

商学院认真学习先进高校学科建设经验，通过考察，对科研平台建设、学术队伍建设、国际会议平台建设、科研项目申报与管理、学科规划与建设等进行交流，进一步明确工作思路，在此基础上，组织对二级学科建设方案的论证，进一步凝练学术研究方向。

5月9日，商学院院长魏国辰、党总支书记宋晓欣、教学副院长贾炜莹、党总支副书记于冠华一行前往浙江财经学院会计学院、浙江工业大学经贸管理学院考察交流。在浙江财经学院会计学院，围绕会计学科的发展、特色和管理等问题进行深入的探讨和交流。在浙江工业大学经贸管理学院，重点探讨“二级管理制度”，对学校的责权利下放与执行情况、经费使用管理办法、科研平台建设、梯队建设、国际会议平台建设、二级教代会制度等问题进行充分交流与探讨。

商学院所属的工商管理、市场营销、财务管理、会计学4个教学系，各自集中组织系列调研考察活动，这些活动包括企业走访、市场调研、校际交流等。最后，再把所获经验进行汇总与交流，为学院今后的各项工作提供指导与借鉴。

（撰稿人：吕　波　审核人：魏国辰）

【教学工作】

2011年，商学院的教学工作坚持科学、规范化的管理，积极建设实习基地，组织各类学科竞赛，以保证教学质量的稳步提高。

1. 与著名企业签订校外实习基地协议，集中安排学生实习

与北京沃尔玛百货有限公司知春路分店、国内大型会计师事务所——中瑞岳华会计师事务所签订建立校外实习基地协议。召开专门研讨会，与企业积极探索共同培养人才新机制。

1—2月，第一批40余名学生赴沃尔玛集中实习8周；9—10月，第二批43名学生赴沃尔玛集中毕业实习6周；12月，80余名学生赴中瑞岳华会计师事务所实习。

2. 鼓励学生参加各类学科竞赛，培养学生创新能力

为鼓励学生参加学科竞赛，在工商管理类专业本科人才培养计划中设置"创新与创业"学分，并积极组织学生参与学科竞赛，且成绩突出。

获得2011年"企业经营决策模拟系列赛"全国一等奖2个，二等奖1个，优秀新人奖3个，以及优秀组织奖、优秀社团奖和优秀指导教师奖等荣誉。

6月12日，在全国大学生创业大赛北京赛区比赛中，学校代表队包揽一、二等奖，并最终获得全国银奖。

6月25—26日，商学院组织的北京物资学院队参加"用友杯"第七届全国沙盘大赛北京地区决赛，荣获季军，进军全国总决赛。

7月，"全国大学生管理决策模拟大赛（商道）"，商学院组队获得全国二等奖。

3. 依托SAP大学联盟项目，培养信息化、国际化管理人才

学院从2007级开始设置SAP系统实训课程，保证每个学生在毕业之前都经过SAP系统实训。9月，商学院成立SAP实验班，招收2个班70名学生，利用业余时间学习SAP系统实训。11月15日，商学院组织SAP实验班及其他100多名学生赴北京国家会议中心参加"2011年SAP中国商业同略会"。积极组织SAP实验班学生与西安邮电学院、长安大学学生座谈会，交流SAP学习心得，提升学生应用管理软件能力，进一步落实培养信息化、国际化管理人才的人才培养目标。

4. 积极推进优秀本科生导师制项目，培养拔尖创新人才

进一步加强对优秀本科生进行指导，聘请教学名师为优秀本科生开设"公司治理：理论渊源与框架"、"经验会计与财务研究主要流派与文献导读及SPSS实现"和"中美政府审计比较研究"等学术讲座，并加强对学生考研指导和奖励，努力培养拔尖创新人才。

5. 依托会计学特色专业，促进商学院各专业建设

进一步加强专业建设，多次组织专业建设研讨会，就专业建设发展思路、专业主任作用、理论教学与实践、专业建设组织和制度保障、加强团队建设、拓展专业方向、提高教研能力、优化课程体系、教师职业生涯规划等问题进行学习、沟通和交流，并组织会计学、财务管理、工商管理和市场营销四个专业的教师探讨2011级人才培养方案的修订，尤其针对实践课程及实践周的安排，提出新的方案。

6. 积极鼓励教师参加实践课程培训，推动实践教学开展

学院始终以实践教学为特色，鼓励教师开发实践课程，并派出教师进一步学习与培训，提升教师实践教学能力，先后有教师20多人次参加SAP系统实训师资培训、沙盘实训教学高级师资研修班、ByD培训课程、苹果公司MACOSX10.6认证、Introduction SAP ERP（GBI2.1）和Business Process Integration等培训。

（撰稿人：贾炜莹　审核人：魏国辰）

【科研工作】

2011年，商学院科研工作以建设有效科研体制为中心，重点组织学术论坛、申报项目等工作。

商学院教师发表论文105篇，出版著作8部，获得国家专利1项。主持、参与科研项目24项，其中，省部级以上项目8项。获得各级科研奖励13项。

1. 举办首届中国商贸流通企业发展论坛

2011年11月20日，举办首届中国商贸流通企业发展论坛暨钢贸企业成长与未来高峰会，来自钢贸行业的有关政府部门和协会的负责人、钢贸企业的领导人和执行者、钢贸领域的研究人员及广大师生共计300余人参加了会议。大会收到论文近30篇。中国网、中国日报网、中国经济新闻网、中国发展门户网、新浪网、搜狐网、光明日报、中国经济时报、科技日报、科学时报、北京晨报、劳动午报等30多家媒体给予关注与报道。论坛举办对扩大学院学术影响，形成学术品牌，具有重大意义。

2. 协办第五届中国北京流通现代化论坛

根据学校的部署，学院协办第五届中国北京流通现代化论坛。学院承担会场墙幕设计、会场布置、参会代表接待等工作，共有10名工作人员和25名参会人员参加本次论坛。

3. 加强大学生科研工作，积极探索大学生科研与创业方案

为促进大学生积极参与科研与创业计划活动，商学院制定《商学院大学生科学研究与创业计划项目实施方案（试行）》，成立商学院大学生科学研究与创业行动计划实施委员会，与本科优秀生导师制度结合起来。

4. 加强科研立项，积极探索科研为地方经济服务途径

学院加强科研立项工作，积极指导和组织教师申报各类课题，申报成功教育部人文社科基金项目“食品可追溯信息有效传递的激励机制研究”、北京市自然科学基金项目“城市交通运输瓶颈的技术创新与共生系统协同突破对策研究”、北京市哲学社会科学规划项目“企业物流风险预警的运行机理研究——以北京市为例”等课题。

学院先后与平谷区商务委员会、通州区旅游局等政府部门，与兰格集团等企业建立联系，寻求科研合作的途径，并承担平谷区“京津商谷”项目研究。组织完成流通企业创新型人才培养研究、全球化视角的财会理论与实践创新研究、商务运作与企业服务创新等科研专项申报工作。

5. 进一步加强学院科研管理与服务工作

在对2010年科研成果分析与比较的基础上，为鼓励教师发表论文，制定《商学院科研工作基本思路、工作目标与措施》，制定并实施《商学院国家级项目孵化工程方案》，收到初步成效，形成12个储备项目，推动学院科研可持续性和突破性发展。

（撰稿人：吕　波　审核人：魏国辰）

【党建工作】

2011年，商学院党建工作以学习实践科学发展观活动为主题，加强基层组织建设，加强党员队伍建设，认真学习党风廉政建设的各项规定，积极营造商学院发展的良好氛围，推动商学院党总支的党建工作进一步提高。

1. 注重政治理论学习和作风建设

通过专场报告会、全体党员大会、党总支会议、支部会议、分层学习讨论、交流等形式，学习《胡锦涛在庆祝中国共产党成立90周年大会上的讲话》《胡锦涛在清华大学百年校庆大会上的讲话》《北京市中长期教育改革与发展规划纲要（2010—2020年）》《党的十七届六中全会精神》等材料，全体党员的思想认识得到进一步提高。

通过组织开展“提高办学质量促发展、服务人民群众树形象”大讨论，进一步明确制约商学院发展面临的问题，以及学校教育教学面临的问题。教师党员积极响应学校开展“亮标准、亮身份、亮承诺，比技能、比作风、比业绩”活动，提出具体目标。如会计系教师党员提出：年度学生评价在全校平均水平之上；三年聘期科研得分在会计系所有教师科研平均分之上；都要参加商学院优秀本科生导师计划，并指导学生申报和完成大学生科学与创业计划项目。

2. 抓好组织建设和党员发展与教育工作

党总支努力从两个方面激发教师党支部的活力、调动和发挥教师党支部的作用。一是将党支部和行政班子相融合，党建围绕教学系的中心工作展开；二是进行教师党支部与学生党支部共建，更好地发挥教师党支部在本专业人才培养当中的堡垒作用。

在发展新党员方面，坚持将培养教育贯穿于学生党员发展工作的全过程，切实加强学生入党前、入党时和入党后教育。做好组织关系或有关证明材料的转移衔接工作，保证高中与高校、高校与社会发展党员工作的连续性。

积极探索党支部的教育、活动形式。在中国共产党建党90周年之际，为增强党员的爱国意识、深刻了解党的历史、领悟革命精神，7月19日，商学院教师党支部代表与学生党支部代表赴贵州开展支部共建活动。通过此次支部共建活动，教师党员与学生党员的关系更加密切，进一步推进商学院的党建工作。

3. 积极推动分工会抓好教工文化建设

商学院领导班子无论是从精力上还是从资金上，对分工会工作都给予全力支持。推动分工会积极开展“送温暖、献爱心”活动，以丰富多彩的文体活动为载体，以建设合格“教工之家”为契机，培养教职工的集体主义精神，唤起教职工心中的情感共鸣，增加商学院凝聚力，塑造和谐融洽、蓬勃向上的商学院文化氛围。

4. 进一步加强行政工作管理，不断提升服务水平

以商学院领导班子聘任和管理岗聘任为契机，加强行政工作管理，召开教辅工作会议，明确工作职责。同时，对商学院系主任进行聘任，通过不断交流和培训，教学管理与教学辅助工作人员服务意识逐渐增强，服务水平不断提高。商学院核心团队逐渐形成，为商学院发展奠定基础。

（撰稿人：刘永胜　审核人：魏国辰）

【学生工作】

2011年，商学院学生工作仍然坚持以学生为本，教育、管理与服务并重，加强队伍、制度建设，规范工作程序，在做好安全稳定工作的前提下，以理想信念教育、学风建设和推进就业为重点，全面实施素质教育。

1. 以人为本，打造富有战斗力的学生工作队伍

商学院继续实行分年级管理与专业管理并行的运行模式，通过鼓励辅导员参加北京高校辅导员心理、发展等专项培训，以及商学院的辅导员内部学习等方式，加大对辅导员的培养力度。继续加强班主任的选拔和培养，举办各种形式的班主任交流会及培训会。同时，重视学生干部培养。开展商学院团委学生会干部的选拔、培训，提高学生干部的工作能力。

2. 以学校校风学风建设月为契机，务实创新地进行学风引导

坚持走树品牌、求多样的学科竞赛组织路线。在举办ERP沙盘模拟大赛、GMC国际企业挑战赛等传统赛事的基础上，以举办中国商贸流通企业发展论坛为契机，进一步拓展服务社会的渠道，促进商贸流通企业人才培养，为学生构建良好的学术氛围。2011年，商学院举办专业学术讲座10余场。通过多层次的学科竞赛及学术论坛、讲座的举办，极大丰富学生的知识，扩大学生的社会视野，提高学生的创新意识、市场意识、合作意识和责任意识，增强学生的学习能力、策划能力、组织能力、实践能力和沟通能力。

进一步将学风建设的理念贯穿于活动之中，如通过主题团日活动开展诚信教育，继续在大一新生中开展晚自习，不断探索晚自习形式和渠道。积极组织各项有意义的活动，如开展优良学风班申报建设工作从而进行优良学风引导，邀请成功校友给在校学生作报告，请考上公务员、研究生的毕业生和在校生座谈等。这些生动的例子与互动对指导学生正确树立自己的奋斗目标，并为之努力起到很强的引导作用。研究生兼职辅导员专门为本科生举办研究生与本科生见面会，邀请相关专业研究生就他们大学四年的生活、学习、考研等方面的经验和大学生进行深入交流；定期组织学生与专业教师进行座谈，引导学生正确把握成长方向。

进一步做好奖学金的评定工作，通过现场展示、集体评选、专家点评、公示等方式，增加透明度，树立学生身边的榜样，鼓励学生努力学习。

3. 强化就业服务意识，搭建学生就业平台

2011 年，商学院在就业方面取得总体签约率 89.52%、就业率 99.05%、贫困生就业率 100% 的优秀成绩。主要做法是：落实党政“一把手”工程；开拓就业市场；对学生进行分类调研；充分利用校内资源，加大学生就业政策的宣传力度；利用网络资源搭建方便快捷的就业信息平台；实时跟踪学生的最新动态；关心学生就业心理健康，对特殊群体给予充分关注，加强一对一辅导；积极采用利用数字化手段，提高工作效率；加强对外联络，拓展就业市场；开展并深化学校与企业合作；全员参与，开发校内外人际资源网络；积极开展各种提高学生就业意识及就业创业活动；积极探索人才培养模式，拓宽学生就业渠道。

4. 建立健全学生党建工作机制，加强基层党组织的凝聚力和战斗力

坚持将培养教育贯穿于学生党员发展工作的全过程，切实加强学生入党前、入党时和入党后教育。积极探索党支部的教育、活动形式。制定《商学院党课初级培训计划》，培训形式以集中授课为主，讨论交流、自学为辅，配合公益活动或义务劳动。商学院初级党课培训在原有基础上增加测试及试题解析环节。

5. 以拓展学生素质为主线，紧贴时代脉搏，以团学活动营造活跃的校园文化氛围

打造品牌，形式多样地开展青年志愿服务活动；创新形式，开展具有院系特色的文体活动。在新生入学时开展内容丰富、形式多样的新生导航系列活动，包括如何适应大学生活、创业、涉外等一系列相关入学教育活动，团委学生会各部门开展有特色的各项活动。宣传部：班级板报设计大赛——扬帆起航；社团指导部：“放飞青春，放飞梦想”风筝节比赛；志愿服务部：“志愿活动伴我成长”简报制作；体育部：新生运动会及祥云杯篮球赛；文艺部：“新起点　新梦想”2011 级迎新晚会；学习部：学长经验交流会、读书知识竞赛；社会实践部：新生辩论赛；生活部：趣味运动会等。

6. 积极做好其他日常工作

积极做好迎新及入学教育，帮助新生尽快熟悉学校的办学模式、管理制度、专业发展，适应学校的生活与学习，顺利完成学业；开展“通用礼仪与涉外礼仪”培训；进一步做好贫困生资助工作，认真贯彻落实国家关于解决贫困生问题的“奖、贷、助、补、免”政策和措施，完善勤工助学管理办法，建立困难学生档案，提供勤工助学岗位，积极创建社会资助渠道。加强对贫困学生的诚信教育和感恩教育，使其努力学习、健康成长、回馈社会。

积极配合学校做好安全稳定、诚信教育、推优评优、征兵、献血、卫生防疫等工作。

（撰稿人：于冠华 审核人：魏国辰）

【附录】

2011年商学院发表论文一览表

序号	论文题目	第一作者	发表刊物	备 注
1	供应链危机协调管理研究	刘永胜	Procedia Environmental Sciences	B级（国外期刊）
2	供应链战略联盟关系风险及其控制	刘永胜	中国流通经济	B级
3	论商业模式的市场营销意义	齐 严	中国流通经济	B级
4	网络背景下商业模式创新趋势与物流企业创新研究	齐 严	中国流通经济	B级
5	政府采购领域专业教育的作为与突破	倪东生	中国流通经济	B级
6	基于不对称信息的供应链契约风险管理	贾炜莹	商业研究	B级
7	物流企业服务质量管理的制度因素对服务绩效的影响	魏国辰	经济管理	B级
8	影响审计质量因素的博弈分析	陈炜煜	中国流通经济	B级
9	通州新城建设与运河文化遗产保护	陈喜波	北京大学学报	B级
10	“团带式”商业规划模式的构建与实证	吕 波	中国流通经济	B级
11	加强钢贸领域理论研究，探索钢贸企业赢利模式	吕 波	中国流通经济	B级
12	行业内企业间资本结构调整的演化博弈分析	闫 甜	经济与管理研究	B级
13	我国生产资料流通行业税收政策现状及相关建议	王 丹	中国流通经济	B级
14	公允价值与金融危机关系辨析——兼论美国金融危机的应对措施	兰凤云	中国流通经济	B级

续 表

序号	论文题目	第一作者	发表刊物	备 注
15	U. S. Carbon Program and Its Product Innovation Management	顾 煜	The International Workshop on E－business，E－government and Web Technologies (WEEW 2011)	B级（论文集论文EI）
16	Mobile electronic payment program design based on credit models	顾 煜	The 2nd International Conference on E－Business and E－Government（ICEE 2011）	B级（论文集论文EI）
17	Research on Enterprise's Technological Integrated Innovation Mechanism	顾 煜	第六届产品创新管理国际会议	B级（论文集论文EI）
18	The IOT Research in Supply Chain Management of Fresh Agricultural Products	顾 煜	The International Workshop on E－business，E－government and Web Technologies (WEEW 2011)	B级（论文集论文EI）
19	中国大型连锁零售企业服务管理的研究现状和对策	魏国辰	International Conference on Management and Service Science（MASS 2011）Proceedings－Volume 4	B级（论文集论文EI）
20	Management Innovation of SMEs During the Post－Crisis time	陈炜煜	The International Workshop on E－business，E－government and Web Technolugies (WEEW2011)	B级（论文集论文EI）
21	The Tactics Selection of Product Innovation Based on Sunk Cost	陈炜煜	第六届产品创新管理国际会议	B级（论文集论文EI）
22	Analysis of Simulation of Fleshy Food Company Logistics System Based on Flexsim	陈炜煜	The proceedings of 2011 9th International Conference on Reliability，Ma- intainability and Safety（Vol. I）	B级（论文集论文EI）

续 表

序号	论文题目	第一作者	发表刊物	备 注
23	The Operating Performance Evaluation of Retail Industry Listed Companies Based on Factor Analysis	陈炜煜	The International Workshop on E－business，E－government and Web Technologies（WEEW2011）	B级（论文集论文 EI）
24	竞争与供应链的协作	金海水	2011 International Conference on E－Business and E－Government，ICEE2011	B级（论文集论文 EI）
25	基于 MRO 需求，物流企业采购管理研究	金海水	Proceeding of International Conference on Buiness Management and Electronic Information	B级（论文集论文 EI）
26	EAN. UCC 编码识别系统在农产品质量追溯中的应用研究	金海水	The 2nd International Conference on Mechanic Automation and Control Engineering	B级（论文集论文 EI）
27	亚洲国家存在电子政务不等式吗？	陈 娟	Proceedings 2011 International Conference on Business Management and Electronic Information	B级（论文集论文 EI）
28	逆向物流渠道成员监管博弈分析	徐建国	2011 International Conference on Management Science and Industrial Engineering（MSIE2011）	B级（论文集论文 EI）
29	企业物流风险预警研究综述	刘永胜	商业时代	B扩
30	典型草原区不同畜产品生产成本及收益比较	张立中	会计之友	B扩
31	我国连锁零售企业服务管理现状及其对策研究	魏国辰	商业时代	B扩
32	后危机时代美国第三方物流企业市场策略分析	齐 严	商业时代	B扩

续 表

序号	论文题目	第一作者	发表刊物	备 注
33	我国房地产企业存货投资行为研究	闫 甜	会计之友	B扩
34	我国交通设施建设对存货投资的影响	闫 甜	中国物流与采购	B扩
35	我国房地产企业跨区域扩张的动机分析	闫 甜	商业时代	B扩
36	企业投资风险的成因及控制	朱博义	会计之友	B扩
37	试析经济转型期企业商业模式创新	朱博义	商业时代	B扩
38	会计信息的利用目的及其价值分析	郑可人	会计之友	B扩
39	日本拟强制采用IFRS的动因及其影响	郑可人	商业时代	B扩
40	电子商务下传统流通模式转变探讨	孙 静	商业时代	B扩
41	北京物流需求数量与结构变化趋势分析	孙 静	商业时代	B扩
42	基于产业链的品牌个性化塑造研究	吕 波	商业时代	B扩
43	从战略角度思考物流企业绩效评价	王丹惠	会计之友	B扩
44	信息化使财务管理职能转变成为可能	柯 明	会计之友	B扩
45	基于核心竞争力的物流企业创新研究	杜红平	技术经济与管理研究	B扩
46	我国快餐连锁企业会计信息系统构建	曹 键	商业时代	B扩
47	微博营销的病毒特征及应用策略分析	祝映莲	商业时代	B扩
48	代理成本理论与事务所选择的实证分析	陈炜煜	会计之友	B扩

续 表

序号	论文题目	第一作者	发表刊物	备 注
49	关于我国生产资料流通业财金政策的思考	王 丹	商业时代	B扩
50	试论如何通过政府审计维护国家经济安全	刘 芳	商业时代	B扩
51	北京市生鲜超市配送合理化评价模型及应用	杨宝宏	商业时代	B扩
52	企业跨国并购中跨文化整合问题及对策研究	冯 华	商业时代	B扩
53	对公允价值变动损益及其会计列报的改进建议	王秀荣	商业时代	B扩
54	我国上市公司所得税负担的实证分析—基于1999—2009年的面板数据	陈 娟	商业时代	B扩
55	The Reasons of the Auditor Changes	顾 煜	The 3rd International Conference on Information Science and Engienering (ICISE 2011)	
56	The Research of Regional Logistics Planning Efficiency Model	顾 煜	The International Conference on Management Science and Intelligent Control (ICMSIC2011)	
57	Study on Application and Development of Internet of Things in China	顾 煜	IEEE International Conference on Cyber Technology in Automation, Control, and Intelligent Systems	
58	The Apply of Data Mining in Financial Distress Prediction Model of Logistics Companis	顾 煜	The 13th IEEE Joint International Computer Science and Information Technology Conference (JICSIT 2011)	
59	供应链管理课程建设探讨	刘永胜	物流技术	

续 表

序号	论文题目	第一作者	发表刊物	备 注
60	完善“供应链管理”课程内容体系的建议	刘永胜	北京教育	
61	抓住高校岗位设置难点 实行有效人事管理对策	刘永胜	北京教育	
62	物流企业战略适应力评价体系的构建研究	魏国辰	物流技术	
63	中国农副产品冷链发展现状与对策研究	魏国辰	中国冷链年鉴 2010	
64	降低运行风险　力推高效运转	倪东生	中国政府采购报	
65	政府采购代理机构的发展历程	倪东生	中国政府采购	
66	上市公司财务预警研究——基于新疆的数据分析	秦江萍	财会通讯·综合	
67	以实践教学改革培育普通本科院校会计学专业特色	贾炜莹	中国乡镇企业会计	
68	草甸草原区不同畜种畜产品的生产成本及收益比较	张立中	财会月刊·会计	
69	通货膨胀下电子商务的发展	陈炜煜	贵州财经学院学报	
70	高校经营性国有资产管理运作的创新	陈炜煜	国有资产管理	
71	Teaching Analysis Based on Association Rule Mining	陈炜煜	The 13th IEEE Joint International Computer Science and Information Technology Conference	
72	The Dynamic Game Analysis on Audit Quality Factors	陈炜煜	The 3rd International Conference on Information Science and Engineering (ICISE)	
73	The Internet of Things in the Role of Supply Chain Management	陈炜煜	The International Conference on Management Science and Intelligent Control (ICMSIC2011)	

续 表

序号	论文题目	第一作者	发表刊物	备 注
74	The Empirical Analysis of Audit Quality Factors of Listed Companies	陈炜煜	The 3rd International Conference on Information Science and Engineering (ICISE2011)	
75	Study of Environmental Logistics System based on Internet of Things	陈炜煜	the IEEE International Conference on Cyber Technology in Automation, Control, and Intelligent Systems	
76	Study on Business Model of Lnternet of Things Based on Industry Value Chain	陈炜煜	IEEE International Conference on Cyber Technology in Automation, Control, and Intelligent Systems	
77	Research on Formation and Selection Mechanism of the Third Party Logistics Groups	陈炜煜	International Conference on Management Science and Intelligent Control (ICMSIC)	
78	农村居民休闲涉入研究	金海水	Proceeding of 2011 International Conference on Strategic Management	
79	农村居民休闲阻碍研究	金海水	Processings of 2011 International Conference on Strategic Management	
80	高成长型企业市场定位研究	金海水	Processings of 2011 International Conference on Strategic Management	
81	基于 MRO 需求的物流企业的供应商管理研究	金海水	2011 International Conference on Information Science and Engineering [ICISE]	

续 表

序号	论文题目	第一作者	发表刊物	备 注
82	论战略管理思想下的物流成本管理	王丹惠	财会月刊·会计	
83	审计师任期与审计质量——来自中国2009年上市公司制造行业的经验研究	王丹惠	财会通讯·综合	
84	刍议我国低碳物流系统建设	陈喜波	物流技术	
85	近代北京地区粮食物流实践研究	陈喜波	中国储运	
86	“战略管理”实践教学模式及实施障碍研究	徐建国	proceedings of 2011 International Conference on Education Science and Management Engineering	
87	实践教学方法在《战略管理》课程中的应用	徐建国	proceedings of 2011 International Conference on Information Science and Education Technology	
88	动态环境下我国物流企业服务战略选择与实施	武淑平	现代管理科学	
89	基于服务补救的快递企业服务质量提升研究	武淑平	物流技术	
90	中国会计国际化研究	刘 芳	经济研究导刊	
91	集群、社会资本与企业成长	肖为群	软科学	
92	对基础会计实验课程改革的构想	许海晏	中国乡镇企业会计	
93	对沙盘教学中学员成绩评价的思考	陈晓梅	The 42nd conference of the International Simulation and Gaming Association	
94	浅析项目教学法对关键能力的培养	赵 洁	青年与社会·教育版	
95	合并购买法和权益结合法之会计比较	曹 键	中华会计学习	

续 表

序号	论文题目	第一作者	发表刊物	备 注
96	物流企业职务知识的开发与利用探析	张 勤	物流技术	
97	银行个人理财业务的关系营销策略分析	司亚静	商品与质量·理论研究版	
98	关于我国宏观经济发展若干问题的思考	赵 洁	改革与战略	
99	人力资源外包合作关系风险及防范研究	李 颖	现代商贸工业	
100	浅析基于SAP系统的油田企业产品成本核算	孟 浩	科技信息	
101	词频分析法在学科发展动态研究中的应用综述	张 勤	图书情报知识	
102	“做中学”教学模式在ERP沙盘实训中的应用要点	柯 明	湖南科技学院学报	
103	后金融危机时代金融审计维护金融安全的初步分析	张 军	中央财经大学学报	
104	基于公司营销视角的投资者管理文献述评及模型构建	刘 华	现代管理科学	
105	博弈论视角下国际会计准则执行之全球协同监管探讨	闫 甜	财会月刊·会计	

2011年商学院出版著作一览表

序号	著作名称	主要作者	著作类型
1	供应链风险研究	刘永胜	专著
2	资本的博弈	吕 波	专著
3	农村居民休闲行为研究	金海水	专著
4	上市公司审计质量、市场效应及提高路径研究	陈炜煜	专著
5	商业连锁经营模拟沙盘	陈晓梅	教材
6	房地产开发企业会计	刘德英	教材
7	价值与界面商业模式理论与应用	齐 严	教材
8	房地产开发企业业务、税务与会计处理	邱 红	教材

2011 年商学院科研项目一览表

序号	项目名称	负责人	项目来源	项目性质
1	北京市食品供应链核心企业内部控制体系研究	秦江萍	北京市哲学社会科学规划办公室	纵向项目
2	企业物流风险预警的运行机理研究——以北京市为例	刘永胜	北京市哲学社会科学规划办公室	纵向项目
3	物流企业持续成长模型及机理研究	魏国辰	中国物流学会	纵向项目
4	信息技术影响内部控制活动的机理研究	秦江萍	中国总会计师协会	纵向项目
5	食品可追溯信息有效传递的激励机制研究	魏国辰	教育部	纵向项目
6	基于物联网技术的物流园区商业模式创新研究	齐　严	中国物流学会	纵向项目
7	2011 消费品市场发展研究	陈炜煜	国家工商总局市场监督管理司	纵向项目
8	中国物流企业的分类分级研究	肖为群	中国物流学会	纵向项目
9	商务运作与企业服务创新平台	魏国辰	北京市教委	纵向项目
10	金融经济周期中的企业投融资行为研究	闫　甜	北京市教委	纵向项目
11	北京榆投公司转型发展的 SWOT 分析研究	郭红莲	北京城乡发展创新博士研究会	纵向项目
12	庞各庄镇“十二五”期间文化发展战略研究	郭红莲	北京城乡创新发展博士研究会	纵向项目
13	北京高端物流基地建设的背景分析与实施研究	肖为群	北京城乡创新发展博士研究会	纵向项目
14	平谷区“京津商谷”研究	魏国辰	北京市平谷区商务委员会	横向项目
15	平谷新城地名规划	陈喜波	北京市规划委员会平谷分局	横向项目
16	通州地名资源调查	陈喜波	北京市规划委员会通州分局	横向项目
17	基于世界城市视角的北京商业地产升级研究	吕　波	北京物资学院	校级项目

续 表

序号	项目名称	负责人	项目来源	项目性质
18	“财务管理”课程教学案例开发研究	吴 非	北京物资学院	校级项目
19	《财务管理》实践课程设计与开发研究	吴 非	北京物资学院	校级项目
20	会计准则国际协调机制演化与我国的应对策略研究	闫 甜	北京物资学院	校级项目
21	财务报告分析教学中以问题为基础（Problem - based Learning）的教学模式研究	刘 芳	北京物资学院	校级项目
22	TOC 体系实践课程设计与开发	徐建国	北京物资学院	校级项目
23	流通企业品牌的培育与发展研究	赵 洁	北京物资学院	校级项目

2011 年商学院获奖成果一览表

序号	成果名称	获奖作者	奖励名称	奖励级别	奖励等级
1	ERP 沙盘模拟	柯 明	2011 年第七届全国大学生“用友杯”ERP 沙盘模拟经营大赛全国总决赛	省部级	二等奖
2	“ERP 沙盘模拟”课程课件	柯 明	教育部全国第十一届多媒体课件大赛	省部级	三等奖
3	“ERP 沙盘模拟”课程	柯 明	2011 年北京市属高校“创想杯”多媒体教育软件大奖赛	局级	一等奖
4	终极控制人视角下我国上市公司内部控制有效性研究	秦江萍 徐广姝	中国总会计师协会 2010 年度优秀课题成果奖	国家一级协会（国资委直管协会）	二等奖
5	物流企业持续成长模型及机理研究	魏国辰 宋晓欣 杨宝宏 冯 华 葛立清 杨 莉	2011 年度中国物流学会课题优秀成果奖	国家一级协会（国资委直管协会）	二等奖

续 表

序号	成果名称	获奖作者	获奖名称	获奖级别	获奖等级
6	中国物流企业的分类分级研究	肖为群 魏国辰 杜红平 杨宝宏 陈　霞	2011年度中国物流学会课题优秀成果奖	国家一级协会（国资委直管协会）	三等奖
7	国际化采购与供应链专业方向建设研究与实践	倪东生 魏国辰 杜红平 金海水	第三届宝供物流奖	国家一级协会（国资委直管协会）设立的奖项	三等奖
8	北京市高等学校教学名师	刘永胜	第七届北京市高等学校教学名师奖	省部级	荣誉与称号
9	天车主梁测量仪、采购系列成果	倪东生	中国商业联合会科学技术奖——中国商业科技创新人物	国家一级协会（国资委直管协会）	荣誉与称号
10	“ERP沙盘模拟”课程课件	柯　明	北京物资学院第一届多媒体课件大赛	校级	一等奖
11	互动体验式课程教学改革的研究与实践	柯　明 李　斌	北京物资学院2010年校级教育教学改革	校级	二等奖
12	会计学专业实验课程标准化质量评价体系研究	吴　非 马文杰 刘　芳 张荷英 姜　涛 王秀荣	北京物资学院2010年度校级教育教学改革项目	校级	三等奖

2011年商学院获国家专利一览表

专利名称	专利发明人	专利类型
一种物流企业经营管理模拟教学教具	柯　明	实用新型专利

劳动科学与法律学院

【发展概况】

2011年3月16日，学校颁布《关于调整部分教学机构设置的通知》（物院发〔2011〕11号），决定由原劳动人事系和原法政系法学专业合并组建劳动科学与法律学院（简称劳法学院），任命尚珂为劳法学院筹备工作领导小组组长，赵志瑞、马立梅、唐华茂、李惠阳为筹备组成员，着手筹建工作。6月，劳法学院领导班子成立，赵志瑞任党总支书记，尚珂任院长，马立梅任党总支副书记，唐华茂、李惠阳任副院长。

劳法学院设有法学、人力资源管理、劳动与社会保障3个本科专业和劳动关系1个专业方向。教职工43人，其中，专任教师38人。专任教师中，硕士研究生导师7人，教授6人，副教授12人，具有博士学位的教师13人。

2011年，毕业本科生210人，招收本科生197人，在校本科生811人。

劳法学院秉承“开放、发展、创建”理念，以“加快融合，构建和谐，创造新的发展点”为工作指导方针，完成学院结构整合与调整，制定《劳动科学与法律学院“十二五”发展规划》，有序开展学科建设、教学、科研、对外交流、党建与思想政治教育和学生工作。

（撰稿人：赵志瑞）

【学科建设】

2011年，讨论和制定了《劳动科学与法律学院“十二五”发展规划》，明确今后五年劳法学院的学科发展、专业建设、人才培养模式的改革与发展，以及师资队伍培养和建设等方面的目标和任务。确定的学科建设目标是：到“十二五”末，实现劳动经济学、人力资源管理、劳动与社会保障、劳动关系方向、法学交叉融合，相互支撑，协调发展，特色专业建设实现突破，学科专业布局更加合理，劳动经济学学科进入国内同类学科前列。整合、培育、形成劳动经济理论及社会保障研究、流通产业人才及人力资源管理方法技术研究、劳动关系与劳动法学研究和流通法研究4个特色鲜明、优势明显的学科研究方向。

5—10月，为推动和落实“十二五”发展规划，组织召开各学科专业建设研讨会4次，开展学科专业调研5次；12月3日，举办“劳动科学论坛2011——‘十二五’劳动关系发展趋势与变革”学术会议，进一步打造学科品牌。

根据学校学科建设工作部署，经过多番讨论和修改，并邀请相关学科领域专家评议，完成劳动经济学二级学科硕士点的学科论证工作。

（撰稿人：赵志瑞）

【教学工作】

规范相关制度建设，加强日常教学运行管理。主要涉及阅卷规范、出题规范、调停课规范、参加培训和会议规范等相关制度。实施外出参会登记制度，基本做到每次调停课都能按照学校规定办理手续。完善实验室管理制度。拟定以微格教学示范代替以往的教师相互听课方案，组织教师集中参与微格教学听课，并在每学期组织部分教师参与微格教学。

积极探索，认真落实教学专项工作。组织实施2011年度教学质量提高项目的立项、中期检查工作。学院共有学校集中评审项目10项，自主评审项目23项，经费总计23万元。组织相关教师参加教育教学改革会议、多媒体课件等教学技能培训，共计参加会议或培训42人次。组织各教研室召开专业建设会议、实践教学经验交流会等6次。制定《劳动科学与法律学院大学生科学研究与创业行动计划项目的实施办法》，成立实施委员会，实施2011年度大学生科学研究与创业行动计划的中期检查、结项工作，以及2012年度的项目申报工作。其中，11项参加2011年度中期检查，结项7项。完成2012年度新申报的项目27项。

对各专业2011年培养方案进行微调，完成对4个专业（方向）全部课程的梳理工作，建成各教研室、各位教师和每门课程的基本数据库；基本完成的数据库有教改立项数据库、课程建设数据库和教师承担课程数据库。完成2010年度教改立项项目，获得一等奖1项，二等奖2项。完成2012年度教改立项申报，共计申报项目13项。完成2011届学生毕业论文答辩工作，布置2012届学生的毕业论文（设计）工作。组织实施实践周工作，参加北京市模拟法庭竞赛，并获得北京市模拟法庭竞赛三等奖。筹建社会保障实训实验室和劳动仲裁集体谈判实验室。开展青年教师教学基本功院内选拔和推荐参加学校比赛，林原荣获校级优秀教师称号。

12月，结合学校“深化教育教学改革，提高人才培养质量”主题，学院开展系列教育思想观念大讨论活动。活动包括集中研讨、分组交流、专题调研、组织参观等多种形式。通过本次教育教学思想观念大讨论活动，教师教育教学的质量意识得到加强，同时不同专业教师之间教育思想的交流和教学经验的分享，使教师相互之间的了解进一步加深，合作意识更加强烈，为今后劳动科学与法律学院教学质量的提高提供了动力和方向。

（撰稿人：赵志瑞）

【科研工作】

加强学科方向凝练，提高研究生培养质量。根据学校学科建设工作部署，完成劳动经济学二级学科的论证工作，进一步明确学科方向，完善研究生培养方案。在学校现行研究生管理模式下，根据研究生的培养需求，举办研究生沙龙，鼓励研究生投稿参加研究生论坛，积极组织研究生开展学术活动，以多种方式有效地促进研究生培养质量的提高。

举办第三届劳动科学论坛，提升学科品牌。为落实劳法学院“十二五”规划，推动学科建设工作，展示教师在劳动科学领域的研究成果，加强与劳动科学研究领域专家学者的学术交流，举办主题为“劳动科学论坛2011——‘十二五’劳动关系发展趋势与变革”学术会议。劳动科学论坛作为学院学科品牌建设平台，通过三年持续地开展论坛活动，既提升学院师生的学术水平，也为学院对外宣传、树立学术品牌产生影响。

12月16日，北京市人力资源和社会保障学会召开第一次会员代表大会，劳法学院院长、教授尚珂当选为学会理事。

以科技创新平台为基础，采取激励措施，引导和鼓励教师开展科学研究，推动学院科研水平提升。2011年，发表核心期刊论文42篇，出版学术专著2部，书籍教材11部，获得省部级科研奖励3项，引入纵向科研课题2项，获批北京市教委人文社科计划面上项目2项，校级青年基金项目2项。1位教师获校学术专著出版资助，引入各类科研课题经费30余万元，举办各类面向师生的学术讲座10次。

（撰稿人：赵志瑞）

【党建工作】

劳法学院以“爱岗敬业、无私奉献，争创党员示范岗”和“党支部争创学习型党支部”为创先争优活动载体，继续深入贯彻落实科学发展观，推进党总支、党支部工作规范化、制度化，增强组织活力。各党支部以庆祝建党90周年为契机，与制定和实施“十二五”发展规划相结合，与学院中心工作、业务工作相结合，与创建学习型组织相结合，与营造和谐团结向上文化氛围相结合，开展多形式多渠道的学习活动，深化“创先争优，从我做起”主题实践活动，增强党员的责任感、使命感。教工党支部大力开展带动学生党支部建设、教师党员服务学生成长成才活动，指导学生实践、组织学生开展科研学术活动。学生党支部积极开展“红色1+1”、“六五”普法等服务社会的活动，成为党建活动亮点。其中“红色1+1”活动荣获北京高校“红色1+1”示范活动鼓励奖。4名党员被评为院级优秀党员，2名党员荣获校级优秀党员称号。

5月，劳法学院通过民主选举产生学院第一届工会委员会。学校工会授予劳法学院分工会 合格“教职工之家”称号。分工会把增进融合作为工作重心，确定建设先进“教职工之家”的目标和计划，以先进“教职工之家”建设为核心，积极发挥工会教代会作用，开展茶话会、郊游、联谊、红歌比赛、徒步健身等活动，加强硬件建设和制度建设。12月，通过学校工会先进“教职工之家”的评比验收。

6月，劳法学院组建后，结合学院工作实际，党总支对领导班子成员岗位进行整合、细化，使岗位职责更加明确，制定党政联席会议等相关会议议事规则，加强日常监督和建立责任追究机制，扎实推进建设清正廉洁领导班子的工作，制定实施“加快融合，构建和谐”工作计划，促进了决策民主化、科学化。成立学院学术委员会、评聘委员会、教学指导委员会和学生工作委员会。

9月，劳法学院充分利用新学院组建成立的契机，立足于建设和谐向上文化氛围，在师生中开展设计院标、讨论形成院训活动，推出了本院的院徽、院训，确立师生共同遵循和追求的文化精神——“明德正行、求真立信”。

劳法学院党总支所属5个党支部，其中，教师党支部2个、学生党支部3个。党员118人，其中，正式党员55人，预备党员63人。发展新党员85名，预备党员转正32名。入党积极分子588人，占学生总数的72.5%。112名入党积极分子参加学院初级党校培训，43名入党积极分子参加学校高级党校培训班学习。

（撰稿人：赵志瑞）

【学生工作】

认真落实学院“加快融合、构建和谐”工作指针，合理组建学生干部队伍，加强不同专业学生之间的交流。

3月，为保持学生工作的相对稳定，原法政系与原劳动人事系分团委、学生会并行，共同完成相关工作与学生活动的组织。通过分团委和学生会组织召开多种形式的交流座谈会、文体比赛，增进不同专业学生之间的了解和友谊。

4月，启动“为学·日益”团校第一期培训，对新组建学院的全体学生干部进行为期一个月的系统培训，在提升学生干部业务素质和能力的同时，进一步强化“劳法一家亲”的合作意识。

7月，召开劳法学院第一次团学代表大会，选举产生劳法学院第一届分团委和学生会。11—12月，“为学·日益”团校第二期培训开班，着重提升学生干部的责任意识、工作技能和服务意识。

进一步推进“优良学风班创建”工作，22个班级有17个班级申报“创建优良学风班”，学生的学习氛围更加浓郁，学生获奖率明显提升，09940611班、09940812班和08940611班获校级优良学风班。10210621班团支部荣获市级优秀团支部。

学生党支部、团支部围绕建党90周年积极开展主题教育活动。组织2010级新生及部分学生干部、党员210人赴天安门广场观看升国旗仪式；积极与房山区良乡镇渔儿沟村党支部进行联系，开展“红色1+1”活动；为纪念中国人民抗日战争胜利66周年暨“九一八”事变发生80周年，组织学生党员参观中国人民抗日战争纪念馆；分团委青年志愿者协会积极组织各团支部及志愿者，定期赶赴通州北苑社区、松堂关怀医院等5个志愿服务基地开展服务活动。

劳法学院在开展好各项常规活动的基础上，主要抓精品活动，拓展学生暑期社会实践。

3—5月，举办“职上云霄——第八届模拟招聘”系列活动。6月，“六月梦——六月情怀”毕业生晚会。12月，“六五”普法系列宣传活动暨法律文化节系列活动。通过这些活动，既锻炼学生们的各种能力，也使得他们在专业方面有所收获，取得良好反响。

进一步加大对学生开展暑期社会实践活动的宣传扶持力度，学生积极性很高，组建7个团队，深入社会开展社会实践，取得丰硕成果。

劳法学院贯彻“走出去，请进来”

的方针，积极联系用人单位，广开就业渠道，保证2011届毕业生就业工作圆满完成。2011届210名毕业生，总体就业率96.19%，总体签约率79.05%。其中，人力资源管理专业签约率80.22%，法学专业签约率78.46%，劳动与社会保障专业签约率77.78%。

配备专兼职辅导员和班主任17名。党总支副书记马立梅荣获北京市优秀辅导员称号，教师白硕评为校级优秀班主任。

（撰稿人：赵志瑞）

【对外交流】

6月10日，劳法学院与东方慧博人力资源有限公司、北京外企人力资源服务有限公司、北京英岛律师事务所签订校外共建培养基地协议，充分发挥各自的优势资源，为培养更多的具有创新能力和较强实践能力的新型人才搭建平台。

8月30—31日，劳法学院院长、教授尚珂参加在哈尔滨举行的第五届两岸民法暨经济法论坛并作主题发言。

9月14日，华北科技大学人文社科学院法学系系主任、教授李遐祯一行5人到学院访问交流，双方就法学学科、专业建设达成长期合作意向。

10月30日，院长尚珂参加北京高校第三届法学院院长（书记）工作联谊会，围绕“法学专业国际化办学”、“法学专业师资队伍建设”、“法学专业双语教学和实践教学”等主题，同与会高校法学院院长、书记进行广泛深入的交流，形成诸多方面共识。

2011年，劳法学院教师45人次参加相关高水平的学术会议、学术交流调研和短期培训；组织师生参观第三届中国服务贸易大会、参观通州区人民检察院、走访校友公司、兄弟院校52人次；聘请校外专家举办高水平讲座或进行学术交流研讨12人次；拜访校外实习基地9人次。

（撰稿人：赵志瑞）

【第三届劳动科学论坛】

2011年12月3日，第三届劳动科学论坛在北京物资学院国际交流中心隆重举行。本届论坛由劳法学院主办，北京东方慧博人力资源有限公司协办。论坛以“十二五”时期劳动关系的发展趋势与变革为切入点，共同探讨未来五年我国劳动关系将出现的新问题、新矛盾、新挑战、新变化，为我国构建和谐劳动关系，建设和谐社会提供诸多有价值的观点和思想。来自劳动科学学术领域的知名专家学者、学校领导、教师、研究生共400余人参加大会。

会议征集学术论文30多篇，出版《劳动科学学术论文集》。

（撰稿人：赵志瑞）

【“青春船长，法治起航”——“六五”普法活动暨法律文化节系列活动】

2011年，恰逢“六五”普法系列活动启动之年，劳法学院配合北京市、通州区司法局，将“六五”普法活动与法律文化节融合在一起，开展各项系列活动，组织志愿者走出校园，走进社区和中小学，将法律宣传带入社会。

11月2日，由学校党委宣传部和劳法学院共同举办的“青春船长，法治起航”——“六五”普法活动暨法律文化节启动仪式在国际交流中心拉开序幕。北京市司法局副局长吴庆宝、法宣处副处长吕剑锋，通州区团委书记阳波，通州区司法局副局长康静等领导受邀出席活动。学校党委书记刘木春、副书记沈小静、副校长王文生出席启动仪式。

11—12 月，劳法学院在校园开展模拟法庭、法律文化庙会、知识竞赛等活动，组织志愿者队伍参加北京市首届法治文化节志愿服务活动，走进小学、社区、乡村义务开展“六五”普法宣传，取得良好反响，各大媒体纷纷报道。《竞报》以“北京物资学院普法活动走出校园”为题报道此项活动，搜狐网全文转载。

（撰稿人：赵志瑞）

【附录】

2011 年劳法学院发表论文一览表

序号	论文题目	第一作者	发表刊物	备 注
1	拆除违法建筑执法问题研究	邹晓美	中国流通经济	B 级
2	绩效考核的量化定位与抉择思考	李广义	中国流通经济	B 级
3	人力资源管理转型折射的价值链思想	杨 蓉	中国流通经济	B 级
4	新形势下北京市外来就业人员状况分析	刘家珉	中国流通经济	B 级
5	基于法律规制视角下的价格违法行为分析	尚 珂	中国流通经济	B 级
6	我国应急管理人才激励问题研究	唐华茂	经济管理	B 级
7	北京青年人才资源开发：现状及途径	唐华茂	中国流通经济	B 级
8	国企改制过程中职工利益保护机制的探讨	王少波	中国人力资源开发	B 级
9	论我国当前劳动关系中员工面临的压力问题	王少波	中国流通经济	B 级
10	我国老龄事业发展的经济效应分析	顾国爱	中国人力资源开发	B 级
11	基于生活网络分析法的专家知识识别与评价	顾国爱	Adcances in Intelligent and Soft Computing 128	B 级（论文集 EI）
12	世界 500 强与我国企业招聘策略比较	弓秀云	中国流通经济	B 级
13	中国农户劳动供给：培训中的性别问题	弓秀云	International Journal of China Marketing	B 级（论文集 EI）

续 表

序号	论文题目	第一作者	发表刊物	备 注
14	一线管理者的激励机制研究	隆 意	企业管理	B级
15	中央企业工资集体谈判策略分析	左春玲	2011 International Conference on Management and Service Science	B级
16	违约可得利益赔偿之立法及其阐释	闫仁河	法学杂志	B级
17	论我国物流市场准入法律制度的完善	高 泉	中国流通经济	B级
18	关于零售商品质量安全的法律规制研究	刘 茵	中国流通经济	B级
19	中国农业保险中政府补贴政策的问题分析	李晓晖	中国流通经济	B级
20	制度逆反效应：基于中国的能源、环境、食品安全与福利	刘 江	经济体制改革	B级
21	我国退役运动员职业转换模式剖析	李燕荣	商业时代	B扩
22	中国消费环境对居民消费水平的影响	刘 江	华东经济管理	B扩
23	影子工资、影子收入与农户劳动供给	弓秀云	技术经济与管理研究	B扩
24	我国农业保险发展环境制约因素探讨	李晓晖	商业时代	B扩
25	员工背景调查面临的主要问题及改进思路	王少波	商业时代	B扩
26	创业投资家与企业家的人力资本特性研究	刘萍萍	技术经济与管理研究	B扩
27	Study on Internal Endowment of Entrepreneurial Team	刘萍萍	2011 International Conference on Information, Services and Management Engineering	国际会议论文集
28	Theory and Demonstration Analysis on Venture Capitalists Deployment Intellectual Capital	刘萍萍	Proceedings of the 2011 International Conference on Education Science and Management Engineering	国际会议论文集
29	大学生就业难的工资福利视角	弓秀云	The 4th International Coference of Human Resouece Strategy and Development	国际会议论文集

续 表

序号	论文题目	第一作者	发表刊物	备 注
30	利用森指数进行贫困度量的实证分析	弓秀云	The 4th International Coference of Human Resouece Strategy and Development	国际会议论文集
31	大学课堂教学效果评价问题研究	徐 敏	Management Science and Engineering	国际会议论文集
32	北京市物流产业关联区域比较研究	徐 敏	2011 International Conference on Information Science and Engineering	国际会议论文集
33	高等教育、就业、工资与我国经济增长的关系	顾国爱	ieec2011	国际会议论文集
34	中国城镇职工基本医疗保险基金经办人员的激励机制	左春玲	Innovation and Development of Management Science in today	国际会议论文集
35	基于灰色关联度的供应商选择与评价	顾国爱	中国经贸导刊	
36	丧偶事件对老年人的影响	米 峙	中国老年学杂志	
37	我国地区间企业外部环境比较	顾国爱	物流技术	
38	对都市“剩男剩女”现象的研究	曹 媞	人民论坛	
39	铁路企业集体劳动争议调解机制改进构想	左春玲	铁道运输与经济	
40	社会医疗保险中混合式医疗费用支付方式的探索	李晓晖	河南大学学报	
41	普通高等院校开发网络教育作为一种教学手段的探讨	曹 媞	中国成人教育	
42	最低工资标准提高对我国物流企业影响的效应分析与对策研究	林 原	物流技术	

2011 年劳法学院出版著作一览表

序号	著作名称	主要作者	著作类别
1	中国的就业制度与政策	任　吉	专著
2	新形势下的中国残疾人就业问题研究	尚　珂	专著
3	劳动关系管理	尚　珂	编著
4	薪酬管理实务（第二版）	解进强	教材
5	劳动关系与劳动法	王少波	教材

2011 年劳法学院科研项目一览表

序号	项目名称	负责人	项目来源	项目性质
1	北京市老年残疾人社会保障研究	尚　珂	北京教育委员会（面上项目）	纵向项目
2	建材企业集团化发展的物流人才开发研究	唐华茂	中国建材市场协会	纵向项目
3	运动员成功职业转换影响因素的质性研究	李燕荣	国家体育总局人力资源开发中心	纵向项目
4	我会残疾人就业地区差异及其政策选择研究——基于就业方式的视角	尚　珂	中国人民大学残疾人事业发展研究院	横向项目
5	商业网点条例	李惠阳	商务部条约法规司	横向项目
6	发达县域高层次人才开发战略	唐华茂	国家行政学院公共管理教研部	横向项目
7	企业岗位分析与薪酬设计研发	刘家珉	北京市工业系统人才开发中心	横向项目
8	企业人力资源工作分析与岗位评估咨询	刘家珉	北京恒信杰成信息咨询中心	横向项目
9	完善我国运动员保障制度的理论基础研究	李燕荣	国家体育总局人事司	横向项目
10	大庆油田公司案例补充研究	解进强	中国企业联合会	横向项目

2011 年劳法学院获奖成果一览表

序号	成果名称	获奖作者	奖励名称	奖励级别	奖励等级
1	市场流通基础立法课题研究报告	尚 珂 李惠阳 刘 茵 王惠玲 阎章荣	2011 年度全国商务发展研究成果奖	省部级	二等奖
2	市场流通法课题研究项目	尚 珂 李惠阳 刘 茵 王惠玲 阎章荣	中国物流与采购联合会科技进步奖	国家一级协会（国资委直管协会）	二等奖
3	我国物流业发展现状、问题与对策研究	徐 敏	中国物流与采购联合会科技进步奖	国家一级协会（国资委直管协会）	三等奖

外国语言与文化学院

【发展概况】

外国语言与文化学院的前身是建于1996 年的北京物资学院外语系。2011年3 月，学校在外语系的基础上，组建外国语言与文化学院（简称外语学院）。外语系党总支更名为外语学院党总支。

4 月，王淑花被任命为外语学院副院长，主管教学工作；6 月，刘艳荣被任命为外语学院党总支书记；7 月，原党总支书记郁军范担任正处级调研员，桂天寅被任命为外语学院副院长，主管科研工作。

外语学院有 1 个一级学科——外国语言文学；1 个本科专业——英语语言文学。拥有英语专业、大学英语、商务英语、文化传播 4 个系部，数字语言实验室、同声传译实验室、商务英语实验室 3 个实验室。

截至2011 年12 月31 日，外语学院有教职工 74 人。其中，专任教师 65人，教授 2 人，副教授 15 人；具有博士学位的教师 3 人，在读博士学位的教师 3 人。

外语学院除承担英语专业的人才培养任务外，还承担全校大学英语、大学语文、应用写作等公共基础课及文学、文化、艺术类素质拓展课的教学任务。

2011 年，毕业本科生 91 人，招收本科生 75 人，在校本科生 373 人。

（撰稿人：吴尚义）

【学科建设】

外语学院有一级学科1个——外国语言文学学科；本科专业1个——英语语言文学，下设国际商务、国际传播2个方向。

新晋升副教授1人，新晋升讲师2人。

外语学院有外国语言与文学教学与科研团队1个。

12月，外语学院召开学科建设研讨会。

（撰稿人：王淑花 审核人：吴尚义）

【教学工作】

2011年，外语学院教学工作以落实各类教学管理制度为基础，在教学中加大课堂互动的比重，努力转变教学观念、积极改善教学方法、大力提高教学效果。鼓励教师开展课程改革，并以“大学语文”、“应用写作”、“法律文书写作”等课程为试点，积极探索以考试方式改革带动课程教学的整体改革方法。积极推进并不断完善大学英语的分级、分课型教学改革方案，努力提高全校大学英语课程教学质量。

将教师团队建设和教研活动作为工作重点，举行大学英语教学研讨会4次、英语专业（商务和传播）人才培养研讨会4次，实践教学体系建设研讨会2次，召开大学英语教研部教工党员、英语系教工党员和学生党员座谈会各1次，为教学改革提供有力支撑。

承担课程99门，涵盖全校公共基础课、英语专业基础课和方向课、公共素质拓展课等各个类别。

2011年，外语学院获得校级教改项目16项，其中，重点项目1项；获得校级教学质量提高专项经费项目38项。

5月，大学英语教研部教师张雪丹荣获“外教社杯”大学英语教学比赛听说组三等奖。

6月，外语学院召开教学工作研讨会。杨润芬、唐棠、张丽丽获评校级本科教学先进个人。

7月，外语学院举办5场“提升专业素养，提高教学水平”系列教学研究主题讲座。万静静、穆育枫获教育部课件大赛高教文科组三等奖和优秀奖；万静静、穆育枫等7名教师获学校课件比赛奖。

9月，外语学院与通州现代化国际新城投资运营有限公司合作，建立挂牌实习基地。

外语学院教师张娜和刘建华分别在北京外国语大学、北京师范大学访学；副教授李华在加拿大卑诗（UBC）大学访学。

（撰稿人：王淑花 审核人：吴尚义）

【科研工作】

2011年，制定外语学院“十二五”科研工作战略，加大英语语言学及应用语言学科研团队和外国语言文学科研团队建设力度，启动并大力推进国际物流信息翻译研究团队建设工作。

建成外语学院科研网站，实现本院科研服务信息电子化，向全院教师提供各类科研统计数据，并通过学术研究方向指引、学术研究方法指引、论文撰写方法指引、论文投稿方法指引等手段，为年轻教师提升科研能力和科研素质提供必要帮扶。

努力提升学术刊物《语言与文化研究》的办刊水平，扩大其在全国的学术影响力。启动《国际物流前沿研究译介》的创刊工作，积极打造科研工作平台，并以此为窗口加大外语学院的对外学术交流。

加大对教师参加学术活动的扶持力度，派出16名教师参加国内学术会议，28名教师参加国内培训项目；7名教授和副教授为学院学生举办学术讲座7场。

邀请外语界知名专家刘润清等为全院师生举办学术讲座13场。

2011年，外语学院教师在国内外学术刊物公开发表学术论文180篇。其中，核心期刊论文32篇；出版著作23部，其中，专著3部，译著13部，编著7部。出版《语言与文化研究》3期，创刊并出版《国际物流前沿研究译介》2期。承担科研项目11项，其中，纵向项目1项，横向项目7项，校级青年科研基金项目3项，引进经费39.4万元。

（撰稿人：桂天寅　审核人：吴尚义）

【党建工作】

截至2011年12月31日，外语学院党总支有4个党支部，其中，教工党支部3个、学生党支部1个。党员63人，其中，教工党员36人，学生党员27人。发展学生党员27名，预备党员转正22名，确定学生入党积极分子50名。16名预备党员参加学校高级党校新党员学习班。

党总支不断加强党员和全体教职工政治理论学习，依托处级干部学习平台、院务会、党员在线学习平台、互联网飞信平台、周三定期例会等多种途径，针对不同对象，不拘泥形式，加强检查督促，及时掌握各层次人员学习情况，注重效果。根据党支部建在教研室和科研团队的要求，将原来的1个教工党支部设置为3个，即教工第一支部（文传和行政）、第二支部（大学英语）和第三支部（英语专业）。在支部书记的选配上，注重支部书记的能力和素质，选拔业务骨干担任支部书记。学生支部也配齐支部书记和支部委员。

制定并实施外语学院“提高办学质量促发展、服务人民群众树形象”活动方案。教工第三党支部与学生党支部以“畅所欲言，倾听心声，增进了解，共同进步”为题讨论人才培养问题。教工第二党支部与全校学生代表共同就“提高大学英语教学质量，服务学生学业发展”为主题举办沙龙，讨论大学英语学习过程中存在的问题和解决办法。

建立完善党风廉政建设责任体系和决策机制。凡涉及“三重一大”问题，如系部主任考核、系部主任聘任、分工会委员增补、学生奖学金评定、就业工作研究、学术委员会换届、“教职工之家”建设、二级聘委会的换届、教师年度工作考核与评优、教师职务晋升与聘任等，均上会讨论，集体决策。

组织党员赴山西文水县刘胡兰纪念馆和平遥古城，学习刘胡兰崇高精神，汲取中国传统历史文化。以建党90周年和纪念辛亥革命100周年为契机，组织学生党员参观辛亥革命纪念馆。

完善分工会的组织机构，配齐委员，明确工作分工和职责。完成“教职工之家”的建设和验收。举办首次“逢五逢十”集体生日会，组织内容丰富的年终联欢会，还为生育和生病的职工送温暖、送关怀，体现外语学院大家庭的温暖。

原党总支书记郁军范被评为校级优秀党务工作者，孙静波被评为优秀教师党员，2007 级毕业生李超被评为校级优秀学生党员。

（撰稿人：刘艳荣　审核人：吴尚义）

【学生工作】

外语学院共有学生工作专职辅导员 1 人，兼职班主任 14 人。5 月，分管学生工作的总支副书记陈琦调至朝阳区来广营乡任副乡长，总支书记刘艳荣直接负责学院的学生工作。

将春季学期举办的“英语文化月”活动与秋季学期的“新生季”系列活动合办。“希望马拉松”、“新生运动会”、“篮球足球赛”、“宿舍文化节”、“红旗宣讲团”和“新生季颁奖晚会”等活动成为学院特色学生活动。“希望马拉松”活动招募全校志愿者 200 余人，活动得到中央电视台等多家媒体报道。新生入学教育中的“红旗宣讲团”是最受欢迎的活动，也是外语学院学生工作进行朋辈引领工程的重点工作。“红旗宣讲团”成员由学校办公室干部、外语系 2003 级学生夏雨，清华大学 2011 级动画专业硕士研究生、外语系 2007 级学生张然，2007 级优秀毕业生孙毅、傅双育，2008 级学生魏鹜和 2009 级学生李德意组成，朋辈教育起到良好的示范作用。

9 月，外语学院分团委组织的“学习长征精神　重走长征之路”北京物资学院大学生（京内）暑期社会实践团和以“寻访红色榜样”赴江西瑞金北京物资学院大学生（京外）暑期社会实践团获 2011 年度校级暑期社会实践优秀团队称号，指导教师张燕燕获先进工作者称号。

学工组协助大英教学部圆满完成“外研社杯”全国英语辩论赛、全国英语演讲大赛的校内选拔赛组织工作，2010 级学生张潇然代表学校参加全国英语演讲比赛，获优秀奖。

2011 年是学生工作重在建设的一年。学工组认真梳理学生事务管理涉及的流程及环节，修订学生工作相关条例，进一步明确奖学金评定细则，确立以院内学生奖励抵消院内惩罚的新型奖惩工作机制，主抓学生干部队伍与学生党员队伍建设，在团学组织与学生党支部中深入开展创先争优活动。

11 月，学工组协助学院教学部门，组织外语学院在读二、三年级学生广泛参与北京物资学院科研与创业项目，共申报项目 35 个，通过评审并开展研究的项目 23 个。

就业工作突破以往工作模式，创造性地形成由学院领导主抓，学工组、毕业班班主任、毕业论文指导教师全面参与的全方位立体就业帮扶体系，创建学院教职工帮扶就业奖励体系。截至 8 月 31 日，2011 届毕业生就业率 98%，签约率 74%，获北京物资学院 2011 年度就业工作单项奖。

（撰稿人：付　莉　审核人：吴尚义）

【对外交流】

派出教师参加国内举办的国际学术研讨会 4 人次，派出教师参加国际交流 2 人次。

（撰稿人：桂天寅　审核人：吴尚义）

【附录】

2011 年外语学院发表论文一览表

序号	论文题目	第一作者	发表刊物	备 注
1	社会主义的现实与未来	张春颖	当代世界与社会主义	B 级
2	马克思与列宁论危机、反抗与革命时机	张春颖	马克思主义与现实	B 级
3	关于法国物流业优势的研究	吴尚义	中国流通经济	B 级
4	中国英语多媒体及网络教学的研究回顾	王淑花	The Second International Conference in multimedia Technology	B 级（论文集 EI）
5	物流英语教学的原则探讨	刘建华	教育与职业	B 扩
6	商务英语本科专业教学大纲的实施与评价	吴尚义	教育与职业	B 扩
7	手机与现代外语教学	张丽丽	飞天	
8	杨雄“诗人之赋”辨义	刘 浏	文艺评论	
9	《论读书》的主述位结构分析	刘建华	时代文学	
10	市场营销活动中的语用策略分析	左 雁	江苏商论	
11	《阿凡达》主题的文化视角解读	张 娜	电影文学	
12	高校及职业学校实行“学分制”的探讨	孙艳青	华中师范大学学报	
13	中国高等教育学生批判性思考的运用	穆育枫等	The Business School of Accounting Economics and Statistics Educational Research Paper Series	国际会议论文集
14	多媒体环境下英语为第二语言教学的反思与建议	路文军等	The 2nd International Conference on Multimedia Technology	国际会议论文集
15	多媒体技术对英语为二语写作的元认知策略调查研究	路文军等	The 2nd International Conference on Multimedia Technology	国际会议论文集
16	正义的颜色：《洛城机密》英文对白赏析	刘建华	电影文学	
17	法国学者在恩格斯研究中关注的几个问题	张春颖	国外理论动态	
18	《献给艾米丽的玫瑰》中几个重要问题的探讨	任丽丽	时代文学	
19	玫瑰的变奏：《美国丽人》经典英文台词赏析	刘建华	电影文学	
20	从《雨山之路》解读平原印第安人的自然崇拜现象	李 华	长城	

续　表

序号	论文题目	第一作者	发表刊物	备　注
21	以“信、达、雅”为标准看《最后一个南方女郎》的中译	刘建华	时代文学	
22	法无定法道有常道——浅析人文社会科学的研究方法	付　莉	大家	
23	从技巧到精神的借鉴——析觉醒中的印象派绘画元素	黄春燕	飞天	
24	多元对话昭示觉醒之旅——析《觉醒》中“声音”的表现力	黄春燕等	名作欣赏	
25	莱辛的现实主义人文关怀和技巧——以《另外那个女人》为例	黄春燕	时代文学	
26	变形与变动——析卡森·麦卡勒斯《伤心咖啡馆之歌》中的权力关系	黄春燕	时代文学	

2011年外语学院出版著作一览表

序号	著作名称	主要作者	著作类别
1	大学英语四级写作高分策略	路文军　吴尚义　李海英	专著
2	电影艺术真实性研究	王红进	专著
3	“秀水街英语”的社会语言学研究	左　雁	专著
4	秘书英语	王　茹等	教材
5	人物采写实战录	吴尚义　桂天寅　陈霄英	编著
6	语言与文化研究（第八辑）	吴尚义　张春颖　路文军　张立奇　万静静	编著
7	语言与文化研究（第九辑）	吴尚义　张春颖　左　雁　路文军	编著
8	国际物流前沿问题研究	吴尚义　张　玲　张春颖　韩　星	译著
9	国际物流前沿研究译介	吴尚义　张春颖　韩　星　张　玲	译著
10	报童瑞恩（2版）	田　丽	译著
11	谁偷了你的成功	田　丽	译著
12	如何在卖空中获利（2版）	田　丽等	译著
13	如何调动和激励教师（2版）	田　丽　王淑花	译著

续 表

序号	著作名称	主要作者	著作类别
14	西方漫画史	张春颖	译著
15	好老师应对课堂挑战的 25 个方法	田 丽等	译著
16	波提切利画传	张春颖	译著
17	我的老北京印象	张春颖	译著
18	2 的力量	王淑花 田 丽 王 琳	译著
19	儿童主题阅读系列纯美童话故事	孙静波	译著

2011 年外语学院校级教改项目一览表

序号	项目名称	负责人	项目类别
1	大学英语实验班教学改革中的师生关系研究	王淑花	重点项目
2	大学英语语篇阅读教学模式研究	郭亚丽	一般项目
3	英语专业（国际传播方向）实践教学体系的构建研究	吴尚义	一般项目
4	影响英语写作成绩的元认知策略因素分析	路文军	一般项目
5	“高级英语”课堂教学模式研究与实践	任丽丽	一般项目
6	探寻专业课教学中培育职业精神的方法	沈 健	一般项目
7	网络新闻英语在大学英语教学的应用研究	田 丽	一般项目
8	“商务英语阅读”课程教学法研究与改革	王 茹	一般项目
9	跨专业优质教学资源的共享和应用——以外语学院商贸英语专业与经济学院国际贸易课程群双语课程为例	谢桂梅	一般项目
10	ESP 框架下“财经英语”课程教学模式研究与实践	杨倩倩	一般项目
11	讨论式教学方法在“外美鉴赏”课的运用	张绍杰	一般项目
12	基于元认知策略的英语听力课堂教学模式改革	鲁曼俐	一般项目
13	与公司结合的商务英语教学实践基地建设	张 玲	一般项目
14	形成性评价在大学英语口语教学中对促进学生内在学习动力的有效性的实证研究	蒋春生	一般项目
15	大学英语分级教学分课型模式下 B 级读写课程课堂教学方法的改革探讨	马 卓	一般项目
16	英语精读有效提问对学生思辨能力的培养	张 娜	一般项目

思想政治理论课教学与研究部

【发展概况】

思想政治理论课教学与研究部（简称思政理论课教研部）成立于2011年3月，设有思想道德修养与法律基础、马克思主义基本原理概论、中国近现代史纲要、毛泽东思想和中国特色社会主义理论体系概论等4个教研室，承担全校硕士研究生和本科生的思想政治理论课的教学任务，以及若干人文社科选修课的教学工作。

2011年，思政理论课教研部独立设置后，为迎接教育部和北京市委教育工委对思想政治理论课建设督查、抽查，学校成立思政课建设督查工作领导小组，负责迎评促建工作。思政理论课教研部也成立迎评促建工作小组，对学校思想政治理论课建设情况进行全面自查，撰写《北京物资学院思想政治理论课建设自查报告》，拟定《关于思想政治理论课改革与建设方案》，并进行相应改革和建设，顺利通过上级的抽查工作。

截至2011年12月31日，思政理论课教研部共有教职工18人。16名专任教师中，教授1人，副教授6人；博士7人，在读博士后1人，在读博士2人；45岁以下教师11人。教师具有多样化的学科背景，涵盖马克思主义理论、哲学、政治学、历史学、经济学等。

（撰稿人：郭继武　审核人：李邢西）

【学科建设】

根据国家2005课改方案，思政理论课教研部在全校开设“思想道德修养与法律基础”“马克思主义基本原理”“毛泽东思想和中国特色社会主义理论体系概论”“中国近现代史纲要”和“形势与政策”等5门课程。所有课时、学分，均按教育部课改方案进行。在课程建设中，一方面通过教研活动，集体备课，加大听课、评课力度，不断改进教学方法，提高教学质量，促进课程建设；另一方面，对所开设课程进行合格评估。2011年，“思想道德修养与法律基础”被评为校级精品课程，“马克思主义基本原理”被评为校级重点课程。

（撰稿人：郭继武　审核人：李邢西）

【教学工作】

思政理论课教研部以提高教学质量为中心，开展日常教学管理，加强教学改革，形成思政教学新模式。

1. 调整开课计划

新生入学后的第一学期开设“思想道德修养与法律基础”和“马克思主义基本原理”课程，第二学期开设“中国近现代史纲要”和“毛泽东思想和中国特色社会主义理论体系概论”课程。保证教师一学期专心从事教学，一学期专心从事科学研究或参加培训。

2. 实行专题化教学

为优化教学内容，“毛泽东思想和中

国特色社会主义理论体系概论”和“中国近现代史纲要”两门课程率先实行专题化教学，并不断探索，逐步完善。

3. 建设思想政治理论课网络课程

网络课程包括课程、试题库、网络答疑和网络调查4个方面，涵盖教案、课件、作业（练习）、参考书目、相关教学视频等内容；试题库涵盖4门课程；网络答疑和网络调查正在逐步建设中，以期达到学生可以网上学习、网上考试、教师网上阅卷、在线答疑等目标，使学生能够自主学习，适应个性化学习需求。

4. 推进实践教学模式改革

实施校内实践教学、社会实践教学和实践教学平台相结合的实践教学模式。校内实践教学采用体验式、参观访问、辩论、讨论等形式进行，社会实践教学主要采用社会调查研究等形式进行。实践教学平台建设得到学校的大力支持，正努力筹建中。

5. 推进教学方法改革

思政理论课教研部多次召开教学方法研讨会，探讨教学方法改革。教师积极探索采用启发式、讨论式、研究式、案例式、体验式等教学方法，增强思想政治理论课的针对性和实效性，受到学生的欢迎。

6. 加强教研室建设与教研室活动

严格执行教研室制度，加强教研活动。定期开展教学、研究等业务活动，加强教研室新教师的培养等。推进教研室的教材研究、教案研究、教学方法研究、课件制作、讲义撰写、网络课程建设，实践教学方案制定与组织实施。

2011年，完成校级重点课程建设1项，校级精品课程建设1项，校级教改项目5项。在第五届北京高校思想政治理论课教学基本功比赛中，张震寰获二等奖；在北京市高校哲学研究会教学基本功比赛中，李兰芳获二等奖。

（撰稿人：郭继武　审核人：李邢西）

【科研工作】

2011年，发表论文22篇，其中B级论文9篇；编著4部；科研立项9项，其中，纵向课题7项，横向课题1项，校级课题1项。1人获新闻出版总署“建设新闻出版强国”征文优秀奖。

（撰稿人：郭继武　审核人：李邢西）

【党建工作】

2011年3月，成立思政理论课教研部直属党支部，设支部书记1名，组织委员1名，宣传委员1名。中共党员14人，党员占教职工比例为78%。

积极推进学习型党组织建设。加强理论中心组学习，不断提高中心组成员思想理论水平；积极开展各种形式的学习活动；根据思政理论课教研部特点，进一步加强研究型学习，不断提高党员思想政治理论水平，做学校思想政治理论学习的引领者。

健全党的制度建设。完善党内各项制度，坚持民主集中制，加强领导班子建设，不断提高领导班子科学发展水平和能力，加强党内民主，进一步健全党组织制度建设，贯彻执行党政联席会议制度，不断完善基层党组织议事决策规则和程序。

加强组织建设。根据上级对思政课教师的政治要求，积极加强入党积极分子教育培养工作与发展党员工作，不断增强党的组织力量。

加强反腐倡廉建设。认真落实反腐倡廉机制和制度，全面落实党风廉政建设责任制，进一步强化领导干部一岗双责工作意识和岗位廉政意识，落实责任分工；强化重点环节的监督监察，认真落实部务工作公开化、民主化，加强群众监督；认真开展反腐倡廉宣传教育和廉政文化建设，不断提升党风廉政建设制度化、规范化和科学化水平。

（撰稿人：郭继武　审核人：李邢西）

【合作交流】

2011 年，思政理论课教研部邀请中央党校、清华大学、北京工业大学等校教授进行学术讲座 4 次。2 名教师参加北京市委教育工委组织的哲学社会科学教学与科研骨干教师培训，10 名思想政治理论课教师参加本学科暑期备课会和年会。组织部分教师赴河南师范大学、华南师范大学等校调研，赴海南三亚、广州黄埔军校旧址实地考察。

（撰稿人：郭继武　审核人：李邢西）

【附录】

2011 年思政理论课教研部发表论文一览表

序号	论文题目	第一作者	发表刊物	备 注
1	我国农村物流金融服务体系的开拓与创新	陈建中	中国流通经济	B 级
2	推动流通经济理论创新　促进经济发展方式转变	陈建中	中国流通经济	B 级
3	加快现代流通体系建设　促进流通发展方式转变	王旭东	中国流通经济	B 级
4	企业文化与企业诚信	李邢西	中国流通经济	B 级
5	“以信为用”的现实途径与企业诚信建设	宋红云	管理科学	B 级
6	“三位一体”农产品质量安全制度保障体系构建	李淑文	中国流通经济	B 级
7	践行教育真谛	王旭东	教育与职业	B 扩
8	当代大学生政治观现状调查	冯凡彦	教育与职业	B 扩
9	环境正义视角下农民环境弱势群体地位分析	李淑文	生产力研究	B 扩
10	从中美比较看高校自主发展	王旭东	国家教育行政学院学报	
11	把握转变流通发展方式的着眼点	陈建中	人民日报	
12	以研究型学习推进高校学习型党组织建设	胡占君	红旗文稿	
13	探索教育家办学之道	王旭东	决策与信息	

续 表

序号	论文题目	第一作者	发表刊物	备 注
14	建设高水平特色型大学	王旭东	决策与信息	
15	服务社会是大学的一项重要使命	王旭东	科学时报	
16	当代大学生公众印象冲突的认知根源	胡占君	决策与信息	
17	中美思想政治教育培养目标与教育内容比较	高书文	新余学院学报	
18	高校思想政治理论课实践教学模式构建探索	高书文	太原城市职业技术学院学报	
19	探询隐蔽在药家鑫案件背后的教育观念	陶 琳	湖南科技学院学报	
20	浅论解放战争时期中国共产党的知识分子政策	田湘红	党史博采	
21	仿造、生产与模拟——波德里亚对现代性历史形态的分析	高亚春	山西高等学校社会科学学报	

2011 年思政理论课教研部出版著作一览表

序号	著作名称	主要作者	著作类别
1	外来务工人员法律援助读本	陈建中	编著
2	营销策划文案写作指要	陈建中	编著

2011 年思政理论课教研部科研项目一览表

序号	项目名称	负责人	项目来源	项目性质
1	高校隐形思想政治教育路径研究	胡占君	中国伦理学会	纵向项目
2	当代大学生世界观人生观价值观荣辱观调查与研究	赵凤琴	中国伦理学会	纵向项目
3	聘任制下三级联动的高校职工权益保障体系研究	赵凤琴	北京市教委	纵向项目
4	微博对大学生思想行为的影响实证研究及前瞻性分析——以北京高校为例	王旭东	北京市教工委	纵向项目
5	微博对大学生思想行为的影响实证研究及前瞻性分析	胡占君	北京市教工委	纵向项目
6	首都高校思想政治理论课堂环境现状调查与实证研究	张震寰	北京市教工委	纵向项目

续　表

序号	项目名称	负责人	项目来源	项目性质
7	意识形态的世俗化与当前思想政治理论课教学研究	张震寰	北京市教工委	纵向项目
8	积极思维培训项目	陶　琳	北京视线联动广告有限公司	横向项目
9	马克思主义妇女理论在当代中国的发展	张震寰	北京物资学院	校级项目
10	马克思历史创造思想研究	宋红云	北京物资学院	校级项目

2011 年思政理论课教研部获奖成果一览表

成果名称	获奖作者	奖励名称	奖励级别	奖励等级
进一步加快我国图书流通体制改革	陈建中	新闻出版总署“建设新闻出版强国”征文	局级	优秀奖

体育教学部

【发展概况】

北京物资学院体育教学部成立于1986 年，主要负责学生的体育教学及体质健康测试等工作。2011 年，体育教学部设有教学教研室、群体教研室、办公室、体质健康测试中心和体质健康研究实验室。

截至 12 月 31 日，教职工 23 人，其中，专任教师 19 人，教授 1 人，副教授 8 人；具有博士学位的教师 2 人，占 10. 5%。

（撰稿人：方配素　审核人：张　鸣）

【教学工作】

2011 年，教学工作的基本思路是坚持“健康第一”的指导思想，目标是培养学生终身健身意识、终身健身习惯、终身健康素质、终身健身能力，重点是培养学生终身体育锻炼习惯 ，采取多方听课，专业培训等措施。

体育课程的设计坚持分类培养、选课平等和尊重个性、学有所长的原则。

分类培养、选课平等是指在第一、第二学期课程设计中，根据新生入校第一周进行的身体素质测试（男生测试立定跳远，女生测试实心球）结果，安排身体素质相对较弱的学生上健身课，旨在提高学生身体素质。针对大一新生开设男子篮球、女子篮球、男子足球、女子足球、女子垒球、跆拳道、有氧健身操和健身课。健身课包括男子健身课和女子健身课。

尊重个性、学有所长是指第三、第四学期课程设计中，鼓励学生根据个人兴趣在现有项目范围内任意选课。

改革学生体育课结业考核办法，将1500米测试规定为大学生一、二年级体育课统一考试项目，占体育课总成绩的30%。根据往年1500米测试中学生及教师所反映的情况，2011年，实行考教分离式的集中统一测试，并责任落实到人，每位教师职责明确，真正做到公平公正。

体育教学部坚持认真执行教学计划，严格执行教师考勤制度，细化日常教学管理常规，并认真贯彻执行，保证教学秩序的稳定。要求教学资料（教案、考勤表、成绩表及分析报告）书写格式规范整齐，不仅有文字、图表还有教学图片。存档时附有教师本人签字、教研室主任签字、体育教学部主任签字。全体教师常年坚持体育课课堂考勤，保证学生的上课出勤率。

（撰稿人：方配素　审核人：张　鸣）

【科研工作】

2011年，体育教学部出版著作2部；申请科研项目2项，引进项目经费8.5万元；发表学术论文35篇，其中，核心期刊10篇；校级教育教学改革项目4项。荣获局级及以上奖励9项。

（撰稿人：方配素　审核人：张　鸣）

【群体工作】

2011年，体育教学部有计划、有方案、以点带面地开展一系列课外体育比赛活动。

体育教学部与校学生会分管体育工作的部门配合，圆满完成传统体育赛事，如“腾龙杯”男子篮球比赛、“飞凤杯”女子篮球比赛、“物华英姿杯”女子排球比赛等。另外，配合研究生部和各学院完成临时的体育比赛，如研究生部的羽毛球比赛等。

4月，体育教学部协调其他职能部门成功举办学校第27届田径运动会。

为全面推行《全民健身计划纲要》，提高教职工的健身意识和能力，促进校园体育文化建设，营造团结向上的和谐集体氛围，体育部分工会和院工会协作举办校教职工运动会。

体育教学部组织校代表队参加全国和北京市各项体育比赛，分别获得第一名至第八名成绩。

（撰稿人：方配素　审核人：张　鸣）

【学生体质健康测试中心】

学生体质健康测试中心简称体测中心，成立于2003年，占地800平方米，测试器械总价值约300万元。

2011年，体育教学部利用新旧田径场分时段分系别对全校4个年级6000名本科生进行测试，顺利完成教育部规定的高校大学生体质健康测试工作。

（撰稿人：方配素　审核人：张　鸣）

【党建工作】

体育教学部党直属支部有教职工23人，正式党员16人，群众7人。

2011年是“十二五”规划开局之年，体育教学部直属党支部在校党委的领导下，全面贯彻党的十七届五中、六中全会精神，主要工作有：

（1）学习贯彻党的十七大及十七届四中、五中全会精神；

（2）开展“党性教育”活动，组

织党员重温入党誓词、回顾党的成就、学习党史、学习党的方针政策，“七一”前夕，党支部书记通过报告会，对党员进行党性教育；

（3）欢庆建党90周年，积极参加校举办的“歌唱祖国、歌唱党、歌唱社会主义”为主题的红歌比赛。

（撰稿人：方配素　审核人：张　鸣）

【附录】

2011年体育教学部发表论文一览表

序号	论文题目	第一作者	发表刊物	备注
1	论休闲体育的经济价值	吴　强	商业时代	B扩
2	刍议我国体育产业的发展前景	徐淑斐	商业时代	B扩
3	我国体育旅游事业发展前景预测	杨建平	商业时代	B扩
4	从经济学角度对当前体育健身俱乐部经营问题的研究	王彦英	商业时代	B扩
5	影响职业篮球发展的因素分析	张　力 张晓静	商业时代	B扩
6	论西部地区群众体育产业发展的路径依赖及选择	王　旭 罗慧坚	商业时代	B扩
7	大学体育“四位一体”特色模式的构建与实践研究	张晓静 张秋艳 孙凤林	商业时代	B扩
8	聚氨酯铺地材料的研究进展	时　锋	化工科技	
9	试论体育营销与品牌战略之间的关系	杨建平	中国商贸	
10	脊柱畸形老年人躯干质心偏移的相关因素分析	衣锦光	中国老年学杂志	

2011年体育教学部出版著作一览表

序号	著作名称	主要作者	著作类别
1	网球	王彦英	编著
2	按摩是最好的医生	时　锋	编著

2011 年体育教学部科研项目一览表

序号	项目名称	负责人	项目来源	项目性质
1	中学与大学体育教学合理化衔接的必要性研究	杨建平	北京市教委	纵向项目
2	学生体质健康干预与管理模式研究	衣锦光	北京市教委	纵向项目

2011 年体育教学部获奖成果一览表

序号	成果名称	获奖作者	奖励名称	奖励级别	奖励等级
1	女性参加奥运的历程与展望	方配素	中国妇女研究会第三届首都高校女子体育论坛	国家一级协会（国资委直管协会）	二等奖
2	对女大学生体育锻炼及体育消费情况的调查与分析	罗慧坚 杨金鹏	中国妇女研究会第三届首都高校女子体育论坛	国家一级协会（国资委直管协会）	二等奖
3	高校女生体育参与影响因素审视及对策	孙凤林	中国妇女研究会第三届首都高校女子体育论坛	国家一级协会（国资委直管协会）	三等奖
4	高校女生体育舞蹈课程资源开发的研究	杨建平	中国妇女研究会第三届首都高校女子体育论坛	国家一级协会（国资委直管协会）	三等奖
5	北京市普通高校女生体育课开展脚斗士课的可行性分析	衣锦光	中国妇女研究会第三届首都高校女子体育论坛	国家一级协会（国资委直管协会）	三等奖
6	积累：终身体育的根本途径	徐淑斐	中国妇女研究会高校女子体育与健康研究	国家一级协会（国资委直管协会）	三等奖
7	人文教育在普通高校健美操课程中实践与探索	徐淑斐	中国妇女研究会高校女子体育与健康研究	国家一级协会（国资委直管协会）	三等奖
8	足球教学	王彦英 罗慧坚 刘　琳	教育部第十一届全国多媒体课件大赛优秀奖	省部级	四等奖及其后
9	足球教学	王彦英 罗慧坚 刘　琳	北京物资学院第一届多媒体课件大赛	校级	二等奖

2011 年体育教学部校级教改项目一览表

序号	项目名称	负责人	项目性质
1	体育教师专业化发展研究	蔡 斌	一般项目
2	NBA 联赛模式在我校男生篮球课教学中应用的实验研究	孙风林	一般项目
3	构建我校瑜伽课程教学模式的研究	练 丽	一般项目
4	“和谐人生”体育观在女排教学中应用研究	方配素	一般项目

2011 年北京物资学院体育代表队比赛成绩一览表

序号	代表队	教练	比赛时间	比赛地点	比赛名称	名次
1	滑 雪	衣锦光	1 月	北京渔阳国际滑雪场	“雪中飞”北京大学生第五届高山滑雪比赛	男女团体第六名；男子团体第八名；女子团体第五名；男子单项分别获第一名、第四名；女子单项第五名
2	篮 球	杨建平 常 征	4 月	北 京	“全兴”杯北京市大学生篮球联赛学院组	女子亚军；男子第八名
3	女子垒球	吴 强 刘 琳	5 月	北 京	第十六届首都高校棒垒球锦标赛	第三名
4	田 径	王彦英 杨金鹏	5 月	清华大学	第 49 届首都高校学生田径运动会	单项：第一名 2 个，第三名 2 个，第四名 1 个，第五名 4 个，第六名 10 个，第七名 3 个，第八名 4 个
5	网 球	衣锦光	5 月	北京绿色北岸网球公园	“华力创通”杯首都高校大学生网球精英赛	男子单打第五名

续 表

序号	代表队	教练	比赛时间	比赛地点	比赛名称	名次
6	高尔夫	张 力	5月	北京朝阳金色河畔高尔夫学校	北京市大学生高球技能比赛	团体第三名，个人第三名
7	女子垒球	吴 强 刘 琳	7月	广 州	第七届全国大学生棒垒球锦标赛乙组	第五名
8	越野攀登	王彦英	10月	鹫 峰	首都高等学校第八届越野攀登赛	团体第六名
9	乒乓球	方配素 张来盛	11月	北方工业大学	“TST 杯”2011年首都高校乒乓球锦标赛	男子单打第二名，男子团体第三名，女子团体第三名
10	体育舞蹈	张秋艳	12月	北京林业大学	首都高等学校第三届体育舞蹈比赛	集体舞第二名；单项第一名1个，第二名2个，第四名1个，第五名1个，第八名2个

继续教育学院

【发展概况】

北京物资学院继续教育学院成立于2008年11月，前身是1983年10月成立的国家物资局电大教育办公室，地点在北京市通州区新华南路190号。2011年，学院设会计学、物流管理、人力资源管理3个专科起点本科专业，会计、物流管理和人力资源管理3个高中起点专科专业。分别在北京、广西、甘肃、河北4个省（市、自治区）招收业余及函授学习形式的成人高等教育学生。

截至12月31日，学院有教职工15人，其中，干部11人，工人4人。

2011年，毕业成人高等教育学生617人，其中，专科起点本科生161人，高中起点专科生456人。获得成人高等教育学士学位76人。招收成人高等教育学生934人，其中，专科起点本科生276人，高中起点专科生658人。在校生1402人，其中，专科起点本科生388人，高中起点专科生1014人。

（撰稿人：王守新　审核人：罗新东）

【师资队伍】

继续教育学院师资队伍建设遵循“根据开设专业需要，建立相对稳定的教师队伍”的原则组织教师聘任工作，共聘请教师195人（包括各函授站、教学点聘任的教师），其中，教授8人，副教授72人，具有高级职称的教师比例为41.03%；具有硕士及以上学历的教师107人，占教师总人数的54.87%。

（撰稿人：王守新　审核人：罗新东）

【教学工作】

继续教育学院教学工作重点是规范管理，努力提高教学管理工作水平。

（1）根据北京市教育委员会关于成人高等教育提高教育质量的指示精神，结合成人继续教育的实际情况，开始按照2010年修订的教学计划实施教学。

（2）向北京市教育委员会成功申报新增人力资源管理专科起点本科专业，2011年开始招生。学院进一步组织开展增设商务英语和电子商务两个高中起点专科专业的前期调研工作，计划于2012年招生。

（3）针对继续教育的教学特点，进一步深化班主任值班和干部值班制度；开展教学管理改革，提高学生作业成绩在总成绩中的比例，促使学生注重学习过程。

（4）开展继续教育教学科研。撰写教改论文多篇，在核心期刊上发表论文3篇，收录三大检索论文1篇，获得省部级科研三等奖1项；申报2012年校级教改立项重点项目和一般项目各1项。

（5）学院加强对各教学点、函授站的管理力度，与各教学点、函授站重新签订合作协议，明确责权利等条款，努力减少办学风险。

（6）组织学生毕业实习617人次。组织北京市成人本科学士学位英语考试422人次。

（撰稿人：王守新　审核人：罗新东）

【党建工作】

2011年，继续教育学院党总支下设教工党支部。党员10人，其中，教工党员9人，合同制党员1人；入党积极分子256人；1名预备党员转正。1人被评为学校“优秀共产党员”。

（1）狠抓党风廉政建设。一是加强领导班子自身建设，大力提倡和发扬团结协作精神；二是加强对党员教育、管理和监督；三是认真组织党内和领导班子民主生活会，开展批评与自我批评；四是加大纠风治乱力度，坚持院务、财务公开；五是通过理论学习，强化建章立制，形成各项活动的长效机制。

（2）加强思想政治理论学习和作风建设。继续教育学院党总支积极组织中层干部、党员、群众参加学校组织的各类政治理论学习。同时，组织全体党员干部进行多形式多渠道的观摩、讲座等学习活动。

（3）发扬民主，增强班子凝聚力。严格执行学校的规章制度，认真落实学校党委制定的“三重一大”制度要求，凡涉及学院的重要事项，都经院务会讨论研究决定后执行。坚持贯彻和执行民主集中制原则，充分发挥每个员工的积极性，保障学院的良性发展。

（4）全面推进基层党建工作。按照《北京物资学院深入开展“提高办学质量促发展、服务人民群众树形象”活动实施方案》要求，一是落实党总支党建工作责任制；二是围绕学院的中心工作开展基层党务工作，切实组织和加强党员干部和全体教工的管理及政治理论学习，建立完善领导干部及党员群众政治学习制度及考核、考评制度，加强组织发展工作，针对大兴教学部自考助学班学生的特点进行调研，在自考助学班已建立完善的团组织的情况下，完成在大兴教学点设立临时党支部的调研工作；三是组织全体党员召开“提高办学质量促发展、服务人民群众树形象”活动专题讨论会。

（5）支持分工会抓教职工文化建设。基本完成“先进教职工之家”的建设工作，更好地做到服务教职工，增强凝聚力，创造和谐融洽的学院发展氛围。

（6）组织学院教职工参加通州区人大代表换届选举的投票工作。

（撰稿人：王守新　审核人：罗新东）

【学生工作】

继续教育学院学生工作的整体思路是根据继续教育学生的特点，努力做好自考助学班学生的思想政治工作和业余学生的管理工作。

（1）加强自考助学班学生的思想政治工作，在各班级建立团组织的基础上，开办两期初级党校培训班，结业92人。

（2）组织自考助学班学生开展“学生宿舍文化节”、“一二·九演讲比赛”，到社区参加青年志愿者活动，到北京市东方友谊食品配送公司参观等。

（3）对于继续教育学院本部的业余学生，继续深化周六日班主任值班和干部值班制度，通过班主任、授课教师和教学部门的协同配合，保证与学生的密切联系，为学院日常教学工作的正常运行奠定良好的基础。

（撰稿人：王守新　审核人：罗新东）

【招生工作】

2011年，继续教育学院在北京、广西、甘肃、河北4个省（市、自治区）招生，共录取新生934人，完成招生计划的121.30%。其中，北京录取业余学生783人，广西录取函授学生39人，甘肃录取函授学生82人，河北录取函授学生30人。录取新生中业余学生占新生总数的83.83%，函授学生占新生总数的16.17%。

（撰稿人：王守新　审核人：罗新东）

【职业培训】

继续教育学院积极转变办学思路，不断摸索“成考+自考+职业培训证书”的产学研办学模式，扩大职业资格证书培训的种类和规模，开拓更多的合作渠道和合作途径，扩大学院知名度。

（1）学院与中国物流与采购联合会合作开展物流师职业资格认证培训和ITC采购与供应链管理国际资格（注册采购师）认证培训，培训物流师42人次，培训注册采购师41人次。

（2）学院与中国交通运输协会和英国皇家物流协会合作开展ILT物流职业经理人资格培训70人次。

（3）拓展“成考＋自考＋职业培训证书”的产学研办学模式，大兴教学部已形成2个专业，3个年级，在校生610人的规模。

（4）承接由北京市注册会计师协会授权的北京东部考区的“注册会计师”考试组织工作，考试226场次，考生1478人。

（5）学院组织北京市会计从业资格考试报名3407人，组织北京市会计专业技术中级（会计师）资格考试报名3673人；组织会计从业资格考试7336人次，组织会计专业技术初级（助理会计师）资格考试3600人次。

（6）学院与劳动和社会保障部中国职业技能开发交流中心北京出国研修培训中心合作的出国人员培训班，共培训11期，培训学员292人，接待外籍教师17人。

（撰稿人：王守新　审核人：罗新东）

【财务工作】

2011年，继续教育学院财务工作以学院教学工作为中心，以提高服务质量为己任，进一步夯实基础，规范化运转，保障学院的良性发展。

（1）多次组织学院领导班子成员及财务人员对财务制度进行学习，认真学习领会上级有关政策、法规、制度的相关规定，做到严格按照财务制度执行会计核算。

（2）梳理历年账册和财务核算情况，整理财务档案，进行建档和分类归档工作。

（3）清理2001年以来中央财政对住房补贴的发放情况，核算职工补贴数据，筹措资金，为下一步发放教职工住房补贴做好准备。

（4）加强对资金使用的计划管理，坚持做到每月月初有资金使用计划书、每月月末有财务状况分析报告，对预算的执行情况实时监控，强化财务分析工作。

（撰稿人：王守新　审核人：罗新东）

【后勤保障】

继续教育学院后勤管理工作紧紧围绕学院中心工作，加强管理，增强服务，保障学院教育教学工作的正常运行。

（1）加大内部管理力度，规范、细化二十多项规章制度，建立健全后勤工作的操作流程、工作规范、岗位标准，努力提高管理水平。

（2）积极配合协调，将学院供暖方式由自己燃煤供暖改为由通州区集中供暖方式。

（3）筹措资金，将学生浴室和开水器由柴油方式改造成为电能开水器和太阳能浴室。

（4）建立教职工、学生与食堂工作人员的沟通机制，强化食堂工作人员的队伍建设和培训教育，严格执行食品卫生操作管理，在保证食品卫生安全的前提下，整合力量，挖掘潜力，基本保持饭菜价格稳定不变。

（撰稿人：王守新　审核人：罗新东）

珠海物流学院

【发展概况】

珠海物流学院成立于2003年4月，是在北京物资学院深化公办学校办学体制改革，探索公办学校多种办学形式的过程中诞生的，如今已发展成为在珠三角地区规模最大，特色鲜明，在海内外有一定影响的物流学院；成为北京师范大学珠海分校唯一一个高校与高校联合创办，以培养物流经营管理和物流系统设计应用型高级专门人才为目标的专业学院。

截至2011年12月31日，珠海物流学院已有4届、共1479名学生毕业，就业率达99%。在校生1400余人。

（撰稿人：孟　浩　审核人：张惠颖）

【学科建设】

2011年是珠海物流学院“十二五”发展的开局之年，也是进一步推进改革创新的改革之年。学院教职员工努力学习和实践科学发展观，不断深刻理解科学发展观的精神实质，把学习成果落实到实际工作中去。

珠海物流学院于2003年正式招收物流管理专业本科生188名，发展至今已有物流管理和物流工程2个专业，在校生1400余人。

物流管理专业建于2003年，设有物流管理、采购与供应链管理、国际物流3个专业方向。物流工程专业建于2008年。

物流管理专业于2005年9月被确定为分校第一批品牌专业建设项目，并于2010年1月顺利通过学校的检查验收。

（撰稿人：孟　浩　审核人：张惠颖）

【教学工作】

1. 进一步明确人才培养目标和办学定位

物流产业是国家和广东省优先发展的现代服务业。广东省54所大学中有32所开设物流管理专业，有3所开设物流工程专业。在这样的竞争环境中，珠海物流学院首先要明确学院的定位和办学特色，这是办好学院的前提条件。

为此，在制定人才培养方案之前，学院进行了多次研讨和调查，了解同类学校的物流人才培养情况。明确物流学院的培养目标——培养适应国家经济发展，特别是珠三角经济发展的物流管理和物流工程高素质应用型人才；明确物流学院的服务面向定位——立足珠海，面向广东和珠三角，服务全国；明确物流学院类型定位——以教学为主，以教学带科研，以科研促教学；明确物流学院学科定位——以经济学科为基础，以管理学科与工程为主干，以相关学科为支撑的物流学科专业体系；明确物流学院的特色——坚持发展和完善物流学科特色，物流管理专业优先发展港口物流和国际物流，物流工程专业优先发展物流规划和冷链物流。

2. 完成新一轮人才培养方案的制订

在明确办学定位的基础上，学院按照学校的要求修订了新的人才培养方案。在这一过程中，始终坚持处理好三个关系，即尊重人才成长和教育科学规律的关系，目的在于解决好专业课程层次递进和学科体系问题；新与旧的关系，目的在于了解“现有的不都是旧的、新的不一定是适合的”，避免大哄大嗡；理念和可操作性的关系，理念是要用能够操作的系统支撑的，尽量避免培养方案出现不可执行的环节。修订后的人才培养方案，突出实践教学，强调教学与科研、与实践相结合，形成教学、科研和实践的良性互动。

3. 积极进行物流类学科专业的建设

在教育部颁发的新的专业目录中，物流管理和物流工程从管理门类中调整到管理科学与工程门类。物流管理与工程作为一级学科，下设物流管理、物流工程、采购学三个专业。这种调整，给予学院学科定位以强大支撑，也提出了新的要求。在这一背景下，学院积极建设，积极整改，顺利通过广东省进行的学位评估。

根据人才培养要求和办学定位，学院制定和修订专业建设规划、师资队伍建设规划、教材建设规划和教研教改计划，使学科专业建设有依据，有措施，有规范，有方向。

狠抓质量工程，根据专业人才培养目标，能够反映本学科专业发展方向和经济社会发展需要，调整教学内容，完善并认真执行教学大纲，开始建立教案，并开始利用学校教师多媒体平台。经过共同努力，2011 年度教学成果被评为校级优秀 1 项；校级质量工程立项 4 项；建设网络课程 1 门。

针对专业的特点，进行专业教材建设。截至 2011 年年底，学院出版专业教材 3 部。

积极进行实验室建设和实验课程设计。学院针对实践学期的实训任务，加快对物流工程与技术实验室的进一步建设，投资 6 万余元，初步建成物流企业中常用的仓储实验室。学院组织教师设计“物流配送中心实训”和“物流仓储实训”两门课程，并编写实训指导书。2011 年，购买专业软件 1 个，使物流信息与仿真实验室中安装的专业软件达到 7 个，完善物流信息与仿真实验室，提高实验室的利用率。

积极开发物流实践教学基地。学院针对物流工程专业的培养要求，与华南理工大学广州学院建立良好的合作关系，充分利用其他高校的教育资源，完成金属工艺实习。新建珠海市港口局、隆盛冷库、珠海信禾物流、顺丰速运中山站等教学实践基地，共同进行产学研开发。

4. 加强师资队伍建设

2011 年，学院引进博士和在读博士各 1 名，1 名讲师晋升副教授，充实了专任教师队伍，提高了学历和职称水平。学院鼓励教师积极进取，坚持为青年教师开设英语口语班，请外教担任教师，每周学习一次，为青年教师出国提供语言学习服务。2011 年，选派 12 名教师出访新加坡、澳大利亚、荷兰和俄罗斯。

学院重视对现有师资队伍的培养，为青年教师提供各种成长机会。2011年，出台以下鼓励政策：

(1) 鼓励支持中青年教师脱产或在职攻读博士学位，提升教师队伍的学历层次；学院为在职攻读博士学位的教师每年提供一万元的津贴；

(2) 鼓励教师赴国内外知名大学或研究院（所）做访问学者，并在此期间为其发放满工作量工资；

(3) 鼓励青年教师到政府相关部门和企业挂职锻炼，并在此期间为其发放满工作量工资；

(4) 鼓励教师参加双师培训，并为其提供培训费用。

学院充分利用企业家导师团实践经验丰富的优势，坚持开设由企业家导师担任任课教师的“物流前沿（企业家论坛）”课程，保持导师团的活性，开阔学生的眼界。

5. 坚持“3+1”培养模式

9月，68名物流管理专业的学生选择“3+1”培养模式，到北京物资学院学习1年，接受部分专业课教学，并参加物流实践、实验和学术活动。

（撰稿人：孟　浩　审核人：张惠颖）

【科研工作】

1. 设立支持政策，鼓励教师参加科研

学院强调教学与科研、实践相结合，实施教学科研为经济建设服务，促进教学科研的良性互动。为此学院建立了一整套科研管理制度，包括科研运行规程和《物流学院科研管理办法》。学院在科研经费上给予大力支持，对于各级各类立项的科研项目，学院都认真执行科研管理办法中经费配套的条款，对项目按标准予以配套。学院还设立若干科研孵化项目，2011年，有些项目已经成长为学校质量工程立项项目。

2. 开展学术交流，提升研究水平

学院鼓励教师走出去，参加社会调查，参加相关的学术会议，了解学科和专业的发展前沿和发展水平，了解社会对物流研究的需求。每个教师每年都有参加学术会议和学术调查考察的机会，坚决改变只在学校里教书，只在网上查资料的新陋习。2011年，学院教职工参加各类专业考察21人次，参加学术会议14人次，开拓了学术眼界。

3. 产学研结合打开科研通道

学院的科研工作主要以为珠海地方经济服务为主要目标，积极组织教师通过产学研的渠道，投入到科研中去。

作为中国物流学会的产学研基地，学院组织教师积极申报中国物流学会和教育部物流类专业教指委的科研项目，在全国物流行业和物流教育领域内，积极参与竞争，提高专业科研水平。2011年，共结项中国物流学会项目3项，其中，1项获三等奖；物流类专业教指委项目1项，并获一等奖；获批中国物流学会项目5项；获批物流类教指委项目5项。

学院注重为珠海市的经济发展服务。完成珠海市三个横向项目，珠海市港口管理局项目《珠海市港口发展“十二五”规划》《珠海港经济腹地集装箱量预测分析》和珠海市交通运输局项目

《珠中江及珠港澳交通运输一体化研究》，顺利通过珠海市验收，科研经费合计为43.4万元，比2010年的38.5万元增长4.9万元。

2011年，学院教师发表论文8篇。其中，6篇为核心期刊或为科技核心统计源收录。

（撰稿人：孟　浩　审核人：张惠颖）

【党建工作】

学院党总支一贯坚持在校党委领导下，加强党组织的思想建设和作风建设，认真学习党的各项文件和胡锦涛同志讲话精神，党员之间开展思想交锋，在党性立场上互相尊重，平等沟通。在深入学习实践科学发展观、创先争优活动中，认真贯彻“以人为本、科学发展”的精神，少说空话，多干实事，保证顺利完成各阶段工作任务。

党总支要求每个党员把守好自己的岗位，在自己的岗位上创先争优。教工党支部开组织教师党员前往韶山和辛亥革命博物馆学习革命历史，增加了工作动力。学生党支部继续开展了“手牵手，面对面，关注时政，和谐物流”的系列主题活动、学院“五四”话剧大赛、走访会同村、红歌大赛，其中“五四”话剧大赛和走访会同村获得学校十佳活动奖。学院组织党员和积极分子进行了弱势群体调查、食堂卫生情况调查、学院学风建设调查，对学生党员起到了很好的教育作用。

总支重视组织发展工作，对积极要求入党的师生加强培养和锻炼。2011年，1名教工预备党员转正。教工党员占学院教师比例为76%。发展学生党员117名，壮大了党组织的队伍和力量。党总支继续办好党校，对申请入党的221名积极分子进行党课教育，收到良好的效果。继续为新党员开设党课培训，保证新党员的质量。

学院坚持党政联席会制度，坚持“三重一大”，在学院重大事项上，增加透明度，努力做到公开、公平、公正，不搞一言堂。如定期召开党政联席会，研究日常工作和重要事务；年度财务预算均召开党政联系会和教授会议进行公开和说明及征求意见；教师的职称聘任、院级科研和教改项目立项、所有评奖评优也经过学术委员会讨论和评审，在学院进行公示，保证了各项工作顺利、平稳进行。

工会教代会工作。工会教代会工作是纽带，这个纽带增加了集体的凝聚力，增加了同事之间的信任，也增加了团队的行动力。每到假期，学院工会组织教职工赴高校和物流企业参观考察学习。在平时的学习和工作中，开展送温暖活动，教职工的生日、老年人的重阳节、女教师添了小宝宝，工会都送去祝贺和礼物。教代会代表还在学校教代会上提出学风建设问题和与教职工切身利益相关的问题或提案，呼吁解决当务之急。

（撰稿人：孟　浩　审核人：张惠颖）

【学生工作】

1. 努力狠抓学风建设

学风建设一直是学院头等关注的大事。学院要求教师在课堂上要关注考勤、学习纪律和课堂状态，要求论文导师严格执行学院的论文工作规定，严肃教学纪律。学院多次召开班主任工作会，研究学生的学风和管理问题。从2011年年初开始，学院教务、学务部门、团委和班主任不定期地检查学生的上课出勤率，为维护正常的教学秩序进行了艰苦的工作。

2. 努力提高学生学习动力

学风建设的根本在于提高学生的学习积极性和主动性，提高学生学习的内在动力。学院积极支持学生社团的活动，特别是青马、职协和青协。鼓励学生参加公益活动，到山区小学支教。举办各类学术活动，如模拟商战，促进学生德智体美全面发展。要求学院支持的科研项目要吸收学生参加，共有9个项目安排学生45人，在实践中培养学生的研究能力。学院积极举办物流专业设计比赛，在比赛期间选拔优秀选手，为全国大学生物流设计大赛做好准备。经过师生共同努力，在2011年全国大学生物流设计大赛上，珠海物流学院代表队获得二等奖。此外，学院还举办了挑战杯创业大赛初赛（其中一个队将代表学校参加省挑战杯大赛）、物流学术征文比赛、物流演讲比赛、英语演讲比赛、模拟商战。学院举办各种学术讲座，请物流业名家和企业家如丁俊发、张金隆、王微到校做讲座，激发学生学习动力。

3. 切实抓好就业工作

学院一直以来坚持对不同年级的学生开展有针对性的就业教育工作，从一年级就开始进行职业规划教育。在就业教育中，学院强调了学生要根据自身的发展和企业的发展选择工作，不要好高骛远，同时还教育学生要积极走上国家经济建设主战场。在就业工作中学院坚持了"三位一体"抓就业工作的原则，即班主任、论文导师和学院就业老师共同负责毕业生的就业工作，使学院2011年就业工作达到学校的要求。

4. 关注学生心理健康发展

从新生入学开始，学院对每一个学生的心理健康给予密切的关注，为每一个学生建立了心理档案，打好心理健康教育的基础。学院已坚持三年在一年级学生中开设心理健康讲座，帮助学生适应大学生活，悦纳自我，坚强面对挫折，帮助学生学会求助。在学校和学院发生应激事件的时候，学院聘请心理中心的老师做了心理辅导，班主任和辅导员也及时地做了心理疏导，从容地应对了突发事件对学生群体的影响。学院同时关注应激事件当事人的心理健康和家长的心理活动，以理服人，以情感人，在最大限度内减少了学校的损失，帮助当事人顺利地回归班集体和社会。

（撰稿人：孟　浩　审核人：张惠颖）

【对外交流】

2011年的一年中，学院对国际合作积极探索，争取更多的国际教育资源。继续与新加坡物流管理学院合办国际课程班，本年度送往新加坡物流管理学院学习45人。在做好国际课程班的同时，为本科学历教育开发更多的国际化教育资源。除了物流管理专业国际物流方向的学生25人在大三去新加坡和中国香港参观实习三周之外，2011学院又开发了其他专业的学生在实践学期到中国香港和中国澳门短期游学，收到了很好的效果。另外，学院还开发了与荷兰鹿特丹商学院的四周游学项目，受到学生的欢迎。11 名学生参加了与荷兰鹿特丹商学院合作的暑期游学；教师到新加坡物流管理学院交流 3 人、到荷兰鹿特丹商学院交流 1 人、到澳大利亚科廷科技大学交流 2 人，为今后的国际合作打开了新局面。

（撰稿人：孟　浩　审核人：张惠颖）

人 物

政府特殊津贴专家

陈建中 王玉泉

北京市教学名师

崔介何 邬 跃 刘丙午 李珍萍 赵 娴 刘永胜

教授名录

教授（研究员）47 名

（按姓氏笔画为序）

经济学院	王宝森 车卉淳 刘 宏 许春燕 张 琦 赵 娴 郝玉柱 潘建伟 霍再强
物流学院	邬 跃 孙前进 张志勇 张耀荔 翁心刚
信息学院	田立平 申贵成 朱 杰 刘 军 刘丙午 刘俊娥 李珍萍 吴海建 郭奕崇
商 学 院	王春华 刘永胜 齐 严 沈小静 秦江萍 贾炜莹 顾 煜 倪东生 魏国辰
劳动人事系	刘家珉 杨 蓉 李广义 尚 珂
外 语 系	吴尚义 路文军
法 政 系	王文生 王旭东 刘木春 邹晓美 陈建中 赵凤琴 赵晓丹 胡占君
体育教学部	杨建平

（人事处 提供）

表彰与奖励

全国五一劳动奖章获得者名单

邬　跃

（工会　提供）

2011 年教师节表彰的校级优秀先进人物

教学先进个人

尹德洪　李珍萍　李德恒　杨润芬　张丽丽　林　原　秦惠林　徐广姝
郭奕崇　唐　棠

科研先进个人

王成林　李　蓉　吴海建　尚　珂　洪　岚

优秀教育工作者

王春华　牛莉萍　刘新海　张　莹　陈义彬　陈霄英　郁军范　呼　杰
郑进科　徐　敏

优秀辅导员班主任

马立梅　王　洋　宋玉卿　姜　涛　韩　红

（人事处　提供）

庆祝建党90周年创先争优表彰名单

先进基层党组织

经济学院党总支　　物流学院第二教工党支部
信息学院第三学生党支部　　机关党总支第四党支部（学团支部）
机关党总支第五党支部（保卫支部）
离退休工作处党总支北院退休党支部（特别荣誉奖）

优秀共产党员

1. 优秀教工共产党员
王彦英　刘新军　孙静波　李　亮　李　明　李念伟　杨宝宏　吴海建　张　婷
张　涵　张声书　张雁鸣　郑可人　原玲玲　常　静　隆　意　鞠红梅
2. 优秀学生共产党员
马立旋　马姣姣　王　兵　朱圆圆　许　媛　李　超　张迪娜　陈佳玲　索晓旭
曹笑培

优秀党务工作者

王晓平　刘世波　李彩丽　郁军范　周黎明　赵　娴　高　泉

（党委组织部　提供）

2011年北京物资学院处级先进领导班子和处级干部考核优秀名单

教学院（部）先进领导班子

物流学院　信息学院

处级干部考核优秀

于冠华　王春华　王晓平　王淑花　朱　杰　朱润辉　刘新军　孙　静
宋晓欣　张耀荔　尚　珂　季　靖　赵　娴　徐广姝　徐必忠　唐玉平

（党委组织部　提供）

2011 年北京物资学院教职工考核优秀名单

（按姓氏笔画为序）

丁兆博　王　超　王　辉　王红进　王宝森　王静玲　方配素　邓日雄
卢玉敏　田志勇　史晓霞　白　硕　任丽丽　曲囡囡　刘　莉　刘同娟
刘崇献　安久意　孙　葵　孙　静　孙日韦　杜红平　杜志平　李海英
杨军团　杨润芬　时　葳　何佳赢　沈秀芬　宋洪云　张　俐　张　莹
张　涵　张　博　张玉芬　张立奇　张丽丽　张春颖　张焕鹏　张家富
张素珍　陈　静　陈丽莉　陈晓梅　林　原　林　鑫　罗丽丽　罗慧坚
金淑丽　周　丽　周文峰　周黎明　庞　波　郑可人　赵　文　赵　洁
柯　明　侯　茹　洪　岚　秦桂娟　徐广姝　徐锋利　郭奕崇　谈志琦
陶颖晨　常　娥　崔玉平　隆　意　游振强　窦万成　蔡艳霞　廖　冉
樊娅楠　鞠红梅

（人事处　提供）

2011 年教育教学项目获奖名单

第七届北京青年教师教学基本功比赛

理科 B 组一等奖　鞠红梅
最佳现场演示奖　鞠红梅
最受学生欢迎奖　鞠红梅
最佳指导教师奖　田立平
高校优秀组织单位　北京物资学院工会

（工会　教务处　提供）

“首都教育先锋”先进集体

公共基础系列课程数学教学团队

王莲花　王福荣　田立平　成晓红　李珍萍　李念伟　杨芝燕　张丕宁
谢　斌　鞠红梅

“首都教育先锋”教书育人先进个人

郝玉柱

（工会　提供）

2011 年第十一届全国多媒体课件大赛获奖名单

三等奖　万静静　柯　明
优秀奖　王彦英　刘　琳　米　峙　罗慧坚　穆育枫

2011 年北京市属高校“创想杯”多媒体教育软件大奖赛获奖名单

一等奖　柯　明
三等奖　万静静　赵隽咏　廖　冉
优秀奖　陈志新

2011 年北京物资学院第一届多媒体课件大赛获奖名单

一等奖　柯　明
二等奖　万静静　王彦英　米　峙　穆育枫
三等奖　闫　甜　李　彤　李海英　肖为群　张雪丹　陈志新　赵隽咏
贺君婷　徐建国　廖　冉　潘爱琳
优秀奖　于　真　弓秀云　田志勇　白　硕　刘　艳　刘建宁　李爱华
李惠阳　杨　莉　杨　玺　宋洪云　张丽丽　张春颖　陈丽梅
高　泉　郭奕崇　董萍萍　曾　曦　魏国辰

（教务处　提供）

从教30年教职工名单

（按姓氏笔画为序）

王明发　王秀华　朱　杰　朱博义　刘　莉　李　平　杨建平　吴尚义
张　鸣　张　博　张耀荔　赵晓丹　徐淑斐　郭奕崇　蒋维梁　路文军
温新玲　缪　瑞

（工会　提供）

2011年度首都大学、中专院校“先锋杯”表彰名单

优秀团支部

09941014团支部　2010211011团支部　2010210812团支部
2010210105团支部　09940722团支部　2010210412团支部
2010210501团支部　研究生部1021团支部　教工团支部

优秀基层团干部

丁　健　贾文琪　高亚轩　聂晓芙　蒲梦璇

优秀团员

丁宇农　王小璐　刘　娜　林　卉　徐漫漫　高　超　康兴晨
楼　聪　乌仁苏都

2011年首都大学生暑期社会实践表彰名单

优秀成果

北京物资学院阳光雨露调研报告
北京物资学院调研报告《留守儿童基本状况及解决对策》
北京物资学院“北川支教”
北京物资学院“走进革命老区，传承延安精神”
北京物资学院物流学院“忆改革开放路，访杰出物流人”实践团队实践成果
北京物资学院物流学院暑期社会实践成果报告
北京物资学院信息学院暑期社会实践采访实录及调研报告
北京物资学院商学院暑期社会实践报告
北京物资学院商学院暑期社会实践文集
北京物资学院外国语言与文化学院京内实践团实践成果
北京物资学院《关于弘扬民族精神继承革命传统问卷调查报告》
北京物资学院《关于湖南省桑植县农村劳动力资源转移情况的调研报告》
北京物资学院研究生“重生之美”暑期社会实践团报告

优秀团队

北京物资学院物流学院“忆改革开放路，访杰出物流人”团队
北京物资学院“笃行求索”团队
北京物资学院“阳光雨露”团队
北京物资学院物流学院井冈山实践团队
北京物资学院“赴湖南省桑植县暑期社会实践团队”
北京物资学院“闪陕红星”团队
北京物资学院商学院实践团队
北京物资学院“红90”团队
北京物资学院“寻访红色记忆，勇担强国使命”团队
北京物资学院研究生暑期社会实践团队

先进个人

包　坤　刑　玥　李　勇　李雪青　李楚秋　张　伍　梁钊浩　蓝雅颖　蔡永娟

先进工作者

于冠华　马立梅　何佳赢　张燕燕　梁可文

（团委　提供）

2011 年度北京市先进班集体名单

09941013 班　　2010210421 班　　201210722 班

2011 年度北京市三好学生名单

王　欣　王　珀　刘　媛　李荣荣　张　帆　张静玲　陈伊平　高　兴　魏丽影

2011 年度北京市优秀学生干部名单

安骜然　宋　宣　蒲海军

（学生处　提供）

2010—2011 年度北京物资学院团委表彰名单

优秀团支部

经济学院

09940105 团支部　09940101 团支部　2010210102 团支部
2010210104 团支部　2010210105 团支部

物流学院

09940711 团支部　09940722 团支部　09940761 团支部
2010210712 团支部　2010210721 团支部　2010210722 团支部
2010210761 团支部

信息学院

09940500 团支部　09940501 团支部　09940502 团支部
09940509 团支部　2010210500 团支部　2010210501 团支部
2010210502 团支部　2010210507 团支部

商学院

2010210412 团支部　2010210432 团支部

劳法学院

09940611 团支部　2010210621 团支部　2010210812 团支部
2010210612 团支部　2010210613 团支部　2010210622 团支部

外语学院

09941013 团支部　09941012 团支部

优秀团干部

经济学院

王宗宇　冉　艳　任正瑶　孙　旭　孙翠翠　孙璐昕　李　庚　何京明
张　姝　张　强　张洪峰　金鑫丽　周晶晶　赵晓青　侯梦洁　高　悦
黄靖净

物流学院

于莉华　王　钰　王　雪　邓　淼　印　华　包　坤　杜丽芳　李　洋
李宇飞　李蒙蒙　张秋梦　张海静　张新宇　陈　英　郭泽宁　寇翠娜
魏亚节　刘洋秋月

信息学院

王金龙　王高峰　毛一茜　丛　珊　任　杰　刘浩迪　孙鸿羽　苏　祥
张嘉欢　张媛媛　陈　悦　范亚赫　宛若男　徐　丹　徐　坤　黄　和

商学院

王妍语　牛俊睿　白　宇　乔梦骄　苏　梦　李　杰　李子豪　李宇轩
杨　爽　时天尧　沈菁菁　宋亚斌　陈　珺　陈晓璐　胥紫菁　贾文琪
席敬存　梁慧敏　蒲梦璇

劳法学院

马建桐　王　霞　王亚薇　田昕华　李梦洁　张　凯　张　艳　张文婷
张维维　国　然　胡晓云　彭　辰

外语学院

王子元　刘姝君　刘梦楠　刘嘉羽　周　芸　隗　巍

研究生部

尹晋男　郑筱涵　高　红　黄金山　彭明鸣

优秀团员

经济学院

王　芳　王　珏　王　悦　王　晶　王　潇　王子韬　王小璐　牛　琛
付　爽　朱　玲　刘　平　刘　杰　刘叶舟　许管玥　庄众生　孙卓群
李佳美　杨　娇　何之琳　张　超　张金琦　张奕宾　陈　瑶　陈　静
陈嘉奕　林　卉　周　丹　周怡君　宛　莹　桂　寅　聂　鹏　夏吉喆
高　扬　郭　鑫　董　宁　韩雅茹　程　姣　崔珊珊　戴婷骊

物流学院

王　盼　王　硕　王　燕　王世杰　王秋雪　田　园　刑延润　朱　颖
刘凯悦　汤小璐　李俊海　李建朱　李茜茜　杨天羽　杨晓丽　吴占雷
吴楠楠　沈巧婷　宋继光　初秀媛　张沛然　陈　艳　陈建奎　陈霈霖
周　阳　周一凡　周千婷　周真霖　郝江栋　赵　帅　赵　璐　赵怡然

赵俊童　祝亚婷　姚婷婷　高　超　郭晓丽　曹　霞　曹军祥　康佳丽
阎怡凡　蓝雅颖　樊　荣　黎丹丹　鑫　浩

信息学院

王一舟　王明洋　文　雯　代　雪　兰　旭　任　同　任　伟　刑　晨
刘一凡　汤　畔　孙　盼　严佳寅　杜学慧　李璐聪　杨　飞　杨芳琨
吴　俣　张　超　张自强　陈　矗　陈其政　陈晓庆　张　彤　赵　钗
赵　萌　赵东洋　荆　晶　胡晓彤　耿立柱　桂路平　徐　娇　龚萌萌
常海涛　阎　岳　彭怡瑶　彭瑞丽　童宇琴　楼　聪　蔡志军　乌仁苏都

商学院

丁宇农　王　娇　王　婷　王　蕊　王晓婷　王紫薇　毛雅新　方　媛
尹君钰　邓　帅　石子田　白　露　白思晗　冯　雪　任倩倩　苏　阳
杜茵时　李　洋　李　滨　李亚强　李伟纳　李晓洁　张　帆　张　岩
张　薇　迟显懿　陆雪君　陈　蕊　陈天放　陈岱荣　周思宏　庞立维
单　莉　赵茜茜　郝俊霞　郝微英　侯宇星　姜晶晶　秦轶男　徐莹洁
高　翔　郭文凯　彭　也　韩延超　景　鑫　解华南　解莹丽　潘秋利
潘静思　澎　湃　穆建彤

劳法学院

丁　晨　马晓云　王　茹　王　慧　王音璇　王端砚　仇　然　冯司宇
刑运华　向家旺　刘　娜　李亚南　李杏超　李楚秋　张　盼　张　琳
张雅晖　陈　苑　苗　天　季文鹏　季雨洁　周　晴　赵函雍　段江彦
修竹青　贾腾飞　董　鉴　韩广磊　韩阳阳　韩雪燕　敬元杰

外语学院

刘永杰　齐姗姗　许誉龄　杜梦迪　杨　婷　吴　琪　陈　兰　佟天酉
陆天钰　金永洁　孟宪智　徐秋曦　康兴晨

研究生部

王　佳　田丽华　代全宗　刘雪峰　许伟超　李蓬实　杨明辉　张成强
陈　雷　姜秋宇　徐漫漫　彭春秋　蒋金晟　詹小俊

（团委　提供）

2011年北京物资学院十佳志愿者表彰名单

马　静　王　雪　王　蕾　王天丽　刘　赫　杨　蕊　范亚赫　聂晓芙

黄凌燕 魏 爽

（团委 提供）

国家奖学金获得者名单

经济学院 李文君 薛 辰

物流学院 袁 一 刘雅慧 郝江栋

信息学院 王航琴 谭欣欣

商 学 院 龙丹妮 江维伊 侯宇星

劳动科学与法律学院 许思思 张 凯

外国语言与文化学院 胡 晓

（学生处 提供）

国家励志奖学金获得者名单

经济学院

于 哲 于胜男 王 芳 王文君 付 玲 兰 焱 刘坤玲 向芋桦
闫 婧 孙晶晶 杨 帅 杨 蕊 杨晓艳 肖朴楠 吴 佳 沈淑芬
张 骏 张旭男 陈 瑶 林 佩 周 丹 周 丽 段治云 高 扬
唐文文 詹生国

物流学院

马庆选 马显锋 王 珀 王 雪 王 燕 王紫薇 王璐璐 孔丽君
田 蕾 邝云娟 朱 颖 任隐超 刘 康 刘莹莹 刘晓敏 李 洋
李 娜 李 菲 李 爽 李 健 李灿灿 李俊海 李钰玲 杨天羽
肖 静 肖银妮 何雅慧 初倩倩 张春莲 陈佳玲 季明明 赵 娇
赵伟剑 姚丽莉 桂 岩 翁文雅 郭晓荣 郭晓薇 黄 杰 黄 菲

黄小丽 曹 霞 黄佼琳 崔东瑞 梁 晓 葛焕焕 韩佳伟 曾田秀
宇文京慧

信息学院

于 月 马海霞 王 青 王 曦 王明明 王金龙 王雪兵 王程安
牛天琳 石悦莹 白燕鑫 冯雅琳 皮龙梅 卢建姣 乔艳丽 任 雪
刘山萌 刘志昆 刘颖超 祁葛静 孙金秀 杨宝凤 杨俊珍 宋 佳
张庆梅 张自强 张聪会 范亚赫 金 帅 孟祥国 赵 钗 姚 瑶
倪星慧 黄丽莉 曹 丹 康雅旋 彭怡瑶 彭瑞丽 蒋 薇 葛李波
乌仁苏都 艾热提·艾尔肯 努尔麦麦提·肉孜

商学院

王 丽 王 佳 王 聪 王小来 王立静 王美玲 毛文琴 白 静
白 露 任红旭 刘玉婷 孙嘉鸿 杨红艳 岑海辽 沈丽丹 宋玉伶
张 莉 张 景 张 鑫 张传聪 张彦君 陈彩玉 陈景钰 陈媛媛
邵一特 邵小玲 罗 瑶 金文婷 金 萌 周 贺 周新静 屈 辉
胡 忻 姜晶晶 胥紫菁 贾宏波 贾艳玲 徐建凤 陶玉蕊 黄 为
曹玉丽

劳动科学与法律学院

王 杨 王 霞 王博蕊 仇 然 方 津 邓 思 田昕华 刘 媛
劳燕春 李敏姿 宋艳晶 张 艳 张 宽 张 琳 陈 碧 陈鸿雁
国 然 赵丽娜 郝秀梅 胡晓云 胡清霞 聂晓芙 高文娟 高志扬
梁钊浩 蒋 冲 蔡雯文 穆康燕 戴 伟

外国语言与文化学院

马 丽 王 娟 白志清 齐姗姗 孙立英 肖盼盼 陈 兰 郑雪娇
钟丽娟 韩亚红

（学生处 提供）

北京市优秀毕业生名单

经济学院

王亚奇　衣克寒　孙文佳　李志鹏　佘家梁　张　蕊　张学潘　张晓霞
金夕雯　耿　童　贾雪莹　韩　雪

物流学院

王　玮　王　怡　王　琦　王雅楠　孔美阳　田　鑫　朱婷婷　李　昂
李亚菲　郑灿表　夏玉营　韩　旭　魏　旭

信息学院

王　蔷　许　媛　刘　淼　刘文楠　刘田青　刘鸿燕　严程向　苏　慧
吴　琼　汪徽能　林　宇　赵　越　高　原　廖淑燕

商学院

卫景琪　王华哲　亢冬阳　田晓雨　冯倩倩　匡建群　刘宏伟　李　杨
李澎湃　汪冬雪　张　绪　郄海拓　赵　燕　赵婧馨　荣　娜　段晨光

劳动科学与法律学院

马冬雪　刘权辉　苏新厚　杨　君　吴思思　宋剑涛　赵彦博　胡新磊
洪小妹　曹笑培　程　鸥　滕永超

外国语言与文化学院

刘　薇　孙　毅　李　超　张　静　董　妍

（学生处　提供）

北京物资学院优秀毕业生名单

经济学院

毛建新　成　越　刘　娇　范辰辰　沈　桦　林　琳　柳　森　钟　睿
曹丽敏　常　明　蔡薇薇　熊　俊

物流学院

王友兰　白　璐　刘水清　李　坤　李　潇　张光洋　张彦丽　陈　龙
郑　宇　房艳君　徐　朋　徐晓敏　游　丽

信息学院

马颖颖　左　娜　李丽佳　张腾飞　宋兆庆　陈　盼　陈巧雅　贺　园
高　飞　高　胜　郭　森　郭丹丹　梁　燕

商学院

田　杨　代丽娜　匡灿霞　朱屿珊　闫　伟　许蓉蓉　杜　烨　李凤梅
杨子芮　杨丽梅　吴　莹　张伶俐　张颖涵　胡美美　董庆妮　韩　淼

劳动科学与法律学院

马　俊　王艳丽　乔颖茜　杨思淼　张嫣然　郝迎迎　郭　妍　董欣月
谢文博　裴　跃

外国语言与文化学院

包瑞敏　周玉娇　谢　欢　魏伊雯

（学生处　提供）

北京物资学院优秀毕业研究生名单

卫小蕊　王璐超　曲小卉　吕晓静　许丹丹　孙　峰　李秀明　杨　远
杨　雪　张军芳　陈　博　胡贤满　焦博雅

北京物资学院优秀研究生学生干部名单

王　威　王静玉　朱开锣　张　攀　张泽亮　郝艳昭　段少军　程严晖

（研究生部　提供）

北京中集物流奖学金获得者名单

物流学院

包　坤　包　娜　闫怡凡　杜丽芳　李振僖　罗时芬　赵俊童　蓝雅颖
蔡永娟　刘洋秋月

北京中储华通商贸奖学金获得者名单

经济学院　李　堃　陈娅妮
商 学 院　丁宇农　马立旋　邱　冰　李成诚　李宇轩　龚　翼　潘秋利　潘静思

携手助飞奖学金获得者名单

经济学院 王云芳 曹 通
物流学院 乔 宇 徐仁洪
信息学院 刘 丹 徐 萌
商 学 院 邵琳瑢 郝俊霞 尉永洋
劳动科学与法律学院 刘 伟

UPS 奖学金获得者名单

经济学院 李岱莲 杨 豪
物流学院 何柯立 陈意文 高 泰
信息学院 吕海群 张琴琳
商 学 院 马 瑶 王 凡
劳动科学与法律学院 晋美多吉

（学生处 提供）

北京物资学院奖学金获得者名单

北京物资学院一等奖学金（301 名）

经济学院

马凤娇 王 然 王文君 王晓颖 牛 琛 兰 焱 付 玲 邢 玥
刘 平 刘鹤遥 刘翼嘉 许烊宁 闫 婧 孙 冕 李 缘 李若竹
李昀瑾 李凯茜 李荣荣 李骅阳 李雪娇 杨 蕊 杨晓艳 肖朴楠
沈枫薇 辛 楠 张 骏 张 楠 张佳新 张迪娜 林 佩 周怡君
宛 莹 项格林 赵宇茜 胡 鸣 胡可欣 段治云 姚思羽 聂 鑫
袁雪菲 聂兴勇 党登辉 高宇航 郭大顺 郭潇莹 唐文文 黄靖净

崔家蓉 康汝馨 彭 瑛 韩雅茹 詹生国 蔺继翻 薛德敏 吉克何梅
欧阳静宜

物流学院

马显锋 王 珀 王 睿 王京侠 王春美 王晓晓 王璐璐 孔令曼
田焕楠 包 坤 冯 凡 乔 宇 任隐超 刘 康 刘晓敏 刘梦珏
刘莹莹 刘雅慧 关 震 苏 磊 杜丽芳 李 娜 李玉竹 李阿蒙
李茜茜 李洋洋 李振僖 李晓露 李婷婷 杨 华 杨天羽 肖 静
余俊文 沈丽丹 张 驰 张天娇 张玲超 陈 禾 陈 卓 范玲玲
林 楠 林静柔 罗 琪 罗时芬 赵 娇 赵 峥 姜文哲 姚丽莉
袁 一 桑 迪 黄 帮 黄佼琳 黄剑基 曹慧明 董育宁 鲁 阳
曾 博 蒲海军 蒙雨薇 赖焱方 蔡永娟 穆 茜

信息学院

马宏梅 王 聪 王 曦 王明明 王金龙 王航琴 王雪兵 王维佳
王程安 支 妍 石 祺 石悦莹 卢婷婷 任 雪 刘 丹 刘 唯
刘泓晏 刘颖超 孙金秀 杜学慧 李 哲 李 强 李琳娜 杨宝凤
吴秋果 宋 佳 张 彤 张 琦 张 薇 张久强 张玉春 张庆梅
张婷婷 陈锦标 周 丽 周 琼 周陈安 金 帅 孟祥超 赵 钗
赵 斌 赵 蒙 柯雅雅 袁科学 贾晓娜 高佳誉 黄丽莉 曹 欣
崔 晴 梁 丹 葛李波 彭瑞丽 蒋 薇 景新秀 程 璐 童宇琴
谭欣欣 乌仁苏都 艾热提·艾尔肯 努尔麦麦提·肉孜

商学院

丁宇农 于 慧 马立旋 王 月 王 佳 王 梓 王 婉 王 楠
王立静 王媛琛 邓颖媛 龙丹妮 白 露 任红旭 刘玉婷 纪 元
孙 卓 孙嘉鸿 苏 梦 杜茵时 李 丹 李丽利 李经纬 李思琪
杨红艳 沈潇洁 张 希 张 莉 张 琼 张 景 张传聪 张彦君
张渭予 张颖璘 陈 旭 陈彩玉 陈媛媛 苗俪影 金 萌 周 玲
周冰瑜 周婷婷 周新静 庞立维 郑 勇 单 莉 屈 辉 孟 琳
赵 奎 赵 彬 赵 雪 赵雅晴 郝俊霞 侯宇星 俞 鑫 贾一妙
贾艳玲 贾晓蕾 夏 薇 徐志成 高洪建 郭 贞 郭艳东 陶玉蕊
曹玉丽 龚 翼 尉永洋 彭 也 鲁 育 靳 蕊 潘秋利

劳动科学与法律学院

马晓云 王 霞 王晓琳 王颖萍 仇 然 邓 思 田昕华 刘 晴
刘 媛 许思奇 许思思 孙安琪 劳新权 劳燕春 李 昌 李 娟
李敏姿 张 浩 张 凯 何 鹏 陈 碧 邵 旭 林格云 郑骄阳

赵　宇　赵　蕾　高　雯　黄栎颖　梁　甜　韩东圆　敬元杰　傅　熙
蔡雯文　穆康燕

外国语言与文化学院

王　妍　王　娟　王伟伟　白志清　李欣雨　杨　婷　肖盼盼　陈　兰
陈立书　苑梦琪　罗小燕　胡　晓　骆　丹　徐洁淼　高　莉　蒋思情
程　楠

北京物资学院二等奖学金（279 名）

经济学院

丁　娜　王　丹　王　慧　王子韬　王天文　王同涛　王嘉腾　勾春梅
田　芸　汤健铭　向芊桦　刘　彤　刘坤玲　刘海龙　刘雅轩　孙雪纯
孙晶晶　孙翠翠　杜佳昊　李　娜　李　毅　李国琼　李韵娇　肖　纯
吴雨欣　岑祚杰　何京明　张　兴　张　强　张　鹏　张斯惠　陈　雄
陈　瑶　陈　曦　郁燕婷　郑海洋　赵　玥　赵雁琪　郝　葳　俞鹏辉
贾耀东　夏　睿　夏吉喆　夏呈姿　高　悦　高一芳　龚　鑫　曹　通
崔文悦　喻海娥　傅　强　窦英璋　蔡　柯　鲜运果　薛　婷　魏　爽
魏倩雨　鲁茸定主

物流学院

丁湘伟　于世军　万思絮　马芯彤　王　莹　王　雪　王　燕　王紫薇
尹宜敏　代秋颖　代晓运　朱晓宇　朱鑫洁　刘　研　刘思雨　刘建峰
刘蔻瑄　刘睿潇　齐蕙光　关天鸿　庄志阳　李　健　李　爽　李宇飞
李陆宁　李钰玲　李俊海　杨寓婷　肖银妮　何　月　初成曦　初倩倩
张　佳　张　炯　张　婧　张秋梦　陈茜妍　陈德光　欧阳婷　季明明
赵伟剑　赵俊童　钟远翔　饶　星　洪　伟　祝亚亭　姚婷婷　袁　博
桂　岩　夏艺朝　殷小涵　郭岩明　崔东瑞　梁　晓　寇翠娜　葛焕焕
韩佳伟　曾田秀　廖新宇　樊　荣　魏歆婷

信息学院

于　璇　马海霞　马腾跃　王　青　王　婧　王思思　王铭一　牛天琳
甘艳霞　卢建姣　白晓晨　丛　珊　皮龙梅　乔艳丽　任　杰　刘山萌
刘志坤　刘苗苗　汤　畔　苏　祥　李　壹　李晓鲤　杨雨青　杨俊珍
余　谦　宋艳丽　张　烁　张　跃　张　超　张　婧　张可心　张自强
张智超　张嘉欢　张聪会　陈　翔　陈伊平　范亚赫　郑俪影　胥　娇
姚　瑶　夏添添　徐　坤　徐　超　曹　丹　康雅旋　彭怡瑶

帕提古丽·吐尔逊

商学院

于天宝　王　迪　王屿欣　王梦龙　毛文琴　白　静　白思晗　冯　川
吕　娜　任伯佳　刑赫萌　刘　芸　刘菀君　刘晶晶　许燕萍　闫　硕
李　芸　李　畅　李　楠　李　颖　李鹏程　杨凡力　吴惠丹　吴增曙
辛思玥　张　淼　陈　果　陈　珺　陈　慧　陈岱荣　陈紫宜　范泽钰
罗　瑶　周　思　周　贺　周　鑫　庞海松　金海霞　孟　源　赵世伟
赵茜茜　段兴玉　郝玉婷　侯　菲　姜晶晶　高　超　黄　为　管冬蕊
翟晶玉　潘静思

劳动科学与法律学院

于芳芳　马建桐　王　玥　王　蕊　王亚薇　王博蕊　王露旋　卢　笛
付利晴　吕佳佳　朱雪萍　任思语　刘　伟　刘云秋　刘承超　孙　畅
苏　里　苏　晨　李亚南　李孟琦　李玲玉　李胜男　李涵雯　应文超
宋鹏飞　张　艳　张　琳　张小溪　张维维　陈　苑　陈龙波　武　桐
国　然　罗燕清　赵　慧　赵春生　段江彦　聂晓芙　徐　晔　徐　霁
郭婷婷　黄漫山　章天野　彭　忱　韩广磊　雷宇萍　薛超文　穆文燕

外国语言与文化学院

王　楠　王小溪　乔　冉　齐珊珊　李德意　杨慧荟　宋好婷　时　佳
周　芸　赵芸萱　袁　月　郭紫敏　黄　悦　韩友会

北京物资学院三好学生名单

根据北京物资学院本科奖励办法规定，荣获北京物资学院一等奖学金者即为北京物资学院三好学生，故名单略。

（学生处　提供）

北京物资学院硕士研究生奖学金获得者名单

特等奖学金

张华玲

一等奖学金

王　倩　王青苗　王秋影　王璐超　吕晓静　曲小卉　刘海平　孙　峰
李秀明　宋　超　张燕燕　陈　博　陈晶晶　程婷婷　游典宗

二等奖学金

卫小蕊　王　跃　王　倩　王井江　牛瑾瑜　左二芳　白成太　李　东
杨　远　杨　雪　张军芳　张修竹　张桂娟　班　婷　郭苏慧　黄立新
常佩佩　程松海

（研究生部　提供）

2011 年北京物资学院学科竞赛获奖学生名单

北京市研究生英语演讲比赛

特等奖　于　戎

第十届物流年会优秀论文奖

王晓芳　张　迪　耿　辛　葛晓雯

中国物流发展专项基金宝供物流奖

吕晓静

（研究生部　提供）

2011 年“顺丰杯”全国大学生物流设计大赛

全国一等奖（共 1 队）　王春美　刘　羽　陆　婷　林淇明　曹　雪

2011 年全国大学生数学竞赛

全国二等奖　张　晨

2011 年全国大学生管理决策模拟大赛

全国总决赛二等奖（共 1 队） 于 鹏 张向锋 袁鑫泉

2011 年世界杯机器人大赛中国队选拔赛仿真型 5V5 机器人足球

三等奖（共 1 队） 吕彩燕 刘志坤 许海涛 孙金秀 张 莹 赵卫东 谭欣欣

2011 年中国机器人大赛暨 RoboCup 公开赛助老机器人功能型

一等奖（共 1 队） 刘 超 陈松松 陈 翔 楼 聪 曾 曦

2011 年中国机器人大赛暨 RoboCup 公开赛双足机器人大学组（交叉足印）

二等奖（共 1 队） 刘 超 陈松松 陈 翔 楼 聪 曾 曦

2011 年中国机器人大赛暨 RoboCup 公开赛双足机器人大学组（狭窄足印）

二等奖（共 1 队） 刘 超 陈松松 陈 翔 楼 聪 曾 曦

2011 年中国机器人大赛暨 RoboCup 公开赛 FIFA 仿真组（5V5）

二等奖（共 1 队） 刘 超 陈松松 陈 翔 楼 聪 曾 曦

2011 年“国信蓝点杯”全国软件专业人才设计与开发大赛

C 语言本科三等奖 孙金秀 张 莹 唐百城 曾 曦
JAVA 本科三等奖 吕彩燕 张 跃

2011 年第二十八届全国部分地区大学生物理竞赛文科经管类

三等奖 高 伟

2011 年全国高等院校企业竞争模拟大赛

全国一等奖（共 2 队） 叶嘉卉 张章宏 冼宏宇；
刘承超 杨彤彤 张珂莹 陈永强 解华楠
全国二等奖（共 1 队） 尹 夏 张 妍 张庆春 胡静波 黄京一

2011 年北京市大学生（非数学专业）数学竞赛

二等奖 张 晨 张 鹏 赵语新
三等奖 林建明 钟 豪 蒋 露

2011 年北京全国大学英语竞赛

一等奖 刘宇飞 苏 祥
二等奖 王晓怡 肖盼盼 何筱敏 陈 珺 骆 丹 贾一妙
三等奖 吕彦霖 纪 元 孙金秀 杨小艺 何 浩 张 莹
张天桐 陈 果 周 青 郭 贞 黄栎颖 程 楠

2011 年北京大学生数学建模与计算机应用竞赛

北京市一等奖（共 1 队） 付 涛 柯雅雅 袁学勇

2011 年北京市大学生模拟法庭竞赛

北京市三等奖（共 1 队） 马晓云 许思奇 姜雨新 徐 扬 傅 熙 魏孝辰

2011 年北京市大学生物理实验竞赛

北京市三等奖（共 1 队） 杨杰 张庆梅 徐仁洪

2011 年北京市大学生英语演讲比赛

北京市三等奖 王晓怡

2011 年北京市大学生物流设计大赛

北京市二等奖（共 1 队） 邝云娟 邢 玥 朱鑫洁 刘 康 蓝雅颖

2011 年北京市大学生化学实验竞赛

北京市三等奖（共 2 队） 任 梦 孙泽宇 袁 一
贺 俏 景 晨 谢熊斌

（教务处 提供）

2011 年北京物资学院学生参加文体活动获奖名单

第八届中国音乐金钟奖

优秀展演奖 北京物资学院大学生合唱团

北京物资学院第二十三届大学生辩论赛

第一名 信息学院
第二名 经济学院

（团委 提供）

毕业生名单

北京物资学院2011届毕业研究生名单

产业经济学

于　洁　王井江　王丽芳　王丽梅　王秋影　王静玉　牛彩萍　牛瑾瑜
邓紫微　白成太　朱冰雁　刘仙云　庄中华　苏　灿　杜红连　李　东
李　涛　李　斌　李秀明　李慧忠　杨　远　杨　波　吴　勇　吴　静
吴秀凤　宋闪闪　张　宇　张　君　张　辉　张玉香　张占东　张军芳
张明珠　陈　博　郑丽霞　郝艳昭　贺仁龙　崔运凤　梁　奉　蒋雪亮
韩　硕　游典宗　储文青

劳动经济学

马　震　马万森　王　琳　王　威　王青苗　曲小卉　许　坤　孙　峰
杜杰平　张云云　周　伟　郑智华

企业管理

于　侠　马春蕾　王　跃　王　鑫　王志华　平　凡　左二芳　石　艳
朱开鏐　乔　楚　刘春梅　刘晓佳　刘海平　许丹丹　李　娜　李　莹
李　巍　李书梅　李明奎　李晓羽　李曙光　杨　雪　吴凌云　宋　超
宋梅彦　宋鲁蒙　张　晓　张冬霞　张宛儿　张泽亮　张燕燕　陈　晗
陈　彪　陈建智　陈淑龙　陈晶晶　陈鹏远　范凯慧　周振拓　段少军
班　婷　徐腊梅　黄　维　黄立新　曹彦博　常石磊　常佩佩　崔　莉
梁尔昂　葛立清　董　敏　韩　汇　程永伟　程婷婷　焦博雅　赖建阳

管理科学与工程

卫小蕊 王　倩 王　倩 王克冰 王志霞 王树勤 王璐超 冯　怡
吕晓静 刘增群 许海波 李　喆 李建飞 李晋宁 杨　博 宋　媛
张　燕 张　攀 张华玲 张俊杰 张修竹 张桂娟 张瑞雪 张燕燕
何文杰 陆秀娥 罗　元 罗晓蕾 岳　祥 赵永盘 胡贤满 高　斌
郭苏慧 唐凌佳 常艳杰 程严晖 程松海 窦晓男 褚　繁 滕　蕾

物流工程

于　涛 王　哲 王冬良 王晶琼 左　莹 丘加方 刘永杰 刘声亮
庄　丽 孙　静 李　斌 李　楠 吴小勇 邹海汐 汪　燕 宋媛媛
张耀荔 陈　海 林小平 罗广林 岳溥庥 周亚蓉 赵军娥 赵宝芹
郝建丽 胡凤蕊 姚　蔚 徐清云 崔　冬 蒲　锋 廖　珣

北京物资学院2011届毕业研究生获硕士学位名单

产业经济学

于　洁 王井江 王丽芳 王丽梅 王秋影 王静玉 牛彩萍 牛瑾瑜
邓紫微 白成太 朱冰雁 刘仙云 庄中华 苏　灿 杜红连 李　东
李　涛 李　斌 李秀明 李慧忠 杨　远 杨　波 吴　勇 吴　静
吴秀凤 宋闪闪 张　宇 张　君 张　辉 张玉香 张占东 张军芳
张明珠 陈　博 郑丽霞 郝艳昭 贺仁龙 崔运凤 梁　奉 蒋雪亮
韩　硕 游典宗 储文青

劳动经济学

马　震 马万森 王　琳 王　威 王青苗 曲小卉 许　坤 孙　峰
杜杰平 张云云 周　伟 郑智华

企业管理

于　侠 马春蕾 王　跃 王　鑫 王志华 平　凡 左二芳 石　艳

朱开鏐　乔　楚　刘春梅　刘晓佳　刘海平　许丹丹　李　娜　李　莹
李　巍　李书梅　李明奎　李晓羽　李曙光　杨　雪　吴凌云　宋　超
宋梅彦　宋鲁蒙　张　晓　张冬霞　张宛儿　张泽亮　张燕燕　陈　晗
陈　彪　陈建智　陈淑龙　陈晶晶　陈鹏远　范凯慧　周振拓　段少军
班　婷　徐腊梅　黄　维　黄立新　曹彦博　常石磊　常佩佩　崔　莉
梁尔昂　葛立清　董　敏　韩　汇　程永伟　程婷婷　焦博雅　赖建阳

管理科学与工程

卫小蕊　王　倩　王　倩　王克冰　王志霞　王树勤　王璐超　冯　怡
吕晓静　刘增群　许海波　李　喆　李建飞　李晋宁　杨　博　宋　媛
张　燕　张　攀　张华玲　张俊杰　张修竹　张桂娟　张瑞雪　张燕燕
何文杰　陆秀娥　罗　元　罗晓蕾　岳　祥　赵永盘　胡贤满　高　斌
郭苏慧　唐凌佳　常艳杰　程严晖　程松海　窦晓男　褚　繁　滕　蕾

物流工程

于　涛　王　哲　王冬良　王晶琼　左　莹　丘加方　刘永杰　刘声亮
庄　丽　孙　静　李　斌　李　楠　吴小勇　邹海汐　汪　燕　宋媛媛
张耀荔　陈　海　林小平　罗广林　岳溥庥　周亚蓉　赵军娥　赵宝芹
郝建丽　胡凤蕊　姚　蔚　徐清云　崔　冬　蒲　锋　廖　珣

（研究生部　提供）

北京物资学院 2011 届本科毕业生名单

经济学院

经济学专业

07940111 班

王一然　仇宇星　付　雷　白　雪　刘　瑾　刘雨濛　孙　强　安　璐
李　一　李　晨　李东洋　李冬辰　李宏伟　张　蓉　张成燕　陈　祥

金　枝　柳　淼　耿　童　贾　静　贾雪莹　常　明　景明哲　魏志程

07940112 班

王　雪　王亚奇　王惠青　邓　谦　田农耕　成　越　吕　琳　刘　龙
刘　然　刘　姗　孙　稳　李　萌　李　颖　杨君杰　吴　红　张恩典
季亚男　周乐宾　孟　然　胡　霜　柳可欣　秦　涛　高　月　高雅楠
梁　震　彭雪涛　谭国俊

金融学专业（证券期货方向）

07940121 班

马　兰　马珊珊　王　旭　王　媛　孔京京　田　月　卢嘉舟　刘　淼
刘红钰　刘迪思　刘寒昱　李　正　李　阳　李　晨　李　率　李志鹏
李学春　张　瑞　张晓霞　张靖杨　陆　驷　陈欣舒　周月莉　赵　敏
赵羿宇　郝　涵　钟　睿　高　正　郭　裕　曹丽敏　蔡宇朦　裴华龙

07940122 班

马润宇　王　迪　王俊逸　尹涵宾　邓　珏　包含冰　冯萌萌　任明远
刘晓月　许统钊　闫　妮　孙　斌　孙文佳　苏文楠　李　晴　杨　爽
杨少正　杨思佳　张　硕　苗　青　岳　光　周继明　周静苑　房　麟
胡宇辰　贾婧文　徐　翀　曹啓昊　葛　敬　鲁　然　熊　俊

国际经济与贸易专业

07940131 班

孔　赛　刘　迪　刘　娇　刘　超　刘雪梅　刘莉莉　衣克寒　许明媛
许释文　李　贺　李承源　李梦蝶　李啸龙　杨译惠　吴　丹　宋金煜
张子妍　张亚楠　张莉智　陈天鸾　邵　妍　罗　宸　赵圣宝　赵浩辰
袁　欣　顾蓥霞　郭凤娇　曹　雪　雷　蕾　蔡　军

07940132 班

马　佳　王　猛　王　霖　王清华　王敏洁　毛建新　代宇欣　庄迎青
孙铭泽　李　钧　杨　阳　杨　博　佘家梁　张　帆　张　怡　张学潘
张腾霞　陈　琳　陈　颖　罗　欣　金雨佳　周　婷　赵　萌　胡江雪
贺　静　贾晓蒙　黄梦薇　崔　瑶　焦净静　蔡薇薇

金融学专业

07940141 班

马　颖　马迎新　王　沫　王　萌　王海龙　田瑶瑶　白佳昕　冯　俊

朱晓璐　闫兆爽　李岩　李源　杨龙　杨扬　张萌　张明月
张屹扬　陈阳　林琳　卓兰　金夕雯　郑轩　赵昊　赵锦艺
徐可　高斯　唐小喻　董辰　韩然　靳沐钊　阚茜莉　裴雨欣

07940142 班

于小倩　王旭　王迪　叶子豪　冉晓军　乐梦溪　刘志敏　孙金泽
李贺　李至清　杨欣　杨旭东　沈桦　张蕊　张英杰　张晓婷
陆薇　范辰辰　赵一然　赵文静　袁路平　高婧　高拓菩　郭鼎
崔玉迪　商瑞丰　韩雪

物流学院

物流管理专业

07940711 班

丁子竹　于海元　王月　王玮　王知懿　王冠东　毛靖　毛阿南
仇乐　田润　江莉　邬玲珊　刘冬翔　刘梦辰　刘博婵　孙华林
孙珊珊　李信　李亚菲　李兆涛　李绍雄　李梓如　杨坤　杨莹
杨琨　张冉　张超　张淼　张光洋　张彦丽　陈鑫　聂满京
夏玉营　彭昕珏　韩芳　喻开　阚麒雨　冀宁　欧阳骁钰

07940712 班

马娇　马文彪　马海鹏　王一多　石乐　田超　代晨阳　白洋
白璐　白璐　朱清宇　任秋臣　刘鹤　孙洋　孙守明　李萌萌
李璐佳　谷文雅　宋珍珍　张征　张卓尔　张娇娇　张晓晨　张博雅
陈超　郑小龙　赵晶　赵云飞　赵世臣　赵伟东　赵欣欣　钟求己
胡啸寒　高啸　黄慕艺　康万梅

07940713 班

于梦雅　于琨辰　马赛　马小蒙　王帆　王兴　王孟　王琦
王楠　白冰玥　朱婷婷　米阳　岁姣　刘娜　刘水清　刘诗吟
李坤　李昊　李文超　吴尧　辛尧　张浩　陈硕　陈湛
陈小明　武曼羽　林伟红　郑瑞妍　孟祥生　赵绘　徐丹　徐图
徐朋　郭扬　康萍　梁晨

物流工程专业

07940721 班

马　骏　马思明　王　怡　王　硕　王　焕　王友兰　王诗昂　王添乐
王雅春　付文文　刘　琳　刘瑞旋　刘嘉铭　李金平　杨　松　张　润
张亚思　周占国　单　月　房艳君　赵　丽　赵思萌　胡　阳　秦文龙
高俊奇　郭东玮　龚　倩　焦振得　谭　瑶

07940722 班

王　博　刘子畅　刘兆龙　刘辰朗　刘晓轩　孙　博　李　昂　李　斌
李　翔　李　颖　李庆博　李红梅　李明泽　杨建濛　吴英川　张莎莎
张琳麟　苗丛郁　周海洋　郑鹏飞　赵　岩　赵　秦　徐晓敏　唐恩龙
桑海洋　黄翔宇　梁　元　魏　旭

工商管理专业（国际采购与供应链管理方向）

07940761 班

于莉莉　马　笛　王　旭　王　辰　王　佳　王雅楠　任逸龙　向天旭
关一濛　许菲菲　闫　宏　闫丹丹　李　旭　李　恬　杨　柳　吴　朕
宋轶涵　辛德娜　张　琦　张文军　张辰洋　张晓晶　陈　龙　陈　茜
陈斐然　卓锐奇　罗　源　周　娜　周云帆　郑灿表　赵　航　郝　吟
胡雨希　董江萌　游　丽　熊睿祺

商品学专业

07940771 班

田　鑫　代　瑞　刘琪佳　李　想　李佳慧　李婷婷　步　辰　吴培蕊
张　勇　张　磊　何雨耕　何璐怡　陈　轩　陈胜谋　罗克思　周　怡
郑雪莲　胡　洋　段　蕊　唐　阔　唐文颖　黄丽莉　崔伟杰　葛小西
董　晶　韩　旭　韩铨媚　蔡　睿

07940772 班

王　辉　王盈霏　孔美阳　田　甜　付京晶　冯春妍　朱　骁　任海龙
毕东龙　刘洁琼　关　旭　杜同根　李　佳　李　潇　李成帅　李璐颖
陈　娜　郑　宇　赵　俭　柳　娜　段腾飞　贺　娜　袁雪娜　贾啸晨
彭　炜　潘　安

信息学院

信息管理与信息系统专业

07940511 班

马　乐　王　聪　王伟辰　石　林　刘文虎　祁皓月　闫可虬　许霖晶
杜舞月　花　硕　苏　慧　杨佳音　张　兵　张佳文　张梓睿　陈　进
陈沐秀　赵　帅　战春儒　高　胜　高云飞　郭　淼　袁　倩　海　凝
梁　浩　甄颖然　魏鸣鹤

07940512 班

马颖颖　王　辰　王　琛　王　蕾　王辰彤　王颖乐　刘　昭　刘　喆
刘晶生　李春燕　吴　溪　辛一辰　张晶超　果静慧　赵　楠　胡　青
胡　楠　徐　伟　徐　鹏　郭丹丹　崔新红　逯　雨　程　圣　温艳宏
詹一凡　谭俊杰

信息管理与信息系统专业（计算机软件应用与开发方向）

07940513 班

王　磊　王盛金　田　欣　冯　娟　冯　聪　孙立轩　孙海艳　李　程
李伟男　李丽佳　李佳楠　李艳瑜　张明月　张佳蕾　陈晓烨　陈鹏锋
林　宇　武　伟　金　晨　顾　娟　曹　璐　曹秀奎　梁晓旭　蔡　强
廖淑燕

电子商务专业

07940521 班

王　淼　王　霄　王嘉伦　文　爽　史立英　冯婧伦　刘　学　刘佳丽
安林静　许　媛　孙　乍　孙　健　李　晖　李　瑶　杨　洁　肖　娜
张　俊　张　领　张国龙　陈　亚　孟小强　赵　越　康倩楠　彭　伟
揣红梅　喻　翊　廖　亮　潘琼云

07940522 班

王　帅　王　静　付丽丽　王明微　王晓燕　冯　潇　司　蕾　邢壮志
朱　志　严程向　李　娜　张天慧　张腾飞　周　莹　周　毅　周绮峰
柯小钰　高　原　姚金明　黄燕鹦　曹　晔　崔　娇　梁　燕

计算机科学与技术专业

07940531 班

王　洋　王　雅　王　然　王　路　左　娜　卢　翠　申佳跃　田　竞
付胜男　朱加辉　刘田青　刘艳慧　李　爽　李　鹏　李学芹　邳靖雯
吴　可　张甜甜　陈巧雅　单明旭　胡举超　饶申毅　屠　棋　董　蒙
韩　旭　曾　茂　蒯萍萍　付泽一萱

信息与计算科学专业

07940541 班

王　雪　王　淼　王大国　卢　然　兰鹏飞　刘　双　刘　淼　刘　磊
刘长建　孙　宇　李　旸　李　国　李玉英　杨翔鹏　吴明山　宋兆庆
张卫园　陈　盼　赵　越　赵海楠　赵晨阳　夏　林　侯红雪　高露苹
葛玉婷

07940542 班

万正雨　马　兰　尹海莉　叶　明　冯广杰　朱海楠　刘　涛　刘　维
刘　博　刘彦南　许瑞林　孙　超　李福忠　杨　景　汪徽能　张　萌
张　雷　张志远　邵思迁　范冬怡　赵　萌　高　辰

统计学专业

07940551 班

于　戈　于　翔　叶以利　白文腾　刘月娇　刘文楠　刘雅薇　李　蕊
杨　帆　杨　巍　吴　琼　冷　琎　陈玥文　陈继芃　苑　真　林　达
胡　悦　袁　雨　高　飞　唐　静　崔　莉　崔佳星　韩　焜　谢　蒙
楼莺飞

07940552 班

于拓天　王　祎　王　聪　王思鸣　方　朔　田　璐　朱轶杰　刘小龙
刘金阳　刘春梅　刘鸿燕　吴　森　陈舒畅　郑晶晶　侯天华　贺　园
袁星伟　贾璐铱　高　威　高　瑛　曹靖鑫　戚　冰　梁　爽　路艳青

商学院

会计学专业（注册会计师方向）

07940421 班

丁经达	于显滨	卫景琪	马　玲	马晓莹	王　彤	王　洪	卢领秀
卢鹤祥	丛君睿	冯　浩	伍慧玲	刘　媛	刘俊岩	刘桂启	刘景昕
刘臻明	杨　卉	杨　妍	杨子芮	杨天丽	宋　双	张　绪	张　萌
张颖涵	邵朝阳	周一鸣	郑立杉	郑秋东	赵晓丹	徐　朝	徐　露
殷　荣	曹丽娜	崔　靓	崔家松	琚樊媛	虞　阳	熊峭鹏	魏晓薇

07940422 班

丁　可	丁　赛	王　倩	王　超	王佳珈	卢　箫	田　涛	田晓雨
史梦怡	匡建群	师利利	曲　登	刘婷婷	杜　烨	杜梦溪	李　磊
李元君	李鹏飞	吴亚轩	吴海迪	初　峰	张　斌	张　辉	张　辉
张　煦	张　薇	陈　晰	陈晓磊	陈聪伟	金沐兰	金雪旸	姜雨璐
郭　烨	梁　坤	韩　冰	韩增文	谢才祥	臧逸雯	魏佳星	

会计学专业（注册资产评估师方向）

07940431 班

于　洋	王　策	王兆坤	王晓冉	尹袁媛	吕龙彪	刘丛嘉	刘宏伟
刘美含	孙燕龙	苏　波	李　伟	李　典	李　雅	李凤梅	杨　欢
杨丽梅	杨梓廷	吴燕龙	张　一	张佳丽	张瀚文	陈　洁	陈玉辉
林华慧	赵　娜	赵　燕	骆晓升	袁希辰	高　扬	崔　旭	崔长松
梁博云	蔡　鹤	潘章华					

07940432 班

王　旭	王　闯	王　颖	王千峰	王可心	王东华	王志通	田　杨
代丽娜	吕云鹏	刘　贺	刘文君	孙禾维	杨海涛	杨博辰	宋昌文
张花雨	张漾漾	何奎达	陈　孚	周泓伯	赵婧馨	荆　洁	荣　娜
钟馨娅	姚　舜	柴建龙	徐　昕	袁凡喆	高　博	郭　涛	黄小容
董庆妮							

财务管理专业

07940441 班

丁如东 王昕华 毛 静 石 浩 刘 勇 刘树斌 李 静 李 巍
杨霏霏 旷灿霞 汪冬雪 宋 祎 张 岫 张伶俐 陈骛依 陈媛媛
周冬洁 赵 辰 赵 硕 胡 静 茹霄鹏 段久洋 袁成凤 顾晓丹
黄思思 康 言 董 潇 廖 青

07940442 班

于天洋 马春玲 王 欢 王 征 王宇辰 王叔璋 王京媛 尹 檗
叶 青 冯 妍 朱绍全 闫 伟 李 潇 李澎湃 段晨光 邹 兴
张 茜 张 雯 张蔚然 赵 琪 赵 颖 郝悦彤 秦 源 郭洪霞
蔡曦明 冀雅婧

工商管理专业

07940741 班

于 波 亢冬阳 邓益铎 刘 佳 刘 京 李 丹 李 悦 李 静
李彤彤 张雪笛 郄海拓 郎 君 赵 汐 钟鸣宇 姚 凯 贾浩然
夏慎楷 殷 跃 高智超 郭自强 韩 淼 燕 京 魏来欣

07940742 班

王继伟 王瑶瑶 车 飞 申仕彤 朱屿珊 刘 欢 许蓉蓉 闫志鑫
李 伟 李 杨 李晓菲 杨 祎 肖 强 张 丹 张 章 张敬诗
陈 群 岳东亮 周 维 赵 伟 胡子龙 贾美玲 高 剑 曹 鹏
柴佳宾 阚澜心

市场营销专业

07940751 班

于 淼 万 超 万子龙 王小龙 王雨涵 冯 一 冯倩倩 皮亚楠
刘 星 刘晓革 阮亚男 杜睿文 李 超 杨冰曦 吴 燕 吴越嘉
张 帅 张潇逸 何 迎 金 峰 郑 旭 胡 月 查平平 闻俊杰
郭 洋

07940752 班

于晓姣 于海涛 马 佳 王 林 王 翌 王 媛 王华哲 王寰宇
刘 铭 刘 婕 刘子杨 孙 欣 苏 潇 李 卉 李 卓 李 钟

吴　莹　陈　夏　陈艳菲　范华丽　周　宇　赵丽英　胡美美　段　好
段海娟　洪世钰　夏　恩　董　超

劳动科学与法律学院

人力资源管理专业

07940611 班

于　洋　马冬雪　王　洋　王　萌　邢丽颖　刘　硕　刘竞鸿　孙川川
麦　洋　李井茂　李　月　李　帅　李　娜　李雅超　李嘉河　吴思思
谷学庆　张金明　国　冀　周　楠　赵旻昕　胡　颖　胡新磊　高　飞
郭　妍　郭　岸　葛　辰　韩　阳　程　鸥　静　譞　滕永超

07940612 班

王　兵　王雪婷　毛　颖　田　洁　刘　畅　刘　恋　苏新厚　李红蕾
李学普　杨　君　杨晓丹　邹万龙　宋云超　张　萍　张宏想　张梦琳
苑晓茜　赵　磊　赵彦博　郝迎迎　胡小波　胡新潮　贾　伟　贾　妍
高　伟　郭尧华　谢文博　熊美林

07940613 班

于　晴　文　静　马　俊　马黎宁　王　硕　王晓敏　刘兴隆　许苗苗
孙　彤　孙爱琴　李　超　李沁霏　张学玲　张娅男　陈　军　林子豪
周月成　赵　庆　侯斯蕴　施　叶　贾　琳　贾棚秀　高晟星　曹文磊
程艳菲　雷　倩

劳动与社会保障专业

07940621 班

于莉娜　王　冬　王　淳　王　超　王　璐　王苏拉　王欣颖　王睿辰
石丹丹　刘景函　求　理　杨　阳　杨思淼　吴　迪　吴　晨　张　艾
张　英　张　哲　范琳璞　胡晓雯　骆海洋　顾文婷　徐　冰　徐明宇
黄　旭　魏　巍

07940622 班

王　丹　王　曦　王艳丽　牛　跃　冯　伟　冯　珺　曲　艺　刘　旭
齐慕洁　孙晶晶　苏　洋　李子亿　张　璐　张倩倩　张腾泽　张聪聪
陈世杰　赵　禹　洪　萍　黄钰涵　曹　茹　常　青　董欣月　董洪月
魏龙妍

法学专业（流通法方向）

07940811 班

王建晶	艾夏如	乔颖茜	刘　晨	刘　深	刘权辉	刘雨嫣	刘春玉
刘晶宇	孙晓菲	杜　宁	李　林	李　茜	李月尧	李锦阳	杨　奕
杨　磊	肖　倩	汪　超	张　钊	张　蕾	陈秋童	赵玮佳	赵蒙蒙
郝　强	郝曼曼	胡晓瑛	钟文欣	姜浩来	洪小妹	姚　瑶	高　娜
辜　璇	裴　跃						

07940812 班

王　帅	王彩鑫	朱明辉	闫　冬	刘梦捷	李　智	李　潇	李凌霄
杨　茜	吴　晓	宋　佳	宋小龙	宋剑涛	张　恋	张　晨	张龙飞
张雅洁	张嫣然	范园华	郑雪筠	孟　晓	赵　璐	姚　云	徐雅迪
郭　萌	曹笑培	温励楠	綦雨蒙	蔡　铮			

外国语言与文化学院

英语专业（商贸方向）

07941011 班

王　阳	王鑫煜	孔丽娟	加媛媛	刘　薇	刘琳琳	李　帆	李　荣
李筱叶	杨　宇	吴芬芬	张　娇	张濛濛	范　洁	孟　阳	赵一骄
赵丽君	娄　晓	曹蓝云	戚　威	彭　明	魏伊雯		

07941012 班

王晓晴	王媛媛	孔　梦	申　迪	李　美	李　超	李明怡	李国蕊
杨　倩	张　静	张　潇	张　鑫	陈　庭	周玉娇	周祎帆	庞嘉斯
孟　娜	赵晓朋	柴晓森	韩永文	谢然然	英兰卉子		

07941013 班

马思思	冯　超	刘　洋	汝　婧	李　漫	李佳琪	杨　璐	吴　迪
沈　雪	张　辰	张　然	张雪妍	罗　丹	赵　威	赵　堃	徐珊珊
郭璐璐	黄京晶	董　妍	谢　欢	谭文博	雍凌雪子		

07941014 班

马丽君	王若思	石若琳	包瑞敏	冯　稀	刘　聪	关　凌	江明明
孙　毅	李　响	李　瑶	李歆雨	杨　娜	杨云飞	杨婷婷	陈丽梅

果　欣　姚辰龙　徐燕美　郭　萌　郭晨晨　黄　颖　傅双育

国际交流中心

G0701 班

马　楠　王丽琰　朱丹丹　李　旸　李园园　李婧扬　张毅楠　邵　玉
原　超　高丹薇　蔡烁玢

北京物资学院往届本科毕业生名单

经济学院

张伟娜　陈　璨　郑　浩　段羽晨　韩　伟　宇文静雅

物流学院

马　迪　王　文　张　璐　胡　静　凌　楠

信息学院

马靖宇　毋　博　刘京海　高　楠　曹　玲　鄂旭阳

商学院

马秋桐　田　萌　姚　瑶　曹　征　程　鹏　裴海峰

劳动科学与法律学院

邬筱亮

北京物资学院2011届毕业生获学士学位名单

经济学院

经济学专业

07940111 班

王一然 仇宇星 白 雪 刘 瑾 刘雨濛 孙 强 安 璐 李 一
李 晨 李东洋 李冬辰 李宏伟 张 蓉 张成燕 陈 祥 金 枝
柳 淼 耿 童 贾 静 贾雪莹 常 明 景明哲 魏志程

07940112 班

王 雪 王亚奇 王惠青 邓 谦 田农耕 成 越 吕 琳 刘 龙
刘 然 刘 姗 孙 稳 李 萌 李 颖 杨君杰 吴 红 张恩典
季亚男 周乐宾 孟 然 胡 霜 柳可欣 秦 涛 高 月 高雅楠
梁 震 彭雪涛 谭国俊

金融学专业（证券期货方向）

07940121 班

马 兰 马珊珊 王 旭 王 媛 孔京京 田 月 卢嘉舟 刘 淼
刘红钰 刘迪思 刘寒昱 李 正 李 阳 李 晨 李 率 李志鹏
李学春 张 瑞 张晓霞 张靖杨 陆 驷 陈欣舒 周月莉 赵 敏
郝 涵 钟 睿 高 正 郭 裕 曹丽敏 蔡宇朦 裴华龙

07940122 班

马润宇 王 迪 王俊逸 尹涵宾 邓 珏 包含冰 冯萌萌 任明远
刘晓月 许统钊 闫 妮 孙 斌 孙文佳 苏文楠 李 晴 杨 爽
杨少正 杨思佳 张 硕 苗 青 岳 光 周继明 周静苑 房 麟
胡宇辰 贾婧文 徐 翀 曹啓昊 葛 敬 鲁 然 熊 俊

国际经济与贸易专业

07940131 班

孔 赛 刘 迪 刘 娇 刘 超 刘雪梅 刘莉莉 衣克寒 许明媛

许释文 李　贺 李承源 李梦蝶 李啸龙 杨译惠 吴　丹 宋金煜
张子妍 张亚楠 张莉智 陈天鸾 邵　妍 罗　宸 赵圣宝 赵浩辰
袁　欣 顾鋆霞 郭凤娇 曹　雪 雷　蕾 蔡　军

07940132 班

马　佳 王　猛 王清华 王敏洁 毛建新 代宇欣 庄迎青 孙铭泽
李　钧 杨　阳 杨　博 佘家粱 张　帆 张　怡 张学潘 张腾霞
陈　琳 陈　颖 罗　欣 金雨佳 周　婷 赵　萌 胡江雪 贺　静
贾晓蒙 黄梦薇 崔　瑶 焦净静 蔡薇薇

金融学专业

07940141 班

马　颖 马迎新 王　沫 王　萌 王海龙 田瑶瑶 白佳昕 冯　俊
朱晓璐 闫兆爽 李　岩 杨　扬 张　萌 张明月 张屹扬 陈　阳
林　琳 卓　兰 金夕雯 郑　轩 赵锦艺 徐　可 高　斯 唐小喻
董　辰 韩　然 靳沐钊 阙茜莉 裴雨欣

07940142 班

于小倩 王　旭 王　迪 叶子豪 冉晓军 乐梦溪 刘志敏 孙金泽
李　贺 李至清 沈　桦 张　蕊 张英杰 张晓婷 陆　薇 范辰辰
赵一然 袁路平 高　婧 高拓菩 崔玉迪 商瑞丰 韩　雪

物流学院

物流管理专业

07940711 班

丁子竹 于海元 王　月 王　玮 王知懿 王冠东 毛　靖 毛阿南
仇　乐 田　润 江　莉 邬玲珊 刘冬翔 刘梦辰 刘博婵 孙华林
孙珊珊 李　信 李亚菲 李兆涛 李绍雄 李梓如 杨　坤 杨　莹
杨　琨 张　冉 张　超 张　森 张光洋 张彦丽 陈　鑫 聂满京
夏玉营 彭昕珏 韩　芳 喻　开 阙麒雨 冀　宁 欧阳骁钰

07940712 班

马　娇 马文彪 马海鹏 王一多 石　乐 田　超 代晨阳 白　洋
白　璐 白　璐 朱清宇 任秋臣 刘　鹤 孙　洋 孙守明 李萌萌

李璐佳 谷文雅 宋珍珍 张征 张卓尔 张娇娇 张晓晨 张博雅
陈超 郑小龙 赵晶 赵云飞 赵世臣 赵伟东 赵欣欣 钟求己
胡啸寒 高啸 黄慕艺 康万梅

07940713 班

于梦雅 于琨辰 马赛 马小蒙 王帆 王兴 王孟 王琦
王楠 白冰玥 朱婷婷 米阳 岁姣 刘娜 刘水清 刘诗吟
李坤 李昊 李文超 吴尧 辛尧 张浩 陈硕 陈湛
陈小明 武曼羽 林伟红 郑瑞妍 孟祥生 赵绘 徐丹 徐图
徐朋 郭扬 康萍 梁晨

物流工程专业

07940721 班

马骏 马思明 王怡 王硕 王焕 王友兰 王诗昂 王添乐
王雅春 付文文 刘琳 刘瑞旋 刘嘉铭 李金平 杨松 张润
张亚思 周占国 单月 房艳君 赵丽 赵思萌 胡阳 秦文龙
高俊奇 郭东玮 龚倩 焦振得 谭瑶

07940722 班

王博 刘子畅 刘兆龙 刘辰朗 刘晓轩 孙博 李昂 李斌
李翔 李颖 李庆博 李红梅 李明泽 杨建濛 吴英川 张莎莎
张琳麟 苗丛郁 周海洋 郑鹏飞 赵岩 赵秦 徐晓敏 唐恩龙
桑海洋 黄翔宇 梁元 魏旭

工商管理专业（国际采购与供应链管理方向）

07940761 班

于莉莉 马笛 王旭 王辰 王佳 王雅楠 任逸龙 向天旭
关一濛 许菲菲 闫宏 闫丹丹 李旭 李恬 杨柳 吴朕
宋轶涵 辛德娜 张琦 张辰洋 张晓晶 陈龙 陈茜 陈斐然
周娜 周云帆 郑灿表 赵航 郝吟 胡雨希 董江萌 游丽
熊睿祺

商品学专业

07940771 班

田鑫 代瑞 刘琪佳 李想 李佳慧 李婷婷 步辰 吴培蕊

张　勇　张　磊　何雨耕　何璐怡　陈　轩　陈胜谋　罗克思　周　怡
郑雪莲　胡　洋　段　蕊　唐　阔　唐文颖　黄丽莉　崔伟杰　葛小西
董　晶　韩　旭　韩铨媚　蔡　睿

07940772 班

王　辉　王盈霏　孔美阳　田　甜　付京晶　冯春妍　朱　骁　任海龙
毕东龙　刘洁琼　关　旭　杜同根　李　佳　李　潇　李成帅　李璐颖
陈　娜　郑　宇　赵　俭　柳　娜　段腾飞　贺　娜　彭　炜　潘　安

信息学院

信息管理与信息系统专业

07940511 班

马　乐　王　聪　王伟辰　石　林　刘文虎　祁皓月　闫可虬　许霖晶
杜舞月　花　硕　苏　慧　杨佳音　张佳文　张梓睿　陈　进　陈沐秀
赵　帅　战春儒　高　胜　高云飞　郭　淼　袁　倩　海　凝　梁　浩
甄颖然　魏鸣鹤

07940512 班

马颖颖　王　辰　王　琛　王　蔷　王辰彤　王颖乐　刘　喆　刘晶生
李春燕　吴　溪　辛一辰　张晶超　果静慧　赵　楠　胡　青　胡　楠
徐　伟　徐　鹏　郭丹丹　崔新红　逯　雨　程　圣　温艳宏　詹一凡
谭俊杰

信息管理与信息系统专业（计算机软件应用与开发方向）

07940513 班

王　磊　田　欣　冯　娟　冯　聪　孙立轩　孙海艳　李　程　李伟男
李丽佳　李佳楠　李艳瑜　张明月　张佳蕾　陈晓烨　陈鹏锋　林　宇
武　伟　金　晨　顾　娟　曹　璐　曹秀奎　梁晓旭　蔡　强　廖淑燕

电子商务专业

07940521 班

王　淼　王　霄　王嘉伦　文　爽　史立英　冯婧伦　刘　学　刘佳丽

安林静 许 媛 孙 乍 孙 健 李 晖 李 瑶 杨 洁 肖 娜
张 俊 张 领 张国龙 陈 亚 赵 越 康倩楠 彭 伟 揣红梅
喻 翊 廖 亮 潘琼云

07940522 班

王 帅 王 静 付丽丽 王明微 王晓燕 冯 潇 司 蕾 邢壮志
朱 志 严程向 李 娜 张天慧 张腾飞 周 莹 周 毅 周绮峰
柯小钰 高 原 姚金明 黄燕鸰 曹 晔 崔 娇 梁 燕

计算机科学与技术专业

07940531 班

王 洋 王 雅 王 然 王 路 左 娜 卢 翠 申佳跃 田 竞
付胜男 朱加辉 刘田青 刘艳慧 李 爽 李 鹏 李学芹 吴 可
张甜甜 陈巧雅 胡举超 饶申毅 屠 棋 董 蒙 韩 旭 曾 茂
翦萍萍 付泽一萱

信息与计算科学专业

07940541 班

王 雪 王 淼 王大国 卢 然 兰鹏飞 刘 双 刘 淼 刘 磊
刘长建 孙 宇 李 旸 李玉英 杨翔鹏 宋兆庆 张卫园 陈 盼
赵 越 赵海楠 赵晨阳 夏 林 侯红雪 高露苹 葛玉婷

07940542 班

万正雨 马 兰 尹海莉 叶 明 冯广杰 朱海楠 刘 涛 刘 维
刘 博 刘彦南 许瑞林 孙 超 李福忠 杨 景 汪徽能 张 萌
张 雷 张志远 邵思迁 范冬怡 赵 萌

统计学专业

07940551 班

于 戈 于 翔 叶以利 白文腾 刘月娇 刘文楠 刘雅薇 李 蕊
杨 帆 杨 巍 吴 琼 冷 珽 陈玥文 陈继芃 苑 真 林 达
胡 悦 袁 雨 高 飞 唐 静 崔 莉 崔佳星 韩 焜 谢 蒙
楼莺飞

07940552 班

于拓天 王 祎 王 聪 王思鸣 方 朔 田 璐 朱轶杰 刘小龙

刘金阳　刘春梅　刘鸿燕　吴　森　陈舒畅　郑晶晶　侯天华　贺　园
袁星伟　贾璐铱　高　威　高　瑛　曹靖鑫　戚　冰　梁　爽　路艳青

商学院

会计学专业（注册会计师方向）

07940421 班

丁经达　于显滨　卫景琪　马　玲　马晓莹　王　彤　王　洪　卢领秀
卢鹤祥　丛君睿　冯　浩　伍慧玲　刘　媛　刘俊岩　刘桂启　刘景昕
刘臻明　杨　卉　杨　妍　杨子芮　杨天丽　宋　双　张　绪　张　萌
张颖涵　邵朝阳　周一鸣　郑立杉　郑秋东　赵晓丹　徐　朝　徐　露
殷　荣　曹丽娜　崔　靓　琚樊媛　虞　阳　熊峭鹏　魏晓薇

07940422 班

丁　可　丁　赛　王　倩　王　超　王佳珈　卢　箫　田　涛　田晓雨
史梦怡　匡建群　师利利　曲　登　刘婷婷　杜　烨　杜梦溪　李　磊
李元君　李鹏飞　吴亚轩　吴海迪　初　峰　张　斌　张　辉　张　辉
张　煦　张　薇　陈　晰　陈晓磊　陈聪伟　金沐兰　金雪旸　姜雨璐
郭　烨　梁　坤　韩　冰　韩增文　谢才祥　臧逸雯　魏佳星

会计学专业（注册资产评估师方向）

07940431 班

于　洋　王　策　王兆坤　王晓冉　尹袁媛　吕龙彪　刘丛嘉　刘宏伟
刘美含　孙燕龙　苏　波　李　伟　李　典　李　雅　李凤梅　杨丽梅
杨梓廷　吴燕龙　张　一　张佳丽　张瀚文　陈　洁　陈玉辉　林华慧
赵　娜　赵　燕　骆晓升　袁希辰　高　扬　崔　旭　崔长松　梁博云
蔡　鹤　潘章华

07940432 班

王　旭　王　闯　王　颖　王千峰　王可心　王东华　王志通　田　杨
代丽娜　吕云鹏　刘　贺　刘文君　孙禾维　杨海涛　杨博辰　宋昌文
张花雨　张漾漾　何奎达　陈　孚　周泓伯　赵婧馨　荆　洁　荣　娜
钟馨娅　姚　舜　柴建龙　徐　昕　袁凡喆　高　博　郭　涛　黄小容
董庆妮

财务管理专业

07940441 班

丁如东 王昕华 毛 静 石 浩 刘 勇 刘树斌 李 静 李 巍
杨霏霏 旷灿霞 汪冬雪 宋 祎 张 岫 张伶俐 陈鹜依 陈媛媛
周冬洁 赵 辰 赵 硕 胡 静 茹霄鹏 段久洋 袁成凤 顾晓丹
黄思思 康 言 董 潇

07940442 班

于天洋 马春玲 王 欢 王 征 王宇辰 王叔璋 王京媛 尹 擘
叶 青 冯 妍 朱绍全 闫 伟 李 潇 李澎湃 段晨光 邹 兴
张 茜 张 雯 张蔚然 赵 琪 赵 颖 郝悦彤 秦 源 郭洪霞
蔡曦明 冀雅婧

工商管理专业

07940741 班

于 波 亢冬阳 刘 佳 刘 京 李 丹 李 悦 李 静 李彤彤
张雪笛 郄海拓 郎 君 赵 汐 钟鸣宇 姚 凯 贾浩然 夏慎楷
殷 跃 高智超 郭自强 韩 淼 燕 京 魏来欣

07940742 班

王继伟 王瑶瑶 车 飞 朱屿珊 刘 欢 许蓉蓉 闫志鑫 李 伟
李 杨 李晓菲 杨 祎 肖 强 张 丹 张 章 张敬诗 陈 群
岳东亮 周 维 赵 伟 胡子龙 贾美玲 高 剑 曹 鹏 柴佳宾
阚澜心

市场营销专业

07940751 班

万子龙 王小龙 王雨涵 冯 一 冯倩倩 刘 星 刘晓革 阮亚男
杜睿文 杨冰曦 吴 燕 吴越嘉 张潇逸 何 迎 郑 旭 胡 月
查平平

07940752 班

于晓姣 于海涛 马 佳 王 林 王 翌 王 媛 王华哲 王寰宇
刘 铭 刘 婕 刘子杨 苏 潇 李 卉 李 卓 李 钟 吴 莹
陈 夏 陈艳菲 范华丽 周 宇 赵丽英 胡美美 段 妤 段海娟

洪世钰　董　超

劳动科学与法律学院

人力资源管理专业

07940611 班

于　洋　马冬雪　王　洋　王　萌　邢丽颖　刘　硕　刘竞鸿　孙川川
麦　洋　李井茂　李　月　李　帅　李　娜　李雅超　李嘉河　吴思思
谷学庆　张金明　国　冀　周　楠　胡　颖　胡新磊　赵旻昕　高　飞
郭　妍　郭　岸　葛　辰　韩　阳　程　鸥　静　譞　滕永超

07940612 班

王　兵　王雪婷　毛　颖　田　洁　刘　畅　刘　恋　苏新厚　李红蕾
李学普　杨　君　杨晓丹　邹万龙　宋云超　张　萍　张宏想　张梦琳
苑晓茜　赵　磊　赵彦博　郝迎迎　胡小波　胡新潮　贾　伟　贾　妍
郭尧华　谢文博　熊美林

07940613 班

于　晴　文　静　马　俊　马黎宁　王　硕　王晓敏　刘兴隆　许苗苗
孙　彤　孙爱琴　李　超　李沁霏　张学玲　张娅男　陈　军　林子豪
周月成　赵　庆　侯斯蕴　施　叶　贾　琳　高晟星　曹文磊　程艳菲
雷　倩

劳动与社会保障专业

07940621 班

于莉娜　王　冬　王　淳　王　超　王　璐　王苏拉　王欣颖　王睿辰
石丹丹　刘景函　求　理　杨　阳　杨思淼　吴　迪　吴　晨　张　艾
张　英　张　哲　范琳璞　胡晓雯　骆海洋　顾文婷　徐　冰　徐明宇
黄　旭　魏　巍

07940622 班

王　丹　王　曦　王艳丽　牛　跃　冯　伟　冯　珺　曲　艺　刘　旭
齐慕洁　孙晶晶　苏　洋　李子亿　张　璐　张倩倩　张腾泽　张聪聪
陈世杰　赵　禹　洪　萍　黄钰涵　曹　茹　常　青　董欣月　董洪月
魏龙妍

法学专业（流通法方向）

07940811 班

王建晶 艾夏如 乔颖茜 刘 晨 刘 深 刘权辉 刘雨嫣 刘春玉
刘晶宇 孙晓菲 杜 宁 李 林 李 茜 李月尧 李锦阳 杨 奕
杨 磊 肖 倩 汪 超 张 钊 张 蕾 陈秋童 赵玮佳 赵蒙蒙
郝 强 郝曼曼 胡晓瑛 钟文欣 姜浩来 洪小妹 姚 瑶 高 娜
辜 璇 裴 跃

07940812 班

王 帅 王彩鑫 闫 冬 刘梦捷 李 智 李 潇 李凌霄 杨 茜
吴 晓 宋 佳 宋小龙 宋剑涛 张 恋 张 晨 张龙飞 张雅洁
张嫣然 范园华 郑雪筠 孟 晓 赵 璐 姚 云 徐雅迪 郭 萌
曹笑培 温励楠 綦雨蒙 蔡 铮

外国语言与文化学院

英语专业（商贸方向）

07941011 班

王 阳 王鑫煜 孔丽娟 加媛媛 刘 薇 刘琳琳 李 帆 李 荣
李筱叶 杨 宇 吴芬芬 张 娇 张濛濛 范 洁 孟 阳 赵一骄
赵丽君 娄 晓 曹蓝云 戚 威 彭 明 魏伊雯

07941012 班

王晓晴 王媛媛 孔 梦 申 迪 李 美 李 超 李明怡 李国蕊
杨 倩 张 静 张 潇 张 鑫 陈 庭 周玉娇 周祎帆 庞嘉斯
孟 娜 赵晓朋 柴晓森 韩永文 谢然然 英兰卉子

07941013 班

马思思 冯 超 刘 洋 汝 婧 李 漫 李佳琪 杨 璐 吴 迪
沈 雪 张 辰 张 然 张雪妍 罗 丹 赵 威 赵 堃 徐珊珊
郭璐璐 黄京晶 董 妍 谢 欢 谭文博 雍凌雪子

07941014 班

马丽君 王若思 石若琳 包瑞敏 冯 稀 刘 聪 关 凌 江明明
孙 毅 李 响 李 瑶 李歆雨 杨 娜 杨云飞 杨婷婷 陈丽梅

果　欣　姚辰龙　徐燕美　郭　萌　郭晨晨　黄　颖　傅双育

国际交流中心

G0701 班

弓　楠　王丽琰　朱丹丹　李　旸　李园园　李婧扬　张毅楠　邵　玉
原　超　高丹薇　蔡烁玢

北京物资学院往届毕业生获学士学位名单

经济学院

刘　猛　李　丹　何文哲　张　璐　张伟娜　陈　璨　郑　浩　段羽晨
殷东阁　韩　伟　宇文静雅

物流学院

马　迪　王　文　张　啸　张　璐　胡　静　凌　楠　彭　涛

信息学院

马靖宇　王　晔　毋　博　付　强　刘　飞　李　雰　金　然　俞　滨
高　楠　曹　玲　鄂旭阳

商学院

马秋桐　王　凯　王妮娅　王唯雄　田　萌　兰　涛　朱　琦　刘京海
孙　骞　程　鹏

劳动科学与法律学院

吕　雯　邬筱亮　黄　越

（教务处　提供）

北京物资学院2011届成人高等教育毕业生名单

物流管理专业

专升本（业余）

丁迎泊　马　贺　王　凤　王　进　王　腾　王　蒙　王玉征　王志远
王岳磊　王新建　王福金　王德涛　石建华　田长瑜　毛　伟　冯　伟
冯海娜　刘　贤　刘士杰　安　旭　安　俊　庄　淼　苏丽群　李　琳
李　彭　李　强　李孜攀　李建新　李静文　杨可君　张　祎　张　悦
张　海　张　斌　张　燕　张　燕　张立川　陈婷婷　张翠翠　何凤鹏
周　岩　周冬梅　赵　洋　赵小杰　赵兰兰　胡　汉　胡静波　柳伟航
闻　颖　彦海峰　聂　颖　晋莉莉　徐　宇　奚滨水　高起佳　高艳霞
郭晓辰　郭懿凭　陶惺祥　黄广松　常　烁　梁　赓　梁国秀　梁建华
韩雅娇　智景南　蔡晓明　裴建杰　暴　蕊　魏　巍

专升本（函授）

叶　琳　江业剑　李　权　张同欢　陈　狄　钟德艳　梁星宇　詹　娟
谭小文　磨其良

专科（业余）

于　虎　马　丽　马立荣　马光洁　王　舟　王　芳　王　杰　王　栋
王　起　王　猛　王　博　王　楠　王　楠　王　磊　王　鑫　王海娜
王雪龙　王紫瑜　卢迎春　卢宏程　卢瑞宏　申灵艳　史宝剑　付山威
付金芳　白春辉　司　俊　司　斌　曲英杰　朱　为　任　强　刘　飞
刘　征　刘　学　刘　莹　刘　浩　刘　鑫　刘子立　刘天翼　刘玉军
刘玉洪　刘巧兰　刘丽娜　刘伶利　刘国虎　刘宝冬　刘高岑　刘家扬
米建程　许艳红　孙　凯　孙　岩　孙逍翔　杜飞飞　李　君　李　晶
李晓旭　李海涛　李雪飞　杨　欢　杨　贺　杨文彬　杨艳晨　肖　华
肖艳迁　沈雪菊　宋宏滨　张　杨　张　贺　张　雪　张　章　张　婷
张双利　张冬梅　张丽花　张秀利　张朋宇　张海旭　张海峰　陈　雪
陈迎霞　陈建军　陈钢林　范永梅　罗　倩　季连桐　岳　章　金圆鑫
周　贺　周立平　孟凡雨　赵　强　赵京歌　赵香君　赵海洋　姜玉竹
秦晓梅　徐　宠　徐芝洋　徐京京　高　宇　高小龙　高志永　郭宝书

唐　丹　唐志强　曹润彬　崔　明　崔　征　窦林利　窦建军　蔡　乐
裴文文　廖泰清　滕　娜　穆　强

专科（函授）

丁　雯　于晓鹏　马小红　马玉红　马伟鹏　马丽霞　王　健　王丹丹
王亚玲　王军伟　王晓磊　王渝嘉　王雯雯　韦来刚　牛宝忠　牛继龙
尹吉红　尹彩霞　邓　兰　邓　秋　卢鑫春　田士同　田永东　史杰民
冯云青　朱新红　乔建瑞　任节兰　刘　玲　刘　琰　刘　攀　刘丽华
祁刚强　闫　晓　孙孟胜　杜　锋　李　杰　李　勇　李　媛　李文俊
李欣容　李克峰　张建玫　李建武　张建强　李晓燕　李喜军　杨丽丽
杨海龙　杨海淋　邱汝龙　张　宇　张　南　张　亮　张　焜　张　蕾
张亚琴　张灵活　张超珍　张婷婷　张鹏飞　陆美如　陆慧玲　何杰德
何晓明　陈政珊　陈晶晶　武日朝　苟元春　范帅涛　范胜利　周佐鸿
屈喜宝　赵　瑞　赵文玮　赵秀清　钟　萍　贾彬彬　顾维钱　党治豪
徐　喆　高　龙　高兆祖　高瑶笛　郭　宏　郭兆翔　基怀丽　黄玉婷
梁明卡　宿黎为　逯　璐　韩利伟　路　瑜　焦保林　谢日凤　谢基悦
靳亚楠　蒙劲志　甄文英　潘晓燕　魏　浩　魏正鹏　魏华山　魏彩虹

会计学专业

专升本（业余）

马　超　马　慧　王　芳　王　娟　王　蕊　王志君　王京轩　王娟娟
王清山　王静文　冯海艳　西文利　朱亦英　朱艳丽　刘　晗　刘　娜
刘明超　刘春梅　刘艳丽　刘莹莹　江　瑞　孙　娜　孙金玲　杜丙寅
杜明明　李　娜　李　娜　李　琳　李育锋　李赛男　杨　倩　杨　淳
杨丽微　宋　静　辛　帅　张　进　张　丽　张　欣　张　洁　张　雪
张　颖　张　颖　张　鹏　张伟娟　张兴玲　张海波　何丽新　陈大伟
林　雪　林　琳　周　玲　周君君　金　楠　庚　月　房新月　居克境
孟祥宁　赵　娜　赵　倩　赵　婷　赵　静　郝　蒙　聂莉莉　高　迎
高文静　展运珍　黄丽霞　曹　政　曹　慧　常卫华　崔　玮　崔海静
董宏骏　董桂东　韩　丹　韩　啸　嵇　玉　谢　晖　靳　松　蔡　潞
黎　维　魏　娜

专科（业余）

丁越伟　于会永　于金仟　于海艳　马素伶　马海娟　王　乐　王　帅
王　灿　王　萍　王　维　王玉萍　王红宇　王克英　王金竹　王晨欢

王新然 邓天元 邓彩霞 史 頔 付 杰 白瑞丰 朱晓燕 乔 健
乔春静 刘 冰 刘 新 刘 博 刘文娟 刘艳辉 刘雅婷 孙艳雨
苏金枝 杜学英 杨 菲 吴京伟 邹振曦 宋珊珊 张 杨 张 萌
张广翠 张少芹 张红丽 张金兰 张海艳 陈 丹 林 林 欧中娟
岳秋静 金 山 周 琴 赵立平 赵秋爽 郝金蕊 郝春雨 柳 曼
段年花 姜 宝 贾新颖 高 旭 郭久艳 唐丽媛 曹 艳 曹 爽
曹雅静 常 蕾 梁 莹 盖春凤 隋 丽 董 皓 董艳平 雷年丽
樊冬梅

专科（函授）

王荣娇 王晓芳 王晓慧 井月青 韦 盼 韦小珍 韦凤芸 韦春盛
韦玲燕 韦姣婷 韦晶晶 文梅娟 方青青 孔庆婵 邓华媛 邓稍蕾
左 静 平 丽 卢年云 申亚雅 田姗姗 田瑞宁 冯 彩 冯坤燕
邢智威 齐艳丽 安忠秋 祁义娇 许凤秋 农兰梅 孙晓萍 李 力
李 梦 李文琛 李金格 李彩秀 李彩霞 李雪敬 李雅婷 李翠园
杨健清 杨清芳 肖卫丽 连晓亚 宋晓彩 张飞燕 陆秋璧 陆海珊
何建兰 陈宏秋 武营营 林夏缤 罗芳妮 罗晓霞 周 云 周小丽
庞志娟 孟晓璐 钟 敢 钟明惠 钟雅婧 秦 飞 秦世忠 贾爱卫
奚英秋 郭秀梅 郭变利 黄丹梅 黄圣芹 黄艳姣 麻燕玲 韩亚楠
曾肖敏 曾春燕 靳丹丹 赖桂兰 赖燕旭 解立华 廖 蓉 廖琪琪
廖毓琳 谭玉英 滕松梅 潘春桃

人力资源管理专业

专科（业余）

丁 宁 丁 珊 刁亚军 于海龙 马雪莲 马瑞桐 王 辰 王文娟
王明霞 王学文 王海峰 王雪静 王雅楠 韦江萍 尹 冰 石 苗
史海影 刘 伟 刘 军 刘建军 刘春平 江 军 孙小燕 孙亚楠
杜 宇 李 莹 李 雪 李 然 李红欣 杨志刚 宋 莹 宋中华
张 文 张 超 张 强 张 磊 张 璞 张 霞 张西国 张爱青
何 雪 陈 莹 陈 硕 陈 辉 邵 颖 周 洋 赵 燕 赵春峰
赵艳杰 赵雅宁 赵景凯 赵晶晶 姜 硕 徐 颖 殷雅静 高 洁
郭 亮 郭明霞 黄 冉 崔金凤 康 超 商学营 董 杰 董 峰
董国利 程雪娇 鲍静芳 薛 丽

市场营销专业

专科（业余）

于海峰　马　晓　王凤娟　王建双　汪　琦　沈　晶　张　禹　徐媛媛
曹海侠　崔　磊

北京物资学院 2011 届成人高等教育毕业生获学士学位名单

物流管理专业

专升本（业余）

王　进　王　蕊　王岳磊　王福金　毛　伟　邓　雅　田长瑜　冯　伟
冯海艳　刘　贤　庄　淼　李　峥　李　彭　李　强　张　燕　张立川
张慧玲　陈婷婷　赵　楠　胡　汉　胡静波　柳伟航　彦海峰　晋莉莉
郭晓辰　陶惺祥　梁建华　韩雅娇　蔡晓明　魏　巍

会计学专业

专升本（业余）

马　超　王　蕊　王娟娟　冯海艳　朱亦英　刘　娜　刘　晗　刘明超
刘莹莹　刘艳丽　孙　娜　杜丙寅　杨　倩　杨　淳　杨丽微　宋　静
张　进　张　颖　张伟娟　张海波　林　雪　金　楠　周　玲　周君君
房新月　赵　倩　赵　静　高文静　曹　政　曹　慧　崔　玮　崔海静
韩　丹　韩　啸　董桂东　嵇　玉　谢　晖　靳　松　蔡　潞　黎　维
魏　娜

北京物资学院往届成人高等教育毕业生获学士学位名单

物流管理专业

专升本（业余）

王　蒙　杜志家　吴荻子　张　焕　张轶欧　张洋洋　宣　祎　崇　琳
温　鹏

会计学专业

专升本（业余）

刘　博　张　洁　张静波

（继续教育学院　提供）

2011 年学校事业发展统计数据①

2011 年北京物资学院办学条件

项　目	计算单位	数　据		说　明
学校占地面积	平方米	397016	287317	学校产权
			109699	非学校产权
图书馆藏书	万册	95.63		纸质
	GB	6983		电子
固定资产总值	万元	36465.37		
其中：教学、科研仪器设备资产值	万元	22196.67		

2011 年北京物资学院教职工、专任教师及外聘教师职称、学历结构

项 目		教职工		专任教师		非专任教师		聘请校外教师	
		人数（人）	比例（%）	人数（人）	比例（%）	人数（人）	比例（%）	人数（人）	比例（%）
总人数		660	/	391	/	269	/	11	/
职称结构	正高级	44	6.67	41	10.49	3	1.12	1	9.09
	副高级	154	23.33	135	34.53	19	7.06	6	54.55
	中　级	289	43.79	177	45.27	112	41.64	2	18.18
	初　级	64	9.70	17	4.35	47	17.47	0	0
	未定职级	109	16.52	21	5.37	88	32.71	2	18.18

① 数据截至 2011 年 8 月 31 日。

续　表

项目		教职工		专任教师		非专任教师		聘请校外教师	
		人数（人）	比例（%）	人数（人）	比例（%）	人数（人）	比例（%）	人数（人）	比例（%）
学历结构	博士研究生	131	19.85	131	33.50	0	0	0	0
	硕士研究生	210	31.82	160	40.92	50	18.59	3	27.27
	本科	218	33.03	100	25.58	118	43.87	8	72.73
	专科及以下	101	15.30	0	0	101	37.55	0	0

2011 年北京物资学院教职工情况

（单位：人）

教职工总数	660
专任教师	391
行政人员	136
教辅人员	59
工勤人员	71
校办企业职工	3
聘请校外教师	11

2011 年北京物资学院学生情况

（单位：人）

学生类别	毕业生数	招生数	在校生数
一、硕士研究生	157	213	578
1. 学术型学位硕士	148	152	487
2. 专业学位硕士	9	61	91
二、普通本科生	1346	1493	6035

续　表

学生类别	毕业生数	招生数	在校生数
1. 高中起点本科	1346	1493	6023
2. 专科起点本科	0	0	12
三、成人本专科生	617	741	1493
1. 本科生	162	229	442
1.1 函授本科	10	3	13
1.2 业余本科	152	226	429
2. 专科生	455	512	1051
2.1 函授专科	188	207	405
2.2 业余专科	267	305	646

2011 年北京物资学院学校基本情况

项　目	数　量	内　容
一级学科硕士学位授权点	4	应用经济学
		工商管理
		管理科学与工程
		计算机科学与技术
专业硕士学位授权点	2	物流工程领域里的工程硕士
		工商管理硕士（MBA）
省、部级重点学科（一级）	1	管理科学与工程
省、部级重点学科（二级）	1	应用经济学（产业经济学）
国家级特色专业	2	经济学
		物流管理
北京市特色专业	3	经济学
		物流管理
		信息管理与信息系统

续 表

项 目		数 量	内 容
院部设置		9	经济学院
			物流学院
			信息学院
			商学院
			劳动科学与法律学院
			外国语言与文化学院
			体育教学部
			思想政治理论课教学与研究部
			继续教育学院
专业设置	专科专业	4	市场营销、会计学、人力资源管理、物流管理
	本科专业	22	经济学、法学、英语、信息与计算科学、统计学、机械设计制造及其自动化、计算机科学与技术、信息工程、物流工程、信息管理与信息系统、工商管理、市场营销、会计学、财务管理、人力资源管理、商品学、电子商务、物流管理、采购管理、劳动与社会保障、国际经济与贸易、金融学
国家级、省部级研究机构		3	北京市物流系统与技术实验室
			北京市现代物流研究基地
			北京高校物流技术工程研究中心
定期公开出版的专业刊物		1	《中国流通经济》

2011 年北京物资学院专业设置一览表

序号	专业名称	学制	学位	所在学院
硕士研究生				
1	产业经济学	3 年	经济学硕士	研究生部
2	劳动经济学	3 年	经济学硕士	
3	管理科学与工程	3 年	管理学硕士	
4	企业管理（含：财务管理、市场营销、人力资源管理）	3 年	管理学硕士	
5	物流工程	2 年	专业硕士	
6	工商管理	2 年	专业硕士	
普通本科生				
1	经济学	4 年	经济学学士	经济学院
2	法学（流通法方向）	4 年	法学学士	劳动科学与法律学院
3	英　语	4 年	文学学士	外国语言与文化学院
4	信息与计算科学	4 年	理学学士	信息学院
5	统计学	4 年	经济学学士	信息学院
6	机械设计制造及其自动化	4 年	工学学士	物流学院
7	计算机科学与技术	4 年	工学学士	信息学院
8	信息工程	4 年	工学学士	信息学院
9	物流工程	4 年	管理学学士	物流学院
10	信息管理与信息系统	4 年	管理学学士	信息学院
11	工商管理	4 年	管理学学士	商学院
12	市场营销	4 年	管理学学士	商学院
13	会计学（注册会计师方向）	4 年	管理学学士	商学院
14	会计学(注册资产评估师方向)	4 年	管理学学士	商学院
15	财务管理	4 年	管理学学士	商学院
16	人力资源管理	4 年	管理学学士	劳动科学与法律学院
17	商品学	4 年	管理学学士	物流学院
18	电子商务	4 年	管理学学士	信息学院

续 表

序号	专业名称	学制	学位	所在学院
普通本科生				
19	物流管理	4年	管理学学士	物流学院
20	采购管理	4年	管理学学士	物流学院
21	劳动与社会保障	4年	管理学学士	劳动科学与法律学院
22	劳动与社会保障（劳动关系方向）	4年	管理学学士	劳动科学与法律学院
23	国际经济与贸易	4年	经济学学士	经济学院
24	金融学	4年	经济学学士	经济学院
25	金融学（证券期货方向）	4年	经济学学士	经济学院
专　科				
1	会计学	2年		继续教育学院
2	市场营销	2年		继续教育学院
3	物流管理	2年		继续教育学院
4	人力资源管理	2年		继续教育学院

2011 年媒体报道选辑

北京物资学院：现代物流人才的成长摇篮

北京物资学院前身是国家物资部门 1963 年成立的北京经济学院物资管理系，1980 年独立建校，先后隶属于国家物资部门、国家贸易部门，1998 年 10 月划归北京市管理，是一所以物流和流通为特色，以经济学科为基础，以管理学科为主干，理、工、文、法等多学科相互支撑、协调发展的财经类大学。

北京物资学院位于北京市朝阳北路东段，毗邻京杭大运河源头，占地近 600 亩，建筑面积近 20 万平方米，环境幽雅宜人，是北京市授予的“文明校园”和“花园式单位”。现任党委书记刘木春教授、校长王旭东教授。

北京物资学院现有教职工近 700 人。其中专任教师 437 人，高级职称近 200 人；具有博、硕士学位教师占专任教师比例为 73%，拥有北京市教学名师 5 人，北京市优秀青年骨干教师 52 人，以及北京市本科优秀教学团队，享受政府特殊津贴专家等一大批优秀教师及团队。

北京物资学院是我国物流教育的奠基者、开拓者和引领者，是培养现代物流人才的摇篮。学校 1993 年开办国内高校第一个期货专业；1994 年开办国内高校第一个物流管理专业；2010 年开办国内高校第一个采购管理专业。目前在校本科生、硕士研究生、留学生等近 8000 人，面向全国 28 个省（市、自治区）招生，以北京市生源为主。学校建校以来为国家培养了大批优秀专业人才，特别是流通领域的高级专业人才，在物流、证券期货等行业中毕业生享有较高社会声誉。目前，学校正成为首都乃至全国的高素质物流人才培养基地、物流理论研究中心、物流政策与决策咨询中心和物流技术应用研究中心。

北京物资学院遵循教学型、研究型、开放式办学模式。现设有经济学院、物流学院、信息学院、商学院、劳动科学与法律学院、外国语言与文化学院、思想政治理论课教学与研究部、体育教学部、继续教育学院等9个教学院部。全日制本科教育设有27个专业及方向，其中有北京市品牌专业：物流管理、人力资源管理、经济学。研究生教育一级学科硕士学位授权点4个（含17个二级学科硕士学位授予权），专业硕士学位授权点2个。学校拥有国家特色专业、国家人才培养模式创新实验区；拥有北京市重点建设学科：管理科学与工程、产业经济学；拥有北京市特色专业、北京市校外人才培养基地、北京市人文社科研究基地、北京市重点实验室、北京市高等学校实验教学示范中心、北京高校工程研究中心等教学研究机构；学校拥有一批北京市级精品课程、精品教材、精品立项教材；学校现已建成6个科技创新平台、8个科研基地，33个科研创新团队。近3年来，学校承担国家“十一五”科技支撑计划项目、国家自然科学基金等国家项目11项，省部级课题70余项；出版专著、译著、教材258部，发表学术论文2589篇。学校与美国、加拿大、英国、澳大利亚、日本、韩国等10余个国家和地区的23所大学或科研机构建立了良好的合作关系。在科研课题、合作办学、互派留学生、教师互访、师资培训等方面合作取得良好效果，提高了学校的学科建设、教学科研和国际化水平。

北京物资学院秉承“厚德博学，笃行日新”的校训，以培养德智体美全面发展的高素质应用型人才为中心，高度重视学生综合素质特别是实践能力与创新精神的培养。学校形成了自强不息、敢为人先、追求卓越、实事求是的校

风，形成了追求科学精神与人文精神、发展共性与尊重个性、弘扬传统文化与现代精神、与时俱进、充满活力的校园文化。北京物资学院学生以其良好的素质，特别是实践能力强、富有创新精神在社会上赢得良好声誉，就业率一直保持在95%以上；近3年，北京物资学院学生在国际大学生数学建模竞赛、全国大学生数学建模竞赛、全国大学生创业计划竞赛、全国大学生物流设计大赛、全国大学生英语竞赛、“外研社杯”全国英语辩论赛、“挑战杯”系列大赛中取得一、二等奖的骄人成绩。

北京物资学院以高水平特色型大学为发展目标，坚持内涵发展、特色发展、改革创新和开放办学的发展战略。“十二五”期间，学校将大力发展物流与流通特色，提高教育质量和国际化水平，加快现代大学制度建设，为实现“十二五”规划宏伟目标而努力奋斗！

来源：《中国教育报》2011 年 5 月 12 日第 9 版，http：//news. jyb. cn/gk/yxzx/201105/t20110512_ 430247. html

创新建设学习型党组织 促进学校事业科学发展

——访北京物资学院党委书记刘木春

本刊记者　赵英臣　特约记者　胡占君

刘木春，汉族，研究员，1951 年 1 月出生于山东省泰安市，1982 年 7 月毕业于北京师范大学经济系，历任北京师范大学党委宣传部副部长、党委办公室副主任、纪委副书记兼校部机关总支书记、无线电电子系总支书记、校长办公室主任、党委办公室主任等。1996 年任北京师范大学党委副书记兼纪委书记，2003 年 1 月任北京物资学院党委书记至今。他的研究方向为高等教育管理，在国内外学术期刊发表论文 30 余篇，出版专著及著作 10 多部。重要社会任职有北京市高校党建研究会常务理事、北京市党建研究会理事等。

努力把各级党组织建设成为学习型党组织，是新时期党的建设理论和实践的重大决策，也是关系到我党事业成就的重大历史任务。近年来，北京物资学院党委立足实际，更新观念，以科学发展观为指导，积极探索适应新形势的思想理论建设新途径、新形式和新方法，增强理论教育的针对性和实效性，创新推进学习型党组织建设，取得了积极成效。日前，记者就如何创新建设高校学习型党组织专题采访了北京物资学院党委书记刘木春。

记者：请您谈谈新形势下创新建设高校学习型党组织的重要意义。

刘木春：中国共产党是由先进理论武装的工人阶级政党，自成立之日起，就以马克思主义理论为指导，组织革命队伍，探索革命和建设的道路。从革命中学习革命、从战争中学习战争、从建设中学习建设，这是中国共产党领导人民取得革命胜利，在社会主义现代化建设中取得辉煌成就的根本途径。重视并善于学习是我们党的优良传统，在党的历史上各个不同的阶段都留下了宝贵的经验。党的十七届四中全会提出建设学习型政党的重大战略任务，这是中央根据世情、国情和党情变化的新形势、新特点，为提高党的先进性和执政能力而作出的重大战略决策。面对世情，党要始终走在时代前面；面对国情，党要始终成为领导核心；面对党情，党要始终立于不败之地。“三情”对党建提出了新的要求，所以，我们比过去任何时候都要注重学习。

而作为教育、学术、文化、科研的重镇，高校党建工作突出学习型党组织建设更显出其重要性。进入新世纪以来，经济全球化、世界格局多极化、世界范围内各种思想文化交流、交融、交锋日益频繁，国内经济体制深刻变革、社会结构深刻变动、利益格局深刻调整、思想观念深刻变化给高校基层党的建设提出了新课题，特别是伴随国际国内时代变迁与社会转型，高校党建面临着人们思想文化观念多元化，思想活动独立性、选择性、多变性、差异性日益增强的新形势、新挑战。因此，高校党组织必须在继承和发扬党的思想理论教育学习的优良传统基础上，立足实际，更新观念，明确目的，形成制度机制，稳抓学习方法，创新学习载体，创新理论教育工作，推进学习型党组织建设，不断提高治校理教能力。当前，高等教育改革发展正处在贯彻落实《国家中长期教育改革和发展规划纲要（2010—2020年）》（以下简称《规划纲要》）、推进高等教育事业科学发展的关键时期。落实《规划纲要》提出的各项任务，实现建设人力资源强国的战略目标，高等教育改革发展面临的任务繁重而艰巨。高校党员干部必须切实增强学习的紧迫感和自觉性，更加重视和善于学习。要全面学习《规划纲要》，及时掌握科学的新思想、新知识、新经验，不断深化对中国特色社会主义高等教育规律的认识，不断提高对新情况、新问题、新矛盾的科学判断和处理能力。尤其是要充分发挥高校学习资源丰富、人才汇集的优势，积极参与理论研究、理论创新和理论宣传工作，为全党学习型党组织建设提供人才、培训、教材等方面的服务。

记者：高校在推进学习型党组织建设过程中要着重把握哪几方面？

刘木春：高校作为一个学术文化组织，建设学习型党组织，应着重抓好以下几方面。

首先，高校党建工作的价值必须与大学价值取向一致，与高校改革发展进程相合拍。要坚持开展学习与推动工作相结合，找准党建工作与教学科研和管理工作的契合点。要坚持把学习作为创新的源动力，增强服务国家战略和经济社会发展的观念，提高社会服务能力。

其次，注重结合实际，突出高校特色。高校要结合以学习为主要特征、以学习为主要任务，高知识群体和高水平知识创新活动密集的实际，建设学习型党组织必须树立更高标准，努力走在全党前列，作出表率；要结合党员队伍受教育程度较高、思维活跃、思想开放的实际，探索实行灵活多样的学习方式，收到良好效果。在学习型党组织建设的过程中，既然高校本身就是一个学习型组织，就应该从方法、途径、内容方面，尤其是学习的载体创新、学习的科学规律、学习的评价方式等方面，进行深入思考和研究，一方面更好地推进高校的学习和组织建设，另一方面也应该起到对社会学习有一种积极带动和社会引领的作用，这是高校的社会责任。

再次，注重抓好落实，明确任务、细化要求；注重分类指导，加强督促检查。高校要根据中央和市委精神，研究制定内部细化分工方案，明确各项任务的具体标准和要求，将高校推进学习型党组织建设的任务逐项落实到各相关院系和部门，在抓好高校中心工作的同时，抓好高校的学习，以学习促工作，以工作带学习。要有针对性地加强指导，促进学习型党组织建设工作的深入开展。

最后，注重制度建设，促进学习科学化、制度化、规范化。思想建设是要靠制度来保证的，而制度建设、运行也要靠思想境界来指引。一个成熟的社会或者一个成熟的政党，既要有思想境界，又要有制度安排。高校建设学习型党组织要在制度上下工夫，要进一步完善党委中心组学习制度、党员干部培训制度、调查研究制度、党支部学习制度、党员个人自学制度、学习考核制度等，形成有效促进学习的制度体系。把理论素养、学习能力作为选拔任用领导干部的重要依据，是要用制度来落实的。

记者：学院党委在建设学习型党组织方面有哪些创新之处？

刘木春：近年来，北京物资学院党委立足实际，更新观念，以科学发展观为指导，积极探索适应新形势的思想理论建设新途径、新形式和新方法，增强理论教育的针对性和实效性，扎实推进学习型党组织建设，有效解决了学用脱节、学工矛盾、学风涣散、方法陈旧等问题，取得了积极成效，营造了崇尚学习、崇尚创新的良好学习氛围。

首先，适应形势发展，创新理论学习理念。一是树立人本理念。根据党员干部的思想实际状况，准确理解和把握他们的思想症结点和思想理论需求，坚持把理论教育内容和解决人的普遍思想理论问题相结合。二是树立研究性理念。党委明确提出了“组织学习化、学习研究化、研究成果化、干部专家化”的要求，通过制度安排和激励机制，推动研究性理论教育学习。三是树立互动理念。强调理论教育和学习是教育者与被教育者互为主体、互为作用的过程，积极调动理论教育学习主体的参与性，互相交流，互为主客体，互相教育。四是树立发展理念。强调学习应围绕高校教育教学改革与发展、基层党员事业发展、促进基层工作发展、培养中国特色社会主义建设者和接班人的目标开展，以促进学校事业与个人成才的全面发展。

其次，根据学校实际，创新理论学习制度机制。党委在实践中逐步形成了“一、三、五”理论教育学习制度和机制。“一”是建立一个理论学习教育支撑平台——当代中国马克思主义理论研究会。“三”是“三个一”学习制度：全体教职工每个月至少集体学习一次；全体党员在教职工学习的基础上每个月至少集中学习一次；理论中心组在上述基础上每个月至少集中学习一次。“五”是实施“五个一”学习活动：一是每项重要理论学习内容至少作一次专题辅导讲座；二是每项重要学习内容给每名教职员工提供一本学习辅导书；三是每位中层干部每年至少提交一篇较高质量的理论研究论文，党员、中层以下干部自愿；四是每年召开一次思想政治理论研讨会；五是每年正式出版一本思想政治理论研究专题的优秀论文集。这一理论教育学习制度和机制，贯彻了上述新理念，形成了思想理论教育有平台支撑、有制度保证、有活动推动的格局，极大地推动了思想理论教育不断深入。

最后，注重理论教育实效，创新学习形式方法。针对目前高校党建的新形势新问题，党委在理论教育学习实践中，大胆创新，形成了一系列新的学习形式与方法，使理论教育学习由“一般型”学习转变为“研究型”学习；由“聊天型”讨论转变为“专家型”研讨；由“读文件型”学习转变为“讲座型”学习；由“会议型”学习转变为“全面互动型”学习；由“平面型”学习转变为“立体型”学习，使思想政治理论教育学习内容更深入、形式更活泼、效果更突出。党委特别强调要注重“三维”学习，即吃透“上边”文件的精神实质、掌握“下边”的具体情况、了解“外边”的先进经验和做法。

北京物资学院学习型党组织建设取得了丰硕的学习成果。2006 年以来，完成“科学发展观研究与实践”“改革开放 30 年高校改革发展基本经验研究”等立项课题 45 项；出版了《保持共产党员先进性理论与实践探讨》《和谐校园建设研究》《现代大学理念与实践》《科学发展观研究与实践》《改革开放以来高校改革发展基本经验研究》等优秀论文成果集。2008 年，在北京市局级领导优秀论文评选中获得四个一等奖、两个二等奖的佳绩。

通过扎实推进学习型党组织建设，学校党组织逐步确立了全员学习、终身学习的理念，形成重视学习、善于研究的学习风气，党员的学习能力不断提升、知识素养不断提高、先锋模范作用充分发挥，党组织的创造力、凝聚力、战斗力不断增强；学校领导班子和各级领导干部谋划发展、统筹发展、优化发展、推动科学发展的本领进一步增强；学校进一步明确办学定位、办学思路，科学谋划学科专业布局，创新人才培养模式，2007 年取得本科教学工作水平评估“优秀”成绩，顺利通过北京市党建和思想政治工作达标检查验收，有力推动了学校近几年的跨越式发展。

记者：学院党委贯彻落实《规划纲要》，科学制定“十二五”规划，请问下一步推进学习型党组织建设工作的重点是什么？

刘木春：学院党委继续推进学习型党组织建设，要进一步突出重点、抓住关键、增强实效。

首先，加强领导，发挥表率和示范作用，建设学习型组织文化。学院党委要抓好学习型领导班子建设，发挥表率和示范作用，真正使领导干部成为建设学习型党组织的精心组织者、积极促进者、自觉实践者，不断提高把握新形势下高等教育发展规律和特点的能力。要把学习型组织文化建设作为重中之重，形成鼓励学习、协作学习、热爱学习的良好文化环境，使学习真正成为广大师生党员干部的一种生活态度、工作责任和精神追求，把文化熏陶、道德培养潜移默化作用于人才培养的各个环节。

其次，学用结合、学以致用，增强贯彻落实《规划纲要》、促进学校事业科学发展的能力。要坚持理论联系实际的马克思主义学风，把学习型党组织建设与促进学校改革发展紧密结合起来，把学习贯彻《规划纲要》精神与科学制定学校“十二五”发展规划紧密结合起来，以科学发展观为指导，认真研究新情况、新形势，准确把握国家和首都发展的新需求，准确把握人的全面发展的新要求，适应高等教育多元化、个性化发展的需要，提出新的发展战略，科学定位，进一步凸显办学优势，强化办学特色。就深化教育教学改革、创新人才培养模式、加强学科建设、完善管理体制机制、加强开放办学、加强与区域合作、提高社会贡献力等问题开展全校师生思想大讨论，增强师生推进教育创新的自觉性和坚定性，以此推动高水平特色型大学建设。

最后，创先争优，探索学习型党组织建设新方法、新途径。结合正在开展的创先争优活动，及时总结推广基层党组织创造的新鲜经验和有效做法。注重发现和培育典型，以身边事教育身边人，以点带面、典型引路，切实把建设学习型党组织的任务落实到每一个党组织、每一名党员，使创先争优活动成为整体提高学校党的建设科学化水平的重要载体，推动学校事业科学发展。

高校党委根据高校党建面临的新形势新问题，认真贯彻科学发展观，努力探索和把握理论教育学习规律，根据学校实际，勇于创新理论教育学习的形式方法等，推进学习型党组织建设，这是一项长期任务，高校党委要坚持不懈，不断探索，开拓创新，以适应形势发展要求，促进高校基层党建工作不断发展。

来源：《北京教育》，http：//bjedu1949. com/msg/info. php？InfoID＝279

北京物资学院校长王旭东：服务社会是大学的一项重要使命

记者　孙琛辉

王旭东，北京物资学院校长。北京大学教育学院毕业，教育学博士。曾任北京语言大学高教研究室副主任、学生处处长，北京市教育委员会专职委员。主要研究领域为教育学原理、教育社会学、高等教育管理。著有《国外师生关系研究》《师生关系的理论与实践》等著作。

2010 年，北京物资学院举办了建校 30 周年庆典。这所成立仅 30 年的院校，从 1993 年、1994 年开设全国第一个期货专业、第一个物流管理专业，到 2009 年获批开设国内高校第一个采购管理专业，始终引领着中国物流业教育改革创新，确立了自己的特色和优势。

43 岁的北京物资学院校长王旭东，与他所供职的学校一样，也是比较年轻的一位大学校长，他 2005 年 8 月担任物资学院党委副书记，2006 年 12 月任副校长，2010 年 5 月任校长。这位北大教育学院博士毕业的教育学者任校长，将给北京物资学院带来怎样的变革？记者近日就此采访了担任校长才 8 个多月的王旭东。

在物流领域做到全国领先

《科学时报》：您 2010 年 5 月任北京物资学院校长前，曾任副校长、党委副书记，北京市教育委员会专职委员等职。您觉得校长一职与过去的工作有什么不同？任校长后您首先做的事有哪些？

王旭东：我任校长只有 8 个多月的时间，不能说完全适应了校长的岗位、完全履行了校长的职责。以前做副书记、副校长时我分管过学生工作、教学工作，比较起来，副职只是全面规划某一方面的工作，责任界限很清晰，比现在轻松许多。校长则需要对学校的教学、科研和行政工作负全面责任，需要全面谋划学校未来的发展，需要考虑问题的广度和深度都大大拓展了。

校长应该首先抓什么，不同的学校有不同的情况。对我来讲，我上任以来主要做了三件事。一是利用学校 30 年校庆，总结学校办学经验；利用总结“十一五”、规划“十二五”的契机，进一步理清学校的发展思路，明确发展目标。

二是明确学校重点工作，并分步实施。如加强学校学科建设，构建学校重点学科建设体系，建设好市级重点学科平台；加快人才培养模式改革，修订了《2010 版本科专业人才培养方案》，这个方案与以前相比在加大实践教学环节、提高学生创新精神方面有很多新意。

三是针对学校存在的、教职工反映比较强烈的问题采取专项工作，比如清理校园的非法经商，我们打了一个漂亮仗。

当然，关于怎么进一步理清思路、落实工作还不是十分满意，我自己想的和达到的效果还有差距，很多事情还需要一个过程。

《科学时报》：北京市高校林立，在您看来，与其他大学相比，北京物资学院的特色在哪里？

王旭东：北京物资学院的前身是原国家物资总局于 1963 年成立的北京经济学院物资管理系。1980 年，为适应我国改革开放和社会主义经济发展对物资管理人才的需要，北京物资学院正式建立。

作为全国物流专业教育的开拓者，早在 20 世纪 80 年代中期学院就成立了物资经济研究所；1993 年，开办了国内高校第一个期货专业；1994 年，开办了国内高校第一个物流管理专业；2009 年，获批国内第一个采购管理本科专业。现代物流管理和流通理论的研究与教学，是学校的主要特色、优势与核心竞争力所在。

学校从成立伊始就与流通行业结下了不解之缘，流通业也为学校的成长和发展壮大提供了广阔的舞台和空间。30 年的发展中，学校为国家培养了大批流通领域的专业人才，为物流和流通行业发展共性技术和解决关键问题提供了重要的科研支持和高质量的科研成果，在流通行业特别是物流业享有较高的社会声誉。

地方院校应积极拓展社会服务职能

《科学时报》：作为一所北京市属的以物流学科为特色的财经类高等院校，您认为北京物资学院的建设和发展应贯彻怎样的理念？

王旭东：如果用一句话表述我们的发展目标，就是要把北京物资学院建设成一所高水平特色型大学。这在我校教职工中已形成共识，关键是对高水平、特色型的内涵要进一步清晰，才好具体落实一些工作。

“高水平”就是要提高质量，体现在提高学科建设水平、提高人才培养质量、提高社会服务能力上；“特色型”就是要强化特色，体现在独具特色的学科体系、独具特色的人才培养模式、独具行业特色的社会服务领域上。没有“高水平”就没有生存发展空间，没有“特色型”就很难达到“高水平”，我们的“高水平”是在“特色型”发展路径上的“高水平”。“高水平”和“特色型”是相互依存、相互支撑、相互促进、缺一不可的关系。

目前，学院建有北京市重点实验室“物流系统与技术实验室”、北京市高等学校实验教学示范中心“物流系统与技术实验教学中心”、北京市人文社科研究基地“北京市现代物流研究基地”、北京市高校工程研究中心，建有以物流管理为代表的北京市品牌建设专业、以管理科学与工程为代表的北京市重点建设学科和以“物流学概论”为代表的一批精品课程和重点建设课程。主办的《中国流通经济》杂志是中国市场学会会刊、中国经济类核心期刊、中国人文社会科学核心期刊。学院2008年建成了国内首家专业物流博物馆。我们不一定强调综合性、基础研究，但在这个领域中我们就要做到全国领先。

《科学时报》：您认为地方大学主要的使命和责任是什么？

王旭东：我觉得作为地方院校，很大一部分工作是为社会服务。社会服务同培养人才、科学研究一起构成现代大学三大职能，不同层次、不同类型的高校承担三项职能的侧重点和具体内涵都会有所不同，地方院校应把积极拓展社会服务职能作为发展的首要选择，努力拓宽社会服务的范围和内容，并完善相应的体制机制。

研究当然要做，不做研究，科研能力提高不了，社会服务的能力也弱。但是地方院校的研究主要还应着眼于为地方经济服务、为社会服务，不可能有很多的基础性、战略性研究，人才培养也主要是面向就业的职业领域。

所以地方院校必须与社会经济联系密切，还要利用自身的资源直接为社会服务。比如我们学校在物流和流通方面，对政府和企业决策咨询发挥了很大的作用。学校每年举办的“中国（北京）流通现代化论坛”已成为我国流通理论研究的高水平品牌论坛，成为为政府制定流通和物流产业政策、进行决策提供重要咨询的论坛。学校与中国物流采购与联合会合作进行物流师与采购师的培训；为神华物流等知名企业培训员工，并合作建设物流网和物流信息化平台；利用北京现代物流研究基地的优势，围绕“北京地区流通业研究”“北京地区物流系统建设研究”“北京现代物流研究”等方面开展科学研究。学校还多次承担北京市政府规划项目，为北京市物流政策与决策提供咨询，完成“十一五”时期北京物流业科学需求调研报告。

我认为，地方院校为社会服务有很大的拓展空间。只是目前的体制还不能真正适应高校为社会服务的需要。我们在“十二五”规划里把物资学院为地方经济服务作为一块重要工作去规划。

学生就业工作是一项系统工程

《科学时报》：这是否表示在人才培养方面，北京物资学院更注重应用型人才培养？

王旭东：办学特点决定我们就是要注重应用学科的研究和应用型人才的培养。我们目前有 7000 多人的办学规模，短时间内也不可能大规模扩展，我们的重心在本科和硕士人才培养上，以后会越来越多地发展专业学位教育，主要还是培养应用型人才，注重所培养人才的应用性、实践性，与社会经济结合的密切性。

学校将紧紧依托物流和流通行业，围绕“高素质、强能力、应用型”的人才培养目标，培养富于创新精神和实践能力强的高素质应用型人才。

在人才培养规格上，明确高素质应用型人才是指具有创新意识、基本技能、实用能力、完善人格和较强适应性的高级专门人才。在人才培养方案的制订中，设置了通识教育课程平台、学科教育课程平台、专业教育课程平台、专业拓展课程平台、实践教学平台一体的课程体系，为学生搭建了完整的理论知识和实践能力的学习框架。学校提出了第一课堂 + 实践环节 + 第二课堂的学分要求，重视实践教学环节，注重培养学生的动手能力和创新精神。学校加强实验室和校外学生实践教学基地建设，探索产学研联合培养人才机制，探索开展与国外大学“3 + 1”学分互认和学生联合培养的模式，开办校企合作实验班、培训班，加强实践型、创新型人才培养。

《科学时报》：我们了解到，目前北京物资学院毕业生就业情况很好。能不能请您介绍一下具体情况和取得这种佳绩的原因？您对毕业生就业工作有何建议？

王旭东：自 2006 年至 2010 年我校就业率呈稳步上升态势，从 2006 年的 91.40% 逐年上升至 2010 年的 98.23%，总体是不错的。学校促进就业的方法主要有三方面。

第一，搭建特色型人才培养体系，提升就业竞争硬实力。学校构建了以“课程内容国际化 + 强化语言能力 + 加强国际专业交流”为核心的“三位一体”物流国际化视野培养体系，建立和实施了“校内实验 + 企业实践 + 专业认证培训”的综合型实践教学平台和校企联动培养机制，提升了学生的创新能力和就业竞争力。

第二，就业指导“起点前移”，搭

建“课堂＋活动＋个性化辅导”的“全程化就业指导体系”。在学生入学教育中增加专业就业前景分析和学业规划、职业规划等内容，与贯穿第二、三、六学期的《大学生职业生涯规划与就业指导》，以及第七学期的“就业推进月”毕业生专题系列讲座一起，形成了贯穿学生在校四年的“全程化就业指导体系”。

第三，挖掘资源群策群力，拓宽就业工作渠道。在《中国物流企业名录》《高校毕业生生涯信息专科刊》《中国高校毕业生生涯信息》等杂志刊登广告，扩大毕业生宣传；制作《北京物资学院毕业生推介手册》，寄发所有流通类企业，扩大影响。充分利用已毕业学生开展就业指导和生涯规划活动，在毕业生与用人单位之间搭建桥梁。

我认为，高等教育的核心任务是提高质量，而衡量教育质量的根本标准是促进人的全面发展和适应社会需求。学生的就业状况反映社会对人才的评价和需求，也体现了高等学校人才培养的质量。毕业生就业工作是一项系统工程，尽管就业工作是学校人才培养工作的最后一个环节，但与在此之前的确定目标、招生、培养的每个环节都相互影响、相互作用，要防止工作中各环节的脱节。要把人才培养质量和社会需求有机结合，需求引导培养，培养改善需求。

高校要有更大办学自主权

《科学时报》：20世纪许多中国大学校长到任后，第一件事就是聘请国内外知名学者。您是否打算进一步扩展学校的师资？您对新聘请教师的条件、程序等有怎样的考虑？

王旭东：高素质教师队伍是大学的核心竞争力，是提高高等教育质量的关键。我们建设高水平特色型大学，必须进一步提升师资队伍建设的内涵，重在培养拔尖人才和领军人才。我们要努力改善教师队伍结构，高度重视优秀年轻教师的引进和培养，扶持和激励优秀人才尽快成长，建设勇于创新的教学科研团队，全面带动教师队伍整体水平的提高。

我比较着急的一项工作就是教师队伍建设。目前制约学校发展的一个重要方面，就是领军人物、高水平师资队伍的不足。虽然我们在物流和流通领域中起步比较早，从事物流研究的教师队伍是最大的，但领军人物、学科带头人的人数还满足不了学校建设高水平特色型大学发展的要求。学校下决心在高水平人才引进方面采取一点措施，但比较难。比如，我们的学生规模是限定的，这就意味着教师的总体规模也相对固定，高水平师资引进方面因此受到很多限制。现在北京市博士授权点已经封口了，我们很难再获得博士点，如何让引进人才发挥作用还要不断探索。

但是制约归制约，我们还是不能不作为，还是要采取设置一定的特聘岗等措施，将高水平领军人物引进来。

《科学时报》：2010年颁布的《国家中长期教育改革和发展规划纲要（2010—2020年）》，提出要落实高校办学自主权，推进政校分开、管办分离，您对此如何解读？怎样才能真正实现大学学术权与行政权的分离？

王旭东：《规划纲要》对中国高等教育的影响是很深远的，有很多改革创新。比如说它鼓励高校在自己的类型和层次里办出特色、争创一流，加强了对高校的分类指导、分类管理。这对我们这个层次的学校来说，是国家层面的一种支持。

改革是《规划纲要》的重要主题，也是我们编制学校“十二五”发展规划的重要主题。我校改革的重点包括：创新人才培养模式、大学治理结构（二级管理、民主化等）、领军人物的培养与引进机制、产学研结合（校企合作）的突破、信息化和国际化的推进等。

关于行政权与学术权的分离，我认为主要的不是在学校内部，而是在中国教育的宏观管理体制上，即怎么扩大高校的自主权。从学校内部来说，要处理好这个问题是不难做到的；主要制约因素是高校办学自主权及与上级行政机关的关系。

高等学校从本质上来说是一个学术型机构，但在中国还是作为一个政府职能部门的下属单位来管理。我国高校不具备自主发展的能力，特别是对我们这种规模不大的学校，经费绝大部分由财政拨款，学科设置、领导任命都不由自主。应该通过去行政化实现管办分离，国家进行宏观管理，具体办学放在高校。这一点《高等教育法》已经明确，相信以后会落到实处。

高等学校获得办学自主权，就能提高自主发展的动力，增强自己争取社会资源的能力，建立自我约束的机制。中国高校的自主发展还有很长的路要走。

大学校长要职业化

《科学时报》：2010 年夏天，“根叔现象”火了，华中科大校长李培根在学生毕业典礼上把近年来的网络热词贯穿整个致辞，让学生雀跃不已。您对这种现象怎么看？校长与学生应该是怎样一种关系？

王旭东：校长各人有各人的风格，要得到学生的拥戴，关键要把学校办好，特别是要在涉及学生长远发展的问题上落实一些措施。只要能把学校带上一种积极发展的道路，提高教育教学质量和学校的社会声望，使毕业生自身价值提升，即使校长不直面学生，不与学生对话，与学生的关系也已形成了。

华中科大在学生人文素质、学校整体社会声誉提升方面做得很好，校长是很受学生拥戴的。李校长即使不使用这样的网络用语致辞，也一样是受学生拥戴的。

我现在比较年轻，是特别希望与学生直接接触、直接交流的。当然我们现在做得还不够，以后可能更多地安排一些与学生座谈等活动，直接倾听学生的意见，在与学生接触的时候形成一种良好的关系。

《科学时报》：20 世纪初至 40 年代，中国出现了蔡元培、张伯苓、竺可桢等杰出的大学校长。您认为现在国内的大学校长能超越他们的成就吗？一名大学校长应该具备什么条件或素质？是否必须牺牲个人的学术研究？

王旭东：在中国目前的情况下，真正意义上的大学校长更应是偏向学者型的。他必须了解高校教学、科研发展的具体情况，又具有比较超前的教育理念。历史上杰出的大学校长在很多意义上都是来自教育界，他们有比较坚定的教育理念，而且有力地付诸实践。

我觉得中国的校长，要在学校发展、学校职能行使方面，找准自己的发展模式。我国现在对大学校长的要求是政治家和教育家标准。我觉得政治家、教育家都是必要条件，校长必须把握好育人的指导思想和教育、科研的规律，同时要以一个政治家的标准要求自己。

大学校长也不能是一个只精于某一领域的研究者，而必须有行政管理能力。这就有一个比较矛盾的情况，即要不要牺牲原来的专业。我认为，大学校长在很大程度上要专业化、职业化，当专家的亲身经历有助于当校长，但当校长期间还应把主要精力放在考虑学校发展大计、处理学校与社会的关系上。

校长几乎是无限责任，要想当好肯定要牺牲自己的专业。校长的价值和社会贡献，主要在学校管理而不是在学科领域里。我是学高等教育的，当财经类院校校长有优势也有不足，既要通过咨询本学科专家修正思路，更要发挥专业优势，把握好学校的教育理念和教育教学规律。

来源：《科学时报》2011年2月1日B1大学周刊，http：//news. sciencenet. cn/dz/dznews_ photo. aspx？id＝10763

把握转变流通发展方式的着力点

——“第五届中国北京流通现代化论坛”述要

陈建中　林英泽

中国物流与采购联合会、中国市场学会、北京物资学院、中国流通经济杂志社主办的“第五届流通现代化论坛”近日在京举行，与会者围绕加快现代流通体系建设、转变流通发展方式等问题进行了研讨。

与会者提出了加快转变流通发展方式的几个着力点。一是转变发展理念，从做大—求规模、重形式向做强—求效益、重能力转变，从偏重硬件设施建设、市场容量扩张向兼顾服务提升、质量改进、集约发展转变；二是转变发展策略，从追求单方利益最大化向追求生产、研发、流通、服务多方共赢转变，从重视销售额、毛利率向重视赢利额、纯利率转变；三是转变发展手段，从粗放增长向集约增长转变，从主要依靠物质资本向注重依靠人力资本转变；四是转变流通模式和技术，从传统落后的流通经营模式向现代先进的流通经营模式转变，从零散采购、分散配送、非连锁化经营向集中采购、统一配送、连锁化经营转变，从偏重引进国外流通技术向加强自主创新转变；五是转变商品市场类型和定位，从注重有形市场、显性市场、传统市场、低附加值市场向注重无形市场、潜在市场、新兴市场、高附加值市场转变；六是转变流通产业结构布局，从流通网络疏密无序、地区发展不平衡向流通网络体系完善、结构布局合理转变。

与会者认为，“十二五”时期，应加快建立多条渠道、多种业态、内外贯通、城乡一体的现代流通体系。站在参与全球经济合作与竞争的高度，统筹考虑外贸和内贸、商流和物流，以及信息流、资金流，大力推进流通业态和模式创新，支持流通业与工业、金融业融合发展，鼓励流通业集聚发展。加快建设城乡对接的现代农产品流通体系，以城市为中心的现代消费品流通体系，包括钢材、矿石、粮食等在内的大宗商品（生产资料）市场流通体系，内外贸一体化的国际化流通体系。同时，建立相应的财政、税收、土地保障体系和应急保障体系等。

来源：《人民日报》，2011 年 10 月 27 日 7 版

“顺丰杯”第三届全国大学生物流设计大赛决赛在京拉开帷幕

本报讯　经过两天的激烈角逐，4 月 28 日，由教育部高等学校物流类专业教学指导委员会和中国物流与采购联合会联合主办的“顺丰杯”第三届全国大学生物流设计大赛决赛在北京物资学院落下帷幕，大赛评出了 12 个一等奖、21 个二等奖、27 个三等奖。

“顺丰杯”第三届全国大学生物流设计大赛经教育部批准，被列入教育部和财政部高等学校教学质量与教学改革工程，并给予了大赛资金方面的资助。本届大赛的案例由顺丰速运（集团）有限公司提供，并由该集团冠名，顺丰速运（集团）有限公司为大赛提供了本企业的真实案例和数据，企业的积极参与为参赛者提供了广阔的设计空间。

本届大赛自 2010 年启动以来，受到了社会各界的关注与支持，得到全国开设物流专业高校的高度重视和积极响应，纷纷举办校内选拔赛，推荐最精锐的队伍来参加全国大赛。全国 300 多所学校开展了校园赛，4000 多名教师指导 3.8 万名学生参加了校园赛；共有 348 支参赛队通过审核取得了进入全国设计大赛的资格，创下历史新高。经过激烈的初赛有 170 支参赛队进入复赛，通过

层层选拔，最终有 60 支参赛队进入决赛。

4 月 26 日，60 支充满青春活力的团队聚集在北京物资学院，进行更加激烈、精彩的角逐。大赛组委会邀请来自全国各地的物流专家、物流院校知名教授和企业老总等组成了专家评审组。决赛采用现场陈述演示作品、专家提问、队员现场答辩的方式进行。

本届大赛对推动高校物流教学改革，增进校企合作，促进大学生就业具有重要意义。通过大学生在企业的实践活动，将理论学习与企业实际需求紧密结合，有效培养和提高大学生的研究、解决问题的动手能力。激励大学生勤奋学习，激发创造力，勇于实践，提高全面素质。

来源：http：//www.modedu.com/msg/info.php? InfoID =39755

北京物资学院举办第五届期货论坛

为了总结和探讨我国期货市场发展的经验和教训，提高行业整体研究水平，促进期货市场健康发展，由北京物资学院经济学院、“商品与金融期货研究科技创新平台”举办的“第五届期货论坛”于 2011 年 10 月 22 日在北京物资学院隆重召开，会期 1 天。

本届论坛主要对证券期货热点问题及证券期货专业建设问题进行了深入的交流和探讨。在证券期货热点问题方面，主要包括：①期货市场业务创新与国际化问题研究；②境内外期货市场运行机制比较研究；③期货公司服务实体经济模式研究；④大宗商品交易市场现状、问题及规范化研究；⑤套期保值相关问题研究；⑥期货市场价格发现功能研究。证券期货专业建设方面，主要是对专业建设、人才培养模式、校企合作等问题进行交流。

北京物资学院校长王旭东教授致开幕词。上海期货交易所副理事长武小强、中国证监会期货监管一部信息统计处调研员李树憬、银河期货有限公司总经理姚广、国务院发展研究中心市场经济研究所期货证券研究室主任、研究员廖英敏、中国建设银行国际部（前纽约分行行长）辛乔利、中国社会科学院世界经济与政治所副研究员万军、中国建银投资公司张志前博士、华证期货经纪有限公司执行副总经理刘新洲、国务院发展研究中心宏观经济研究部研究员张立群、北京工商大学证券期货研究所所长胡俞越教授、北京物资学院谈志琦、上海化工品交易市场副总经理周旭、一德期货有限公司德州营业部总经理谢敏等专家学者分别在论坛上作主题演讲。相关部门负责人、业界精英、高等院校教师、科研机构研究人员等共 300 余人出席本届论坛。

北京物资学院经济学院证券期货专业教师谈志琦在题为“现货连续交易的衍生品性质”的论坛主题发言中，将国内大宗商品市场近两年推出的全球首创交易模式“现货连续交易”的交易标的物定性为“在现货合同中嵌入了履约选择权的衍生工具”，这个全新的提法得到了与会专家学者的赞同。

为了更好地促进校企合作办学，更好地进行产学研相结合。本届论坛将举行客座教授聘任仪式及北京物资学院一德期货奖学金启动仪式。标志着北京物资学院经济学院在人才培养模式创新上又跨上了一个新的台阶。

本届论坛引起了广大媒体的热切关注。光明日报、科学时报、科技日报、北京周报、京华时报等新闻媒体的记者云集北京物资学院，报道本届论坛的各项活动。

期货论坛自 2007 年创办以来，迄今已成功举办四届。本届期货论坛是在我国和北京物资学院“十二五”开局之年召开，将在继承和发扬以往论坛成果的基础上，集思广益、改革创新。作为期货化论坛的发起者和历届主办单位，经济学院将充分发挥自身的特色和优势，在为政府部门、学界、业界搭建这一高水平交流平台的同时，实现自身的内涵发展、特色发展、创新发展，全面提升办学质量和水平。

来源：《证券日报》2011 年 10 月 25 日， http：//finance. sina. com. cn/stock/t/20111025/041510681659. shtml

北京物资学院举办首届中国商贸流通企业发展论坛

于冠华

本报讯　11 月 20 日，首届中国商贸流通企业发展论坛暨钢贸企业成长与未来高峰会在北京物资学院的国际交流中心举行。论坛旨在聚集商贸流通行业的精英，研究商贸流通领域的热点难点，交流商贸流通领域的信息，破解商贸流通的发展难题，共商商贸流通业的改革发展大计，同绘商贸流通企业发展的蓝图。

本届论坛是以钢贸企业的成长与未来为主题。专家学者围绕钢贸企业的成长与未来、钢贸企业的投融资及资金链风险控制、钢贸企业的电子商务平台建设、钢贸企业的区域化管理及跨区域经营等热点问题进行了深入研讨。论坛对我国钢贸企业深入了解发展现状及未来趋势，正确应对目前的经营环境，着力转变经济发展方式，提高经营质量和效益，制订有力的发展计划，将起到积极的推动作用。

本次论坛由北京物资学院商学院发起，该商学院相关负责人表示，将以论坛为契机，进一步凝练学术研究方向，拓展服务社会的渠道，创立高校与企业、科研院所、行业联合培养人才的新机制，促进商贸流通企业人才培养。

来源：《科技日报》2011 年 11 月 22 日，http：//digitalpaper. stdaily. com：81/

北京物资学院举办劳动科学论坛

本报讯　北京物资学院日前举办“劳动科学论坛”。论坛主题为“十二五劳动关系发展趋势与变革”，来自全国总工会、北京市人力资源与社会保障局、中国社会科学院、在京高校及部分人力资源机构的代表共同探讨劳动关系发展趋势，以及企业在新的复杂形势下，如何适应新型劳动关系调整企业人力资源管理模式，政府、企业、工会等如何共同构建多方劳动关系协调机制等多方面问题。(李玉兰)

来源：《光明日报》2011 年 12 月 15 日 13 版，http：//epaper. gmw. cn/gmrb/html/2011 – 12/15/nw. D110000gmrb _ 20111215_ 4 – 13. htm

北京物资学院专家深入库车县展开物流发展战略规划调研

近日，北京物资学院物流规划专家王成林博士等一行六人在北京高校赴新疆挂职团干部付莉同志的陪同下，在新疆阿克苏地区库车县展开了为期一周的库车县物流发展战略规划调研考察，校地战略合作已全面进入实施阶段。

库车县委书记高克平、县长玉素甫江·买买提主持召开库车县西区商贸物流园区规划评审会，北京物资学院物流规划专家与新疆佳联城建规划设计研究院专家、库车县规划局、建设局、经贸委等部门领导齐聚一堂，共同为库车县商贸物流园区的规划出谋划策。

在此次调研考察期间，北京物资学院专家与库车县发改委、经贸委等多个政府部门座谈开展专项调研。在经贸委会议室，库车县发改委、农业局、商业局等部门领导与物流规划专家们进行了座谈，针对库车发展的总体规划、各产业规划及商业规划的思路等内容进行了深入研讨，并详细就库车县农产品流通现状、六大重点产业的形成与发展状况进行了了解。当日下午，在库车县建设局、规划局会议室，物院专家同库车县规划局、交通局、经贸委市场中心、工业园区管委会等部门领导进行了座谈。会上，专家就库车县交通规划的主体思路和重点项目、交通流量流向特征、五个市场部运营及物流园区基本现状进行了细致调研。

物流规划专家们对库车县重点企业展开了实地调研，走访了各行业领域企业单位数十家。专家们先后走访了库车县特色果品批发市场、库车新城化工有限公司、中石化塔河分公司、中粮屯河阿克苏果业有限公司、金石沥青股份有限公司、鹏远复合材料有限公司、嘉业物流信息部、新疆农资（集团）有限公司库车配送中心等单位，对批发市场规模、运营、产品种类及辐射范围做了详细咨询，并听取了企业对公共物流设施、相关政策的意见与建议，以期对库车县物流发展具体的规划起参考、指导作用。

北京物资学院承担的新疆库车地区国际商贸物流枢纽战略规划将于今年 7 月底结项，校地战略合作将按计划按步骤逐步推进，北京共青团干部赴新疆挂职工作已初步架构起北京高校发挥资源优势支援西部建设的产学研新模式，相信北京物资学院与库车县战略合作的空间会更加广阔。

来源：http：//zhuanti. gqt. org. cn/2011/tgjcgz/gddt/201106/t20110603_ 487643. htm

外籍学生寻根汉语夏令营

通讯员　鲁珺瑛

日前，来自美国、德国、加拿大等国的50多名中学生在北京物资学院度过了愉快而又充满趣味的暑假。

这50多名中学生绝大多数为华裔后代，大多是首次来到中国，还不会说汉语，他们以参与暑期“时代国际汉语寻根夏令营”的方式，在北京物资学院学习生活了50多天。其间，北京物资学院教师在开展汉语教学的同时，还结合中国传统文化经典内容，如《三字经》《弟子规》《唐诗三百首》等进行了风趣的讲解。夏令营还为学生们安排了书法、中国画、太极、剪纸、中国结等传统文化课程，使学生们充分领略到中国传统文化的魅力。课后，学生们还参观了北京的名胜古迹并品尝了地道的北京美食，丰富多彩的夏令营活动给孩子们留下了美好的回忆。

来源：《科学时报》2011年9月13日B4大学周刊，http：//news. sciencenet. cn/sbhtmlnews/2011/9/248776. shtm？id = 248776

北京物资学院普法活动走出校园

通讯员　鲁珺瑛

本报讯　11月2日，为期一月的法律文化节在北京物资学院拉开序幕，这同时也是该校“青春船长　法治起航”六五普法活动的启动仪式。为进一步增强校外普法活动的针对性和实效，启动活动还邀请了北京市司法局、市教委、团市委、通州区司法局、团区委领导和律师代表参与。

目前，学校劳动科学与法律学院40名师生已组成北京市“青春船长　法治起航”的志愿者服务队，成为该校走出校门开展六五普法宣传活动的首批学生。在法律文化节期间，该校还将有近千名来自劳动科学与法律学院的师生成为校内普法宣传的组织者和宣讲者。据悉，文化节已设置“庭审现场”模拟法庭、法律文化游园会、“再现福尔摩斯”侦探推理大赛、“法制进行时”悦读节演讲比赛等主题活动。

来源：http：//roll. sohu. com/20111110/n325097259. shtml

北京物资学院千名师生齐唱红歌献给党

通讯员 鲁珺瑛

本报讯 以歌抒情，以歌寄意，日前，北京物资学院庆祝中国共产党建党90周年红歌赛在学校大礼堂举行，近1000名师生齐唱经典红歌，抒发爱党、爱国情怀。

以播放学校各单位师生庆祝中国共产党成立90周年活动的视频为序幕，14支师生代表队先后上台演唱了《没有共产党就没有新中国》《走进新时代》等28首经典红色歌曲。一首首红歌唱出了一段段历史，更象征着一面鲜明的旗帜，爱党、爱国气氛感染了现场的每一个人。无论是白发苍苍的老教授，还是刚入校不久的青年教师，都以饱满的热情参与了排练、演唱全过程。他们不仅仅是以这种方式庆祝党的90岁生日，更是在参与的过程中缅怀党的光辉历程，激励自己永远向前。

来源：《现代教育报》2011 年 7 月 1 日，http：//www. modedu. com/msg/info. php？InfoID =41309

大学生戏剧节昨在中戏开幕

本报讯 昨晚，第三届北京大学生戏剧节开幕式在中央戏剧学院实验剧场举行。本届戏剧节邀请韩国、罗马尼亚高校剧目展示演出，通过国际交流拓宽大学生视野。

本次戏剧节共收到31所高校的参赛剧目65部，参赛作品内容丰富、题材多样、贴近学生生活。北京工业大学《我们的纪念日》、北京物资学院《七里香》等剧目，以当代大学生视角审视社会、思考生活，透射出大学生高度的社会责任感和良好的审美情趣。

来源：《北京青年报》2011年10月17日，http：//bjyouth.ynet.com/3.1/1110/17/6355098.html

北京物资学院启动首届“民族文化周”

记者 谢凡 通讯员 鲁珺瑛

本报讯 近日，北京物资学院首届“民族文化周”启动仪式在校内举行，这一举措将为校内汉族和27个少数民族的师生架起一座交流的“文化桥”。

据介绍，物资学院已决定于每年的10月底开展“民族文化周”活动，这是该校在校园文化建设上做出的新尝试。该校目前有各民族师生6737人，涵盖了汉族和27个少数民族，其中在校少数民族师生达616人。如何发扬各民族学生团结协作、和谐共处、开拓进取、改革创新的精神，培养中华优秀传统文化的忠实传承者和弘扬者，以及中国先进文化的积极倡导者和发展者，是该校在教育教学和校园文化建设中一直探索的课题。该校主管学生工作的党委副书记沈小静表示：“我们致力于将‘民族文化周’打造成一个弘扬民族文化、促进校园文化大发展大繁荣的品牌活动。”

首届“民族文化周”于10月31日—11月6日举行，活动主题为“彰显民族风采，繁荣校园文化”。活动期间，校方通过开通“民族文化周”专题网站、各民族师生座谈交流、民族特色作品征集和展示等活动，引导广大师生树立社会主义民族观，共同推动社会主义文化大发展大繁荣，促进校园和谐与民族团结。据介绍，为便于各民族师生间长期、快捷交流，学校还特意开通了“北京物资学院各民族学生飞信群”。

在首届“民族文化周”启动仪式上，学校同时邀请各民族师生代表参加了座谈交流，听取了他们对开展民族活动的建议。各民族师生提出了设计民族文化节吉祥物、举办民族文艺晚会、放映地方民族题材的电影作品、建立少数民族文化社团等建议。汉族、满族、柯尔克孜族、达斡尔族、羌族、仡佬族、白族、锡伯族、回族、朝鲜族、维吾尔族、藏族等民族师生还介绍了传统的风俗习惯、庆典节日，表达了各民族团结、友好相处、和谐繁荣的共同心声。

来源：现教传媒网 2011 年 11 月 3 日，http：//www. modedu. com/msg/info. php? InfoID =43663

北京物资学院大学生合唱团“金钟奖”舞台展才华

鲁珺瑛

在日前落幕的第八届中国音乐“金钟奖”合唱比赛上，北京物资学院大学生合唱团获得展演优秀奖。这支刚刚成立三年的合唱团，由非艺术专业的普通大学生组成，经过北京市和全国范围的两轮初赛选拔，从百余支合唱队伍中脱颖而出入围决赛。决赛现场，北京物资学院大学生合唱团以奋发向上的精神风貌、多样化的表现手法和清雅不俗的唱功获得赛会好评。

中国音乐“金钟奖”是与戏剧“梅花奖”、电视“金鹰奖”、电影“金鸡奖”并列的国家级艺术大奖。其合唱比赛自 2007 年设立至今，已举办了两届，是实现中国文化繁荣、带动文化事业发展的重要赛事。今年，共有来自全国各地的 39 支合唱队参加本届合唱比赛。

来源：《科学时报》2011 年 7 月 5 日 B2 校园

物资学院普及第九套广播体操

午报讯　近日，北京物资学院工会的工会主席、委员及领操员进行了第九套广播体操的培训活动，并邀请体育部老师进行现场指导。

第九套广播体操的培训活动，是北京物资学院工会开展全民健身系列活动的一个重要组成部分。各分工会将在学校培训活动结束后，开展本分工会会员的第九套广播体操的推广与培训工作，为学校举办教职工第九套广播体操比赛活动做准备。

来源：http：//www. ldwb. com. cn/template/23/file. jsp? aid = 107835&keyword = 北京物资学院

北京青年艺术团基层青年慰问演出音乐会近日举行

记者　田丽娜

本网讯　12 月 11 日晚，伴随着气势恢宏、激昂豪迈的旋律，“乐动符年”通州区共青团、北京物资学院 2012 新年音乐会暨北京青年艺术团基层青年慰问演出在北京物资学院拉开帷幕，团市委副书记杨海滨、北京物资学院党委副书记沈小静、北京物资学院副校长王文生、通州团区委相关负责同志、北京市青年宫负责同志，以及近 300 名青年朋友出席活动。

音乐会现场气氛热烈，观众深为演员们精湛的音乐技艺和出色的表演折服，沉醉徜徉在优美的音乐之中。音乐会最后，管乐团和合唱团 140 余名同学共同登场，奏唱《走向复兴》，将整场音乐会推向高潮。

北京物资学院大学生艺术团是北京青年艺术团的成员单位，并在刚刚落幕的“青春北京·2011 北京青年艺术节”上夺得首届“青春艺术奖”器乐类铜奖。

来源：http：//qndj. qianlong. com/2011/1213/26275. html

北京物资学院在大一新生中建立晚自习制度

穆雨润　郝崴

“为使新生入学后有个良好的开端，学校为新生创造了一个良好的学习环境，以晚自习的形式帮助大一新生端正学习态度，充实对大学生活的认知，从而有效地避免他们在刚入学时出现迷茫。”北京物资学院学生处处长季静日前说。2010 年北京物资学院首次在大一新生中建立晚自习制度，并分配给 2010 级各班一间固定教室以支持晚自习顺利开展。

季静表示，大一学生的晚自习不同于以往的晚自习模式。晚自习不只是看书、做题，大家可以采取多种灵活的方式，开展各种各样的活动，调动学生的积极性，让学生在欢快的气氛中有所收获，有所提高。同时，通过班主任和学生干部的管理，加强班级建设，促进学生之间的凝聚力。

据了解，目前，该校各个学院突出特色，晚自习形式丰富多样。经济学院目前正在开展晚自习读书报告会活动，旨在通过读书活动让同学们尽早了解和认知自己的专业，培养学生良好的专业素养和人文情怀，为专业知识的学习打下良好的基础。

法政系也鼓励同学们积极参与晚自习活动，结合最近正在进行的“法律文化月”宣传活动，该系开展了法律知识竞赛和侦探推理大赛，旨在让学生们把理论与实践相结合，并加强对课本内容的理解。

商学院的学生晚自习内容也比较丰富，有的是全班安排一个固定时间共同学习英语，有的是班级结合专业知识请相关教授作讲座等。

一名学生家长在学校网站的留言板中写道：“我们一直很担心孩子远离了家长的视线会放松对自己的要求，形成懒惰的心理。学校开展晚自习活动有利于加强对孩子的日常管理，也有利于他们在大学打好基础，同时减少了家长的担心与忧虑，我很支持。”

一位学生表示：“通过晚自习，我们同学之间的感情得到了极大增进，各种活动也充实了我们的大学生活，消除了刚上大学时的不适应。”

来源：《科学时报》2011 年 1 月 4 日 B2 校园，http：//news. sciencenet. cn//sbhtmlnews/2011/1/240353. html? id = 240353

物资学院师生共同托起生命新希望

殷传胜　李亮

本报讯　“这么多人关心我，我现在不害怕了”，3 月 22 日，物资学院老师将近 20 万元的全校师生的医疗捐款送到车祸学生赵丽手中时她哽咽着说道。

据了解，今年正月初八，北京物资学院学生赵丽去公司实习，路上被一辆违规大货车拖拽，不幸轧断双腿，虽经及时抢救脱离生命危险，但却双腿截肢。30 多万元的医疗费，对一个原本只能靠父母种果园来维持两个孩子学业的贫困家庭来说，无疑是雪上加霜。令人钦佩的是赵丽在平时勤奋好学，自立自强，即使面对身体残疾的残酷事实时仍然坚强乐观，积极与命运抗争。

一方有难，八方支援。当得知具体情况后，北京物资学院组织全校师生为赵丽同学捐款，帮助其更好地接受治疗，鼓励她重新面对人生。

募捐当日，物资学院就收到全校老师、同学、企业、校友、工友、家属，以及周边邻居们的捐款共计 191805 元。同学们还为赵丽同学举办义卖、变卖废旧物品等活动。众人拾柴火焰高，物院师生及社会的一颗颗爱心点燃了受伤学生对生命的新希望。

来源：《竞报》2011 年 3 月 31 日，http：//epaper. thefirst. cn/shtml/jb/20110331/49701. shtml

46 名毕业生成为北京物资学院首批“绿鸽”

鲁珺瑛

本报讯 在日前举行的北京物资学院 2011 届本科生毕业典礼上，46 名应届毕业生成为首批“绿鸽”校友联络员，他们接受了学校颁发的任职证书，即日起正式“上岗”。这是该校首次设立“绿鸽”校友联络员，其目的就是通过联络员与整个毕业班级校友建立稳定而长期的沟通联系机制，建立起校友的信息资料库。

这 46 名“绿鸽”校友联络员大多为班级同学所推荐、再经学校考评选拔而产生，一般都是在班级中具有较强威信和号召力的优秀学生干部。“绿鸽”校友联络员在毕业之后分布在全国各地，他们将负责保持与学校和本班同学的经常性联系，协助学校健全、更新校友信息。每年 10 月，“绿鸽”校友联络员将向学校校友总会反馈一次本班同学的变动信息。同时，他们还将号召和组织本班毕业同学参加校友总会和就业地校友分会的活动，收集本班同学对学校的意见和建议并及时反馈给学校。

来源：《科学时报》2011 年 8 月 2 日 B4 大学周刊，http：//roll. sohu. com/20110802/n315170941. shtml

北京物资学院学子晋级 2011 全国大学生创业大赛总决赛

鲁珺瑛

本报讯 2011 年全国大学生创业大赛北京市赛区总决赛于日前落下帷幕，北京物资学院学生代表队从 15 支高校参赛队伍中脱颖而出荣获一等奖，并将代表北京市高校参加全国总决赛。

创业大赛是以企业经营模拟软件为平台，把创业设计与企业实践紧密结合，从 2009 年首届全国大学生创业大赛开展至今，已成为当代大学生中影响力最广、规模最大的创业比赛。2011 年全国大学生创业大赛北京市赛区总决赛由教育部中国教育信息化理事会与北京市教委主办。

据悉，北京物资学院非常重视通过创业设计和模拟企业管理信息化经营的形式激发大学生自主创业的热情，提高大学生自主创业的综合能力。该校已组织开展了适合自身专业特色的企业经营决策模拟系列比赛，包括全国高等院校企业竞争模拟大赛（简称 BIZSIM）、全国大学生管理决策模拟大赛（简称商道）、全国大学生创业大赛等，以培养学生竞争意识与团队合作精神，促进学生管理理论与实践相结合，推动学生创新能力发展，提高学生综合素质。

来源：《现代教育报》2011 年 6 月 24 日，http：//www. modedu. com/msg/info. php？InfoID =41121

玩也能赚钱　85 后大学生“掘金”桌游吧

记者　永玥

中国经济网北京 10 月 11 日讯　近两年，一股“桌游风”正在京城蔓延，多数年轻人已经厌倦了吃饭、唱歌等传统的娱乐休闲方式。桌面游戏这个在国内新兴的休闲娱乐方式正在快速地占领着年轻人的“娱乐领地”，在麦当劳、避风塘里，随处可见正在进行着桌游的玩家。

9 日傍晚，记者随同友人来到了一家位于北京蒲黄榆地区的桌游吧，据友人介绍，这是由几个刚刚走进社会的“85 后”大学生合伙开办的。

一进店门，记者便受到了服务人员的热情接待。小店墙面上散落地挂着桌游的周边产品，让原本不大的店面透着温馨，当记者表明是要来采访这些自己创业的小伙子的时候，店主小郭痛快地表示“没有问题”。

店主小郭是一名毕业于北京物资学院的大学生，平时就喜爱玩各类游戏，桌上游戏、电子游戏无一不通。据小郭介绍，该店的“股东”共有四人，都是游戏爱好者，现在除了他一人之外，其他三人还各有工作，只是在周末和下班之后过来帮一帮忙。

小郭告诉记者，在上学期间，一款名为《三国杀》的游戏就在学校流行了起来，让他和三个朋友一下萌生了创业的想法。小郭还告诉记者，当初为了自己创业，他常常阅读财经类书籍和一些与创业项目相关的资料，着实下了一番苦功。

当记者问及桌游吧的经营情况时，小郭马上向记者倒起了“苦水”。小郭说，创业之初，桌游吧采取了按小时收费的方法。由于一般顾客来玩的时间比较长，即使店里提供了免费的饮料，顾客依旧感觉消费偏高，经营很不景气。在征求了数位常客的意见后，桌游吧转变了经营方式，由按小时收费变为了会员制，平时 20 元不限时娱乐，周末则收费 25 元，仍旧提供免费饮料。新的收费制度马上为桌游吧带来了人气。

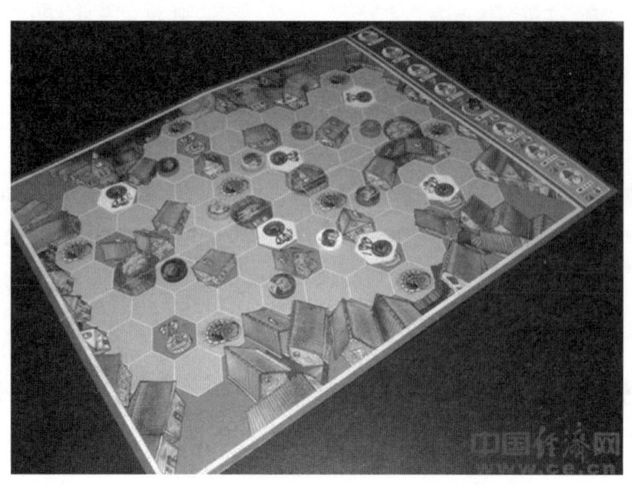

桌游吧为顾客提供的桌上游戏（中国经济网记者　永玥/摄）

当记者问道小郭的经营秘诀时，小郭表示他的经营理念就只有四个字“虽小却精”。小郭告诉记者，桌游吧刚刚开业时，顾客鱼龙混杂，素质也是参差不齐。有些顾客在小店里喧哗，吸烟。为此小郭特意把店内做了隔音，还实行了禁止吸烟的规定。经过几次调整，桌游吧的客源变得主要以小资白领为主，相较之前更加稳定了。接着，小郭拽着记者来到了一面墙边，墙上挂着一幅北京市的地图和许多用摁钉固定的彩色纸条，小郭自豪地告诉记者，这些都是顾客们留下的话，有祝福的，也有鼓励的。

小郭认为，软件和硬件同样重要，开桌游吧要具有吸引顾客的好玩游戏，同时也要提高服务质量，让顾客享受到应得的服务。

小郭介绍说，桌游吧相较于普通的茶楼，还是具有一定优势的。普通茶楼很难提供和桌游吧相同的游戏指导，也不能提供最新、最好玩的游戏，更不能为你提供一些好的“玩伴”，而桌游吧恰恰能够为你提供这些。小郭还介绍说，现在不少来桌游吧的顾客都抱着一个交友的目的，他自己也成功地做过一次“红娘”。

晚上11点，小郭终于送走了最后一拨客人，结束了一天的经营任务，开始收拾店铺。记者不禁问到，是什么支持他选择辛苦创业？小郭擦了擦头上的汗告诉记者，只是为了坚持自己的爱好，完成自己的梦想。虽然辛苦，他依旧坚信自己的桌游吧今后能够大有作为。

来源：http：//district. ce. cn/zg/201110/11/t20111011_ 22750861. shtml

2011 年大事记

1 月

4 日 学校团委与通州区团委成功举办“两节送温暖”青少年新春音乐会，北京青少年发展基金会秘书长、希望工程北京捐助中心主任陈淑惠，团市委青农部部长武玉华，区委副书记李玉君，区委常委、组织部部长郭旭升，学校纪委书记赵凤琴出席活动。

7 日 北京物资学院校友会通过民政局社团办正式注册成为合法社会团体，取得社会团体合法登记执照。

10 日 学校召开主题为“夯实科学发展长效机制，推进依法治校全面建设”工作会议，校领导班子出席会议并讲话。

11 日 法国 BUY. O 集团总裁马克先生一行来校交流访问。

12 日 市委检查组来校检查考核学校干部教育培训工作，学校党委书记刘木春、副书记沈小静、纪委书记赵凤琴出席考核汇报会。

12 日 北京市教委付志峰副主任来校视察工作并就专业建设、师资培养、本科教学质量工程二期等问题与校领导和教师交流座谈，校长王旭东参加座谈会。

12 日 北京市哲社办、北京市教委及专家组进校，对北京现代物流研究基地二期建设进行考察、验收，北京市哲社办副主任李建平主持会议。物流学院副教授、基地首席专家孙前进汇报基地建设工作。中国人民大学、北京信息科技大学、北京工商大学等单位的专家对基地建设工作给予肯定。基地承担北京市“十二五”时期物流业发展规划及区县规划等重要项目，在首都政策咨询、服务地方经济建设等方面作出了重要贡献。校长王旭东、副校长翁心刚参加验收会议。

12 日 学校 2008 级硕士研究生学位论文答辩工作顺利结束，138 名具有答辩资格的研究生参加论文答辩，134 名研究生通过本次答辩。来自首都经济贸易大学和北京交通大学的十余位知名专家、教授在分组答辩中担任答辩委员会主席。

13 日 学校召开 2010 年度科研工作总结会，副校长翁心刚主持会议，全体校领导出席会议。2010 年我校科研项目新增立项 81 项，引进科研经费 1918. 35 万元，获国家专利授权 24 项，发表学术论文 1024 篇，出版著作

82 部。

14 日　团市委、市委教育工委联合召开“北京高校共青团干部到县级团委挂职工作动员培训会”，团市委书记王少峰，团市委副书记刘震，市委教育工委委员、干部处处长刘勇等领导出席会议并讲话。校党委组织部部长杨蓉、团委书记丁健，以及选派到新疆阿克苏地区挂职的外语系分团委书记付莉参加动员培训会。

17 日　北京教工委副书记王民忠参加学校辅导员沙龙暨新年团拜会，《北京教育（德育版）》主编包和春、校党委副书记沈小静参加此次活动。

20 日　“雪中飞”北京市第五届大学生滑雪比赛在北京平谷渔阳滑雪场拉开帷幕。在参赛的 28 支代表队中，学校代表队分获学院组男子团体第八名、女子团体第五名、男女团体第六名的较好成绩。

2 月

22 日　商学院院长、教授魏国辰代表学校“商务运作与服务管理”科研创新团队与平谷区商务委员会签订“京津商谷”项目研究合同。此项目是继校科研创新团队中标《平谷区“十二五”期间商业发展研究》项目后，密切联系地方、服务首都经济的又一成果。

25 日　学校召开 2011 年春季学期工作会议，学校党委书记刘木春主持会议，校长王旭东对本学期工作要点进行部署，学校主要领导、各院系部处负责人、挂职干部、分工会主席、机关干部、民主党派和无党派代表、离退休老同志代表等近 300 人参加会议。

25 日　全市高校共青团干部赴新疆挂职出征仪式在北京奥运大厦举行。团市委副书记杨立宪同志出席出征仪式，校团委副书记付莉赴新疆阿克苏地区挂职团干部正式上任。

26 日　经济学院与华证期货闵明董事长一行就人才培养、合作研究等事宜深入研讨和交流，并确定 2011 年具体合作事项。

3 月

4 日　由学校志愿者组成的“学雷锋”小组走进通州区兴顺小学，举行“雷锋活动周”启动仪式。

7 日　学校商学院与北京注册会计师协会签订长期战略伙伴关系合作意向书。此次合作对满足北京市社会发展对会计学相关专业人才的需要，充分发挥社会和高校资源优势，提高学生社会实践能力，促进学科建设具有重要意义。

9 日 中国商品学会副会长兼秘书长付绪哲和副秘书长吴晓玲来校考察。

10—12 日 第三届“尖峰时刻”全国商业模拟大赛比赛决赛在首都经济贸易大学举行。

商学院学生贾洪波、万月莎、陈纱织、相永兴组成的“沉睡火山”代表队参加本次决赛。

12 日 美国田纳西单簧管艺术团来校演出。

14 日 中国物流与采购联合会会长何黎明，副会长任豪祥、贺登才、蔡进一行四人来校交流访问。

20 日 “德云社走进北京物资学院相声专场”成功举办。

29 日 日本流通经济大学国际交流中心主任、教授松田英与经济学院副教授朱思琳来校交流访问，校长王旭东，副校长翁心刚、王文生参加会见。

29 日 学校党委副书记沈小静一行应邀赴新疆阿克苏地区考察调研，库车县县长玉素甫江·买买提参与会见，双方就合作事项签订战略合作意向书。

31 日 英国普利茅斯大学科学与工程学院克里夫·威廉姆斯（Clive Williams）博士及海外留学生部中国区域主管尼可拉·塞思（Nicola Seth）来学校访问。

4 月

8 日 学校党委书记刘木春、副校长王文生会见到访的英国格罗斯特大学校长保罗·哈特利博士一行。双方就两校间的交流合作进行深入会谈。

8 日 学校大学生志愿者在关工委退休老教师杨洪璋带领下前往河北省万全县开展扶贫支教活动。18 名志愿者分三组奔赴当地的 9 所学校开展活动，并为 67 名贫困生送去资助款 15400 元。

10 日 北京物资学院青年文化节开幕式暨北京交响乐团专场音乐会在学校大礼堂举行。

12 日 2011 届硕士研究生毕业典礼暨学位授予仪式在国际交流中心二楼报告厅举行。学校党委副书记沈小静宣读 2011 届获奖研究生名单，全体校领导向毕业生代表颁发毕业证及获奖证书，勉励他们再接再厉，在工作中做出更大成绩。

12 日 继续教育学院在大兴教学部举行航空客舱实训室落成剪彩仪式。

13 日 丹麦 VIA 大学学院经济技术学院院长 Konstantin Lassithiotakis、国际事务负责人 Laurids Greeen，以及 VIA 中国办公室主任孙立华来访。

14 日 中德物流日——绿色物流与供应链论坛在校物流博物馆举行，北京物资学院物流学院负责本次论坛的区域承办事宜。

14日 法国波尔多管理学院 Cesar 教授来校考察。双方就合作培养国际化的采购和供应链管理专业研究生与本科生互换交流、教师互换交流等事项进行探讨，为两校间的进一步合作奠定良好基础。

23—24日 北京物资学院河南校友会第二届年会暨换届大会于在黄河名胜游览区桂园渡假村隆重召开。学校党委副书记沈小静，河南校友会名誉会长、商学院院长魏国辰出席大会，在豫校友及家属近60余人参加。

25—28日 由中国物流与采购联合会、教育部高等学校物流类专业教学指导委员会共同主办、北京物资学院承办的“顺丰杯”第三届全国大学生物流设计大赛决赛在北京物资学院举行。“顺丰杯”第三届全国大学生物流设计大赛于2010年7月16日正式启动。本次比赛共有全国196所院校的323支代表队参赛。2007级物流管理专业陆婷、刘羽、曹雪、王春美、林淇明等同学组成的两支代表队，在信息学院教授李珍萍的指导下，获得本次比赛一等奖。

27日 在“全兴”杯北京市大学生篮球联赛中，学校女篮、男篮代表队分获学院组第二名和第八名的好成绩。

27日 校长王旭东、副校长王文生与到访的美国加州州立大学圣贝纳迪诺校区（CSUSB）校长 Albert K. Karnig 博士进行会谈并签署合作备忘录。

5月

1日 全国高等院校企业竞争模拟大赛（非 MBA 组）在北京大学光华管理学院圆满结束，本次比赛共产生24个一等奖、29个二等奖和31个三等奖。学校代表队作为唯一获奖的北京高校代表队，获2个一等奖和1个二等奖。

4日 商学院召开商务运作与企业服务创新研讨会，本次研讨会邀请多位校外专家对校内科研团队进行“手把手”式指导，以促进团队科研水平的快速提高。

6日 美国阿卡迪亚大学国际事务部副主任 Janice A. Finn 一行四人来校访问。

16日 北京市财政局副局长吴素芳莅临学校指导工作并就学校发展规划和基础建设提出建设性意见。校长王旭东、副校长翁心刚等领导接待来访领导。

16日 北京市纪念中国共产党成立90周年系列合唱活动——2011北京合唱节开幕仪式暨音乐会在中山音乐厅举行，校大学生艺术团合唱团作为唯一一个高校代表队参加演出。

21—22日 校网球队队员、在读研究生张伟在2011年“华力创通杯”首都高校大学生网球精英赛中，夺得男子甲组第五名的佳绩。

25 日 第六届首都大学生心理健康节闭幕暨颁奖仪式在北京科技大学举行，学校选送的心理情景剧《让考试飞》荣获“北京市 2011 年心理健康节‘心理情景剧’二等奖”。

26 日 “北京高校东南片区党史知识竞赛”在北京第二外国语学院举行。物流学院欧阳婷、吴玲玲、刘洋秋月和饶星四位同学发挥出色，荣获本次知识竞赛三等奖。

27 日 学校辩论队在首届“北京二十高校辩论邀请赛”决赛中荣获亚军。

28 日 第十六届首都高校棒垒球锦标赛闭幕式在北方工业大学举行，学校女垒队获乙组团体第三名。

31 日 北京高校党建研究会召开纪念中国共产党成立 90 周年党建论坛暨北京高校党建研究会第八次会员大会。学校获得 2008—2010 年度学会工作先进单位，学校党委书记刘木春当选为北京高校党建研究会第八届理事和常务理事。

6 月

20 日 第八届中国音乐“金钟奖”合唱比赛决赛在昆明举行。学校合唱团参加比赛并获得“展演优秀奖”。赛后，中央电视台对校合唱团进行了采访。

23 日 市委教育工委在北京会议中心召开“北京高校纪念中国共产党成立 90 周年表彰大会”，学校党委书记刘木春带队参会，物流学院学生徐鹏作为北京高校 10 名优秀大学生党员之一在本次大会上受到表彰。

28 日 学校党委书记刘木春一行对丹麦 VIA 大学学院及英国格罗斯特大学进行访问，并与格罗斯特大学签署《北京物资学院与格罗斯特大学关于学生录取事宜备忘录》，学生在完成该备忘录所列课程之后可被格罗斯特大学相关专业录取。

学校副校长、教授翁心刚主持申报的国家社科基金一般项目“面向城市需求的鲜活农产品冷链物流管理体系研究”获得批准立项。

7 月

1 日 学校国际交流中心与新华书店北美网、美国 TIMES BOOK 文化公司联合举办的“时代国际汉语寻根夏令营”活动在学校拉开帷幕，来自美国、德国、加拿大、意大利、法国、俄罗斯、日本和中国香港地区的50多名中学生在我校度过一个愉快而又有意义的暑假。

7日 校长王旭东、党委副书记沈小静、副校王文生前往河北大学调研交流并慰问挂职干部。

8日 学校新学科综合楼项目举行开工仪式。

12日 沃尔玛中国华北区人力资源总监康金良、区域培训与发展经理郑占青一行来校洽谈战略合作事宜。

24—26日 2011年“林海雪原”杯第十三届全国机器人大赛暨2011年世界杯机器人大赛中国队选拔赛中，本校“京东浩海”代表队获得FIRA仿真型5V5机器人足球比赛的全国三等奖。

29日 中国商品学会、韩国商品学会主办，学校物流学院承办的中韩商品学学术会议在京举行。

29—31日 由教育部高等学校物流类专业教学指导委员会和中国物流与采购联合会共同主办的“第十一届全国高校物流专业教学研讨会”在京召开，学校党委副书记沈小静带队参会并作有关采购管理专业建设的报告。

29—31日 全国大学生创业大赛决赛在湖南大学举行。此次创业大赛历时5个月，共有1000多所高校的8233支队伍报名参赛，全国32个地区的91所高校代表队最终闯进决赛，物资学院代表队参加决赛并荣获银奖。

8月

2—6日 教育部第九届全国高等院校物流骨干教师高级研修班在烟台举办，本次研修班主题为“采购与供应链管理——实践教学”。物流学院副教授唐长虹、经济学院副教授刘荔受邀担任此次师资培训的主讲与专家评委。

3日 北京市教委副主任何劲松、基建处处长刘占军来校调研，就学校校园规划和基本建设情况进行指导。

18日 2011年度“中国物流与采购联合会科学技术奖颁奖大会”在合肥召开。副校长、教授翁心刚编写的高等教育“十一五”国家级规划教材《物流管理基础》荣获2011年度中国物流与采购联合会科技进步一等奖（省部级）。这是该奖项自2003年设立以来，学校首次荣获一等奖。

23—25日 “读者杯”2011中国机器人大赛暨RoboCup中国公开赛在兰州举行。学校大学生机器人团队再创佳绩，荣获得全国一等奖一项、二等奖两项、三等奖一项，参赛团队全部获奖，参赛成绩创历史新高。

北京物资学院物流学院教师陈静申报的国家自然科学基金项目获批准立项。

第七届全国大学生“用友杯”沙盘模拟经营大赛全国总决赛在北京用友软件园落下帷幕。学校代表队经过激烈的角逐获得二等奖，创造学校参加此项大赛的最好成绩。

9 月

5 日 “第七届北京青年教师教学基本功比赛（高校）表彰大会暨高峰论坛”在华北电力大学举行。学校荣获“第七届北京青年教师教学基本功比赛（高校）优秀组织奖”；信息学院教师鞠红梅荣获“第七届北京青年教师教学基本功比赛（高校）理科 B 组一等奖”、“最佳现场演示奖”和“最受学生欢迎奖”；信息学院田立平教授荣获“第七届北京青年教师教学基本功比赛（高校）最佳指导教师奖”。

6 日 “北京市教育先锋表彰大会暨第六届师德论坛”在中国音乐学院举行。信息学院数学公共基础系列课程教学团队荣获“首都教育先锋先进集体”称号。经济学院院长、教授郝玉柱荣获“首都教育先锋教书育人先进个人”称号。

20 日 中瑞岳华会计师事务所与学校商学院签署校企合作协议书。

26 日 中国物流与采购联合会第五次会员代表大会暨十周年庆典大会在京举行，校长王旭东、副校长翁心刚应邀出席。

27 日 欧洲著名采购领域专业咨询公司法国 BUY. O（百优）集团总裁马克先生来校访问。双方就教材出版、学生培养等问题进行深入交流，共同探讨采购管理专业发展新思路。

10 月

13 日 市教育工会开展的“深入学校　走近教职工”专题工作座谈会在学校人文楼 312 会议室举行，市教育工会副主席郭峰出席会议。学校纪委书记、工会主席赵凤琴参加座谈，会后与会领导探望了学校青年教师代表。

15 日 通州区人大代表换届选举北京物资学院选区选举工作组选民登记工作基本完成。

15 日 中国物流与采购联合会、中国市场学会、北京物资学院、中国流通经济杂志社共同举办的第五届中国北京流通现代化论坛加快现代流通体系建设高层峰会在校国际交流中心隆重举行。

本届论坛的主题是：加快流通理论研究，推动流通产业发展。国务院发展研究中心原主任、中国改革发展基金会理事长、著名经济学家王梦奎，全国政协经济委员会副主任、中共中央政策研究室原副主任、著名经济学家郑新立，中国物流与采购联合会会长何黎明，中国市场学会会长俞晓松、理事长高铁生，中国商业联合会副会长、中华全国商业信息中心主任王耀，国务院研究室综合司司长陈文玲，中国商业经济学会副会长、著名商业经济学家黄国雄，中国物流与采购联合会首席顾问、著名物流专家丁俊发，原北京市政协副主席、中国物流协会副会长、北京物资学院原副院长、著名物流专家王之泰，中国市场学会副会长郭冬乐，中国工程院院士孙宝国等专家学者，日本物流学会副会长丹下博文，韩国中央大学东北亚流通研究所教授申仁光等外国专家及中国社会科学院、国家发展和改革委员会、国务院发展研究中心、商务部等中外流通、物流产业相关部门负责人及理论界、实业界的专家、学者、企业家等共300余人出席本届论坛开幕式。

15—17日 “2011首届中国物流文化节”在京召开，来自全国各地物流行业的领导、专家、企业家、物流经理人、新闻媒体等共计300多人参加会议。

20日 市委副秘书长傅华一行莅临学校检查指导工作。校长王旭东、党委副书记沈小静、副校长王文生参加汇报会。

26日 第三届北京大学生戏剧节闭幕式暨颁奖晚会在中央戏剧学院实验剧场举行。学校选送的独幕剧《七里香》演员付熙获优秀女演员奖，多幕剧《灵魂拒葬》获优秀舞台美术设计奖，两部作品均获得了优秀组织奖。

30日 “2011年北京市第三届大学生模拟法庭竞赛”中国政法大学昌平校区举行，校模拟法庭代表队参加比赛并荣获三等奖。

学校商学院院长、教授魏国辰主持申报的规划基金项目“食品可追溯信息有效传递的激励机制研究”获准立项。

11月

4日 校首届民族文化周活动圆满结束。

11—13日 “第十次中国物流学术年会暨亚太物流联盟年会”在湖南省长沙市召开。继2008、2009、2010连续三年成功主办中国物流学会分论坛后，本届年会中，学校再次成功主办“日本物流的发展经验与借鉴”专题分论坛。

12—13日 由北京物资学院校友会主办，四川校友会承办的首届物院校友发展论坛在四川成都成功举行。

18 日 继续教育学院与清华同方股份有限公司计算机产业本部签署校企合作的协议。

20 日 以“钢贸企业成长与未来”为主题的首届商贸流通企业发展发布会在本校国际交流中心拉开帷幕。校党委书记刘木春代表主办单位在开幕式上致辞。

24 日 学校大学生艺术团参加了以“青春北京”为主题的 2011 北京青年艺术节开幕式暨北京大学生艺术团成立仪式，并正式成为北京青年艺术团成员。

27 日 毕业生校园双选会在校体育馆成功举办。此次双选会共吸引来自电子信息、证券、商贸、金融、旅游、管理咨询等不同行业的 110 余家单位，为毕业生提供了千余就业岗位。

28 日 学校“物流资料馆”的揭牌仪式在图书馆成功举行，学校党委书记刘木春出席开馆仪式并讲话。

12 月

3 日 由学校劳动科学与法律学院主办、北京东方慧博人力资源有限公司协办的第三届劳动科学论坛在校国际交流中心举行。

4 日 “首都高校第三届体育舞蹈大赛”在中国林业大学举行。学校派出的 10 对学生选手和 1 对教工选手参加比赛并喜获佳绩。

8 日 北京高校心理素质教育工作督导评估专家组来学校开展心理素质教育工作专项督导评估。

10 日 北京市研究生英语演讲比赛决赛在中国科学院研究生院落下帷幕。来自首都 39 所高校的 100 余名选手参加比赛，学校管理科学与工程专业研究生于戎荣获特等奖。

11 日 由共青团通州区委员会和共青团北京物资学院委员会共同主办的“乐动符年”通州区共青团、北京物资学院 2012 新年音乐会暨北京青年艺术团基层青年慰问演出拉开帷幕。团市委副书记杨海滨，北京青年文化交流协会会长、北京市青年宫主任冯松青来校调研指导并参加新年音乐会。

15 日 北京物资学院 2011 年媒体记者交流会在学校国际交流中心一层会议室召开。本次活动由党委宣传部主办，旨在进一步加强学校与新闻媒体之间的互动交流，研讨学校对外宣传的工作重点和发展思路，进一步推进学校宣教工作科学发展。

16 日 北京市人力资源和社会保障学会，即原北京市劳动和社会保障学会第一次会员代表大会成功召开。学校劳动科学与法律学院院长、教授尚珂，劳动与社会保障教研室主任、教授李燕荣参加大会。尚珂当选为北京市人力资源和社会保障学会理事。

18 日 第三届全国和第二十二届北京市大学生数学竞赛颁奖大会在北京邮

电大学召开，学校代表队在第三届全国大学生数学竞赛中获 1 个二等奖，在第二十二届北京市大学生数学竞赛中获 2 个二等奖，3 个三等奖。

20 日 第二届首都大学生思想政治教育工作实效奖评审会在北京会议中心举行。学校党委副书记沈小静出席评审会并担任评委，学生处处长季靖代表学校作了题为《以体验促适应　以融入寻发展——北京物资学院“大一工程”思想教育工作总结》的报告。学校荣获第二届首都大学生思想政治教育工作实效奖二等奖。

2011 年北京市属高校“创想杯”多媒体教育软件大奖赛圆满结束。学校共有四个 PPT 演示文稿课件入围决赛，并分获一等奖、三等奖、优秀奖。

物流学院副教授杜志平申请的国家自然科学基金专项基金项目“基于参与者行为博弈的供应链利益分配模型研究”获得国家自然科学基金委员会的资助批准。

索　引

使用说明

一、本索引采用主题分析索引法编制。除“大事记”外，年鉴中有实质检索意义的内容均予以标引，以供检索之用。

二、本索引基本上按汉语拼音音序排列。具体排列方法如下：以数字开头的标目，排在最前面；以英文字母打头的标目，列于其次；汉字的标目则按音序、音调依次排列。首字相同时则以第二字排序，以此类推。

三、索引标目后的数字，表示检索内容所在的年鉴正文页码，数字后面的英文字母 a、b，表示年鉴正文中的栏别，合在一起表示该页码及所在的版面区域。年鉴中以表格反映的内容，则在索引标目后用括号注明（表），以区别文字标目。